企业管理概论

主　编　张克俭

编　委　袁　威　杨　浩　李泽乾

　　　　姚　琼　冯莉萍

中国矿业大学出版社

内 容 简 介

本书运用理论与实践相结合的方法,全面系统地阐述了企业管理的基本原理和职能,内容涉及企业管理实践环节中的各个方面。本书特色在于:一是知识点涵盖企业管理活动的所有内容;二是内容上与我国企业实际结合紧密;三是介绍了当代管理学研究中的新发现、新成果和新技术。

本书主要供普通高等院校非管理类专业,尤其是工科类专业的本、专科学生作为教材使用;也可供自学考试、在职培训类学生及社会读者等多种人群作参考用书。

图书在版编目(C I P)数据

企业管理概论/张克俭主编.—徐州:中国矿业大学出
版社,2009.8
ISBN 978 - 7 - 5646 - 0449 - 3

Ⅰ.企⋯ Ⅱ.张⋯ Ⅲ.企业管理—概论 Ⅳ.F270

中国版本图书馆 CIP 数据核字(2009)第 141732 号

书　　名	企业管理概论
主　　编	张克俭
责任编辑	潘俊成　　史凤萍
责任校对	张海平
出版发行	中国矿业大学出版社
	(江苏省徐州市中国矿业大学内　邮编 221008)
网　　址	http://www.cumtp.com　E-mail:cumtpvip@cumtp.com
排　　版	中国矿业大学出版社排版中心
印　　刷	江苏徐州中矿大印发科技有限公司
经　　销	新华书店
开　　本	787×1092　1/16　印张 20.5　字数 512 千字
版次印次	2009 年 8 月第 1 版　2009 年 8 月第 1 次印刷
定　　价	30.00 元

(图书出现印装质量问题,本社负责调换)

前　言

　　21世纪是一个科技飞速进步、交流日益广泛、开放不断深入的世纪。中国与世界各国发生的联系更加频繁与紧密。要真正和国际接轨，在抓住机遇中获得发展、在应对挑战中适宜改变，我们必须学习、引进和借鉴国外一切有益于自身经济社会各方面发展的知识、技术和经验，为我所用。管理知识正是其中很重要的一类知识，古今中外的人类社会活动实践，大到国家事务、小到个人行为，都需要进行管理。

　　普通高等院校是对人进行系统、科学、有效的高等教育的专门机构，其职责是为社会培养各类合格的专门人才。但有些通用类的知识是应该被各种专业的学生所掌握的，比如政治理论知识、哲学知识、历史知识、法律知识、计算机知识、英语知识等。目前我国的普通高等院校都开设有相关的课程来介绍以上知识，管理知识因其对于各类社会活动的实际指导意义而日益受到重视，越来越多的高等院校开始把管理课程作为一门公共基础课纳入教学计划。正是基于这样的认识，我们编写了本书，旨在使学生通过对本书的学习，初步掌握管理的有关理论知识和运用方法，为其能够"正确地做正确的事"提供有效的实用工具。

　　本书运用理论与实践相结合的方法，汲取了古今中外人类在企业管理活动中所积累的管理思想和管理理论的精华，全面系统地阐释了企业管理的基本原理和职能，内容涉及企业管理实践环节中的各个方面。本书的特色主要在于：一是知识点涵盖企业管理活动的所有内容，在其深度上不做非常专业性的分析和介绍，只要求学生概括性地理解，着眼点在"全"而不在"精"。二是内容上与我国企业的实际情况结合比较紧密，在保证体系完整的基础上体现其时代性和实用性。三是吸收了当代管理学研究中的新发现、新成果和新技术，反映其未来的发展趋势，突出了21世纪全球化、知识化、人本化和信息化的特征。

　　参加本书编写的有：张克俭（第八章）、袁威（第五章第一节、第三节，第九章，第十二章）、杨浩（第一章，第二章，第五章第二节、第四节）、李泽乾（第六章，第十一章）、姚琼（第三章，第四章）、冯莉萍（第七章，第十章），最后由张克俭对全书进行统稿。

　　本书主要是供普通高等院校非管理类专业尤其是工科类专业的本、专科教学使用而编写的，也可供自学考试、电大、夜大、成人函授、在职培训类学生及社会读者等多种人群阅读和使用。

　　在本书的编写过程中，得到了中国矿业大学银川学院院长李文平、副院长杨高峰等领导的大力支持与帮助，他们对我们的工作提出了许多宝贵意见和建议，在百忙之中抽出时间给予我们工作上的指导，在此向他们表示衷心的感谢！

　　本书在编写过程中参阅了有关企业管理方面的书籍、资料和论文，汲取了其作者的一些研究成果，在此深表谢意。

我们深知，一本书的成功需要作者、出版社及读者等多方的辛勤劳动和关心爱护，我们也深知，实践的不断发展要求管理理论不断随之创新，这将是本书编者们共同的任务，我们也将为之继续努力。

最后，由于编者的理论水平和实践经验所限，加之时间仓促，书中难免存在疏漏之处，敬请广大读者批评指正。

中国矿业大学银川学院

管理工程教研室

2009 年 5 月

目　　录

第一章 企业概述

　　企业是管理的对象,要学习有关企业管理的全面的理论知识,首先必须对企业有一个基本的了解和正确的认识。本章将系统地介绍企业的概念、特征、类型、组织形式、经营方式、组织结构等基本知识,并将结合改革开放以来,因经济体制转型导致的我国企业的性质、职能、类型、结构等发生的一系列重大变化,相应的介绍企业管理领域发生的深刻变革。这些都为以后各章全面展开企业管理理论与方法的学习奠定基础。

第一节　企业的概念、特征及类型

　　要对企业有一个全面、正确的了解和认识,首先必须理解和掌握企业的概念、主要特征以及类型,这是学习企业管理知识和从事企业管理活动的前提。

一、企业的概念

　　企业是在自然经济过渡到商品经济阶段,由于工业革命所带来的人类社会第三次大分工,即机器大工业替代了工场手工业之后才出现的一种组织形式。从其诞生到现在,企业就一直处于不断发展变化的状态中,具体形态也变得越来越丰富多样,但究其本质,它就是从事商品生产和经营的经济组织。所以,从这个角度来看,本书所给出的企业的定义就是:适应市场需要以获取利益,实行自主经营、自负盈亏,依法独立享有民事权利并承担民事责任的商品生产和经营的组织。需要注意的是,这里所说的商品是指——有形的产品和无形的服务,即广义的商品。

　　企业概念的具体含义有以下几个要点:

　　① 企业是以市场为导向、以营利为主要目的,从事商品生产和经营的经济组织。这就表明,只有那些进行商品生产和经营活动的经济组织,才有可能是企业。企业通过其生产和经营活动向社会提供的商品,只有经过市场交换,生产商品而耗费的个别劳动才能被社会所承认,从而实现商品的价值。因此,企业必定要受到价值规律的支配,也就必然要以市场为导向、以营利为主要目的来开展各种生产经营活动了。

　　② 企业是实行自主经营、自负盈亏、独立核算的社会经济基本单位。企业通过市场交换实现的商品价值,一部分用来补偿开展生产经营活动而发生的各种消耗,一部分依法向国家及政府相关部门单位上缴各种税收和费用,剩余部分则构成企业自己的赢利并由其自由支配。如果出现收益小于支出的情况,表明企业发生了亏损,这时应当由企业自己来抵补和承担。而对于生产经营活动中产生的债务,则由企业自己负责清偿,甚至于破产抵债。

　　③ 企业是依法设立、依法经营的经济实体。企业必须严格地按照有关法律法规所

1

规定的程序,经由国家的工商行政管理机关审批并核准登记才能设立,且其生产经营的活动不得超越营业执照规定的范围。

以上所阐述的几个要点是由市场经济的一般规律及属性决定的,无论是西方资本主义发达国家的企业还是实行有中国特色社会主义市场经济的我国企业,无一例外。因而我们要特别指出,理解企业的概念,其核心意义不在于据此判断某个组织是否属于企业,而在于要求人们遵循市场经济的客观规律,按照经济组织的特点,进行科学的管理,这样才能使我们的企业活动健康、有序、高效,对社会产生积极的贡献和影响。

二、企业的特征

由于现代工业企业的生产经营过程全都涉及研发、投资、生产、流通、消费和分配等环节,比较完善地涵盖了管理活动的各方面内容,所以本书自始至终是以工业企业为主要研究对象,同时兼顾到其他类型的企业。基于此,下面以工业企业为代表,对企业的特征进行介绍。

（一）劳动分工精细,协作关系复杂、严密

现代工业企业不仅改变了劳动者与劳动资料之间的关系,还改变了劳动者与劳动者之间的关系,形成了高度社会化的集体劳动。因为现代工业企业的整个生产过程,不仅分成许多不同的工艺阶段,而且还划分为许多产品不同部分的专门加工过程。每个工艺阶段和专门加工过程又细分为很多工序,采用不同的机器设备,有许多不同工种的工人、工程技术人员和管理人员在一起从事生产劳动。工业企业的生产活动,就是在这样广泛、细致的分工基础上协调进行的。显然,细致的劳动分工,必然要求严密的劳动协作;分工的复杂化,也必然带来协作的复杂化。所以,现代工业企业内部的分工与协作,不仅在规模上大大超过了工场手工业,而且还有本质的区别:它主要不是取决于人的主观意愿,而是取决于生产过程所使用的机器体系的客观要求。换句话说,在现代工业企业里,要根据机器设备的要求,合理地进行分工和组织协作,使生产过程的各个环节都能同机器体系的运转协调一致,只有这样,企业的生产才能顺利进行。

（二）大规模地使用机器和机器体系进行生产,系统地将科学技术应用于生产

现代工业企业拥有比较复杂的技术装备,而且相互联系、相互配合,联结成为一个有机整体即机器体系。在现代工业企业中,劳动者在生产中同生产工具的关系发生了根本性的变化,生产效率和产品质量主要取决于技术装备与工艺的先进性以及劳动者能否有效地使用它们。马克思曾经在《资本论》第一卷中指出:"劳动资料取得机器这种物质存在方式,要求以自然力代替人力,以自觉应用自然科学来代替从经验中得出的成规"。"在工场手工业和手工业中,是工人利用工具,在工厂中,是工人服侍机器。在前一种场合,劳动资料的运动从工人出发,在后一种场合,则是工人跟随劳动资料的运动。"机器设备有其自身的运转规律,劳动者进行生产必然受机器设备运转规律的支配,任何违背这一规律的主观随意的行为,都会给生产带来这样或那样的影响,甚至造成机毁人亡的严重事故。同时,随着生产技术的现代化水平不断提高,科学技术在生产中的作用越来越显著。在现代工业企业中,无论是产品的设计、工艺流程的制定、操作方法的选择、生产过程的组织等,都必须系统地运用科学知识来解决。

（三）生产过程具有高度的比例性和连续性

在现代工业企业里,生产过程各个环节之间的联系,主要表现为各种机器设备之间的联系,它们之间在生产能力上要相互协调,具有严格的比例性。随着机械化和自动化程度的日益提高,以及流水线等先进生产形式的广泛采用,生产过程的比例性和连续性的要求越来越高。它们之间联系的精确性和严密性,就像一台机器一样,一个零件或者部件的误差和失灵,往往会使整台机器停止运转;同样,一个生产部分或一个生产环节失误,也会给整个生产造成很大影响,甚至使生产无法进行。

（四）生产社会化程度高,有广泛、密切的外部联系

随着经济的发展和科学技术的不断进步,不仅企业内部的分工与协作日益发展,而且企业之间的专业化分工与协作也日益发达。整个工业生产按照不同分工方式,可以建立起许多专业化企业(或工厂)。专业化越发展,企业之间的联系和协作也就愈广泛而密切,包括我们的国有企业也同其他产业以及国民经济其他部门发生着广泛而密切的联系。人们推进企业现代化,不仅要为企业建立强大的现代技术基础,而且要在这个基础上努力提高生产社会化的水平,这样才能把现代化生产技术的优势充分发挥出来。

以上是从生产技术方面看现代工业企业所具有的主要特征,说明对现代工业企业的管理绝不能用小生产的管理办法,而必须遵循现代工业企业的内在客观规律,实行科学管理。

三、企业的类型

研究企业类型并考察它们各自的特点,可以丰富对企业的认识,掌握其科学内涵的外延;同时,不同类型的企业,要求企业管理与之相适应,在管理方式、方法等方面要有所区别。按照不同的标准,可以把企业划分为多种类型。我们在这里介绍一些主要的分类。

（一）按照企业规模划分

企业可以分为微型企业、小型企业、中型企业、大型企业和特大型企业。规模不同的企业,其内部组织结构与运行以及市场竞争中的优势和劣势各不相同,对高层管理者也有不同要求。另外,企业本身也有一个从小到大的成长过程,并力求产品生产和企业经营达到经济规模。

（二）按照生产资料所有制的性质划分

企业可以分为公有制企业和非公有制企业。在社会主义初级阶段,我国所有制结构是以公有制为主体、多种所有制经济共同发展。因此,除了国有企业和集体企业这两种公有制的经济形式以外,还有个体企业、私营企业和外商投资企业等非公有制企业。这些不同经济成分的企业还可以自愿实行多种形式的联合经营,构成财产混合所有的经济单位。

（三）按照组织形式划分

从生产力的组织形式方面考察,企业可以划分为简单专业化企业、简单综合型企业、多元专业化企业和跨行业综合性企业,广义上还包括企业集团等企业之间的联合体。从财产的组织形式方面考察,企业又有单个业主制企业、合伙制企业和公司制企业

等类型。企业组织形式关系到建立现代企业制度、转换经营机制、优化资源配置和发挥区域优势等重要问题。

（四）按照企业所属行业划分

行业可以从两大生产部类或三次产业开始，由粗到细划分出有从属关系（纵向）和有分工协作关系（横向）的许多行业，据此就可将企业分为若干不同类型。例如，可划分为工业企业、商业企业、农业企业等。在工业企业中，又有机电等加工制造业企业和能源等基础产业企业，这两类企业还可以再往下细分。以行业为标志，还可分为单一经营的企业和跨行业经营的企业。行业不同，意味着企业生产的产品或提供的服务不同、面对的市场不同、需要投入的原材料等资源不同、使用的技术装备和工艺方法不同以及其他诸多方面的不同。总之，企业的内部条件和外部环境差别很大，因而其管理必须适应行业特点，在共性之中注意特殊性。

（五）按照市场类型划分

市场体系是由多种类型的市场构成的。从市场交易的客体看，市场体系有商品市场、技术市场、金融市场等多种类型。每个市场都有在其中活动的企业，从而构成不同的企业类型。在市场活动中，由于社会分工的日益精细，出现了很多的专业公司，比如广告公司、咨询公司、投资公司和各种市场中介组织（例如审计师事务所）等。按照市场范围划分，可以将企业分为内向型企业、外向型企业和跨国公司。性质不同的市场，要求企业开展不同的业务活动，建立不同特点的管理体系。按照市场类型划分企业，还有助于企业寻找发展机会，扩展新的市场经济领域。

（六）按照企业运用的主体技术划分

企业可以分为传统技术企业和高新技术企业。由于技术对管理有全局性的影响，要求整个企业管理以及企业不同组成部分的管理必须适应企业的生产经营技术特点，同时也为管理提供重要的、先进的管理手段，因此这种分类也是非常重要的。

（七）按照企业使用的主要经营资源划分

企业可分为劳动密集型企业、技术密集型企业、资金密集型企业和知识密集型企业。由于使用的主要资源不同，企业发展的决定性因素便存在差别，这就要求企业明确各自的管理重点，并探索相应的管理方法。

限于篇幅，在这里我们不可能将企业类型的划分一一加以介绍，只选取了几种主要的、常见的类型以使读者体会：针对不同类型的企业特点进行科学管理的必要性。这对于本课程的学习也是很有帮助的。

第二节　企业的组织形式

企业总是存在于一定的外部环境之中的，同时各个企业内部的具体情况也不尽相同，企业一旦建立，就必须要设计合理的组织形式与内部和外部的环境相适应。

一、企业组织形式的概念

企业组织形式是指企业财产及其社会化大生产的组织形态，它表明了一个企业的财产构成、内部分工协作与外部社会经济联系的方式。企业组织形式关系到生产要素在企业内部和企业之间进行优化配置与组合的问题,对于增强企业活力、提高企业经济效益、改进和加强企业管理,都有着全局性的影响。

由于企业的组织形式反映了一个企业内部与外部联系的方式,而企业的外部生存环境、社会经济因素具有复杂、多变、不可控的特点,所以为了适应市场经济的普遍要求,企业组织形式呈现出多样化的趋势。

二、企业组织形式的类型

按照不同的标志,可以把企业的组织形式划分为很多类型。下面对主要的几种类型作简单的介绍。

（一）财产构成

依照这个标志,可以把企业分为三类:个人业主制企业、合伙制企业以及公司制企业。前两类企业属于自然人企业,出资者承担无限责任;公司制企业是法人企业,出资者只承担有限责任。

1. 个人业主制企业

它由业主一个人出资兴办,并由业主自己直接经营。企业赢利全部归业主所有,企业亏损与债务则完全由业主个人承担,业主对企业债务负有无限责任。我国的个体工商户和私营独资企业,均属于这一类。

2. 合伙制企业

这是由两个或两个以上的个人共同出资,通过签订协议而联合经营的企业。按照协议,可以由其中的一位合伙人负责经营,也可以由几个合伙人或全体合伙人共同经营。全体合伙人共享企业赢利,共担企业亏损,对企业债务负有无限连带责任。所谓无限连带责任,有两层意思:其一是无限责任,即企业倒闭、资不抵债时,每个合伙人均要以自己的全部家庭财产负责清偿企业债务而不能仅仅以自己的出资额为限;其二是连带责任,即每一个合伙人都对企业的债务负有全部清偿的责任。

3. 公司制企业

这是两个或两个以上的出资者共同投资、依法组建,自主经营、自负盈亏,并以其全部法人财产为限承担有限责任的企业组织形式。同前两类企业相比,公司制企业有三个特点:① 公司制企业是法人,在法律上是独立的民事主体,在经济上拥有独立的财产;② 公司制企业实行有限责任制度,以其全部财产为限对公司债务承担有限责任,股东则以其出资额为限对公司债务承担有限责任;③ 公司制企业的所有权与经营权相分离,作为企业所有者的股东不直接经营管理企业,而是委托董事会并由董事会聘任总经理来经营管理企业,这些经营者不一定非是本企业的所有者不可,通常情况下他们都是所谓的"空降部队"。

公司制企业主要有两种具体形式,即有限责任公司和股份有限公司。① 有限责任公司,是指两个或两个以上股东共同出资,每个股东以其出资额为限对公司承担责任,公司以其全部资产对公司债务承担责任的企业法人。② 股份有限公司,是指注册资本由等额股份构成,通过发行股票筹集资本,股东以其所持有的股份为限对公司承担责任,公司以其全部资产对公司债务承担责任的企业法人。从国外的情况看,公司制企业中的有限责任公司是多数,股份有限公司是少数;而股份有限公司中,上市公司即其发行的股票是在证券交易市场正式注册然后向社会公众筹集资本的公司又是少数。

公司制企业是适应社会化大生产和市场经济发展要求的产物,已经成为各主要资本主义国家中起主导作用的企业组织形式。它的主要优点有:① 实行所有权与经营权相分离,股东可以根据公司经营状况随时转让、增持、抛售股票,这将加大对经营者的压力,有利于改善企业经营管理,提高企业经济效益水平;② 有限责任制减轻了股东的投资风险,有利于消费资金转化为生产资金,有利于资本集中,实现规模经营;③ 公司资产能保持一定的稳定性和延续性,不会因股东的变化而变动,使得公司在市场活动中具有较高信誉;④ 具有大规模筹资的能力,能迅速扩大企业生产经营规模,增强企业实力,推动整个国民经济的发展。

在现代市场经济中,公司制是最适合大中型企业的组织形式。其中,有限责任公司因为不公开发行股票,筹资能力与规模相对较小,更适合中型或小型企业;股份有限公司则是当今世界各国大型企业通常采用的组织形式。

我国还有一种股份合作制企业,它是实行劳动合作和资本合作相结合的新型公有经济组织。这种组织适用于:① 国有企业兴办的"三产"以及国有小型企业,由职工出资购买全部或部分产权;② 改造老集体企业,把老集体企业的一部分产权按照职工工龄的长短量化给个人。

(二) 企业内部分工协作

1. 单厂型企业

一个工厂就是一个企业。这种形式的企业,一般是由在生产技术上有密切联系的若干基本生产车间(工段、班组)、一些辅助生产单位(如动力供应、工具制造、设备维修等单位)和管理部门所构成,实行全厂统一经营、统负盈亏。

2. 总厂型企业

一般是在装配型行业中,以产品为对象,以装配厂为中心,把一些担负零部件加工和工艺协作的工厂组织起来,由总厂统一经营、统一核算、统一处理对外经济联系。这样的组织形式有利于组织专业化生产与协作,提高产品配套能力,扩大生产规模。

3. 专业公司

这是指由同一行业中生产同类产品或同类零部件,或者从事同类工艺服务的工厂联合组成的公司。其具体形式有:由生产同类产品的工厂组成的专业公司;按某种产品生产协作配套的需要,把主机厂、辅机厂、零部件厂和工艺协作厂组织在同一公司中,如汽车工业公司;由若干个为其他企业提供技术服务的同类工艺工厂组成的专业公司。

(三) 企业外部社会联系方式

1. 联合公司

由若干个彼此存在一定生产技术经济联系的不同行业或生产非同类产品的工厂联合组成的公司。具体形式有:对同一原料进行连续顺次加工的工厂组成的联合公司;综合利用一种原料、生产出各种不同产品的工厂组成的联合公司;主产品生产同辅助生产、附属生产、副业生产的工厂组成的联合公司。

2.企业联合体

这是以大中型企业为依托,由若干具有独立法人地位的、相互之间具有一定经济技术联系的企业,按照专业化协作和经济合理的原则,自愿结合,谋求共同发展而形成的相对稳定的经济联合组织,也称企业群体或经济联合体。联合体成员可能是来自不同行业的组织,如高校、企业或科研单位,企业集团就是比较常见的一种企业联合体。按照企业联合体实行经济联合的内容来划分,其主要类型有:生产型联合体;销售型联合体;科研生产型联合体;生产经营型联合体。

3.战略联盟

所谓战略联盟指的是两个或两个以上的企业为了某种具有战略性的目标,通过一定方式组成的优势互补、风险共担、要素双向或多向流动的松散型网络组织。战略联盟具有企业边界模糊、机动灵活、运作高效等特点,对于分散企业风险、提升企业竞争力、实行规模和范围经济、防止竞争过度和挑战"大企业病"等具有重要意义。按照结盟企业之间的互动关系可以把战略联盟划分为四种类型。① 前竞争联盟。这是指一些分别处于不相关产业内的企业的联盟,它们在一些特定的领域里如新技术开发上结成联盟。这种联盟方式的互动程度有限。② 后竞争战略联盟。它是指产业内的垂直价值链关系,如制造商与供应商结盟。在这种联盟形式下,互动与合作的程度都比较低。③ 竞争联盟。这种联盟是存在市场竞争关系的企业之间彼此结盟,它们在某些方面联合、协作,同时在终极产品市场上又可能成为直接的竞争者。这种联盟方式的互动程度较高,但是潜在的冲突也较大。④ 非竞争联盟。这是指产业内非竞争企业之间结成的战略伙伴关系。在这一联盟下,企业之间的差异较大,企业间的互动水平较高。

建立战略联盟应当注意几点:① 联盟各方的规模和实力应该大体相当;② 联盟伙伴之间的战略目标应该具有一致性;③ 建立联盟的各方应该各自具备某种竞争优势且优势之间具有互补性;④ 注重联盟伙伴之间企业文化的一致性和差异协调能力。

4.虚拟企业

虚拟企业是指为了实现某一种市场机会,依靠信息技术和网络技术,将拥有实现该机会所需资源的若干企业集结而成的一种动态合作的网络化经济实体。虚拟企业作为一种网络化的组织形态,它存在着一个网络核心企业,这一网络核心企业联系和协调较大范围乃至全球范围内的各种承包商,具有协调、调配和管理承包商的基本职能。在网络核心企业与承包商之间一系列转包与承包的契约关系中,网络核心企业把其他企业更擅长的活动外包出去。为了保持整个网络组织的创新性和高效率,网络核心企业常常需要更换承包商,因而虚拟企业是一种动态合作的经济组织。为了管理好整个网络组织,需要在网络核心企业与承包商之间建立顺序式的或封闭式的联系。

① 顺序式的联系。当网络核心企业的目标主要是协调承包商之间的工作流程时,就需要建立顺序式的联系。网络核心企业是承包商之间增值活动的主要协调者。承包商之间直接进行产品和服务的传递。美国 IBM 公司就曾经部分地采用过这种结构,IBM 要求它的零售商从材料供应商那里获得配件,然后把它们组装成 IBM 个人电脑,接着就直接销售给用户。但在有些虚拟企业中,当负责生产的承包商生产出最终产品之后,先运到网络核心企业处,然后再分销或直接销售给用户。

② 封闭式的联系。核心组织与承包商之间的封闭联系有两种形式:一种是传统方式,网络核心企业直接从各个承包商那里接受产品或活动,它在向最终用户提供产品之前,要负责组织、协调承包商活动的顺序或产出;一种则要求网络核心企业拥有一个大规模的工厂,承包商派遣员工到该工厂去,完成各自需承担的那部分工作,完成之后,员工仍旧各自回到原来的承包商那里。

虚拟企业这种组织形式的优越性有:① 降低管理费用;② 更充分地利用各种劳动力资源;③ 在关键性的职能方面实现了跨组织的协同;④ 提高企业竞争力。但是,过分地依赖外包有可能产生以下问题:一是降低员工的忠诚度;二是降低组织的参与性;三是失去控制力。

发展企业之间的横向联合,对于促进生产要素的合理流动与优化组合,提高专业化社会协作水平,改变"大而全"、"小而全"的状况,实现规模经济,增强国际市场竞争能力,都有重要的意义。因此,企业应当积极探索和实践各种形式的经济联合,以促进企业发展。

第三节　企业的经营方式

在市场经济体制环境下,企业的经营方式并不是单一的,根据所有权主体和经营权主体身份的不同,企业的经营方式存在多种表现形式。

一、我国国有企业经营方式的改革

企业经营方式是指处理企业资本所有者与企业经营者之间经济关系的方式,也可称为企业资产经营形式。就国家与国有企业之间的关系而言,经营方式就是指通过规范国有资产所有者代表机构与国有企业之间责、权、利关系所确立的企业经营管理国有资产的责任制形式。

在过去的计划经济体制下,国有企业的经营方式是单一的,国家既是企业的所有者,又通过中央和地方各级政府机构,直接经营管理企业。因而企业没有经营自主权,只是政府机构的附属物,是单纯的生产单位。

改革开放以来,为了适应社会主义市场经济的发展,我国对这种国营的单一经营方式进行了重大改革。《中共中央关于经济体制改革的决定》明确指出:"过去国家对企业管得太多太死的一个重要原因,就是把全民所有同国家机构直接经营企业混为一谈。根据马克思主义的理论和社会主义的实践,所有权同经营权是可以适当分开的。"并且明确规定:"要使企业真正成为相对独立的经济实体,成为自主经营、自负盈亏的社会主义商品生产者和经营者,具有自我改造和自我发展的能力,成为具有一定权利和义务的法人。"这一决定为改革企业经营方式指明了方向,提供了理论依据。

经过几年的实践探索,我们开始在国有企业普遍推行承包经营责任制,实行这一经营方式的大中型企业达95％以上,相当一部分小型企业推行了租赁经营责任制,还有一部分企业进行了股份制经营的试点,使国有企业经营方式的改革在实践上取得了较大的进展。至今,国家已经相继颁布和发布了以《中华人民共和国全民所有制工业企业法》、《全民所有制工业企业转换经营机制条例》等为代表的一系列法律法规,使企业的经营自主权逐步得到落实,我国国有企业的市场主体地位得到加强,许多企业由此走向市场、增强活力,在更广阔的天地里发挥出自己的优势和潜力。目前,企业经营方式改革仍在继续发展和探索之中。

二、我国国有企业的主要经营方式

按照两权分离的具体形式划分,目前我国国有企业实行的经营方式主要有承包经营、租赁经营和股份经营等形式。

(一)承包经营方式

这种形式就是以企业资产所有者的代表机构为发包方,企业资产经营者为承包方,采取签订承包经营合同的形式,明确规定双方的责、权、利关系,使经营者能够在合同规定的范围内自主经营,所有者根据其完成承包任务的情况给予相应的奖励。企业经营者的产生一般通过公开招标、平等竞争的办法来实现。企业经营者就是企业的厂长(经理)、企业的法定代表人。承包方享有国家法律、法规、政策和承包合同规定的经营管理自主权,并要按承包经营合同规定完成各项任务。承包方完不成承包经营合同任务时,要承担违约责任,并视其情节轻重追究企业经营者的行政责任和经济责任。

实践表明,国有企业推行承包经营责任制对于促进政企分开,把企业推向自主经营、自负盈亏的轨道以及市场发育,均发挥了积极的作用。但是也必须看到,这种经营方式尚未摆脱政府直接经营管理的框架,作为发包方的政府机构,还可以凭借行政权力选择经营者,迫使企业接受制约其生产经营活动的多项承包指标,并通过考核与奖惩来左右企业行为。因此,承包经营责任制只是我国由计划经济向市场经济体制转变时期的一种带有过渡性的国有企业经营方式。在当前国有大中型企业以公司制为主要形式建立现代企业制度的新形势下,过去行之有效并处于主导地位的承包经营责任制必然退居次要地位。

在国有企业中,承包经营今后主要适合在一般小型国有企业实行。这些企业不具备改组为有限责任公司或股份有限公司的条件,但是也必须自主经营、自负盈亏,使责、权、利相结合,真正落实到经营者身上。为此,按照承包原则,确定企业必保的利润额或增长比例,同时给予经营者完成承包任务所必需的充分的经营自主权,则是完全可行的。其他类型的小企业,或者大公司内部实行独立核算盈亏的经营单位,也可以采用承包经营方式。

(二)租赁经营方式

租赁经营是指企业资产所有者的代表机构作为出租方,将企业有限期地交给承租方经营,承租方向出租方交付租金并依照合同规定对企业实行自主经营的一种经营方式。

20世纪80年代中后期,当承包经营责任制在我国大中型国有企业中普遍推行的时候,很多小型企业就实行了租赁经营责任制。租赁经营责任制的出租方是国家授权企业所在地方人民政府委托的部门,代表国家行使企业的出租权。承租方有几种:一个人承租;2~5人合伙承租;本企业全体职工承租(全员承租);一个企业承租经营另一个企业(企业法人承租)。承租方不得将企业转租,租赁期限一般每届 3～5 年。承租方一般采取招标办法,通过竞争而择优确定。出租方选定承租方后,双方必须签订租赁经营合同。承租经营企业的个人,或者合伙承租、全员承租确定的厂长,或者承租企业派出的厂长,即为承租经营者,是企业租赁期间的法定代表人,行使厂长职权。租赁经营责任制与承包经营责任制相比,在内容和操作上主要的区别有:① 承租方必须提供财产担保;② 承租方按合同规定向出租方交付租金;③ 承租方享有充分的经营自主权。这说明,租赁经营责任制同承包经营责任制虽然都是在全民所有制性质不变的前提下,按照两权分离的原则,以契约形式确定国家与企业之间责、权、利关系的经营方式,但是前者在两权分离、自主经营、自负盈亏的程度上比后者更彻底一些,承租经营者的经济利益以收入、租金、财产担保等形式同企业经营成果紧密地联系在一起,风险大、压力大,但动力也更大。因而那些微利或亏损的小企业很适合实行租赁经营,并且在实际中也取得了比较理想的效果。这种经过实践检验的行之有效的经营方式,今后一段时期仍然是有生命力的。除了小型国有企业之外,其他适合放开经营的小企业,或者大公司中享有对外经营权、实行自负盈亏、对公司全局仅有微弱影响的经营单位,也可以采取租赁经营方式,以促进这些企业及其所属经营单位的生产经营搞得更加灵活、更有竞争力。

(三) 股份经营方式

从国有股权在公司中占有份额的多少来看,国家作为所有者,将采取以下三种具体经营方式处理同公司制企业之间的关系。

1. 国家独资经营

这适用于生产某些特殊产品的企业(如兵器工业、核工业企业、航天工业企业、国家造币厂等)和承担某些特殊业务(如国家粮食物资储备等)的企业。这些企业依法改组为国有独资公司,是为了保障国家安全,保证国民经济的稳定增长。

2. 国家控股经营

这适用于支柱产业和基础产业中的骨干企业。在这类企业中,要吸收非国有资金入股,以扩大国有经济的主导作用和影响范围。

3. 国家参股经营

除了前述企业之外的那些处于竞争性行业的国有企业,绝大多数都采用这种形式,它也是全部国有企业中数量最多的形式。

总之,国有股权在公司中占有多少份额比较合适,并无一定的标准,而应该按照不同产业和股权分散程度区别对待。因此,股份经营方式可以有不同的具体类型。

第四节　企业组织结构与设计

企业组织结构就是企业内部在分工协作的基础上由层次、部门、职务、职权等构成的组织体系,以及企业外部的、同其他企业之间的组织联系。企业组织结构是否合理,对于充分发挥各部门和各级管理人员的积极性,对于高质量、高效率完成实现企业战略任务与目标所必需的各项工作任务,对于增强企业市场竞争力和应变能力,都具有重要意义。因此,搞好企业组织结构设计是企业管理的一项重要内容。企业组织结构是分层次的,其中高层的核心部分是企业法人治理结构,这一部分健全与否对于整个企业运营状况有着决定性影响。

一、公司制企业的法人治理结构

(一)法人治理结构的含义

公司制企业是由一个法人治理结构来经营管理的。所谓法人治理结构,是根据企业经营管理的决策权、执行权、监督权彼此既分立、制约又相互联结、协调的原则,在企业高层组织设置权力机构、决策机构、执行机构和监督机构,形成各自独立、权责分明、相互制衡、相互协调的一种企业领导制度。

法人治理结构在西方国家已有上百年的实践,在我国还是一个比较新的概念,它是伴随国有企业建立现代企业制度这一改革任务的提出而逐渐被接受的,至今不过十几年。因此,有关的理论研究和实践经验都还比较薄弱,健全和完善我国公司制企业的法人治理结构还需要很长时间的探索。

(二)股东大会

股东大会是一种定期或临时举行的由全体股东出席的会议,同时又是一种非常设的由全体股东所组成的公司制企业的最高权力机构。它是股东作为企业财产的所有者,对企业行使财产管理权的组织。

股东大会的性质主要有两点:① 它体现股东的意志。在所有权和经营权分离的现代企业中,拥有财产所有权的股东们并不直接管理和支配公司法人财产,而是通过参加股东大会对公司有关重大事项的决议做出表决来表达他们的意志。② 它是公司制企业的最高权力机构。股东大会作为公司制企业股东利益和企业经营管理的最高权力机构,不仅要选举和任免董事会和监事会成员,而且企业的重大经营决策和股东的利益分配等重大问题都要通过股东大会来批准。

以股份有限公司为例,按照《中华人民共和国公司法》(以下简称《公司法》)的规定,其股东大会依法行使以下职权:① 重要人事的决定权。公司的董事和监事由股东大会选举和任免,并决定他们的报酬。② 重大事项决策权。包括批准和修改公司章程,审议批准董事会和监事会的报告,决定公司的经营方针和投资计划,审议批准公司年度财务预算、决算方案等。③ 利润分配权。讨论批准董事会提出的利润分配方案和亏损弥补方案。④ 公司资本重大变动的处置权。公司增加或减少注册资本,公司的分立、合并、解散或破产清算等涉及股东财产重大变动的事项等,必须经股东大会讨论决定。

我国有限责任公司股东大会的职权与股份有限公司基本相同。此外,《公司法》还明确规定,国有独资公司不设股东大会,由国家有关部门授权董事会行使股东大会的部分职权,决定公司的重大事项,但公司的分立、合并、解散、增减资产和发行公司债券,必须由国家授权投资的机构或国家授权的部门决定。

(三)董事会

董事会是公司的经营决策机构,它是由股东在股东大会上选举产生的由董事所组成的一个集体领导班子。我国《公司法》规定,有限责任公司设董事会,其成员为 3~13

人;股份有限公司设董事会,其成员为 5～19 人。同时还规定,两个以上的国有企业或者其他两个以上的国有投资主体投资设立的有限责任公司,其董事会成员中应有公司的职工代表,职工代表由公司职工民主选举产生。实际上股东大会与董事会之间的关系是一种信任托管关系。董事会是股东大会的受托人,接受股东大会的委托而行使对公司法人财产的支配权。股东们对董事会持信任态度,而董事会则必须对股东承担受托责任,确保股东资产的保值和增值。

董事会承担股东财产受托经营的职能,是股东大会闭会期间的权力机构,拥有支配公司法人财产的权力。其主要职能有:① 受托管理。董事会受股东的委托管理公司,不仅对股东负责,还要对社会、顾客及公司员工负责。② 决策企业公司的目标。董事会要确定公司的目标及实现该目标的基本战略和政策。③ 核实计划与检查成果。为确保各项计划的切实执行,必须检查执行情况,定期考核总经理的工作绩效。④ 维持公司长期稳定。根据环境的变化不断地维持调整其目标和计划,通过适应变化来保证公司长期稳定。

董事会的职权是:① 召集股东会并向股东会作报告,执行股东会的决议、决定;② 决定公司的战略经营计划,拟定投资方案,对公司经营活动进行全面而连续的检查评价;③ 提出公司的利润分配方案及弥补亏损方案;④ 制定公司的财务预决算方案,以及公司增减注册资本和发行公司债券的方案;⑤ 拟定公司的分立、合并、解散方案;⑥ 聘任或解聘公司经理,根据经理提名,聘任或解聘公司副经理、财务负责人,并决定他们的报酬;⑦ 制定公司的基本管理规章制度。

董事会一般一至两个月召开一次例会,特殊情况下董事长可以临时召开会议。董事会闭会期间,由董事长负责董事会的日常工作。

从国内外公司的实践来看,董事会成员可以是公司的股东,称为内部董事;也可以是非股东,如外聘的社会名流或专家,称为外部董事或独立董事。此外,董事会成员,可以是自然人,也可以是法人。如果是法人担任公司的董事,须指定一名具有行为能力的自然人作为其代理人。

实行独立董事制度是完善我国法人治理结构、履行好董事会职责与职权的重要措施。独立董事是指具有完全独立意志、代表公司全体股东和公司整体利益的公司董事会成员。独立董事的独立性表现在三个方面:一是独立于大股东;二是独立于经营者;三是独立于公司的利益相关者。由于他们与公司没有利益联系,同时又都是具有特殊专长的专家,因此可以独立、公正、客观地做出有关公司决策的判断。独立董事作为外部董事的这种特殊地位,在董事会中能对内部董事起到监督和制衡作用,对完善公司法人治理结构,监督和约束公司的决策者和经营者,制约大股东的操纵行为,最大限度地保护中小股东乃至整个公司利益起着关键作用。在西方国家,为了保证公司治理结构的有效性,发展了很多复杂的制度性安排,其中比较重要的一项就是独立董事制度,即公司章程中明确规定公司董事会必须有一定数量的独立董事。近年来,西方国家越来越倾向于减少内部董事,增加外部董事。在美国标准普尔(世界权威金融分析机构)调查的 1 500 家大公司中,独立董事的比例为全部董事的 62%。从目前我国公司董事会的构成上看,大多数上市公司没有合格的独立董事。内部董事与外部董事的比例不当,内部董事在董事会中占多数,经理层与董事会高度重合,因而容易出现董事会忽视股东利益、偏向经理层意见,严重的甚至形成内部人控制公司的问题。所以,建立独立董事制度,是完善我国法人治理结构的重要途径之一。

（四）高层经理班子

以总经理为首的高层经理班子,是公司的执行机构,由总经理、副总经理、总工程师、总经济师、总会计师(俗称"三师两经理")等高层管理人员组成。总经理实行董事会聘任制,不实行上级任命制,它负责公司的日常经营管理活动,对公司的生产经营活动进行全面领导,对董事会负责。

在我国许多公司制企业里,总经理一般由公司董事长兼任。但这种做法也在一定程度上造成了公司决策机构和执行机构职责不分的问题,严重影响了公司领导机构的运作效率。近年来,有的公司为了避免因集董事长与总经理于一身而造成的职责不分,规定总经理不得由董事长兼任,使两者都具有相对的独立性和代表性,既各司其职,又相互协调。值得一提的是,西方大公司和我国一些企业的执行机构一般由首席执行官领导下的经理班子担任,首席执行官或高级行政长官(CEO)由董事会授权行使权力,组织的业绩由他直接对董事会和所有者负责。一般情况下企业的CEO由董事会下设的常设机构"执行委员会"中的首席执行董事来担任。据估计,在《财富》500强企业中,有15%的公司将董事会主席、CEO和总经理三者合一,更普遍的是一人兼二职——既做董事会主席又做CEO或既做CEO又做公司总裁。董事会主席、CEO、总经理实际上是三个层次上的职务。

为了保证总经理所承担的行政和经营管理工作顺利进行,公司必须赋予总经理相应的职权。我国《公司法》规定,总经理行使的主要职权有：① 主持公司的生产经营管理工作,组织实施董事会决议；② 组织实施公司年度经营计划和投资方案；③ 拟定公司内部管理机构设置方案；④ 拟订公司的基本管理制度；⑤ 制定公司的具体规章；⑥ 提请聘任或解聘公司副经理、财务负责人等；⑦ 聘任或解聘除了应由董事会聘任或解聘以外的管理人员；⑧ 公司规章或董事会授予的其他职权。

总经理列席董事会会议,应遵守公司章程,忠实履行职务,维护公司利益,不得利用在公司的地位和职权为自己谋取私利。同时,总经理在行使职权时,不得变更股东大会和董事会的决议或超越授权范围。如果总经理在执行公司公职时,违反法律法规或公司章程的规定,给公司造成损失的,应当承担赔偿责任。

（五）监事会

如上所述,在法人治理结构中,决策权和经营管理权大部分都集中在了董事会和总经理等少数经营者手中。股东大会虽然在名义上是公司的最高权力机构,但因它不是公司的常设机构,因而很难对经营者在经营管理中做出的有悖于所有者权益的行为进行及时的监督和纠正。因此,现代公司都设立专门的监督机构即监事会,对董事会和经理班子的行为进行经常性的监督,以防止他们从事违反公司章程的活动,损害股东和公司利益,甚至违法犯罪。

为了使监事会能够站在公正的立场上独立地对经营者行使监督权力,监事会成员不得由经营管理机构选任。监事会应当与董事会并立,直接向股东大会报告,对股东大会负责。我国《公司法》规定,监事会成员不得少于 3 人。监事会由股东代表和一定比例的职工代表组成,公司的董事、经理和财务负责人均不得兼任监事。

按照我国《公司法》的规定,监事会行使以下职权:① 检查公司的财务;② 监督董事、经理等管理人员在执行公司职务时有无违反法律、法规或者公司章程的行为;③ 当董事和经理的行为损害公司利益时,有权要求他们予以纠正;④ 提议召开临时股东大会;⑤ 公司章程规定的其他职权。

公司法人治理结构的股东大会、董事会、高层经理人员、监事会四个组成部分,分别行使着公司的权力机构、经营决策机构、执行机构和监督机构的职权。同时,他们又相互制约,联为一体。

我国国有企业在进行公司制改造过程中,还必须要坚持发挥党组织的政治核心作用和职工民主管理的作用,处理好"新三会"(股东会、董事会、监事会)与"老三会"(党委会、工会、职代会)的关系,建立与社会主义市场经济相适应的公司领导体制。党的十五届四中全会通过的《中共中央关于国有企业改革和发展若干重大问题的决定》明确提出了"双向进入"的原则,即国有独资和国有控股公司的党委负责人可以通过法定程序进入董事会和监事会,董事会和监事会都要有职工代表参加;董事会、监事会、经理层及工会中的党员负责人,可依照党章及有关规定进入党委会;党委书记和董事长可由一人担任,董事长、总经理原则上分设。党组织按照党章,工会和职代会按照有关法律法规履行职责。

(六) 经营管理者的激励约束机制

为了充分利用职业经理人的专业才能,同时又规范其行为,必须设计一个有效的激励约束机制。激励意味着给予物质和精神上的满足,缩小经营管理者与企业所有者之间的利益差异,使他们各自追求的目标趋于一致,从而刺激经营管理者为企业所有者利益而工作的积极性和创造性。约束则是运用法律、道德等手段抑制经营管理者对个人欲望的追求,规范经营管理者的行为,使其行为不至于由于自利而损害投资人的利益。激励和约束两方面是相辅相成、缺一不可的,如果只有约束而没有激励,经营者就不会有积极性去努力工作,偷懒行为在所难免;相反,如果只有激励而没有约束,机会主义将使激励机制发生扭曲。我国企业进行公司制改造的时间还比较短,法人治理结构制度的推进刚刚起步,因此还存在许多缺陷和不足,其中一个重要的问题就是对经营管理者的激励约束机制不健全。根据国外经验和我国企业公司制改造的实践,可以把经营管理者行为激励约束机制归纳为报酬机制和约束机制两方面。

1. 报酬机制

企业经营管理者的激励报酬机制是多方面的,包括经济利益、社会荣誉、个人价值实现等,但经济利益是第一位,包括工资、奖金、在职消费、股权等,这是调动企业经营管理者积极性、刺激其行为的一个重要因素。据考察,在西方发达的市场经济国家,企业家的报酬一般是普通工人的几倍、十几倍甚至几十倍。美国大公司中高层管理人员平均年薪 65 万美元,而总统的年薪仅 20 万美元。从我国实际问题看,完善经营管理者行为报酬机制应主要解决两个问题:① 由计划经济体制下的"月薪制"转向市场经济体制下的"年薪制"。这是由企业家在企业经营中的地位和作用所决定的,同时由于企业经营效益最短在一年的终结时才能体现出来,因此,"年薪制"可以客观而公平地反映出经营者经营企业的水平。② 完善风险收入机制。风险收入取决于企业经营状况,但这种收入不是单纯依据企业当年利润来决定给予经营者的报酬,因为这样容易使经营者行为短期化。

2. 约束机制

经营管理者行为约束机制分为内部约束和外部约束两方面。

(1) 内部约束

所谓内部约束,就是企业所有者与经营管理者之间形成的相互约束关系和约束机制。内部约束主要通过股东大会、董事会和监事会实现。股东作为企业出资人保留了对董事的挑选,审计员的挑选,合并、增资及新股发行事项的审批及否决权,其他的管理功能授给董事会;监事会主要代表全体股东对董事和经理人员行为进行监督、审查。除此之外,内部约束还来自以下几方面:

① 公司章程约束。公司章程是企业的内部的"宪法",它对企业中包括职业经理人在内的各种利益主体的责、权、利及其行为做出了明确规定,所以企业经营管理者必须遵守章程,受其约束,按照章程行事。

② 合同约束。它是指职业经理人受聘进入企业时,必须与企业签订受法律保护的任职合同,这种任职合同对职业经理人的责、权、利做了明确规定,尤其是对职业经理人离开企业时,对企业在商业秘密、技术专利等方面应负的责任都做出严格规定,从而成为对职业经理人的有效约束。

③ 组织机构约束。即从完善董事会制度的角度考虑对职业经理人的约束问题。因为完善董事会制度,包括增强外部董事及各类专业人士在董事会中的地位和作用,可以使董事会更好地协调企业与职业经理人的关系。

(2) 外部约束

所谓外部约束,就是指在企业所有者与经营管理者之外形成的约束,即法律、市场机制、社会道德等各种社会机制对经营管理者的约束。其主要内容包括以下方面。

① 法律约束。市场经济是法制经济,完备的法律体系是市场经济正常运行的保证。运用法律形式对职业经理人行为的约束主要表现在:以法的形式规定公司经营者的职责权利;用法律规范约束经理人员不得滥用权力和侵害公司资产;设立专职的执行机构来监督经营者的行为;对于破产倒闭的公司,必须依法调查是否有经理人员在公司经营活动中发生渎职行为并依法追究其刑事责任。

② 市场机制约束。市场机制约束包括企业家市场约束和证券市场约束两方面。首先,作为企业经营管理者的企业家既然是一种资源,它就要按照市场经济机制的要求进行优化配置,因此改变通过行政命令委派经理人员的做法,让企业家进入市场,让市场选择企业家是发展市场经济和建立现代企业制度的必然要求。其次,在企业家市场上,充分的竞争使经营者始终保持生存的危机感,从而自觉地约束自己的机会主义行为。证券市场约束机制一方面表现为股票价值对经营管理者业绩的显示,即经营业绩差的公司股票在证券市场就会遭到投资者的抛售,股价下跌,董事会就可能因经理表现不佳而解雇之。另一方面则直接表现为兼并、收购等资本市场运作对经理人的威胁,即

高度发达的证券市场,还可以通过其兼并收购机制和退出机制来惩罚那些能力低下或工作不努力的经理人员。

③ 社会约束。一是社会中介组织,诸如律师事务所、会计事务所、审计事务所、资产评估中心等形成的对企业家的约束;二是舆论、社会道德等形成的对企业家的约束;三是企业家的自律组织,如企业家协会等形成的对企业家的约束。

二、企业组织设计的依据

一个合理可行的企业组织结构,应当充分考虑到企业自身的各种条件和所处的外部环境。企业管理者在设计企业组织结构时,以下几方面因素是必须考虑的。

（一）经营战略

经营战略是统领企业发展的长远的、整体的方略,它是现代企业经营的主要标志。企业组织结构必须服从于经营战略,并随着经营战略的变化而调整。经营战略在以下两个层次上影响组织结构的设计。

① 经营战略决定了企业未来一定时期的经营业务状况——单一经营或多样化经营,这是影响企业组织结构总体选择的基本因素。一般情况下,单一经营的业务更倾向于集权的职能结构,而多样化经营的业务更适合于以分权为主要特征的事业部结构。

② 企业战略重点的改变,必然会引起组织的工作重点、各部门与各业务在组织中的重要程度的改变,因此要求对各部门及各业务的关系做相应的调整。例如,我国加入WTO后,国内越来越多的企业调整其发展战略,把国外市场作为未来发展的重点,这必然会带来由于地区上的分散而产生的协调问题,以及正确处理国内业务与国际业务之间关系等一系列问题,无疑会对企业组织结构产生重要影响。

总之,企业组织结构的设计和调整要以经营战略为依据,并为实现经营战略服务。

（二）技术特点

任何一个企业的组织结构都需要有相应的技术作保证,既包括硬件技术,也包括软件技术。企业生产经营技术的特点不仅是决定组织成员素质和工作内容的重要因素,而且还直接影响着企业组织结构的诸多方面。

从工艺技术的特点看,企业的工艺技术类型分为单件小批量生产、批量生产和大批量生产。对于单件小批量生产的企业,由于所生产的产品往往是客户订货或定做的,一般工艺装备都是通用的,对操作人员的技术水平要求较高,技术权力比较分散,所以适合采用相对分权的组织结构;对于大批量生产的企业,由于产品已经通用化、标准化、系列化,一般都采用专业化程度很高的专用设备,对技术人员的操作水平要求较低,技术权力相对集中,因此适合采用相对集权的组织结构;而对于批量生产的企业,由于其技术工艺特点介于单件小批量生产和大批量生产之间,在选择组织结构时,关键是灵活掌握集权与分权的界限。

技术的复杂程度和稳定性与企业组织结构之间也具有很强的相关性。技术的复杂程度决定着组织的分工和专业化程度,进而决定着企业部门的构成、规模、管理层次的多少和幅度的大小、管理人员和技术人员的比例。从技术的稳定性方面看,较少变革、比较稳定的技术,因为任务、职位、职责和职权等都具有明确、严格的规定,因此适合采用传统的、集权的组织结构。而对于多变、不稳定的技术来说,比较分权的、适应性强的组织结构则是明智的选择。

（三）企业规模

企业规模往往是与企业发展阶段相联系的,当企业规模较小时,人数少,管理的工作量小,因此为管理服务的组织结构也相应比较简单,甚至有的小企业不需要专职的管理机构或专职的管理人员。随着组织的发展,组织活动的内容会日益复杂,人数会逐渐增多,管理的工作量越来越大,因此需要设置许多管理机构分担管理职能,部门之间的关系也比较复杂,管理人员往往需要花费很多时间和精力协调各管理部门之间的分工关系。可以说,组织结构的规模和复杂程度是随着企业规模的扩大而相应增长的。

（四）外部环境

企业作为社会经济系统的一部分,必然与其他社会经济子系统存在多种多样的联系。所以,外部环境的特点及发展变化必然会对企业组织结构的设计产生重要影响。

企业所处的环境大致分为三种情况:第一种是稳定的环境,特点是确定且少有变化。处于这种环境下的企业宜实行规范化、程序化的管理,因而适合采用正式化、集权化的组织结构。第二种是中等变化的环境,特点是变化但变化趋势容易预测。处于这种环境下的企业虽然适合采用正式化、集权化的组织结构,但必须委以专人注视环境的变化,重视环境的预测工作。第三种是复杂多变的环境,特点是构成复杂,变化频繁,具有较大的不确定性。这种环境要求企业给中下层管理人员较多的决策权和随机处理权,以增强企业对环境的适应能力。

此外,企业人员状况、企业文化和企业所处生命周期的发展阶段等因素也对企业组织结构具有较大影响。总之,人们必须依据影响组织结构的各种制约因素进行企业组织设计,做到组织结构与企业内部条件和外部环境的变化保持动态适应,这样才能使组织结构达到精干、高效。

三、企业组织结构的基本形式

在实践中,企业组织结构的具体形式多种多样,但基本形式只有几种,其中应用最广泛的有:直线结构、直线职能结构、事业部结构、模拟分权结构和矩阵结构。企业应该根据自身的实际情况,选择基本的组织结构形式,并在此基础上加以丰富和发展。

（一）直线结构

直线结构又称单线结构,是最早、最简单的企业组织形式。所谓"直线",是指在这种结构中职权从组织上层"流向"组织基层。其基本特点是:① 组织中每一位管理者对其下属有直接职权;② 组织中每一个人只能向一位直接上级报告;③ 管理者在其管辖范围内有绝对的职权或完全的职权。直线结构如图1-1所示。

直线结构的主要优点是:形式简单,指挥统一,职责分明,决策迅速。其不足之处是:没有专业职能机构、人员为经理（厂长）做助手、参谋,因而对企业领导人的素质要求高,要求企业领导者必须是企业管理的全才,具备广泛的业务知识和能力;部门间协调差,难以找到企业领导的替代者等。

```
              总经理（厂长）
          ┌────────┴────────┐
      A车间主任            B车间主任
      ┌────┴────┐      ┌────┴────┐
   A班组长    B班组长   C班组长    D班组长
```

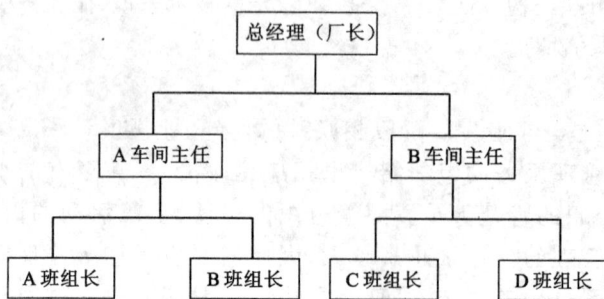

图 1-1　直线结构示意图

直线结构一般只适合于产品单一、工艺简单、规模较小、现场作业的企业,如制造车间、建筑工地等。一旦企业规模扩大,产品结构较复杂,经理(厂长)就会顾此失彼,难以应付。

（二）直线职能结构

直线职能结构是一种以集权为主要特征的组织结构,是在直线结构的基础上发展起来的。其特点是:① 按集中统一原则设置直线行政领导者(如经理、厂长、车间主任等),又按分工原理的原则设置各级职能机构和人员(如采购、研发、生产、财务、人事、销售等);② 行政领导者对直接下属有直接指挥权,各级职能机构和人员的职责是为同级行政人员出谋划策,对下级没有直接指挥权,只对业务进行指导和监督;③ 企业的管理权高度集中,职能部门只负责某一方面的职能工作,主要经营决策集中在企业的最高领导层。直线职能结构如图 1-2 所示。

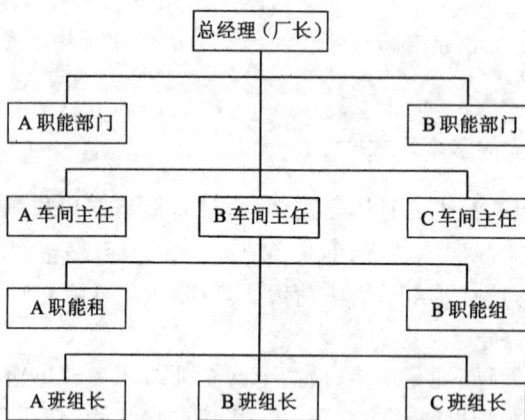

```
                    总经理（厂长）
        ┌───────────────┼───────────────┐
    A职能部门                         B职能部门
        │                               │
    A车间主任        B车间主任         C车间主任
        │                               │
    A职能租                           B职能组
        │                               │
    A班组长          B班组长           C班组长
```

图 1-2　直线职能结构示意图

直线职能结构的主要优点是:① 分工严密,每个职能部门的职责容易明确规定;② 上、下级之间的关系清楚,易于保证集中统一指挥;③ 每个部门实行专业分工,可以有较高的工作效率;④ 每个管理人员都固定归属于一个职能机构,整个组织系统有较高的稳定性。

直线职能结构的主要缺点是：① 各个职能部门之间由于分管的业务不同，考虑问题的出发点往往不一致，矛盾较多，致使最高领导层的协调工作量很大，容易陷入日常事务；② 横向协调差，使得企业对环境变化不能及时做出反应，组织系统的适应性不好；③ 各部门主管人员都是专业职能人员，仅熟悉自己业务范围内的工作，因而不利于在企业内部培养出全面的管理人才。

直线职能结构的应用较为普遍，主要适用于中小型企业，以及产品和技术比较单一、市场需求比较稳定的企业，如日化产品生产企业。

（三）事业部结构

事业部结构，又称联邦分权制或部门化组织结构，是一种以分权为基本特征的组织结构。这种结构最早于20世纪20年代初，由时任美国通用汽车公司副总经理的斯隆研究和设计出来，故被称为"斯隆模型"。事业部结构的原理是"集中政策，分散经营"，即集中领导下进行分权管理。其主要特点是：① 把企业的经营活动按产品（或地区、经营部门）加以划分，成立各个经营单位，即事业部或称为分公司；② 每个事业部在财务上向总公司负责，内部实现单独核算、自负盈亏；③ 企业高层管理者只保持人事、财务、定价及监督等大权，利用利润指标对事业部进行控制；④ 每个事业部都是一个利润中心，并拥有相应的独立经营的自主权，经理根据企业最高领导的指示开展工作，统一领导其所负责的事业部和研发、技术等辅助部门。事业部结构如图1-3所示。

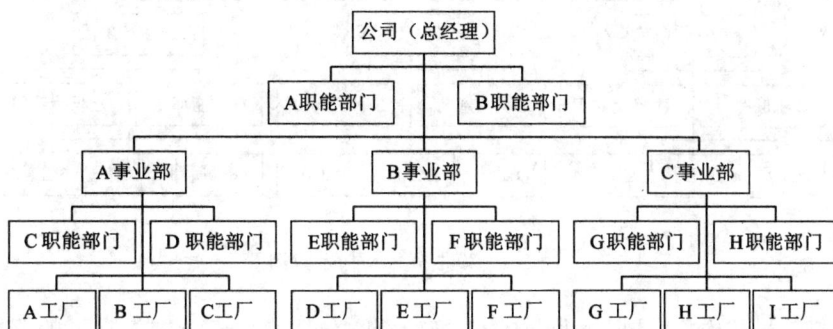

图1-3 事业部结构示意图

事业部结构有很多优点：① 按照"政策制定与行政管理分开"的原则，将较多的管理权力下放给各事业部，既有利于企业的上层领导摆脱行政事务，成为坚强有力的决策中心，又有利于各事业部在企业总政策的控制下（如投资项目、生产方面等）自主经营，充分发挥各自的积极性。② 既有较高的稳定性，又有较好的适应性，各个事业部都能灵活自主地适应市场变化，做出相应的决策。③ 由于各个事业部独立核算、自负盈亏，易于建立衡量管理人员成绩和效率的标准，便于考核。④ 事业部经理要熟悉各方面管理业务，才能经营好本事业部，因此有利于培养全面的管理人才。

事业部结构的主要缺点是：① 各个事业部内部以及公司总部均需要设置一套齐备的职能机构，因而用人多、费用高。② 各个事业部自主经营、自负盈亏，容易只考虑本事业部的利益，闹本位主义，影响各事业部之间的协作

二战之后，这种组织结构就在西方的大企业得到了广泛应用。最近几年，我国许多大企业也采取了事业部结构。事业部结构主要适用于品种多样化、市场环境变化较快的大型企业，如家电生产企业等。

在实践中，国外有的大企业又对事业部结构进行了丰富和发展，比较普遍的就是"超事业部结构"，就是在公司最高领导层和各事业部之间增设若干事业总部，负责统辖和协调各个事业部的活动，使企业在分权的基础上再度集中，从而较好地克服了传统事业部结构的本位主义弊端。超事业部结构尤其适合规模巨大的跨国公司，如某些大型制造型企业。

（四）模拟分权结构

模拟分权结构，是在事业部结构的基础上发展起来的。然而，有许多大企业，如连续生产的化工企业、大型钢铁公司，由于产品品种或生产过程所限无法分解成几个独立的事业部；同时，这些企业由于规模庞大，已经不宜采用集权的职能制结构。这时，就产生了模拟分权结构。模拟分权结构如图 1-4 所示。

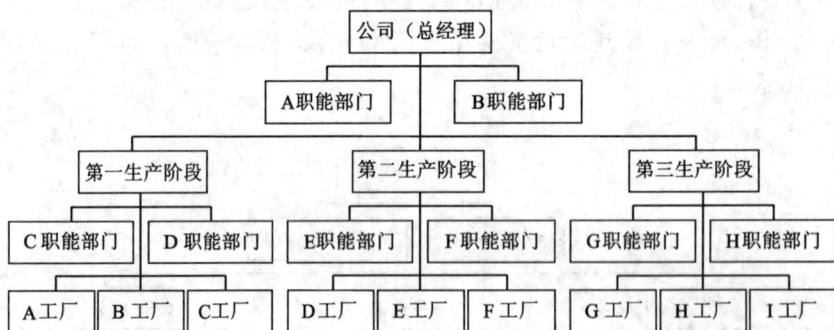

图 1-4　模拟分权结构示意图

模拟分权结构，就是把企业分成若干"组织单位"，它们各自拥有自己的职能结构，给它们尽可能大的生产经营自主权，但不是真正的独立核算、自负盈亏，只是模拟这种经营方式，目的是调动企业各级组织的积极性，改善经营管理。

模拟分权结构是对事业部结构的变形，它与事业部结构的主要区别是：① 模拟分权结构的基本单元不是真正的事业部，实际上是生产阶段；② 这些生产阶段有自己的管理层，自己的利润指标，这些指标是按整个企业的内部价格确定的，而不是来源于市场；③ 这些生产阶段一般没有独立的外部市场，同时各生产阶段之间关系十分密切，一个生产阶段出现障碍，可能导致整个生产过程的停顿。

模拟分权结构最大的优点就是解决了企业规模过大不易管理的问题。其主要缺点是：各个模拟事业部之间沟通和协调困难，各个部门的负责人也难以了解整个企业的概貌。尽管如此，对于大型的钢铁、化学、铝业、玻璃、造纸等企业，模拟分权结构是目前最

适合的组织结构。

（五）矩阵结构

矩阵结构是直线职能结构和事业部结构的结合，是由纵横两套管理系统组成的矩形组织结构。它的主要特点是既有按职能划分的垂直管理系统，又有按工程或项目划分的横向管理系统，纵横结合，形如矩阵。在这种组织结构中，每个管理人员同时受纵、横两方面管理部门的指挥，打破了统一指挥的传统原则，具有多重指挥线。当组织面临较高的环境不确定性，组织目标需要同时反映技术和产品双重要求时，矩阵结构应该是一种理想的组织形式。矩阵结构如图1-5所示。

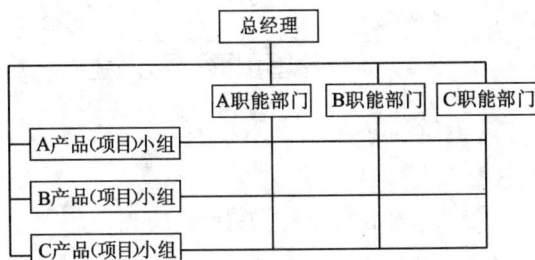

```
                    ┌──────────┐
                    │  总经理   │
                    └────┬─────┘
        ┌────────────────┼──────────┬──────────┐
        │        ┌──────────┐┌──────────┐┌──────────┐
        │        │ A职能部门 ││ B职能部门 ││ C职能部门 │
        │        └──────────┘└──────────┘└──────────┘
  ┌──────────────┐
  │ A产品（项目）小组 │
  └──────────────┘
  ┌──────────────┐
  │ B产品（项目）小组 │
  └──────────────┘
  ┌──────────────┐
  │ C产品（项目）小组 │
  └──────────────┘
```

图1-5　矩阵结构示意图

矩阵结构的优点是：① 灵活性、适应性强。横向管理系统是按照完成某一特定任务的要求，把所需要的各具专长的人员调集起来而组成项目小组，此项任务完成，更换另一新任务，又可以灵活机动地重新调集所需要的人员。② 有利于加强各职能部门之间的协作配合。③ 每个工作人员的整体观念得到加强，有利于小组任务的完成。

矩阵结构也存在一些缺点，主要是：① 稳定性差。项目小组经常变动，小组成员来自于各个职能部门，任务完成后，这些人仍回原部门，因此人们之间的协作关系不稳定，也容易产生临时观点。② 机构比较臃肿，用人较多，管理费用较高。③ 由于小组成员接受双重领导，会使得他们有无所适从之感。

矩阵组织结构适用于因技术发展迅速和产品品种较多而具有创新性强、管理复杂等特点的企业，如军工企业、航天工业企业等。

1967年美国生产化学和塑料产品的道科宁化学工业公司，在矩阵结构的基础上，探索出了一种更为复杂的组织结构，即多维立体结构。它是指企业的组织由三大管理系统构成：按产品划分的事业部，按地区划分的管理结构，按职能划分的专业结构。这种结构有助于企业各部门及时互通情报，集思广益，共同决策，适用于跨国公司或规模巨大的跨地区公司。多维立体结构如图1-6所示。

以上介绍了几种典型的企业组织结构，无论哪一种形式，都是既有优点，又有一定的缺陷，没有一种十全十美的组织结构。各种组织结构均有一定的适用条件，不存在普遍适用于任何企业的组织结构。从实际情况考察，企业在进行组织设计时，并不要苛求于纯粹的组织形式，往往可以混合性地加以灵活运用。

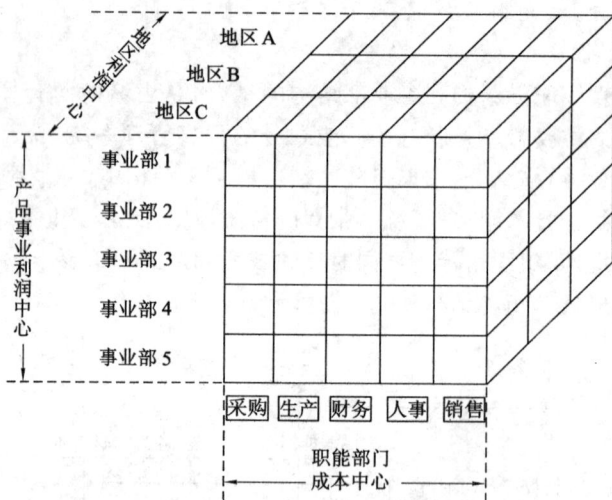

图 1-6　多维立体结构示意图

第五节　现代企业制度

随着时代发展和社会进步,在新形势下的企业如何适应内外环境的变化和特征是企业必须考虑的问题,传统的企业面临着改革的压力,不可避免的向着现代企业转型。

一、传统企业制度的弊端

在计划经济体制下,我国的国有企业长期处于一种单一国有的工厂制企业形态中,这种组织形式曾经为我国的社会主义经济建设发挥了巨大的推动作用。但随着改革开放的不断深入和我国经济体制的转轨,这种组织形式就难以适应新形势下有中国特色社会主义市场经济的要求,凸现出诸多的弊端,主要有以下方面。

(一)产权关系模糊

计划经济体制下,实行的是传统的企业制度:产权关系不清,这必然导致产权责任不明确、产权约束无从建立、产权转让也不规范等一系列问题。职工作为全民财产所有者的一分子,都可以享受其财产所有权,但却没有人承担经济责任。这是造成国有企业效益差、效率低的重要原因。

(二)投资主体单一

以前,国家是国有企业唯一的投资主体,鉴于财力的不足,不可能对每个国有企业都进行大规模投资,这必然限制了许多有实力的企业进一步发展壮大。国家凭借企业所有者的身份,自然而然地掌握着企业财产的所有权利,企业不可能真正做到自主经营。

(三)企业资产呆滞

传统的企业制度不允许对国有资产进行买卖和转让,企业一旦建成投产,国有资产就固定不动了。企业、行业和地区之间相互隔绝、封锁,致使国有资产闲置、浪费、流失等现象相当严重。这些显然与建立社会主义市场经济,使资源在国家宏观调控下于市场内自由流动并通过优胜劣汰、调整结构,配置到效益更好的环节中去的宗旨是相悖的。

（四）政企职责不分

在传统体制下,政府兼有社会经济管理者和国有资产所有者双重身份,因此国有企业不但要遵照政府的行政命令进行生产经营活动,还要按照政府各个部门的意志,代替它们承担许多本应由政府和社会承担的职能（如办学校、办医院等）,背上沉重负担,大大削弱在经济上的竞争实力。

（五）经济效益不佳

追求经济效益应该是企业所以存在于市场上的第一理由和要务。然而由于传统的国有企业没有独立的财产权利,企业经营得好与坏无关轻重,缺乏提高经济效益的压力和动力。此外,企业资源配置完全听命于指令计划,而这些指令计划本身缺乏足够的科学性、灵活性与系统性,故而造成企业财产运用效益很低,出现大面积亏损。

正是由于上述弊端的存在,使得在我国转变经济体制,在国有企业中建立现代企业制度变得迫切而必要。

二、建立现代企业制度

1993 年 11 月,中国共产党十四届三中全会通过了《中共中央关于建立社会主义市场经济体制若干问题的决定》（以下简称《决定》）。其中明确指出:建立现代企业制度,是发展社会化大生产和市场经济的必然要求,是我国国有企业改革的方向。所谓现代企业制度,就是指以企业法人财产制度为核心内容,以公司制为主要形式,以产权清晰、责权明确、政企分开、管理科学为特征的企业制度。可见,建立现代企业制度,对国有企业进行公司制改造,是解决前述弊端的有效措施。

（一）明晰国有企业的产权关系

组建公司必须由出资者向公司注入一定的资金,出资者成为公司的股东,以股权证明书或股票形式证明其对公司资产的所有权大小,因而企业资产的归属非常明确。股东通过参加股东大会来行使其所有者身份的权力,维护自身利益。公司作为独立的法人组织则拥有企业财产的经营自主权和收益权,所获赢利则按股权大小比例相应分红,所受亏损则各股东以其出资额大小按比例承担有限责任。

（二）实现所有权与财产权分离,利于政企分开

通过股权结构多元化方式,公司制可以有效地将出资者的所有权与企业法人的财产权分离开,同时将政府的职能和企业的职能区分开。此外,还能够筹集大规模的资金,分散国有资产的风险,利于资源的高效合理配置。所谓股权结构多元化,不仅仅指股东数量上的非单一,还包括股东性质上的非单一,比如国有、集体、个体、私营和外资等可以共同出资组建公司。特别强调的一点是,这种多元化并没有改变国有资产的所有权性质,对公有制不造成损害,恰恰相反能扩大国有经济的影响范围与控制能力。

(三)使产权流动变为现实

国有资产经营机构可以根据资产收益状况和国家相关的产业政策,借助于股票、债券及其他多种金融工具,完成国有产权的转移,使其得到科学流动、合理配置,既能够使其保值增值又能够改善和调整国民经济结构。

(四)促使企业不断改善经营管理实践,提高资产运营效率

这一点于股份有限公司体现得尤为明显,因为其经营管理活动具有较高的透明度,股票价格的上下浮动情况也在一定程度上能反映出企业经营管理水平的高低和绩效的优劣,经营者的业绩也能据此予以判断。

归根结底,以公司制为主要形式,对我国传统企业制度进行改造,建立现代企业制度,消除原有弊端是完全必要和可行的。放眼于全球范围内,在实行市场经济体制的国家和地区,其大中型的企业几乎都采用的是公司制的组织形式,其中股份有限公司又作为最典型和最成熟的一种现代企业制度成为代表。经历多年的实践,积累下许多的成功经验,创新了很多行之有效的具体形态和模式,已经成为大型企业的主要形式。我国要发展社会主义市场经济,就必须重视和学习它们的宝贵经验,因为这是人类在经济活动实践中创造的文明成果,是全人类共同的财富。

在我国,公司制企业可以有不同的类型。党的十四届三中全会的《决定》要求:具备条件的国有大中型企业,单一投资主体的可依法改组为独资公司,多个投资主体的可依法改组为有限责任公司或股份有限公司。通过上市向全社会公开发行股票、募集资金的股份有限公司,其数量不能太多,需有必要的控制且必须经过相关部门的严格审定。国有股权在公司中所占的份额究竟多少为适宜,没有具体标准,可以按照不同产业和股权分散程度区别对待。生产某些特殊产品的公司(如法定货币)和军工企业应由国家独资经营,支柱产业和基础产业中的骨干企业、龙头企业,国家必须控股并吸收非国有资金入股,可以扩大国有经济的主导作用和影响范围。

从 1993 年 11 月党的十四届三中全会的《决定》明确了国有企业建立现代企业制度的改革方向开始,经过多年广泛深入的实践,国有企业的公司制改革取得很大成就。2003 年 10 月党的十六届三中全会又一次通过一项重大决定——《中共中央关于完善社会主义市场经济体制若干问题的决定》,再次肯定了国有企业实行现代企业制度的正确改革方向,并进一步指明:"要适应经济市场化不断发展的趋势,进一步增强公有制经济的活力,大力发展国有资本、集体资本和非公有资本等参股的混合所有制经济,实现投资主体多元化,使股份制成为公有制的主要实现形式。"

三、我国国有企业公司制改造的情况

从 1993 年至今的十几年间,我国国有企业的公司制改造进程不断加快、范围逐步扩大、程度日益深化,尤其是 2003 年后的几年时间更是突出。以国有重点企业为例,我国国有企业公司制改造的现状如下。

(一)现代企业制度框架基本形成

截至 2008 年底,据不完全统计,全国约有 20 万家国有企业,对其中 4 371 家重点企业的抽调结果显示,4 022 家企业实行了公司制改造,改制面达到 92%。4 022 家改

制企业中已有 3 818 家企业在完成清产核资、界定产权的基础上建立明确的企业出资人制度,改制企业出资人到位率达到 94.9%。

上述结果表明,绝大多数改制企业围绕建立现代企业制度,切实转换企业经营机制,初步实现资本管理的制度化、科学化和规范化,"产权清晰、责权明确"的企业法人制度已经基本建立。

(二) 我国国有企业的公司制改造的显著特征

① 需进行公司制改造的国有企业面广量大。据不完全统计,全国约有 20 万家国有企业,国有经济在国民经济中占相当大的比重。社会是否有如此大的改革承受能力和控制能力,决定了改革的前途和改革的效果。

② 国有企业分布于不同的地区和产业,隶属于不同级别的地方政府和政府主管部门。理论上讲,各级政府和政府主管部门只是代表国家行使国有资产的管理权。但长期以来在投资、融资、经营决策、干部任命、劳动力配置、税收等方面形成的错综复杂关系,使国有企业与政府部门之间建立了复杂的非单纯经济的联系,这有可能使作为改革领导者的政府或主管部门,为了自身的利益部分地改变改革的目标。

③ 国有企业公司制改造的一个基础性条件是要求企业真正进入市场,而国有企业普遍存在产业水平落后、负担沉重、市场竞争乏力的问题,这就在一定程度上决定了国有企业资产进入市场有相当大的难度,企业的公司化改造受到企业自身基础的限制。

④ 公司内部法人治理结构的建立,如何与现有的政治体制和文化背景相协调,仍然是一个需要在实践中继续探索和解决的问题。

(三) 亟待治理和解决的问题

重点企业几年来在企业改制、生产经营、内部管理、做大做强、培育和提高企业核心竞争力等方面取得了显著的成就,为全面推进我国国有大中型骨干企业建立现代企业制度积累了宝贵的改革经验。但是在企业改革发展过程中触及诸如企业外部环境因素以及内部微观层面的问题,尚需要加以研究解决。

1. 少数企业对建立现代企业制度思想认识不到位的现象应引起政府有关部门的关注

国有企业改革是整个经济体制改革的中心环节,现代企业制度是国有企业改革的方向。党的十五届四中全会上《中共中央关于国有企业改革和发展若干重大问题的决定》提出了到 2010 年建立比较完善的现代企业制度的要求,以上调查情况说明,今后一个时期国有企业的改革任务还相当繁重。

2. 社会保障制度不完善,部分企业历史包袱越背越沉

由于面临着社会保障体系社会化服务水平不高等现实问题,企业改革进程不可避免地受制于外部环境的影响,下岗职工和失业人员再就业问题、职工医疗和养老保险等社会保障问题在一些地方和企业仍然悬而未决,大量富余人员滞留于企业,对企业深化改革构成很大阻力。从地区情况看:中部地区重点企业未分离企业办社会性服务机构的比重较高为 46.3%,西部地区次之为 40.4%,东部地区最低为 32.1%。河北、山西、黑龙江、宁夏等地区重点企业社会性服务机构分离工作进展比较迟缓。部分企业受畏难情绪影响,改革积极性不高,历史包袱越背越沉,已成为制约国有企业改革的"瓶颈"。

3. 政企不分的现象仍然存在

目前,仍有不少政府机构和企业主管部门在继续沿用计划经济管理体制下管理企业的模式,直接地、间接地管理和控制企业,政府色彩依然浓厚。与此同时,少数企业长期形成的依赖政府的观念根深蒂固,不习惯也不愿意完全自主独立经营、主动找"婆婆"攀高枝的情况也同样存在,由此而出现一个愿打、一个愿挨的现象也是造成上述原因之一。因此,继续深化政府职能转变,加速培育市场体系,为企业创造良好的外部环境,是企业在建立现代企业制度过程中的迫切要求。

4. 改制状况地区间发展不平衡的问题、改制企业运作不规范等问题在一些地方和企业中带有普遍性

全国按照建立现代企业制度要求完成企业公司制改造的 4 022 家重点企业中,东部地区重点企业改制比例为 91%,中部地区改制比例为 98%,西部地区改制比例为86%。从全国各地改制情况看,内蒙古自治区、安徽省、河南省重点企业改制比例较高,均在 98% 以上。重点企业改制比例低于全国平均水平的地区分别有北京、辽宁、江西、湖南、广东、广西、重庆、贵州、西藏、陕西、甘肃等 11 个地区。可见,各地区发展状况极不平衡,在一些地方还分别存在着等、慢、看现象。

部分改制企业法人治理结构机构不健全、运作不规范,部分企业即便组建了新三会,也不能按《公司法》的要求做到规范运作,有超过三成的企业董事长和企业总经理是由同一个人担任。根据权力机构、决策机构、执行机构和监督机构相互独立、相互制衡和相互协调的原则,上述机构成员不应交叉任职,应各司其职,权利和义务不能相互替代。但是,目前这种董事会成员与经理人员高度重合的状况,不仅混淆了决策机构与执行机构的关系,更使董事会中缺乏真正意义上的股东代表,破坏了决策机构与执行机构之间相互制衡、相互协调的原则,为"内部人控制"留下了制度漏洞。几年来,尽管企业董事长与总经理相互兼任的比例在逐年降低,但总的情况是力度不够,见效不大。

5. 当前左右企业生产经营的主要因素集中于资金紧缺和市场需求不足

例如,天津、吉林、青海等九个地区六成以上的重点企业家认为本企业生产经营资金紧缺。造成企业资金紧缺的主要原因归纳为:① 市场需求不足,产品销售不畅,造成企业存货占用资金增加;② 企业相互拖欠资金加重企业资金匮乏,因此导致企业流动资金周转缓慢;③ 企业管理费用持续上涨以及开发新产品投入大、周期长、风险高等多种因素。

第二章　管理的基础理论

管理已经成为现代人类社会经济生活中最重要的活动之一,各类组织尤其是企业当中的有效的管理,是组织高效运行的保证。在学习企业管理各个领域的具体内容之前,本章将对管理作一个全面而概括的介绍,以了解管理是如何产生的,又是怎样发展的,它的性质、职能、任务、内容和方法是什么,目前管理理论的最新发展情况等。通过本章的学习,建立起对于管理的总体性认识,用以指导后续各章内容的学习。

第一节　管理的产生与二重性

在人类历史上,自从有了有组织的活动,就有了管理活动。它的出现促使人们对来自这种活动的经验加以总结,并逐渐形成了一些朴素、零散的管理思想。

一、早期的管理实践

管理的产生首先表现为管理实践活动的出现,管理实践是人类集体协作、共同劳动所产生的。自从有了人类社会,人们的社会实践活动就表现为集体的协作劳动形式,而有集体协作劳动的地方就有管理活动。所以说管理实践与人类社会一样久远,管理在人类社会形成的时候其实就已经产生了,只不过当时还没有人认识到它的存在。

人类进行的管理实践,大约已经有六千多年历史。我国的长城始建于公元前200多年,全长6 700千米,用工40多万人,如此浩大之建筑工程在当时的条件下,不仅仅是劳动人民勤劳智慧的结晶,更是历史上伟大的管理实践。

宋真宗时期,大臣丁渭提出的"一举三得"方案,集中反映了公元11世纪中国管理实践的伟大活动。当时由于皇宫失火被烧毁,宋真宗命丁渭用25年时间修复。这是一个浩大的工程,不仅要设计还要施工,涉及清理废墟、挖土、烧砖、运输建材等诸多任务。丁渭提出:首先在皇宫前挖沟,然后利用挖沟取出的土来烧砖,解决了制砖原料的问题;再把京城附近的河水引入沟中,使大船直接从水路把大批建材运到皇宫前即施工现场,解决了运输建材的问题;最后用废墟杂土填入沟中,复原宫前大街,解决了建筑垃圾的处理问题。这一下子就大大加快了整个工程的速度,缩短了工期,堪称我国乃至世界古代建筑史上的杰出管理代表作。

不仅我国,在世界上其他国家也很早就有了管理实践活动,体现了人类的管理能力。比如埃及的金字塔、巴比伦古城、古罗马竞技场、泰姬陵、希腊宙斯神庙等都是很好的例证。人类的管理实践活动并不只限于修建宏伟的规模建筑物,在通过有效组织来统治国家方面也有很成功的例子,古罗马帝国的兴盛很大程度上就要归功于这种管理活动。最强盛时期的罗马帝国,疆域包括如今整个欧洲和北非,人口超过五千万,显然要统治好这样庞大的帝国,没有很好的管理工作是无法持续很久的。它提供给我们在今天看来仍然值得借鉴的成功的管理经验就是如何处理好分权与集权的关系,找到一个平衡点把二者很好地结合。公元 284 年,戴克利先成为罗马皇帝,开始实行一种连续授权制度。他把整个罗马帝国划分为 101 个省份,归 13 个区领导,这 13 个区又归并为 4 个大区。他自己除了兼任一个大区的首脑外,授权给 3 个助手分别管辖其他 3 个大区,大区的首脑再授权给 13 个总督管辖 13 个区,总督又授权给省长管辖各省,这些省长只管民政而无权控制各省军队。如此一来,由于省长没有军权且低于皇帝两个层次,就没有足够的力量来反抗中央政权;同时,分布于全国各地的诸多省长通过授权来管辖本省的民政事务,能够较好地适应地方特点。这样,既巩固了中央的控制力,保证军人和地方政府对中央政府的忠诚度,又用地方分权方式给予省长一定自由权力,使他们能积极主动地开展治理工作。

二、早期的管理思想

管理思想的出现是管理产生的另一个重要标志,在各代的史籍和各种著作中都可以见到有关管理思想的论述。

汉高祖刘邦在总结他取得天下的原因时说:夫运筹于帷幄之中,决胜于千里之外,吾不如子房;镇国家,抚百家,给饷馈,不绝粮道,吾不如萧何;连百万之众,战必胜,攻必取,吾不如韩信。三者皆人杰,吾能用之,此吾所以取天下者也。一个"用"字体现了管理中的用人之长原则。

《圣经》旧约全书的《出埃及记》中记载,希伯来人领袖摩西的岳父,对摩西事必躬亲的做法提出了建议:"你应当把有才能的人先挑选出来,让他们担任千夫长、百夫长、五十夫长、十夫长,他们应该对每一件小事自己做出判断,但每一件大事必须向你汇报。"这体现了分权原则、授权原则和例外管理等管理思想。

古巴比伦王国于公元前 1750 年左右颁布了世界上最早的一部法典——《汉谟拉比法典》,其中许多条款都涉及了经济管理思想,比如控制借贷、最低工资、会计和收据等。我国古代典籍,如《周礼》,有对行政管理制度和责任的具体叙述;《墨子》、《孙子兵法》等对于管理的职能像计划、组织、指挥、用人等都有不少适用于今日的精辟见解;秦始皇改订《法经》,从规定到实施都体现了古代管理思想中的一种改革和创新精神。

三、管理理论的萌芽

14 世纪中叶,欧洲就已经产生了资本主义的萌芽,通过原始积累导致了英法等国的资产阶级革命,又经过 18 到 19 世纪的工业革命,终于建立了资本主义。这是一场机器大工业代替手工技术为基础的工场手工业的革命,它既是生产技术上的又是生产关系上的重大变革。随着工业革命以及工厂制度的发展,工厂以及公司的管理越来越突出,也有很多的实践活动。许多理论家尤其是经济学家,在他们的著作中越来越多地涉及了有关管理方面的问题,这时期的著作大体分为两类:偏重于理论的研究即关于管理职能与原则的研究和偏重于管理技术和方法的研究。具体说来有以下几个方面:① 关于企业所有权和管理权的关系问题；② 关于管理的职能；③ 关于管理人员所应具备的品质；④ 关于专业化和劳动分工；⑤ 关于动作和工时研究；⑥ 关于生产自动化和人类摆脱繁重的体力劳动；⑦ 关于工资和激励。

总之，20 世纪前的管理思想和管理实践为管理的产生及管理学的形成奠定了坚实的基础，归纳起来表现在：① 人类在集体协作和社会化活动的实践中积累起来的管理思想和经验为管理学的形成奠定了认识基础；② 商品交换、商业的发展及其带来的"交换逻辑"成为近代资本主义制度的基础，为管理学的形成奠定了制度背景；③ 近代自然科学开创的以试验、分析方法为特征的方法论为管理研究提供了方法论基础；④ 工业革命和工厂制度的普及和发展，是管理学形成的现实需要。

四、管理的二重性

管理的二重性是马克思主义关于管理问题的基本观点，反映出管理的必要性和目的性。所谓必要性，就是说管理是生产过程固有的属性，是有效地组织劳动所必需的；所谓目的性，就是说管理直接或者间接地同生产资料所有制有关，反映生产资料占有者组织劳动的目的。也就是说，一方面管理是由许多人协作劳动而产生的，它是有效组织共同劳动所必需的，具有同生产力、社会化大生产相联系的自然属性；另一方面，管理又体现着生产资料所有者指挥劳动、监督劳动的意志，因此它又具有同生产关系、社会制度相联系的社会属性。这就是管理的二重性。掌握管理的二重性，对于我们学习管理学以及从事管理工作都有十分重要的意义。

（一）认真总结我国在管理理论与实践上正反两方面的经验教训，更好地发挥社会主义制度的优越性

管理体现着生产力与生产关系的辩证统一关系，孤立地把管理看做生产力或生产关系，并以此思想指导实践，都会给实际工作造成损害。我国在很长一段时期内受"左"的错误思潮影响，走左倾路线，在宏观经济体制方面表现为强调计划否定市场，在管理方面表现为重视社会属性而轻视自然属性，即重生产关系轻生产力，严重阻碍我国经济的发展，影响社会主义制度优越性的发挥，我们应当引以为戒。20 世纪 80 年代改革开放以来，我国在经济体制方面经历了许多实践、探索和尝试，同时企业也经过了许多管理模式的改革试验与创新，积累了大量的宝贵经验。

（二）注意学习引进国外对我们有益的管理理论、技术和方法

建设具有中国特色社会主义，发展完善社会主义市场经济，就必须充分利用国内国外两种资源，开拓国内国际两个市场，学会组织国内建设和发展对外关系两套本领。发达资本主义国家成熟的管理理论方法与技术是人类长期从事生产实践的产物与智慧结晶，是人类共同的财富，我们应当博采众长、融合提炼、为我所用，这是对管理者的要求。

邓小平同志在 1992 年南方的重要谈话中指出："社会主义要赢得与资本主义相比较的优势，就必须大胆吸收和借鉴人类社会创造的一切文明成果，吸收和借鉴当今世界各国包括资本主义发达国家的一切反映现代化生产规律的先进经营方式、管理方法。"掌握管理的二重性，就能正确地评价资本主义的管理理论、技术和方法，取其精华、去其糟粕，成为我国管理理论体系的有机组成部分。

（三）要结合实际，随机制宜地学习和运用

任何管理理论、技术与方法的出现，都有其时代背景。也就是说，它是同生产力水平及社会条件相适应的。因此，在应用某些理论、技术与方法时，必须结合本部门、本单位的实际情况，随机制宜，这样才能取得效果。试图寻求一个适合于古今中外的普遍模式，在实践中必然会遭到失败。

第二节　管理的职能与任务

管理职能是对组织管理的基本工作内容和工作过程所作的理论概括，而组织管理又是以组织任务为导向的执行一系列管理职能的系统活动，因而，研究管理活动必须要明确管理的职能与任务。

一、管理的职能

20世纪初，法国工业家及管理学家亨利·法约尔（Henri Fayol）在其著作《工业管理与一般管理》中写道，所有管理者都行使五种管理职能：计划、组织、指挥、协调和控制。1937年，美国管理学者卢瑟·古利克（Luther Gulick）和英国管理学者林德尔·厄威克（Lyndall Fownes Urwick）合著出版了《管理科学论文集》，书中把管理职能分为七种：计划、组织、人事、指挥、协调、报告和预算。到20世纪50年代中期，美国两位大学教授哈罗德·孔茨（Harold Koontz）和西里尔·奥唐奈（Cyril O'Donnell）在其有关管理学的教科书中，把管理的职能划分为以下五种：计划、组织、人员配备、指导和控制。此书问世后的20多年持续畅销，当今多数流行的教科书仍是按照这一体系编写的，只不过在这些教科书中，管理职能通常被归结为四种：计划、组织、领导和控制。而我们国内管理学教科书也类似，所不同的只是个别职能的名称用词有少许差异。

在本节内容中，我们沿用现今国内普通高等院校管理学专业普遍使用的教科书中对管理职能的划分方法，即计划、组织、领导和控制。下面有必要简单介绍一下管理的这四项职能。

（一）计划

计划是管理各项职能中的首要职能，它所确定的组织使命和目标是进行组织工作、领导工作和控制工作的前提和基础。组织当中所有层次的管理者，包括高层管理者、中层管理者和基层管理者，都必须从事计划活动。所谓计划，就是指制定目标并确定为达成这些目标所必需的行动。虽然组织中的高层管理者负责制订总体目标和战略，但是所有层次上的管理者都必须为其工作小组（work groups）制订工作计划，以便为达成组织目标作贡献。所有管理者必须制订符合并支持组织总体战略的各具体目标，此外他们还必须制订一个支配和协调他们所负责的资源的计划，从而能够实现工作小组的目标。

（二）组织

组织指确定所要完成的任务、由谁来完成这些任务以及如何管理和协调它们的过程。管理者必须把工作小组和组织中的成员组织起来，以便使信息、资源和任务能够在组织内顺畅流动。组织文化和人力资源管理对这一职能至关重要。而更为重要的是，管理者必须根据组织的战略目标和经营目标来设计组织结构、配备人员和整合组织力量，以提高组织的应变力。

（三）领导

所谓领导，是指激励和引导组织成员以使他们为实现组织目标作贡献。管理者必须具备领导其工作小组成员朝着组织目标努力的能力，通过对员工施加影响来挖掘和释放员工的潜力、才能。为了使自己的领导工作卓有成效，他们必须了解个人和组织行为的动态特征、激励员工以及进行有效的沟通。在当今的经营环境中，有效的领导者还必须是富有想象力的，即他们能够预见未来，同时使得他人也具有这种想象力以及授权员工去把想象变为现实。只有通过卓有成效的领导，组织目标才有可能实现。

（四）控制

管理者必须对组织的运行情况以及战略计划和经营计划的实施情况进行监督。控制要求管理者识别当初所计划的结果与实际取得的结果之间的偏差，当组织的实际运行状况偏离了计划时，管理者必须采取纠偏行动。这些纠偏行动既可以是采取有力措施以确保原计划的顺利实现，也可以是对原计划进行调整来适应当前的形势和需要。控制是管理过程中不可或缺的一种重要职能，因为它的存在能够确保组织前进发展的方向不会偏离目标。

二、管理的任务

简单地说，管理的任务也即是管理者的任务，就是要设计和维持一种环境，使得在这一环境中工作的人们能够用尽可能少的投入和支出，实现既定的目标。这其实是一个循环往复的过程，即一开始管理者设计出这样的环境，保证身处其中的人通过有序的工作完成任务、达到目标，但这个环境不是静态而是动态的，必定和外部的大环境有各种交换活动并且受到外部环境的影响；同时该环境内部的各种存在因素和物质以及人员也都处在无时无刻的变化当中，管理者当然会通过各种手段、措施、方法和途径来维持该环境的稳定。当该环境的变动超出管理者所能控制的范围和程度时，管理者必须再次依据新的条件和状况重新设计一个新的环境，并不断设法维持它的稳定，如此周而复始。实际中，管理者正是通过在管理活动中实现计划、组织、领导和控制四项职能，才完成了管理的任务。这其中，管理者本身是主体，他们对管理任务是否完成以及完成情况的好坏程度承担着重大责任，而核心的问题是要处理好人际关系。

第三节　管理的内容与方法

"工欲善其事，必先利其器"，管理过程中的"事"与"器"，就是管理的内容与方法。只有了解了管理的内容与方法，才能开展实际的管理工作与管理活动。

一、管理的内容

管理是一个完整的体系，但可以从横向和纵向两个纬度着手，将其划分为相互联系和制约的若干个组成部分,每个部分都成为组织管理的一项内容。

（一）横向划分

组织以其经营管理活动全过程的不同阶段和构成要素为对象,形成的一系列专业的管理内容,主要包括以下方面。

1. 技术开发管理

组织尤其是企业进行经营管理活动首先必须开展各类技术开发活动,其中主要有产品(服务)研发、工艺开发、设备开发、材料开发和能源开发等。对这几类开发活动进行管理并取得佳绩,是组织搞好生产和市场营销的技术保证。

2. 物流供应链管理

它主要涉及原材料与能源的采购、运输、装卸、储备、库存、分配和合理使用以及与相应供应商之间长期稳定的关系等管理工作。现代的社会化大生产时时刻刻都在消耗大量的各种各样的物资和能源,尤其是连续化、自动化程度高的制造型生产企业,要求物资与能源供应源源不断。因此,物流供应链管理是为组织创造物质技术条件,从而保证组织经营正常运行的一个重要条件。

3. 生产管理

无论是输出有形产品的企业、工厂还是提供无形服务的机构、公司,生产活动都是组织的基本活动。生产管理就是对组织日常生产活动的计划、组织和控制等一系列管理工作的统称,主要包括固定资产的布置、生产过程组织、劳动组织、生产计划、作业计划、生产控制、设备管理、环境管理和质量管理等。

4. 市场营销管理

市场营销管理即是指对组织在变化发展的市场环境中,满足顾客需求,实现组织目标的商务活动过程进行的管理。它主要包括市场研究与开发、订货合同、销售渠道、广告宣传、产品定价、客户服务等管理工作,是实现产品价值、树立形象、扩大影响、提高声誉、保证生产过程连续进行的重要环节。

5. 财务管理

组织开展生产经营活动的全过程,从始至终都伴随着资金的运作。财务管理的任务就是要解决资金的筹集、分配和使用问题,充分发挥资金的作用直接影响着组织经济效益水平的高低,因而在组织管理中占据了重要地位。其主要内容包括融资投资、固定资产和流动资金管理、成本费用管理和利润管理等。

6. 人力资源管理

组织的所有活动都需要人来开展,人才是组织最宝贵的资源,真正取之不尽、用之不竭。不言而喻,人力资源管理是任何组织都不可或缺的一项基本的专业管理活动。根据组织合理的人力资源需求,对组织成员(含组织之外被组织需要的人员)进行招聘、录用、培训、配置、考核、奖惩、升降、调动、辞退等工作进行管理。同时为了充分发挥组织成员的积极性、激发他们的潜力与热情,必须从物质和精神两方面给予有力的刺激,这方面的管理工作包括员工薪酬管理、福利事业、教育培养、个人成长与发展规划等重要内容。

以上的专业管理内容对象涉及产、供、销、人、财、物,它们都是客观存在的,有着自身的运行规律。组织的管理者只有从这些对象的客观实际出发,按照其固有的内在规律开展经营活动,才能使管理工作落到实处,为组织绩效的不断提高作出贡献。

（二）纵向划分

1. 组织高层管理

它是组织管理体系中最重要的组成部分,处于统帅地位。其核心内容是制定和组织实施组织经营战略、决策与计划,此乃关乎组织前途与命运的头等大事,因此就明确了高层管理者的职责主要是要抓组织全局,确定总的目标、方针和策略等。此外,高层管理的内容还有组织结构的设计与变革、发挥各级组织的作用、选拔使用和培养各级管理者、培育组织文化、处理组织与外部各利益方的关系、处置组织出现的重大危机与突发事件等。

2. 组织中层管理

它是把组织高层管理和组织基层管理连接起来的纽带和桥梁,既充当高层管理的参谋和助手,又对基层管理进行必要的指导、监督和服务。其主要内容就是前面介绍过的一系列专业管理,包括对组织生产经营全过程的不同阶段（开发、供应、生产、销售、客服等）和构成要素（人、财、物、信息等）的管理。

3. 组织基层管理

由于组织基层管理是对生产、销售、服务等现场作业的管理,因而它也被称为现场管理或作业管理。基层管理者的主要职责是通过自身的作业活动和作业管理,实施组织规定的各项制度与方法,最终实现组织高层确定的经营目标,比如制造型企业里的生产车间、商业流通公司里的门市部和营业部卖场、服务类机构里的作业场所等。依据现场作业过程及其影响因素,要全面完成其承担的任务,组织基层管理的内容一般包括工序管理、物流管理、规范化管理、环境管理、员工自主管理、基层组织管理等。

二、管理的方法

行使组织管理的基本职能,完成组织管理的各项任务,实现组织管理的各级目标,必须借助于各种各样的管理方法。下面所要讲到的管理方法并不是各项专业管理的具体业务方法（它们将会在后面的各章节里面被介绍）,而是组织管理的方法论基础以及各项管理工作和各层次管理人员都应当掌握的一般方法。

（一）组织管理的方法论

作为组织管理方法论基础的系统论、信息论和控制论,是研究解决组织管理的各种具体方法的重要指导思想。

1. 系统论观点

所谓系统是指由相互作用和相互依赖的若干组成部分结合而成的,具有特定功能的有机整体。系统本身又是它从属的一个更大系统的组成部分,系统论是把辩证唯物主义关于普遍联系的思想具体化,成为科学研究和社会实践中解决复杂问题的科学理论与方法。从是否人为的角度,可以将所有的系统划分为两大类:一类是自然系统即自然界本来存在的系统,如银河系;一类是人造系统即由人工创造或改造的系统,如工厂企业。从管理的角度看,系统有两个含义:其一是指系统乃一个实体,例如组织;其二是指系统乃一种方法或手段。所谓系统方法是指用系统的观点来研究和分析管理活动的全过程,而系统具有以下几个特性。

(1)整体性

这体现出系统是由两个以上的相互区别的要素组成的一个整体,所以它具有不同于每一个要素孤立状态下的性质的特性与功能。管理活动的整体效果,不一定是它的各要素活动的效果之和,有效的管理总能带来"整体大于部分之和"的效果,即通常所说的"1+1>2"。

(2)相关性

这表明了系统各个组成要素之间并非彼此隔离而是互相依存的,从而形成了带有层次性的结构复杂的系统。所以当系统中任何一个要素发生变化时,其他要素也会相应改变或调整。这就要求我们全面分析系统的构成要素是哪些、彼此间关系怎样,从而形成一个科学合理的系统结构。

(3)目的性

所有的人造系统都具有整体目的,此目的可以是单一的,也可以是由若干目的有机结合而构成的整体。管理系统的整体目的就是要创造价值和提供服务,达到一定的经济效益与社会效果。

(4)适应性

环境是一个系统所从属的更高一级的系统,任何系统都必须适应其所处环境的要求和变化,否则难以生存和发展。

(5)开放性

为了要适应外部环境的要求和变化,系统本身不能封闭,而是必须不断地与外部环境交换能量和信息。系统既从外部获得所需的资源,也向外部输出自身的产物。

(6)控制性

有效管理系统必须有畅通的信息与反馈机制,使各项工作能够及时得到有效控制,保证系统本身的稳定运行。

学习和掌握系统论观点,对我们研究和改进组织管理活动有非常重要的意义。依据系统论观点,我们可以通过管理过程中各项管理职能的展开来研究管理活动的过程、规律、原理和方法等。这样有助于全面考虑、正确处理组织经营实际中的各种矛盾关系,寻求提高组织管理水平、提升经济效益的最佳途径。组织管理中所要解决的每个重大问题,都需要运用系统论的方法作指导。

2. 信息论观点

具有新内容、新知识的消息才叫做信息。对于组织管理来说,特指那些经过加工处理之后,对组织经营管理活动有价值的数据。此处所称之"数据",含义广泛,并不仅仅指数字信息,只要记录下来的事实都是数据。除了数值数据以外,还包括非数值数据,如图案、图像、照片、表格、文字、符号、声音、视频、色彩、线条等,甚至人的动作、表情。组织开展经营管理活动,需要的信息来自外部环境和组织内部两方面。

信息是当今组织管理过程中的宝贵资源和无形资产,起着十分重要的作用。随着计算机、网络和通信技术等现代化科技的飞速发展与广泛应用,经济信息化风潮正席卷全球,对社会生活的各个方面都产生了巨大影响,尤其是经济活动和管理领域因之发生了划时代的革命。它是组织进行经营决策、制订科学合理计划的必要依据;是开展生产活动、建立正常管理秩序的必备工具。要实现组织管理的现代化、科学化,必须建立一套有效的管理信息系统,以满足对信息工作完整、准确、及时和适用的要求。

3. 控制论观点

控制论是主要研究如何调节、规范与约束复杂的系统,使其按照预定目标运行的方法论。不管受控制的对象是谁,也不管控制发生在哪里,正常运行的控制过程都包括三个基本步骤。

(1) 拟订控制标准

这是控制的依据。在组织管理活动中,总有着这样那样的标准,种类繁多。比较常用的标准是反映了计划要求,纳入了目标管理体系的那些可考核的目标,例如工时、产量、废品率、成本、利润、销售额等。

(2) 寻找偏差

衡量组织管理活动中的实际运行结果,并与控制标准相比较,从而找出偏差及产生这些偏差的原因。

(3) 纠正偏差

针对原因,采取有效措施纠正偏差。通常分两种情况对待,一种是正偏差,即产生的偏差超过了标准的要求,如超额完成任务、废品率降低等。如果属于原标准制订不当,就应当重新修订;如果属于员工的努力,就应当给予一定奖励。还有一种是负偏差,即没有达到标准的要求,如成本预算超支、出货延时等。这就要对执行中的问题分析,采取有效手段加以解决。

(二) 组织管理的一般方法

首先需要说明的是,此处所介绍的一般方法是组织在各个管理领域里和管理层次中都需要使用到的方法,具有普遍性。它们按照组织中管理者和被管理者之间相互作用的方式划分为以下四种。

1. 行政方法

它指的是组织运用行政手段(通常指组织中的职权,如上司对下属的命令、组织对员工的规定、高层对中下层的指示等),按照行政隶属关系来执行管理职能、完成管理工作的一种方法。它具有强制性、法律性的特点,在管理活动中是很有必要的,也经常被使用。但须注意应当按照客观规律办事、从实际出发、讲求科学性,避免主观、滥用。

2. 经济方法

它指的是按照经济规律的要求,运用经济手段(如价格、薪水、利润、奖金、提成、分红等)和经济方式(如经济合同、经济责任制等)来执行管理职能、完成管理工作的一种方法。它运用物质利益原则,充分调动组织全体员工的积极性,激励他们为组织发展、组织目标和组织绩效作出贡献。

3. 法律方法

它指的是通过经济立法和经济司法,用经济法规来管理组织的经营活动的一种方法。经济法规是用来调整国家机关、企事业单位和其他社会组织之间,以及它们与公民之间在经济生活中所发生的社会关系的法律规范。它既是各类组织和公民的经济行为的准则,也是保证组织经营管理活动有序开展的前提条件,更是国家管理经济的重要手段,显然在组织管理实践中必须重视这种方法的运用。

4. 教育方法

它指的是运用思想教育的手段来解决组织成员的思想认识问题,调动其积极性的一种方法。我们知道,组织经营管理中的一切活动最终总是要借助于人来完成的,人才是组织的主体。组织成员的创造性、积极性和潜力是组织绩效不断提高、管理水平持续提升的动力源泉,充分挖掘这个源泉正与成员的思想状况有极大关系。在组织经营管理活动中,当组织成员有各种各样的思想问题的时候(这种情况几乎没有组织能避免,并且发生的频率高、程度深、范围广),切忌用强迫的手段,粗暴简单地压服,而应当依靠做思想工作、说服教育的方法来解决。

此外,按照时代特点划分,组织管理有传统方法与现代方法。按照研究解决问题的思维方式划分,组织管理有定性分析方法与定量分析方法。一般说来,运用现代方法和定量分析方法,可以显著提高工作效率和工作质量。运用定量分析方法,可以使我们对客观规律的认识更加深化和精确,使我们可以具体预测出经济活动的发展趋势,使我们明确地计算出各种决策方案的经济效益。但是,任何事物都有两面性,定量分析方法的局限性同样明显:经济活动中的诸多复杂多变不可控因素(人们心理因素、社会文化因素、国家政治因素等)难以准确定量甚至根本无法定量。意图通过建立数学模型来对所有的管理问题求出最优解,借助于计算机模拟系统代替管理人员的全部决策,都是不切实际的。退一步说,即使有的问题可以以数学模型寻求解答,也是事先对某些数量变化关系作了一定的抽象、近似或简化,不能真实反映客观实际,这样得到的答案也就不能被认为是最优解了。所以在实际管理活动中,定性分析与定量分析的方法必须结合起来,融合组织经营管理者的经验、智慧和魄力,综合权衡与判断,才能做出科学、合理、满意的决策。

综上所述,组织管理的一般方法,都有着各自的长处与局限,在某一方面的管理活动中能发挥出自身的作用,因而都是管理实践过程中必不可少的。我们不能夸大某一种方法的优势而贬低或否定其他方法的效用,从而只抱着一种方法不放、不使用其他方法。应当记住,搞好管理工作,决不能单纯依赖某一种方法,世上没有这样的万能钥匙。而是需要把各种方法结合起来使用,使之相互补充、取长补短,来获取理想的效果。

第四节　管理理论的沿革及发展

随着社会的发展和科学技术的进步,人们对管理思想加以提炼和概括,找出其中带有规律性的东西,并将其作为假设,在管理活动中进行检验,继而对检验结果加以分析研究,从中找出属于管理活动普遍原理的东西。这些原理经过抽象和综合就形成了管理理论。

一、管理理论形成与发展的总结

管理实践和管理思想与人类社会一样久远,而作为管理理论的形成却是在 19 世纪末 20 世纪初,以泰罗科学管理理论的出现作为标志,由此管理理论开始形成和不断发展,最终成为一门独立的学科——管理学。表 2-1 对管理理论形成与发展的历史沿革过程进行了简要地归纳和总结。

表 2-1   **管理理论的沿革总结**

时 间	理 论	特 点
19 世纪末以前	各种管理思想	
20 世纪初～1930 年	古典管理理论	标准化、制度化
1930 年～1950 年	行为管理理论	重视人的因素
1950 年～1990 年	现代管理理论	多样、系统、改进、创新

从表 2-1 我们很容易看出,管理学的形成与发展一共可以分为三个阶段,即:

(一)古典管理理论阶段

20 世纪初泰罗科学管理理论出现到 20 世纪 30 年代行为科学理论出现前这一阶段。

(二)行为管理理论

20 世纪 30 年代到 20 世纪 50 年代这一段时间,主要指行为科学理论的形成发展。

(三)现代管理理论

20 世纪 50 年代到 20 世纪 90 年代期间,在此阶段形成了各种管理理论学派,因而具有多样性特点,统称为现代管理理论。

以上管理理论过程的阶段划分方法基本上可以把握住管理理论的沿革及发展全过程,做到了历史与逻辑的统一。本节随之将按照以上阶段划分展开介绍。

二、古典管理理论

(一)科学管理理论

这一理论着重研究如何提高单个工人的生产率,美国人弗雷德里克·温斯洛·泰罗(Frederick Winslow Taylor)是该理论的创立者,被后人称为"科学管理之父"。他最突出的贡献就是经由对著名的"搬运生铁块"和"铁锹实验"的研究分析得出的科学管理理论,其要点如下。

1. 工作定额原理

提高劳动生产率是科学管理的中心问题。泰罗认为,提高劳动生产率的潜力很大,方法是选择合适而熟练的工人,把他们的每一项动作和每一道工序的时间记录下来,并把这些时间加起来,再加上必要的休息时间和其他延误时间,就得到完成该项工作所需的总时间。据此来制定出每个工人的"合理的日工作量",即为工作定额原理。

2. 能力与工作相适应

为了提高劳动生产率,必须为工作配备"第一流的工人"。泰罗所指的第一流的工人,是那些最适合做某项工作而且也愿意去做这项工作的人。所以应当根据人的能力把他们分配到相应的工作岗位上并进行培训,使他们学会科学的工作方法,成为第一流的工人,而这是企业管理者的责任。

3. 标准化

要使工人掌握标准化的操作方法,使用标准化的工具、机器和材料,并使作业环境标准化。泰罗认为,必须对以上各项及劳动与休息时间的搭配进行分析,消除各种不合理因素,把各种最好的因素结合起来形成一种最好的标准化了的方法,这是企业管理者的首要职责。

4. 差别计件工资制

其含义是计件工资率随着完成定额的程度而上下浮动,如工人完成或超额完成定额,则定额内的部分连同超额部分都按比正常单价高 25% 计酬;如工人完不成定额,则按比正常单价低 20% 计酬。这样一来,既体现了工人劳动的数量又没有增大劳动的强度导致工资率降低,从报酬制度上来鼓励工人努力工作,大大提高他们的积极性,消除了当时普遍存在的"磨洋工"现象,从而有效提高了劳动生产率。

5. 心理革命

泰罗认为,工人和雇主双方必须由相互指责、怀疑、对抗变为相互信任,共同为提高劳动生产率而努力。当这样做时,他们共同创造的盈余是令人惊叹的,足够给工人大量增加工资,同时给雇主大量增加利润,由"内耗"变为"双赢"。

6. 计划职能与执行职能分离

泰罗指出,要变原来的经验工作方法为科学工作方法,应当有意识地把以前由工人承担的工作分为两部分,即计划职能与执行职能。计划职能归企业当局的专门部门,至于现场的工人,则从事执行职能。计划部门的具体工作包括:① 进行时间和动作研究;② 制订科学的工作定额和标准化的操作方法,选用标准化工具;③ 拟订计划、发布指示和命令;④ 比较标准和实际的执行情况,进行有效控制等。

7. 例外原则

上级管理人员把一般的日常事务授权给下级管理人员去处理,自己只保留对例外事项的决策和监督权。也就是说,在管理控制上实行例外原则,经理只接受有关超出常规标准的例外情况,特别好和特别坏的例外情况,概括性的、压缩的和比较的报告。

泰罗将他的研究成果及管理思想都发表在其代表著作《计件工资制》(1895 年)、《车间管理》(1903 年)、《科学管理原理》(1911 年)里,在 20 世纪初得到了广泛的传播和应用,影响很大。与他同时代的人中也有很多积极从事于管理实践与理论的研究,丰富和发展了"科学管理理论",其中比较著名的有甘特和吉尔布雷斯夫妇。

美国管理学家、机械工程师亨利·甘特(Henry Gantt)是泰罗在创建和推广科学管理时的亲密合作者,他的最重要贡献就是创造了"甘特图"。这是一种用线条表示的计划图表,当时作为计划和控制生产的有效工具,现在常被用来编制进度计划,为当今现代化方法 PERT(计划评审技术)奠定了基础。此外,甘特还提出了"计件奖励工资制",即除了支付日工资外,超额完成定额的,超额部分以计件方式发给奖金;完不成定额的,只支付日工资。这种制度弥补了泰罗的差别计件工资制的不足,可使工人感到收入有保证,劳动积极性因而提高,使"科学管理"理论得到了进一步的发展。甘特的代表著作是《工业的领导》(1916 年)和《工作组织》(1919 年)。

美国工程师弗兰克·吉尔布雷斯(Frank Bunker Gilbreth)及其夫人——心理学博士莉莲·吉尔布雷斯(Lillian Moller Gilbreth)——在动作研究和工作简化方面做出了突出贡献。他们把工人的操作动作分解为 17 种基本动作,并称之为"therbligs"(吉尔布雷斯的英文字母倒写并把"t"和"h"互换),再用拍照片的方式记录和分析工人的操作动作,寻找合理的最佳动作以提高工作效率。通过这些手段纠正工人操作时某些不必要的动作,形成快速准确的工作方法。与泰罗相比,吉尔布雷斯夫妇的工作研究更加细致、广泛,并且开始注意到人的因素,在一定程度上试图把效率和人的关系结合起来,由于一生致力于提高效率,他们被人们称为"动作专家"。

(二)管理过程理论

这一管理理论着重研究管理职能和整个组织结构,其代表人物是法国人亨利·法约尔,他被公认为是第一位概括和阐述一般管理理论的管理学家,后人称之为"管理过程理论之父"。他的理论贡献主要体现在其对管理职能的划分和管理原则的归纳上,代表作《工业管理和一般管理》(1916 年)对后来的管理理论研究具有深远影响。他在书中从四个方面阐述的管理理论如下。

1. 企业职能不同于管理职能

法约尔认为,任何企业都存在六种基本活动或职能,管理只是其中之一。这六种基本活动是:

① 技术活动——生产、制造和加工;

② 商业活动——采购、销售和交换;

③ 财务活动——资金的筹集、运用和控制;

④ 安全活动——设备维护、人员保护;

⑤ 会计活动——货物盘点、成本统计和核算;

⑥ 管理活动——计划、组织、指挥、协调和控制。

可见,法约尔把管理活动划分为五大职能,并进一步解释:计划是指预测未来并制订行动方案;组织是指建立企业的物质结构和社会结构;指挥是指使企业人员发挥作用;协调是指让企业人员团结一致,使企业中的所有活动和努力得到统一和谐;控制是指保证企业中进行的一切活动符合所制订的计划和所下达的命令。

2. 管理教育的必要性和可能性

法约尔指出,企业对管理知识的需要是普遍的,而单一的技术教育适应不了企业的一般需要。因此,他认为应当尽快建立管理理论,并在学校中进行管理教育,使其能起到像技术教育那样的作用。

3. 管理的十四条原则

法约尔首次提出了以下一般管理的十四条原则。

① 分工。在技术工作和管理工作中进行专业化分工可以提高效率,这应当是在各种机构、组织、团体中进行的必不可少的工作。

② 权力与责任。他认为权力是发号施令并要求他人服从的力,行使权力的同时必

须承担相应的责任,否则就会出现有权无责和有责无权的情况。

③ 纪律。所谓纪律是企业管理者与下属之间以达到服从、勤勉、干劲、言行以及尊重人为目的的一种协议,组织内所有成员都通过它对自己在组织内的行为进行控制,因此法约尔认为纪律是管理必须的,并且应该尽量明确和公正。

④ 统一指挥。组织内每一个成员只能服从一个上级并且接受他的命令。

⑤ 统一领导。指一个团体中,只要目标相同的活动就只能有一个领导,一个计划。

⑥ 个人利益服从整体利益。个人和小集体的利益不能超越组织的利益,当二者不一致或矛盾时,管理者务必使其一致。

⑦ 报酬合理。报酬制度应当公平合理,对工作成绩和效率优良者给予奖励但应有限度,使雇佣双方获得最大可能的满足。

⑧ 集权与分权。应根据企业的性质、条件和外部环境及员工素质来决定权力的集中或分散程度,以"产生全面的最大利益",并且在企业实际情况变化时相应改变这一程度。

⑨ 等级链与跳板。组织中从最高一级到最低一级应该建立关系明确的职权等级系列,即等级链。它表明权力等级的顺序和信息传递的途径——请示要逐级进行,指令要逐级下达,通常不能轻易违反以保证命令的统一。但特殊时候可以适当变动(法约尔称之为"跳板",也称"法约尔"桥),以便于同级之间的横向沟通。但在横向沟通前仍需对各自上级事前征询、事后汇报,如图 2-1 所示。

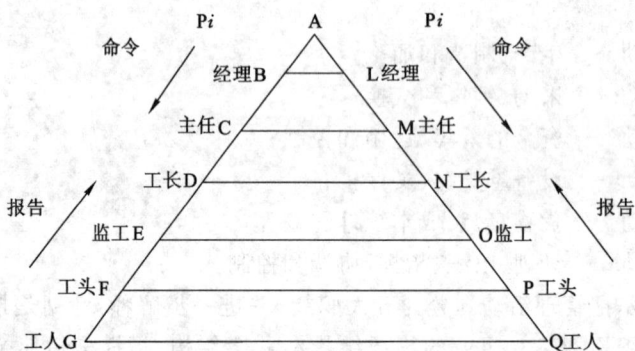

图 2-1 "法约尔"桥

⑩ 秩序。组织中每个成员都有各自的岗位,并且都是在最适合他的岗位上;每件物品都有自己的放置地,并且都是在该放置的地方。

⑪ 公正。管理者对其下属必须做到仁慈、善意与公道结合,才可能使下属对上级表现出忠诚和热心。

⑫ 人员稳定。花费了时间和金钱培养出来的胜任目前工作的人员如果不断变动,企业将遭受损失,没有良好的绩效。

⑬ 首创精神。这是创立和推行计划的动力,管理者通过鼓励全体成员发挥首创精神,来提高组织内各级人员工作的热情。

⑭ 集体精神。必须注意在组织内部建立和保持团结、协作和和谐的气氛,特别是

人与人之间的关系。

4. 管理要素

法约尔提出,管理这一企业活动是由五个管理职能亦即要素组成的:计划、组织、指挥、协调、控制。计划应依据企业资源、目前工作和未来发展趋向来制订,同时参考各级人员意见,具有同一性、连续性、灵活性和精确性的计划才是良好的;组织主要包括机构、人员配备、训练和参谋部门设置等;指挥在金字塔的等级系列里是管理者应具备的一种技巧;协调是为了各项活动和谐,以便更好地进行工作、取得成功;控制则是检验每项工作是否符合计划、方针、原则、制度等的内容要求,以期发现错误立即改正。

(三)理想行政组织体系理论

这一理论是由德国著名的社会学家马克斯·韦伯(Max Weber)在其著作《社会组织和经济组织理论》一书中提出的,是对管理理论的重要贡献,韦伯也因此被人们称为"组织理论之父"。

韦伯认为,任何组织都必须以某种形式的权力作为基础才能保证组织正常的秩序、实现目标,而他把权力分为三种纯粹形态:传统的、超凡的和理性—合法的。传统权力是世袭得来或是先例和惯例;超凡权力则个人色彩浓厚,过于感性而非理性;只有理性—合法权力因为基于法律或升上掌权地位的那些人发布命令才宜于作为理想组织体系的基础。注意,韦伯所指之"理想"并非指合乎需要,而是指组织的"纯粹形式",以区别现实中形态各异的组织形式。韦伯的"理想行政组织体系"的特点如下。

1. 有明确分工

组织内每个职位的权力和责任都有明文规定。

2. 自上而下的等级体系

每个下级都处于某一个上级监控之下,每个管理者不仅对自己的决定和行动负责,也对下级的决定和行动负责。

3. 人员考评与教育

根据职务要求,选拔那些经过正式的考评和教育训练而获得技术资格的员工并任用。

4. 职业管理人员

行政管理人员领取固定的"薪酬",按明文规定的升迁制度升迁,他们是"专职的"管理者。

5. 遵守规则、纪律和程序

管理人员都必须严格遵守组织中的规定,照章办事。

6. 组织内成员间的关系

这些关系都应以理性准则为指导,不受个人情感影响,组织与外界的关系也是如此。

韦伯指出,这种高度结构化、正式且非人格化的理想行政组织体系是进行强制控制的最合理手段,是实现目标、提高生产率的最有效形式,它在精确性、稳定性、纪律性及可靠性等方面都优于其他组织形式。韦伯的这一理论,对泰罗、法约尔等人的理论是一种有益补充,对后来的管理学者,特别是组织理论家产生了很大的影响。

三、行为管理理论

这一理论其实始于 20 世纪 20 年代,早期被称为"人际关系学说",以后发展为行为科学,即组织行为理论。

(一)梅奥及霍桑试验

美国人乔治·埃尔顿·梅奥(George Elton Mayo)是哈佛大学的心理学家和管理学家,他受西方电气公司邀请,在任教的 1924～1932 年期间参与策划了旨在探求该公司员工生产率低下、情绪不满的原因的试验,由于试验是在西方电气公司霍桑工厂进行的,故而后人称之为"霍桑试验"。这项试验共分为四个阶段。

1. 第一阶段——工场照明试验(1924～1927 年)

研究人员选择一批工人并把他们分成两组,一组为"试验组",先后变换工场的照明强度,从而工人在不同照明强度下工作;另一组为"控制组",工人在照明强度保持不变的条件下工作。研究人员希望通过试验得出照明强度对生产率的影响,但试验结果却发现,两组的产量都大大提高且提高的幅度几乎相等。于是得出两点结论:一是工场的照明只是影响工人生产率的不太重要的因素之一;二是由于牵涉的因素太多,难于控制,所以无法准确衡量出照明对产量的影响程度。在貌似失败的试验表象背后,研究人员却发现了其他值得注意的原因:改变和保持照明强度之所以都能引起生产率提高是因为试验开始受到关注,变得重要了。

2. 第二阶段——继电器装配室试验(1927～1928 年)

研究人员选择 5 名女装配工和 1 名画线工在单独的一间工作室内工作,另派一名观察员专门记录室内发生的一切,以便对影响工作效果的因素进行控制。通过材料供应、工时、劳动条件、报酬、管理作风等各个因素对工作效率影响的实验,他们发现,这个小组由于督导方法的变更,使员工的态度改善,因而产量增加。于是他们决定更加深入地研究工人工作态度和可能影响工人工作态度的其他因素,这成为霍桑试验的转折点。

3. 第三阶段——大规模访谈(1928～1931 年)

研究人员在上述试验的基础上进一步在全公司范围内进行访问和调查,前后共计2 万多人次。通过采用"非直接提问式"的调查,即访问者倾听被访问者感兴趣的随便什么问题,研究人员发现,影响生产力的最重要因素是工作中发展起来的人群关系,而非待遇和工作环境。每个工人的工作效率高低,不仅取决于他们自身的情况,还与其所在小组中同事有关。由此得出结论:任何一个人的工作效率都要受到周围环境和同事的影响。

4. 第四阶段——接线板工作室试验(1931～1932 年)

研究人员挑选了 9 名接线工、3 名焊工,把他们均分为 3 组,另有 2 名检查员则分组检验工作。工人的报酬按小组刺激计划计算,即以小组的总产量为基础给每人付酬,强调他们在工作中要协作以便共同提高产量和工资报酬。此阶段试验有几个重要发现:① 大多数成员自行限制产量。工人们只完成公司规定的额定日工作量的 82%～90%,原因是担心公司再提高工作定额、怕因此造成一部分人失业、要保护工作速度较慢的同事。② 工人对不同级别的上级持不同态度。把小组长看做小组成员,对小组长以上的上级,级别越高越受工人的尊敬,但工人对其的顾忌心理也越强。③ 成员中存在小派系。工作室存在派系,每个派系都有自己的一套行为规范,谁要加入这个派系,就必须遵守这些规范,派系中的成员如果违反这些规范,就要受到惩罚。

梅奥对霍桑试验进行了总结,写入了其在 1933 年出版的《工业文明中人的问题》一书。书中他阐述了与古典管理理论不同的观点——人际关系学说,它的主要内容是:

① 工人是社会人而非经济人。古典管理理论认为金钱是刺激人们工作积极性的唯一动力,把人看做经济人。梅奥认为,工人是社会人,除了物质方面的条件外,他们还有社会、心理方面的需求,因此不能忽视社会和心理因素对积极性的影响。

② 企业中存在着非正式组织。古典管理理论只注意到管理组织机构、职权划分、规章制度等这些正式组织的作用是很不够的,企业成员在共同工作过程中,相互间必然产生共同的情感、态度和倾向,形成共同的行为准则和惯例并要求个人服从,这就构成了一个“非正式组织”。霍桑试验说明:非正式组织通过不成文的规范左右着其成员的感情倾向和行为,它不仅总是存在,而且与正式组织相互依存,对生产率有重大影响。

③ 新型的领导能力在于提高职工的满足度。生产率的提高主要是取决于工人的工作态度及他和周围人的关系,梅奥认为提高工人的满足度是提高生产率的主要途径,即工人对社会因素、特别是人际关系的满足程度。企业中的管理人员既要有经济技能更要有人际技能,通过对各级管理人员的培训,使其学会如何了解人们的逻辑与非逻辑行为,掌握通过与工人交谈来了解其情感的技巧,使正式组织的经济需要与非正式组织的社会需要取得平衡。

④ 存在着霍桑效应。霍桑效应是指,对于新环境的好奇与兴趣,会导致人们较佳的工作成绩,至少在最开始的一段时期如此。如何保持霍桑效应即保持人们长时期的优良工作绩效,也是管理学应当重视和研究的问题。

(二) 其他人的贡献

除了梅奥,对人际关系学说作出贡献的还有两位重要的学者——亚伯拉罕·马斯洛和道格拉斯·麦格雷戈。

亚伯拉罕·马斯洛(Abraham H Maslow)在其 1954 年出版的《激励与个性》中提出了需要层次理论。该理论主要内容有二:第一,人是有需要的动物,其需要取决于他已得到了什么、还缺少什么,只有还未被满足的需要才能影响其行为,也就是说,已被满足的需要是起不到激励作用的。第二,人的需要有层次之分(马斯洛把人的需要划分为五个层次,从低到高依次是生理、安全、社交、尊重和自我实现),只有较低层次的需要被满足后,较高层次的需要才出现并起到激励作用。

美国麻省理工学院教授道格拉斯·麦格雷戈(Douglas McGregor)在 1957 年首次提出了 X 理论和 Y 理论。在 1960 年出版的《企业的人的方面》中,他又对两种理论进行了比较。X 理论以否定和悲观的态度看待工人,而 Y 理论以肯定和乐观积极的态度看待工人。麦格雷戈认为 Y 理论更适宜于作为企业中管理实践的基础。

四、现代管理理论

二战后,随着科学技术的发展和社会生产力水平的提高,人们对于管理理论的重视程度也普遍提高了。很多学者借鉴前人的经验、理论,从各自所处角度,结合自己的专业知识,去研究现代管理问题,促进了管理理论的丰富,由此出现了多种管理理论。这些理论各有特点,相互补充,使得管理科学的学科体系更加完善和全面。这一阶段又分为两个时期。

（一）管理理论丛林

这一时期是从 20 世纪 50 年代到 20 世纪 60 年代末,在此阶段形成了各种管理理论学派,全面性、系统性和精确性等是该时期管理理论的特点。因此,美国著名管理学家孔茨把它们称为"管理理论丛林",它主要包括了以下学派。

1. 管理过程学派

该学派的基本观点是:① 管理是一个过程,即让别人与自己一起去实现既定目标的过程;② 管理的职能有五个,即计划、组织、人员配备、指挥和控制;③ 管理的职能具有普遍性,即各级管理者都执行管理职能,但侧重点因管理层次的不同有所差异;④ 管理应当具有灵活性,即要因地制宜加以灵活运用。其创始者被管理学界普遍认为是法约尔。

二战之后,该学派的观点得到了许多学者和从事实际管理工作的人员的接受与支持。由于对管理职能的分类有不同看法,因而又出现了很多不同的流派,比如亨利·艾伯斯(Henry Albers)主张四种职能(计划、组织、指挥、控制);哈罗德·孔茨和西里尔·奥唐奈主张法约尔提出的五种职能;赫伯特(Herbert)主张六种职能(计划、创造、组织、激励、沟通、控制);欧内斯特·戴尔(Ernest Dale)主张七种职能(计划、组织、指挥、配备人员、控制、创新、代表)等。

2. 社会合作学派

该学派认为,人的相互关系就是一个社会系统,它是人们在意见、力量、愿望及思想等方面的一种合作关系。管理人员的作用就是要围绕着物质的(如材料和设备)、生物的(一个抽象存在的呼吸空气和需要空间的人)和社会的(如群体相互作用、态度和信息)因素去适应总的合作系统。

社会学是该学派的一个重要理论基础。最早从社会学角度系统研究管理问题的代表人物是切斯特·巴纳德(Chester Irving Barnard),其著作《经理的职能》(1938 年)对该学派有很大影响。此外,怀特·贝克(White Baker)提出的"组织结合力"的概念,对于管理学也有很大的意义。他认为企业中的组织结合力包括职能规范系统、职位系统、沟通系统、奖惩制度以及组织规程。

3. 经验或案例学派

该学派主张通过分析经验(通常是一些案例)来研究管理学问题,最早提出这一见解的是美国哈佛大学商学院的几名教授。他们认为,通过分析、比较和研究各种各样成功和失败的管理经验,就能抽象出某些一般性的结论或原理,这样有助于学生和从事实际管理活动的人员理解管理原理,使他们学会有效地从事管理工作。实质上来看,该学派的主张是传授管理学知识的一种方法,称为"案例教学"。实践表明,这确是培养学生分析问题、解决问题的一种有效手段,如今已被全世界绝大多数开设管理学专业教育的学校所采用。

4. 群体行为学派

该学派同人际关系行为学派密切相关,以致常被混淆,但它关心的主要是一定群体中人的行为,而非一般的人际关系和个人行为,它以社会学、人类文化学、社会心理学而非个人心理学为基础。该学派着重研究各种群体的文化方式、行为方式和行为特点等。它最早的代表人物和研究活动就是梅奥和霍桑试验,20世纪50年代克里斯·阿吉里斯(Chris Argyris)提出的"不成熟——成熟交替循环模式"是对该学派的理论的重要贡献。

5. 人际关系行为学派

该学派的观点是,必须以人和人之间的关系为中心来研究管理问题。该学派的学者大都受过心理学方面的训练,注重个人、人的动因,把人的动因看做一种社会心理现象。有的学者强调处理人的关系是管理者应该且能够理解与掌握的技巧;有的学者认为管理就是领导,把所有的领导工作都当做管理工作;有的学者重点研究人的行为与动机之间的关系,以及有关激励和领导的问题。所有这些,都提出了对管理人员大有裨益的见解,如弗雷德里克·赫茨伯格(Frederick Herzberg)的"双因素理论"、罗伯特·布莱克(Robert R Blake)和简·穆顿(Jane Srygley Mouton)的"管理方格理论"等。

6. 社会技术系统学派

该学派是一个较新的管理学派,通常认为其创立者是英国的特里斯特。20世纪50年代初,他根据对煤矿中"长壁采煤法"研究的结果提出:要解决管理问题,只分析社会合作系统是不够的,还必须分析研究技术系统(如机器设备、工程工艺方法)对于社会系统的影响,以及对个人心理的影响。由此得出结论,组织的绩效不仅取决于人们的行为态度及其相互影响,还取决于他们工作时所处的技术环境。管理人员的主要任务之一就是确保社会合作系统与技术系统的相互协调。

该学派的大多数著作集中在研究科学技术对个人、群体行为方式及对组织方式和管理方法等的影响方面,因此特别注重工业工程、人—机工程等领域的研究。

7. 决策理论学派

该学派的基本观点是,由于决策是管理人员的主要任务,因此应该集中研究决策问题,而管理又是以决策为特征的,所以应当围绕决策这一核心形成管理理论。由于决策既要有经济方面的考虑,又要有数学模型的定量描述,所以支持该学派的学者多数是经济学家和数学家。代表人物就是赫伯特·西蒙(Herbert A Simon),其代表作是《管理决策新科学》。

当今,该学派的视野早已大大超出了评价比较方案过程的范围。他们把评价方案只当成考察整个企业活动的出发点,企业的活动包括了组织结构的性质与设计、个人和群体的心理和社会反应对决策的影响、决策所需基本信息的运用和价值、电脑和人工智能的运用,以及计划、预测技术等。这样,决策理论就不再是单纯局限在某个具体决策上,而是把企业当做一个"小社会"来予以系统考察,因而又涉及社会学、心理学、社会心理学等多门学科。

8. 沟通(信息)中心学派

该学派同决策理论学派关系密切,主张把管理人员看做一个信息中心,并围绕这一概念形成管理理论。该学派认为,管理人员的作用不外接受、贮存和传播信息,其作用类似一台电话交换机。该学派强调计算机技术在管理活动和决策中的应用、计算机科学同管理思想和行为的结合。相当多的计算机科学家和决策理论家都赞成该学派的观点,其代表人物有纽曼、李维特、香农和韦弗。

9. 数学("管理科学")学派

该学派产生于第二次世界大战期间,是指以现代自然科学和技术科学的最新成果(如先进的数学方法、电子计算机技术、系统论、控制论、信息论等)为手段,运用数学程序、模型,对管理领域中的人、财、物和信息资源进行系统的定量分析,并做出最优规划和决策的理论。该学派的支持者绝大多数是运筹学家,他们自称为"管理科学家",于是出现了该学派。

从20世纪50年代起,"管理科学"理论的研究和应用发展很快。但由于它本身是一门主要依赖数学方法进行计量分析的科学,而要将管理中与决策有关的所有复杂因素全部量化又是不可能且不现实的,所以许多管理的决策不能仅靠数量资料来处理。这样,管理科学理论的运用也只是决策过程的一个方面,必须与其他方面结合才能做出比较正确全面的判断。

10. 权变理论学派

该学派是在经验主义学说基础上进一步发展起来的,形成于20世纪70年代的美国。其核心是力图研究组织的各子系统内部和各子系统之间的相互关系,以及组织和其所处的环境之间的联系,并确定各种变数的关系类型和结构类型。它强调在管理中要根据组织所处的内外部环境随机应变,针对不同的具体条件寻求不同的最合适的管理模式、方案或方法。

美国尼布拉加斯大学教授卢桑斯(F. Luthans)在其著作《管理导论:一种权变学》(1976年)中系统概括了该理论,他认为:当过程、计量、行为和系统四个学说结合在一起时,就会产生"不同部分总和的某种东西",这就是管理的"权变学说",这里包含着"权变关系"和"权变理论"。前者指两个或两个以上的变数之间的一种函数关系;后者指考虑到有关环境的变数同相应的管理概念和技术之间的关系,使采用的管理观念和技术能有效地达到目标。该学派强调没有什么一成不变、绝对最好、普遍适用的管理理论和方法,应当灵活运用过去各学派学说。该学派自诞生以来,在美国等地风行一时,并逐步推广到全球范围,取得了很大的适用价值。

(二)管理现代理论

这一时期从20世纪60年代末到20世纪90年代末,主要出现了战略管理、全面质量管理、精益思想、业务流程再造、核心能力理论、学习型组织与卓越绩效模式等。其中战略管理、全面质量管理和精益思想的理论将在后面专门的章节里重点学习,这里我们简单介绍其他几种理论。

1. 业务流程再造

传统的组织结构建立在职能和等级制的基础上。虽然此模式过去曾很好地服务于企业,但是面对知识经济时代的竞争环境的要求,其反应已显缓慢和笨拙。业务流程再造对许多传统的组织构造原则提出了挑战,将流程推到了管理日程表的前端。通过重新设计流程,可以在流程绩效的改善上取得飞跃,激发和增进企业的竞争力。迈克尔·哈默(Michael Hammer)和詹姆斯·钱皮(James Champy)在《再造公司》(1993)一书中,主张采取上述方法对变化和为提高产品与经营的质量而付出的努力进行管理。他们给"再造"下的定义是"对经营流程彻底进行再思考和再设计,以便在业绩衡量标准(如成本、质量、服务和速度)方面取得重大突破",采取再造方法的公司迅速学会对其所做的一切以及为何这样做提出疑问。"再造"首先确定公司必须做什么,然后确定该如何去做。"再造"不把任何事情想当然,它对是什么有所忽视而对应该是什么相当重视。再造中最关键的部分是在公司的核心竞争力和经验的基础上确定该做什么即确定它能把什么做得最好,之后确定需要做的事最好是由本组织还是其他组织来做。采取再造方法的结果是公司规模的缩小和外包业务的增多。

2. 核心能力理论

该理论是由 20 世纪 80 年代资源基础理论发展而来。早在 20 世纪 50 年代,斯尔兹尼克(Selznic)就提出了"独特能力(distinctive competence)"概念,并在 60 年代形成了企业战略管理的基本范式,即公司使命或战略建立在"独特能力"基础之上,其包括企业成长方式、有关企业实力与不足的平衡思考以及明确企业的竞争优势和协同效应从而开发新市场和新产品。到 20 世纪 80 年代,资源基础理论认为企业的战略应该建立在企业的核心资源上。所谓核心资源是指有价值的、稀缺的、不完全模仿和不完全替代的资源,它是企业持续竞争优势的源泉。1990 年,哥印拜陀·克利修那·普拉哈拉德(C. K. Prahalad)和加里·哈默尔(Gary Hamel)在《哈佛商业评论》五六月卷上发表了一篇具有广泛影响的论文《公司的核心能力》,一下子吸引了诸多学者、管理实践家的目光。从核心资源到核心能力(core competence),资源基础理论得到了进一步的发展。按照普拉哈拉德和哈默尔的定义,核心能力是指组织内的集体知识和集体学习,尤其是协调不同生产技术和整合多种多样技术流的能力。一项能力可以被界定为企业的核心能力,它必须满足以下五个条件:① 并非单一技术或技能,而是一簇相关的技术和技能的整合;② 非物理性资产;③ 必须能够创造顾客看重的关键价值;④ 具有与对手相比的竞争上的独特性;⑤ 超越特定的产品或部门范畴从而为企业提供通向新市场的通道。

3. 学习型组织

20 世纪 90 年代后,随着全球经济一体化、信息技术和互联网技术的飞速发展,整个世界迎来了知识经济时代。近百年来适合于工业经济时代特征的企业管理模式逐渐失效,需要采用新的管理模式,这就是所谓的学习型组织模式。有关学习型组织理论时至今日还处于理论和实践的探索中,没有明确的定义,但从表 2-2 我们可以把握住学习型组织的内涵。

有学者把学习型组织归结为六个特征,即要有领导远见、要讲求战略、组织结构扁平或水平化、信息在组织内分享、要有强的组织文化以及活性化管理。

4. 卓越绩效模式

美国的卓越绩效模式为企业从传统型组织向学习型组织转变和创建学习型组织提供了标准。

表 2-2 传统管理模式与学习型组织模式的比较

具体表现方面	传统管理模式	学习型组织模式
组织文化	稳定、效率	变革
技术	机械	电子
任务	体力	脑力
组织结构	垂直	扁平或水平
权力分布	集权	分权
资源	资本	信息
关注点	利润	顾客
工作方式	个人	团队
生产方式	福特	戴尔
市场	地方、国内	全球
领导	管理者	领导者

20 世纪 80 年代,美国企业面对市场上来自日本企业竞争力的强大冲击,学习借鉴了对方的成功经验,在 1987 年设立了国家质量奖,并从次年开始每年一评,用以表彰那些在质量和绩效方面取得杰出成绩的美国企业和组织,树立典范、分享经验、提高认识。1997 年该奖更名为卓越绩效标准,至今全球已有超过 70 个国家和地区采用这套标准或参照此标准建立了地方绩效标准,可见其巨大的国际影响力。该标准由美国国家标准与技术研究院(NIST)负责管理,每年都会调整和修订其中的内容。该标准由 7 个类目、19 个条目和 32 个着重方面构成,但其所有要求都是建立在 11 条核心价值观基础之上的,这为创建学习型组织和追求卓越绩效的组织提供了哪些事有所为、哪些事有所不为的原则和依据。下面简要介绍这 11 条核心价值观。

(1) 领导作用

组织的领导在质量经营获得绩效的过程中具有非常重要的作用——运用权力和影响力引导和影响员工,使其按照组织目标的要求努力工作,保证目标实现。需要履行四个方面的主要职责:① 创建以顾客为中心的价值观,明确使命和存在的价值;② 制定发展战略、方针目标、体系及方法,指导组织活动并引导其长远发展;③ 调动、激励员工的积极性,全员参与、改进、学习和创新;④ 用自身道德行为和个人魅力树立榜样,形成领导权威和员工忠诚。

(2) 以顾客为导向

主要包括产品质量和组织绩效由顾客评价;建立稳定的客户关系,培养客户忠诚度;了解并满足顾客今日需求,预测并引导顾客未来需求;为顾客创造价值,消除其不满意;通过差别化形成组织的核心竞争力;对顾客和市场的需求变化保持高度敏感,给予快速准确的反应;等等。要牢固树立“顾客驱动”的战略概念,不断改进,增强自身能力。

(3) 有组织的和个人的学习

知识作为非常重要的资源深刻影响着组织的发展,所有组织与个人都需要不断学习新知识来适应时代的要求。成就最高水平的绩效要求有一个良好运行的组织和个人学习途径,这是有远见的领导的目标之一。培训是组织对员工成长的投资,会有一个长期的高回报;学习不是额外工作而是员工日常工作的一部分,根植于组织运作;学习内容不限于技能与岗位培训,还要包括意识教育、研究开发、顾客需求研究、最佳工作方法和标杆学习等;学习后应交流,知识与心得共享;用所学解决实际问题,学以致用等。

（4）尊重员工和合作伙伴

组织成功取决于内部员工与外部合作伙伴的战略关系的建立与长期稳定,对内部员工要提高满意度、忠诚度,创造公平环境、提供发展机会、满足正当要求、铺就成长途径、实现个人目标。对外部合作伙伴要建立战略联盟、保证沟通渠道通畅、信息共享、利益分享与风险共担,其秉持的原则是:实现互利和优势互补,增强双方实力和获利能力。

（5）灵敏性

组织要在市场变化中取胜,建立快速应变的机制至关重要。电子商务等新渠道缩短了贸易距离与时间,因此各方面要求更迅速灵活,时间成为顾客更重要的要求:缩短产品的生产和更新周期;简化工作流程和精简机构;培养多能员工;加快决策过程;分销渠道的重新整合;等等。时间的改进会推动组织质量、成本和绩效方面的改进。

（6）关注未来

组织应该追求长期成功的发展,绩效增长和领先的地位;要求强烈的未来导向和为主要利益相关者长期奉献的意愿;制定发展战略、预测多种因素;制订相应的长、中、短、近期计划,配置好资源;为了保证企业持续稳定发展,必须重视与员工和供应商的同步发展。

（7）管理创新

创新是通过有意义的变化改进组织的产品、服务和过程,为组织的利益相关者创造价值,其焦点在于把组织引向的新业绩程度。管理的创新对于提升组织核心竞争力具有重要作用,包括新管理思想、组织机构、运行机制和业务流程等,应该将其纳入组织的文化和日常工作中,促使全员积极参与变革、接受变革。

（8）基于事实的管理

通过基于事实的信息,对过程和结果的绩效进行分析评价,对照目标找出偏差,以此改进。评价所需的数据和信息涵盖了组织运行中的各个因素和条件的情况;评价分析的目的是改进决策和实际运作,保证目标实现;可采用的手段包括:纵向比较、横向比较、与标杆比较等;评价指标要能反映顾客满意、运行过程和财务绩效的情况。

（9）公共责任与公民义务

优秀的组织不仅仅追求自身经营绩效的良好,还自觉履行对社会发展所负有的责任和公民义务。社会责任要求组织遵守职业道德、行业规范、国家法规,保护公众健康、安全,确保环境不受损害和污染,高效利用资源;公民义务是指组织在资源许可的前提下,积极从事公益性事业,努力提供尽可能多的就业岗位和机会,在社会活动中起到领导和支持作用。

（10）重在结果和创造价值

经营结果是评价组织绩效的重点,要求组织加倍重视。其结果应当注意创造性和突破性;要考虑所有受益者利益的平衡;该结果不应只体现在销售额和利润方面,还有顾客满意、产品服务质量、财务和市场状况、人员配备情况、环境及资源情况、供方发展和社会基础等。

（11）系统观点

系统有助于发挥组织的整体优势，卓越绩效标准的要求是源自组织体系的基本组成，相互间紧密联系、协调一致。将组织看做整体，通过共同努力去实现目标；组织内各部门和各项工作要按一个整体来管理，并实现绩效的改进。

五、管理理论新发展

20世纪90年代末至21世纪初，经济全球化和信息化的趋势日益明显，新经济的条件日趋成熟。为了适应这样的形势与挑战，管理理论和实践都有了很大的发展，出现了大量新的理论和模式，其中主要包括：核心能力理论、流程再造、知识管理、网络组织、供应链物流管理、虚拟企业、战略联盟理论、电子商务、团队管理、企业伦理、绿色管理、创新理论和跨文化管理等，这标志着又一个管理丛林时代的诞生。下面从总体上对其作概括性介绍。

（一）发展趋势

综观各种新理论和新思想的核心观点和具体内容，我们可以总结出其发展的四大趋势如下。

1. 人本化

每一种管理理论都暗含着某一种人性假设的前提，这是其展开的基本出发点。对已出现过的管理理论的人性假设前提进行连续地分析，可以找出其发展的某种趋势。

从管理理论的历史沿革看，关于人性假设经历了"工具人"、"经济人"和"社会人"的发展过程，其中体现了人本化的思想，"社会人"的相关理论及其发展，成为人本管理的立论基础。

从环境变化和管理实践的需要角度考察，一些新理论对"社会人"假设进行了延伸，衍生出"文化人"、"网络人"和"学习人"等新认识，丰富了人本管理的思想，因此说人本化是管理理论发展的趋势之一。

"文化人"人性假设源于企业文化等理论的发展。该理论认为，通过建设有特色的、有效的企业文化，可以提高生产率、提升企业形象、形成核心竞争力。该理论强调：要关心员工、尊重员工和信任员工，提倡和鼓励团队精神，鼓励创新与竞争。

"网络人"是伴随网络社会发展而出现的一种人性假设。网络深刻地影响着当今人们的工作、生活和学习方式，促进人们之间的交流与沟通，突破了时空限制，拉近了人与人之间的距离，将"社会人"本质再次升华。网络发展还打破了社会组织的等级结构，在物理范畴内超越了有形物质形态的框架，使得平等观念深入每个"网络人"心中。

"学习人"是知识经济时代的产物。知识经济是以知识及其产品的生产、流通、交换和消费为主导的经济，知识扮演着创造财富、提高附加价值的重要资源的角色。企业要想赢得竞争优势，关键在于获取知识和应用知识的能力，而这需要持续不断地学习来保证。"科学技术是第一生产力"、"活到老、学到老"、"处处留心皆学问"等我们早已不陌生的道理，正是在知识经济时代得到了更加充分的印证。所以，企业应当成为学习型组织,员工应当成为乐于学习、善于学习、学以致用的"学习人"。这样,个人与工作的真正融合才能实现,个人的生命价值也才能体现。

学习型组织、知识管理及创新理论等都是建立在"学习人"基础上的。

2. 整体化

与近现代其他科学的发展轨迹相同,管理理论也经历了从还原论到整体论的发展过程。泰罗以来的管理,一直认为企业的整体性质可以还原为部分的或低层次的性质,然后随着环境变化,组织绩效越来越取决于组织整体对环境的敏感性和适应能力。因此,管理必须由关注局部转向关注整体,这体现了管理理论在管理活动的空间维度上的扩展。

进入 21 世纪以来,组织只有整体优化配置其全部资源,尤其是人、财、物、信息资源,统一各利益方的意志,协调各相关方的活动,才能发挥整体优势。现代信息技术的集成化趋势,也为整体管理思想的实现提供了技术保证。总之,管理实践的需要反映在管理理论上,就呈现出整体化的趋势。因此,具有整体观念,从组织整体以及组织与环境的关系上思考管理的问题,提出解决办法的管理活动才是有意义和有价值的。

核心能力理论、学习型组织理论以及基于信息技术而产生的各种管理模式都印证了这一点。

3. 战略化

战略化的趋势体现了管理理论在管理活动的时间维度上的延伸,也即是说,战略化表现为管理理论的重点由解决当前的战术性问题转为解决事关组织长远发展的战略性问题。

美国学者伊戈尔·安索夫(H. igor Ansoff)在 1976 年就提出了战略管理的概念,以及环境、战略和组织三者之间的互动模型。他认为,战略管理理论主要回答三个基本问题:组织竞争优势的来源是什么?组织如何保持其竞争优势?组织如何保持对环境的敏感性?其实在前面列举过的新理论中,不少都已经对这三个问题做了回答。例如:学习型组织理论认为,学习能力就是组织竞争优势的来源,持续地学习就能提高组织核心竞争力;供应链物流管理理论认为,组织的竞争优势来源于供应链上各单元之间的协调管理,对整个流程优化改进,就能形成独特竞争优势,等等。

核心能力理论、战略联盟理论和虚拟企业等理论体现得尤为明显。

4. 网络化

所谓网络化就是指从等级管理向网络管理的转变,而这是管理理论人本化、整体化、战略化与现代网络信息技术结合的产物。

"社会人"、"文化人"、"网络人"和"学习人"充分反映出人的社会本质得以普遍实现,这为管理理论网络化发展奠定了社会基础。

战略化和整体化趋势从时、空两个维度上反映出管理对象的系统性,反过来,后者以及人们对它的认识,又为管理理论网络化创造了前提条件。

虚拟企业、电子商务、网上办公、虚拟团队、学习型组织、流程再造和知识管理等理论和模式,都是以网络化为基础的。

（二）管理前沿理论的整合

前述的各种前沿理论，从不同角度来研究管理的新问题，各有优点，但也有一定局限性。例如：学习型组织强调培养组织的学习和生存适应能力，但又很难找到明确的组织形态，无法进行具体的组织结构设计；流程再造重视跨部门流程的改造，但却忽视了跨组织流程改造的巨大潜力；供应链物流管理侧重于对供应链上各单元之间关系的管理，然而对于流程再造、核心能力的培养却显得心有余而力不足；等等。可见，在实践中需要对这些理论和模式之间的联系进行梳理和整合，从而系统地解决组织面临的问题。

围绕企业战略管理工作，对某些相互联系的管理理论进行一个整合，可以得到如图2-2所示的管理前沿理论整合图。

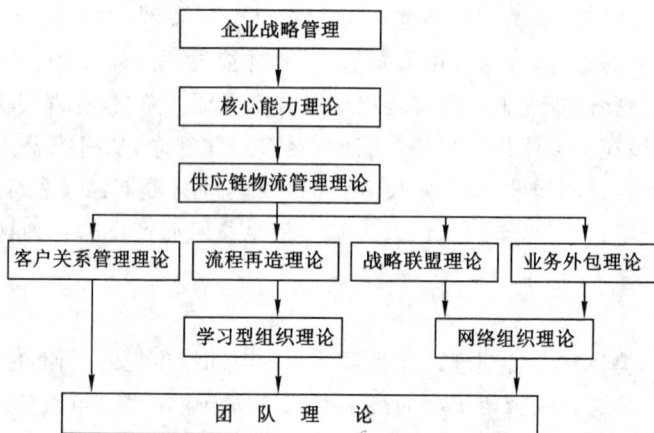

图 2-2　管理前沿理论整合图

核心能力理论认为，核心能力才是组织竞争优势的源泉。组织必须在这个高度而不仅仅在战略单元的高度对战略进行思考，把培育和完善组织的核心能力作为中心环节来抓，使得组织战略管理更有针对性和可行性。核心能力的发挥取决于组织系统的整体协作情况，因而又需要对组织整个供应链物流系统中的各种活动和过程进行计划、操作、协调、控制和优化，这就会涉及供应链物流管理的内容。在此基础上，就可以确定各阶段的管理重点和管理模式。

在组织内部，为了提高组织对环境的反应能力，支持 ERP（企业资源计划）系统的建立，必须进行组织内部的流程再造。为了巩固再造后的成果，保持组织的创新能力，组织需要创建成为学习型组织，而团队是建立学习型组织的五项修炼之一[参见彼得·圣吉（M. Peter Senge）《第五项修炼：学习型组织的艺术和实务》(1990)]，是组织中最佳的也是最关键的学习单位，这又与团队理论相联系。

客户关系管理（CRM）是旨在建立并维持长期、健康、稳定的组织与客户间关系的新型管理机制。它强调通过整合组织的客户信息资源和实现信息共享，达到销售、市场和客户服务等部门与人员协同合作的效果，实现顾客利益与组织营利的双重最大化。

在组织之间的协作关系上，为了有效利用外部资源，产生了两种新模式——战略联盟和业务外包。前者是指两个或两个以上的组织为了实现共同的预期目标而采取的资源共有、风险共担、利益共享和共创竞争优势的联合行动。后者是指组织把原本应该在其内部完成的业务,转移到外部由其他组织来完成的行为或活动。组建哪种形式的战略联盟,实施何种业务的外包,都应以核心能力分析和供应链物流分析为依据。但无论战略联盟还是业务外包,都需要建立跨组织的网络组织,来加强联系、促进协作沟通。

实践中,根据团队任务的需要,组织还可以组建跨组织的团队,吸收客户、合作伙伴和供应商的代表加入这个新团队。

总的看来,我们可以发现,这些前沿理论都是相互联系、互为补充的,在管理实践活动中要善于和敢于整合不同理论的思想,实施系统的管理创新。

第三章　企业管理基础工作

对于全部企业管理工作来说,企业管理的基础工作是整个企业管理大厦的基础,企业管理工作是否完善,对整个企业管理的水平高低以及效益好坏有重要的影响。本章一方面阐述企业管理基础工作的概念、特点与作用等基本知识;另一方面介绍企业管理基础工作的主要内容和方法,最后简单介绍新兴领域的新发展对企业管理基础工作的影响。

第一节　企业管理基础工作的概念、特点与作用

企业管理基础工作,它是我国企业一个特定的概念,属于专业管理工作的范畴,是专业管理工作中最基础的部分。它与各项专业管理工作既有区别,又有联系。一方面,基础工作寓于各项专业管理之中,必须和专业管理工作结合起来才能发挥作用;另一方面,各项专业管理工作又必须建立在基础工作之上,依赖基础工作才能搞好。

一、企业管理基础工作的概念

企业管理基础工作是指企业在生产经营活动中,为实现企业的经营目标和履行管理职能而提供资料依据、共同准则、基本手段和前提条件的必不可少的专业性工作。它包含四层意思:

① 企业管理基础工作主要指企业中与生产经营有关的各项专业管理的基础工作,而不是指企业的全部管理工作,更不是泛指企业的全部工作。

② 企业管理基础工作是为企业管理工作顺利进行、更好地实现经营目标服务的。

③ 企业管理基础工作与综合管理、各项专业管理共同构成完整的企业管理体系,三者之间密切相关,相互依存、缺一不可。综合管理和各项专业管理必须建立在管理基础工作这一基础之上,管理基础工作只有与专业管理和综合管理相结合才能发挥作用,管理基础工作要为各项管理提供多方面的服务。

④ 企业管理基础工作是一项经常性的、不可缺少的具体工作。

二、企业管理基础工作的特点与作用

（一）企业管理基础工作的特点

企业管理基础工作作为企业管理工作的重要组成部分,具有企业管理工作的一般特征,同时也有自身独有的特点。

1. 先行性

企业管理基础工作的大部分内容在工作程序上具有先行性的特点。管理基础工作

为实现专业管理和综合管理提供了前提条件,如果没有这个前提条件,专业管理就无法进行,管理基础工作必须走在专业管理和综合管理之前。

2. 基础性

企业管理基础工作处于管理工作的基层,是搞好专业管理和综合管理工作的基础,且它多是由企业组织机构的基层机构来完成的。可见,在整个企业管理体系中,企业基础管理工作层次较低,具有基础性的特点。

3. 发展性

即企业管理基础工作在相对稳定的基础上,随着环境与条件,特别是经营目标的变化,必须在内容与要求上做出新发展、新调整。

4. 科学性

即企业管理基础工作必须按客观规律科学地做好。如劳动定额和物资消耗定额,不是随意进行臆测和估计而制定的,是根据客观规律结合实际,用先进的测试工具和科学的测试方法,对大量的测试数据进行统计分析计算确定的。

5. 全员性

即企业管理基础工作必须贯穿于生产经营的全过程,依靠企业全体人员共同做好。因为基础工作是一项涉及面广、工作量大、日常性的工作,广泛存在于企业管理的各部门、各环节、各职能工作之中。

6. 稳定性

企业管理基础工作一旦建立,就处于相对稳定的状态,只要企业环境、目标不发生显著变化,它就不会发生大的变化。所以,企业管理基础工作具有稳定性的特点。当然,这里讲的稳定是相对的,随着内外环境的变化,生产经营和管理工作水平的提高,企业管理基础工作的内容和要求也必然不断地发展。

7. 整体性

从企业各项管理工作之间的关系来看,为了更好地为专业管理和综合管理服务,按照生产经营目标的要求,各项企业管理基础工作必须组成一个完整配套体系,这体现了基础工作的整体性特点。基础工作残缺不全或各项基础工作不配套,是搞不好整个企业管理工作的。

(二) 企业管理基础工作的作用

现代企业管理是由各项管理工作组成的完整的管理体系。企业为实现经营目标,发挥各项管理职能的作用,分别设立各项专业管理,如计划管理、生产管理、销售管理、储运管理、人事管理、财务管理等;同时,根据经营管理需要,在各项专业管理的基础上设立了综合管理,如全面计划管理、全面质量管理、全面经济核算等;而处于整个企业管理体系最基层的管理基础工作则是该体系的"地基",是实现综合管理和各项专业管理的基础和前提条件。搞好整个企业管理工作,对实现企业经营管理目标有着重要作用。

1. 企业管理基础工作是实现企业管理职能的必要前提

企业管理基础工作是对企业生产经营活动进行计划、组织和控制的依据,如果没有基础工作提供准确的资料、准则,企业的管理职能就不可能很好地进行。① 基础工作为企业的经营决策和计划提供了可靠的资料依据。管理的首要职能在于计划,计划离不开资料、数据和信息,而基础工作做好了,提供的资料、数据和信息就准确、全面、适用、及时,就越能保证企业决策和计划的正确性和科学性。② 为企业合理地组织和有效地指挥生产活动提供必要的手段。现代企业分工精细、协作严密,企业各部门、各生产环节及各工序之间、产供销之间、人财物之间只有密切地、协调地、有效地配合,才能建立起正常的生产秩序和经营管理秩序,管理基础工作为他们提供必要的准确的手段,把各方面工作和要素合理地组织起来,实施有效的指挥,帮助企业建立正常的生产秩序和经营管理秩序。③ 为企业管理实现有效的控制提供标准和尺度。实现管理目标离不开有效的控制,而控制必须有监督检查,监督检查又必须以定额、标准等基础工作为依据和尺度,否则就谈不上有效的控制。因此,要求企业搞好管理基础工作,为控制提供科学准确的标准和尺度,以使控制职能发挥有效的作用,从而保证生产经营活动按预定的轨道前进,最终实现企业经营的管理目标。

2. 企业管理基础工作是提高企业素质的重要基础

企业素质包括员工队伍素质、物质技术设备素质和经营管理素质等多方面内容,其中任何一方面素质的提高都有赖于搞好管理基础工作。例如,加强标准化和计量检测工作、制定先进合理的标准、运用科学的计量检测手段,可以促进企业技术进步、提高技术设备水平;制定严格的规章制度、加强员工思想工作和业务培训,有利于提高员工队伍的政治思想素质和业务素质;而搞好信息、标准化、定额工作和规章制度建设,又可以提高企业经营管理水平。

3. 企业管理基础工作是推行经济责任制,贯彻"按劳分配"原则的重要依据

按劳分配是社会主义企业的基本分配原则。要正确贯彻这一原则,一个重要的前提就是必须对员工劳动的贡献做出量与质的评价。而各种标准、规范的执行情况及完成程度,则是衡量员工劳动情况的重要依据。一方面有利于客观地评价员工的贡献,一方面可以克服凭印象办事,搞平均主义的倾向,做到鼓励先进、鞭策后进,激励广大员工的生产劳动积极性,增强企业活力。

4. 企业管理基础工作是搞好经济活动分析,促进企业经济效益提高的重要保证

有了先进合理的定额,员工劳动有标准,降耗节能有依据,从而促进劳动生产率的提高和物耗的降低;有了严格的技术标准和精确、完备的计量检测手段,有利于保证产品质量,加之切实可行的科学决策和各项管理职能作用的高效发挥,从而在各方面为提高企业经济效益奠定良好的基础提供重要保证。

第二节　企业管理基础工作的内容

企业管理基础工作的内容主要包括:标准化工作、定额工作、计量工作、信息工作、规章制度和员工基础教育等。有关规章制度和员工基础教育在其他章节进行了详细的介绍,本节只是稍有涉及,本节只是对其他四项工作进行详细的介绍。

一、标准化工作

标准化工作是企业中一项根本性的管理基础工作。

（一）企业标准工作的概念

标准是对重复性事物和概念所作的统一规定，它是为取得全局的最佳效果，依据科学技术和实践检验的综合成果，在充分协商的基础上对经济技术和管理活动中具有多样性、相关性特征的重复事物，以特定的程序和形式颁布的统一规定，是共同遵守的准则和依据。标准化则是通过制定、发布和实施标准，达到统一，以获得优良秩序和理想经济效益的过程。而企业标准化工作则是指标准的制定、执行和管理等一系列工作，它是整个标准化工作的基础，是企业中一项根本性的管理基础工作。

企业标准化工作具有以下基本特点：① 经济性，是标准化工作的主要出发点。一方面，标准化工作自身要讲究经济合理；另一方面，通过搞好标准化工作，促进企业获得较好的经济效益和社会效益。② 民主性，这是标准化工作的基本要求。企业标准的制定和标准化工作要充分发扬民主，各个方面要充分协商。③ 科学性，这是标准化工作的根本依据。制定标准要以科学技术的发展为依据，使标准具有科学技术上的先进性，随着科学技术的发展，标准化程度也应不断提高，向广度和深度发展。④ 法规性，这是保证标准化最终目标实现的重要手段。制定标准是为了规范人们的行为，而标准一经发布，就是技术规范，成为在一定范围内共同遵守的准则。

（二）企业标准化工作的基本任务

企业标准化工作的基本任务主要包括下面五个方面：

① 认真贯彻国家标准和行业标准，积极推行国际标准。国家标准和行业标准，是在总结国内外先进标准的基础上，根据国家一个时期的经济技术政策和实际生产水平而制定的。企业加以认真贯彻执行，从宏观上有利于组织社会化大生产，从微观上有利于推动企业生产和技术的发展，积极推行国际标准，有利于与国际接轨，促进国际交流。

② 制定、修订和贯彻企业标准。正确制定、修订和贯彻企业标准，有利于企业生产经营各环节紧密衔接、相互配合，达到高度统一和协调一致。

③ 承担上级标准的制定、修订和试验验证工作。

④ 搞好企业标准化管理工作。通过大量的经常性的标准化管理工作，在企业内部建立完整的标准化体系，是企业制定和贯彻标准的保证，是企业有效地开展标准化活动的一个重要标志。

⑤ 做好标准化的情报工作。要及时了解上级标准的制定、修订及发布、贯彻等情况，及时收集国际标准及国外先进标准、国内同类标准及其生产情况，为适时制定、修订企业标准提供情报。

（三）企业标准的种类

根据不同的目的要求，标准可以从不同的角度进行不同的分类。如按级别分类，有国际标准、区域标准、国家标准、行业标准、地区标准、企业标准等；按性质分类有技术标准、管理标准、工作标准等。这里仅就后一种分类加以简单介绍。

1. 技术标准

技术标准是指以科研、设计、工艺检验等技术工作，为产品和工程的技术质量特性，为技术设备和工艺装备、工具所制定的标准，它是企业标准的核心和主体。技术标准是企业中具有重要意义和广泛影响的标准，是企业从事生产活动和商品流通共同遵守的依据。其内容主要包括：基础标准、产品标准、方法标准、零部件标准、原材料标准、工艺及工艺装备标准、安全环保标准以及设备使用维修标准。技术标准的对象可以是物质的，如产品、材料、工装、包装等；也可以是非物质的，如程序、方法、图形、符号等。

2. 管理标准

管理标准是指为合理组织、利用和发展生产力，正确处理生产、交换、分配和消费中的相互关系，以及围绕管理机构及其管理职能而制定的标准。它是企业组织和管理生产经营活动的依据和手段，其内容主要包括管理基础标准、管理程序标准、管理业务标准、管理工作标准等。管理标准按企业构成要素及所管的对象分类，有对人管理的标准、对财管理的标准、对物管理的标准。

3. 工作标准

工作标准是指按部门或工作岗位及各类人员所制定的有关工作质量要求的标准。工作标准原属管理标准的范畴，将其作为一项独立的标准单列出来，对完善企业标准体系、提高工作质量和工作效率、保证正常的生产和工作秩序具有重要作用。工作标准按职务分工和岗位活动内容的要求制定，一般应包括部门工作标准、专项通用工作标准、各级管理人员标准和工人、辅助人员工作标准等。

技术标准、管理标准、工作标准构成企业完整的标准体系，在企业标准体系中，技术标准是主体，管理标准和工作标准是保证条件，健全企业标准体系是企业搞好标准化管理的一项基础工作。

（四）企业标准的制定

1. 企业制定标准的方式

根据标准的对象、内容和使用范围不同，制定企业标准可以采取不同的方式。

① 专职机构或专职人员制定。一般企业的基础性标准、通用性标准、互换标准由标准化专职机构或专职标准人员制定，这有利于全面考核，避免局限性。

② 委托有关业务部门制定。对于专业性较强的企业标准，委托有关专业部门制定，会使标准更加切合实践，标准化专职机构只负责督促、检查和统一组织审查、报批、编号、发布等工作。

③ 联合制定。对于专业性强的工作量标准的制定，可以由标准化专职机构和有关业务部门联合制定。如技术条件和管理标准，因其涉及面很广，哪一方面都有自身的专业要求，联合制定可以集中和统一各方面的意见，标准内容能切合实际，发布执行时可以收到较好的效果。

2. 企业制定标准的程序

制定企业标准大致分为以下几个步骤：

① 有利于工作开展。制定标准的工作方案应包括：标准的名称、使用范围、制定标准的目的以及经济效果预测、工作内容、内部成员分工和计划进度、经费预算等。

② 开展调查研究工作。调查，主要是调查和收集有关标准的资料、数据；研究，主要是进行试验和论证，进行可行性分析。

③ 组织编制草案。在调查研究的基础上，要按照规定进行标准草案编写工作，方案要有编制说明，包括工作简要过程、标准的主要依据、主要试验分析报告和技术经济

论证、贯彻标准的要求和措施建议等。

④ 征求意见。标准草案编制好以后,可作为征求意见稿,采用一定的形式,征求有关单位和人员的意见。对生产、科研、使用单位及专业、管理人员的意见进行归纳分析,决定取舍,以补充修改标准草案,使之更加完善。

⑤ 审查定稿。标准草案补充、修改以后,就可作为送审稿报请有关审查单位或部门进行审查。

⑥ 批准发布。企业标准原则上由企业自行编制,经企业高层主管批准、发布。如需经上级主管机构审核,则经审核批准之后发布。

（五）企业标准的贯彻

贯彻标准是企业标准化工作的关键环节。制定是为了贯彻,标准只有在贯彻中才能产生效果,发挥作用,贯彻标准应遵循如下步骤:

① 拟订贯彻标准的计划。贯彻标准,首先要根据标准的级别及使用范围,拟订出贯彻标准的方案或计划。计划应包括技术组织措施和物资供应,并拟订具体任务的内容要求、负责单位和参与单位、时间和相关的条件,以及对实施后经济效果进行预测分析。

② 做好宣传和准备工作。宣传和准备工作是贯彻标准的最重要环节,做好宣传和准备工作,才能保证标准的顺利贯彻。具体包括:采取多种形式介绍标准内容和贯彻标准的意义;编制相应的实施细则;分期分批逐步贯彻执行;落实组织设施和物资。

③ 组织实施。在做好准备工作后,就进入标准的实施,把标准用到生产实践中去。企业要按标准化规定进行设计、生产、调试、检验,贯彻的方法一般采取单项贯彻,也可以结合产品更新换代或设备调整进行。

④ 随时监督检查。要从产品设计、工艺加工到成品检验等每一个环节监督检查标准的贯彻执行情况。为做好质量检验监督,除有科学的检查方法外,还要有一定精度的检测手段,否则标准得不到真正贯彻。

⑤ 搞好资料积累和总结工作。在标准贯彻执行的过程中,要注意资料的积累工作,才能够从技术上、方法上进行总结,搞好技术文件、资料的归纳、整理、立卷、归档,为标准的修订提供依据。

二、定额工作

定额是指企业在一定的生产技术组织条件下,对人、财、物的消耗、利用和占用所应遵守的数量的规定。定额对于企业制订生产经营计划、贯彻按劳分配原则、合理组织劳动、提高劳动效率、充分利用物质技术设备都有重要作用。

（一）企业定额工作的概念

企业定额是技术经济定额的简称,是企业在一定的生产技术组织条件下,人力、物力、财力的耗费、占用和生产经营活动成果预先定的数量界限。定额既有量的规定性,也有质的规定性,二者缺一不可。定额作为一种数量界限,是以实物量或价值量的形式表现的,因此它虽然属于标准性质,但由于其制定工作不同,一般都单列出来。

定额工作是企业管理基础工作的基本内容之一。企业定额工作是指各类技术经济定额的制定、执行和管理等工作。现代企业的定额工作是一项极其复杂而细致的管理基础工作，它具有事先的确定性、内容上的广泛性和技术上的复杂性等特征。

（二）企业定额的种类

人、财、物是构成企业生产经营活动的三个基本要素。所以，一般企业定额都可以划分为人的定额、劳动对象定额和劳动手段定额。但由于企业生产经营的性质、类型和规模不同，所以不同行业的定额又各不相同。以工业企业为例，一般有劳动定额、物资定额、能源消耗定额、生产组织定额、设备定额、流动资金定额、管理费用定额、厂内价格等定额。

（三）制定定额的方法

由于企业定额种类多，内容复杂，其制定方法也各有不同，一般有以下方法。

1. 经验统计法

经验统计法即以历史上已经达到的定额水平为基础，调查了解进一步提高定额水平的各种不利和有利因素，经过综合分析研究，制定定额。其优点是能反映员工的实际劳动效率，简便易行；其缺点是易于倾向保守，考虑问题不够全面，定额的准确性和真实性较差，较难达到平均先进定额的要求。

2. 经验估计法

即由员工中的有经验的专业人员、技术人员和管理人员组成估计小组，到现场观察同工种某些作业人员劳动操作实践，并据此采取同工种且平均的劳动效率作为定额标准。其优点是简便易行，有一定群众基础；其缺点是技术根据不足，且单凭估计人员的技术和经验，往往只能反映已达到的业务水平，准确程度较差。

3. 统计分析法

即根据过去生产经营某种产品实际工时（物资）消耗的统计资料，并在分析当前生产经营条件变化的基础上制定定额。其优点是由于以较多的实际统计资料为依据，较能反映实际情况；其缺点是对统计资料的准确度要求较高，若原始数据不真实、不准确，则必然影响定额的准确度。而且由于统计分析需要掌握一定的分析计算技术，因此运用这种方法有一定的局限性。

4. 技术测定法

即通过现场观察、测试和工作日写实来分析劳动过程、操作技术和工时利用情况，据以分析计算制定定额。其优点是有比较充分的技术根据，准确性较高；其缺点是过程比较复杂、工作量大，利用有较大困难。因此，其适用范围较小。

5. 类推比较法

即通过对同类企业或同类班组、工种的定额标准进行分析对比来确定定额。其优点是简便迅速，具有较好的准确性和平衡性；其缺点是易受事先选定的定额质量及分析对比水平高低的影响。运用此种方法时应注意其可比性。

6. 幅度控制法

即根据历史统计资料和已经达到的水平，分析各种可能变化因素，确定一定时期企业某种资源投入与产出的变化范围。这种方法简单明确，既是约束经济活动变化的数量界限，又带有目标相继的努力方向，但在运用时应多方面考虑限制条件，注意其可行性。

（四）企业定额的管理工作

制定定额仅仅是定额工作的第一步,大量的工作在于日常对定额的管理、执行和分析,这就要求搞好定额的管理工作。所谓企业定额的管理工作,就是指对定额各个环节进行一系列组织、协调、控制管理活动的总称。它的基本任务是督促定额的贯彻执行、消除偏差、总结经验、保持定额的先进合理,从而提高企业管理和劳动效率,企业定额的管理工作一般包括以下几方面的内容:

① 建立健全企业定额管理组织。企业定额工作是一项技术、经济、思想高度结合的工作,涉及面广且相互牵制、环环相扣,它的管理不能靠少数人办事,而应当坚持专业管理与群众管理相结合。

② 认真做好定额的考核工作。考核是执行定额的保证。制定定额而不付诸实施,定额就毫无意义;执行定额而无及时的考核,定额管理就会流于形式。因此,定额考核是定额管理工作的一个十分重要的环节。定额考核要制度化、经常化,做到定期、定人、定奖罚。要把定额执行结果和员工个人的劳动报酬、晋职升级联系起来,使考核真正起到激发员工内在积极性的作用。

③ 认真做好定额的统计分析工作。统计分析是定额管理工作的又一个重要环节。通过定额的统计,才能确切地反映出各部门、各环节和员工个人实际达到的定额水平,便于及时检查定额贯彻执行情况;通过定额的分析,才能发现现行定额标准与员工的实际定额水平存在的差距,找出薄弱环节,分析原因,摸索解决问题的措施,从而不断改善管理工作;通过定期的定额统计分析,还有助于发现先进经验、开展技术革新和技术推广、提高劳动生产率。

④ 认真做好定额的修订工作。企业定额既要保持相对稳定,也不能一成不变。生产技术的发展、生产组织工作的不断完善、劳动者素质的不断提高,加之企业之间市场竞争的压力,都要求定额突破原来的界限。因此,定额必须根据经营的需要、物质技术设备的更新改造、科学技术的进步及时加以完善,使其更符合实际、保持定额的先进水平。定额长期不加修改,就起不到促进生产发展的作用。

⑤ 建立健全定额管理制度,搞好定额管理基础工作。定额管理工作涉及企业的各个层面,同时又相当细致复杂,为了使定额达到总体上综合平衡,保证企业生产经营活动有条不紊地进行,必须建立健全企业定额管理制度。

三、计量工作

计量工作是取得真正数据的重要手段。没有计量,就不能有可靠的原始记录和统计资料。在企业中,没有比较完备的计量,就难以进行严格的质量管理、物资管理、成本管理和经济核算,也难以推行严格的经济责任制。计量是企业管理中一项重要的管理基础工作,做好计量工作对提高企业素质、产品和服务质量以及经济效益,具有十分重要的意义。

（一）企业计量工作的概念

计量就是用计量器具的标准量值去测量各种对象的量值。计量工作就是用科学的方法和手段,对企业生产经营活动中的量、质的数值进行掌握和管理,包括计量检定、测试和化学分析等方面的计量技术和计量管理工作。计量技术是指计量方面的技术研究和应用,主要研究计量标准及其测量手段和测量方法。计量管理是对企业计量实行技术的、经济的、法制的、行政的组织管理。

(二)企业计量工作的任务

企业计量工作的基本任务是:贯彻计量法令和有关制度,监督检查各部门、各环节的执行情况,建立健全计量机构,配备计量人员,建立计量标准器,开展量值传递和周期检定,研究解决生产中的计量测试问题,为企业提高产品质量、降低消耗,促进技术进步和改善经营管理提供测量统一的保证。现就几个主要方面简述如下。

1. 执行法定计量单位

计量单位是指用以量度同类量大小的一个标准量。在现代计量技术中,所用的量值都是从基本量单位导出的。能够起到提纲挈领作用的计量单位,称为基本单位。在企业计量工作中,应认真执行法定计量单位,法定计量单位是由国家以法令的形式明确规定要在全国强制使用或允许使用的计量单位。我国法定计量单位是以国际单位制为基础,根据我国国情适当增加一些其他单位后构成的统一计量单位。统一使用法定计量单位,既有利于国际间科技交流,发展通商贸易,也有利于国内各系统、各地区、各企业间的协调,避免由于多种单位并用而引起的混乱和不必要的烦琐换算,以及由此造成的人力、物力和时间上的浪费。

2. 建立健全工作机构,配备专职计量人员

为了统一管理整个企业的计量工作,必须根据生产规模、技术要求和计量测试任务的工作量,建立和健全企业计量工作机构。大中型企业可设计量处(科、室),在总经理或总工程师直接领导下,负责全企业的计量工作,各分公司也要相应建立计量组。企业计量机构在实施统一管理中,必须强调监督、检查和考核的职能,必须对企业生产经营全过程的计量活动进行监督。企业主管领导应支持计量机构的工作,重视计量机构的地位,发挥其应有的作用。

为了搞好计量工作,还必须配备与计量管理和计量技术工作相适应的计量人员。计量人员包括计量管理人员、计量技术人员、计量测定与测试人员以及计量器具修理人员等。企业配备的计量人员应具备中等以上文化程度,熟悉专业计量技术,具有一定的计量管理业务能力,同时还要懂得相应的生产经营业务技术知识。企业对经考核合格的计量人员,要保持相对稳定。企业应加强对计量人员的培训,特别要使计量管理干部具备各方面的知识和技能的综合素养,以适应计量工作现代化的要求。

3. 建立计量标准,完善检测手段

为了保证在用和流转的计量器具量值的准确一致和实施周期检定、维修的需要,企业计量机构必须建立相应的计量标准,完善检测手段和维修设施。这是企业计量工作一项重要的、细致而又复杂的工作,是整个计量工作的基础。

企业建立的计量标准,以能满足本单位在用计量器具的检定、修理和生产流程中计量测试的需要和经济实用为原则。在建立计量标准中,要注意计量标准的准确度必须符合各类计量器具检定的规定,要根据不同等级和计量标准及计量测试技术的需要,建

立计量实验室,并使计量实验室具备一定的工作条件,达到一定的技术要求。

要按照组织现代化生产的质量、节能和科学管理的需要,有计划地配齐、配好计量检测手段,改革和淘汰落后的计量器具和计量测试技术,增添先进的计量器具,逐步实现检测手段和计量技术的现代化。

（三）企业计量工作的内容

企业计量工作分为计量管理和计量技术两个方面,两者相互统一是企业计量工作的两大支柱。

1. 计量管理

计量管理是对企业计量实行技术的、经济的、法制的、行政的和组织的管理,带有强制性的计量管理称为计量监督管理或法制计量管理。工业企业计量管理,主要是以产品为核心的计量单位量的管理,企业计量管理大致可分为:① 生产组织管理,主要是研究单位量的量值传递系统,合理建立计量机构,科学配备企业计量手段。② 质量技术管理,主要是研究如何正确地建立计量标准和技术标准,提高生产过程中的测量水平,评价产品的综合计量指标。③ 综合协调管理,主要是运用法制手段加强计量的通用性和专用性的协调、部门与地方的协调、信息反馈与预测的协调,并进行计量监督。

由此可见,计量管理是协调计量技术、计量经济、计量法制三者之间关系的总称。它具有统一性、准确性、法制性、社会性、权威性、群众性等特征,其中统一性和准确性是计量管理的基本特征,这些特征决定了计量管理的重要职能和地位。

2. 计量技术

计量技术又称测量技术,是指计量方面的技术研究和应用,它主要是研究计量标准、测量方法、测量手段和数据误差的分析和处理,企业计量技术大体可分为:① 标准测量技术,主要是指同基准器有关的、直接通过法制手段进行量值传递的测量,从基准器到实用标准,永远保持最高的测量水平。② 工业测量技术,主要是指生产过程的工艺测量。目的是为了检测和控制现场的量值,是属于标准系统外的测量,不属于法制传递系统的测量,工业测量的目的在于保证产品技术指标的要求。③ 计量测试技术,主要是指法制标准量值传递系统末端的测量。是属于标准过渡的中间测量,任务是扩大标准的上下量限,衔接标准和生产的量值统一。

企业计量工作中的计量技术和计量管理是相辅相成的。因此,在实际工作中既要重视计量技术的水平,又要不断地加强计量管理工作,这样才能保证企业计量制度和测量的统一。

（四）搞好企业计量管理工作

企业计量管理经历了三个发展阶段:计量器具管理阶段、工程测试管理阶段、产品开发及生产经营全过程的计量保证体系阶段。现在,计量管理的职能已贯穿于影响产品质量的全过程,发挥着计量保证作用,其管理方法也由传统计量管理方法向系统管理方法发展。

企业计量管理的主要环节包括:准确地发现和选定计量管理对象;不断研究改进计量管理方法;解决和生产相适应的计量测试手段;正确使用和维护计量仪器设备;规划、制定企业计量网络和管理制度;及时处理和有效利用计量结果;贯彻执行各项计量法规。据此,应从以下几方面加强企业计量管理。

1. 建立企业最高计量标准,健全量值传递系统

计量标准是确保企业计量工作中一切测量精度的基础。量值的传递,是保证企业众多的计量器具准确一致的管理手段。因此,建立健全量值标准和量值传递系统,是企业计量管理的一项十分重要的内容,主要是建立企业最高计量标准,健全量值传递系统,进行量值标准的周期检定。

2. 加强对在用计量器具的管理

计量器具是指用以直接或间接测出被测对象量值的器具。计量仪器和计量装置的准确性是保证测量数据准确的前提,是搞好企业计量工作的物质基础。因此,必须加强计量器具的管理工作,对在用计量器具的管理,主要应抓好周期检定、正确使用和正常登记管理三个环节。采取的办法一般是:建立企业在用计量器具管理卡片或台账;制定企业计量器具管理目录;严格执行计量器具强制检定的规定;对非强制检定的计量器具建立抽检制度;搞好对使用计量器具人员计量基本知识的教育和训练,使之能正确操作使用和维护保养计量器具。

3. 绘制计量测试网络图,做到计量工作规范化

为了系统地管理企业计量工作,企业应进行计量网络图的设计,做到计量管理网络化、规范化。计量测试网络图可分经营管理、能源管理计量测试网络图,生产过程工艺控制、质量检验、安全环保计量测试网络图,每种网络图均须附有计量参数及计量器具选择分析表。

4. 加强能源计量管理

能源计量是节能的一项技术基础,企业能源计量管理包括对生产部门、辅助部门和后勤服务部门、职工生活区等耗用能源的计量、报表统计及计量器具的管理。

5. 增强法制观念,健全计量管理制度

增强法制观念,健全计量管理制度,是搞好企业计量管理工作的迫切需要。要自觉贯彻执行《中华人民共和国计量法》,制造和修理计量器具的企业要严格接受国家的监督管理,建立健全企业计量制度管理。

四、信息工作

在现代企业中,信息已成为一种宝贵的无形资源,在生产经营活动中越来越显示其重要作用。它是企业生产经营决策的重要依据;是企业组织和控制生产经营活动的重要手段;是企业各方面之间联系的纽带。企业信息工作是对企业信息的搜集、处理、传递、贮存等管理工作,其内容主要包括原始记录、统计、技术经济情报以及科技档案等。原始记录是指按照一定的规定形式,对企业生产经营活动中每一次具体内容所做的最初的直接记录。统计资料是对原始记录提供的原始数据用一定的方法进行整理分析而形成的比较系统的资料。技术经济情报是指企业为提高科技水平,提高企业经济效益而收集的、有系统的、经加工处理的信息资料。科技档案是指在企业的科研、新产品开发、基本建设、企业管理等活动中形成的应当归档保管存贮的图纸、文字材料、计算资料、照片、影片、录音、录像等科技经济文件。

（一）企业信息和企业信息工作

1. 企业信息的概念和特点

信息的概念源于通信理论，通常是指一方传递给另一方的某种信息。在现实生活中，一般认为信息是可以被人们理解和认识，带有新内容、新知识的消息。真实的信息，是客观世界各种事物的状态和特征的反映，是人们在实践活动中认识某一客观事物或解决某一问题所必需的资料。企业信息是从企业角度去观察与研究、利用的信息，它是指企业生产经营活动中产生并能被利用又反作用于生产经营活动的信息。企业信息除具有信息共有的时效性、共享性、可传输性、可利用性等特征外，还有自己独有的特点。

① 社会性。企业是国民经济的细胞，是一个复杂的系统，在生产经营活动中，必然与社会各方面有着千丝万缕的联系。这就决定企业信息不仅来自企业本身，也来自社会，而且来源相当广泛，不是集中在几个点上。这一特点说明，企业信息搜索较难，企业要增强对信息的敏感性，做到捕捉敏捷、运用及时。

② 连续性。企业生产经营活动是连续不断的运动过程，企业现在的生产经营状况是历史发展的结果。企业的现状同时也制约和影响着企业未来一个时期的发展状况，与之相适应的企业信息也始终处于连续的运动中，而且随着企业内部条件的变化而变化，信息不断更新和派生，源源不断、生生不已。这就告诉我们，要全面系统地反映企业的生产经营状况，就必须进行信息积累并对信息进行不断地交替和更新。

③ 扩展性和浓缩性。一方面，企业信息是不断更新和派生的，它随着经营活动的不断发展增添新的内容，并在原有信息的基础上不断充实发展，因此企业信息有不断扩展的特点；另一方面，信息在利用的过程中又不断受到实践的检验，经过去粗取精、去伪存真的提炼过程，形成带有规律性的方法、程序。企业中许多原则、规程、方法都是在信息不断浓缩的基础上形成的。

④ 替代性。企业信息运用适当，可以减少人力、财力、物力的消耗，还可以扩大经营，提高经济效益。从这个意义上来说，信息能替代人力、财力和物质资料，是企业生产经营中的一项重要资源。还要看到信息的价值，会用则有、不会用则无，所以这种替代性往往被忽视。因此，运用信息必须具有企业家的战略眼光，经过深入思考加以推崇和引申，善于发现并挖掘信息的价值，把信息这一重要资源真正利用起来，以发挥其应有的作用。

2. 企业信息工作的概念和内容

（1）企业信息工作的概念

企业信息工作是指企业制定经营决策及执行经营决策，从事生产活动、经营管理所必需的数据和资料的收集、整理、传递、储存等管理工作。在现代企业中信息已成为企业进行正确决策的重要依据；是对生产经营活动过程进行有效控制的工具；是企业内外相互沟通，协调关系的重要手段；现代企业经营管理离开信息是不可想象的，这就决定了信息工作是现代企业生产经营决策和各项管理活动的一项重要的管理基础工作。

（2）企业信息工作的内容

现代企业信息工作大致包括原始记录与统计工作、科技经济情报工作和科技经济档案工作三部分内容，下面我们将对这三方面的内容进行详细介绍。

（二）原始记录与统计工作

1. 原始记录

原始记录是按照一定的规定形式,对企业生产经营活动中每一次具体内容所做的最初记录的直接记录。其形式有表、票、单、卡等,既有文字记录,也有数据纪录,但主要的还是数据纪录。原始记录是反映情况的第一手资料,是企业收集资料数据的主要来源。它是建立各种台账和进行统计分析的必要前提;是考核企业各项技术经济指标的可靠依据;是实行经济核算的重要条件;是贯彻按劳分配原则的有力凭证;也是进行日常管理的有效工具。

原始记录的应用范围很广泛,企业中无论哪方面的生产经营活动,都有相应的原始记录,归纳起来,大致有以下几类。

（1）按原始记录的内容划分

① 产品生产方面的记录,主要包括各种产品生产的进度、数量、质量、工时等方面的原始记录。如施工单、加工路线单、个人或班组生产记录卡、产品质量检验单、废品返修单、产品入库单。② 劳动力方面的记录,主要包括职工构成及职工个人基本情况,职工变动、出勤等方面的原始记录。如职工基本情况登记表、职工调动通知单、考勤卡和请假单等。③ 材料方面的记录,主要包括各种材料和辅助材料的收入、领用、消耗等方面的原始记录。如材料入库单、领料单、退料单、废品回收记录等。④ 设备方面的记录,包括设备数量的增减、利用、维修和事故等方面的原始记录。如设备入厂登记卡、设备运行登记表、设备维修登记表、设备事故登记表、设备报废单等。⑤ 新产品开发和技术革新方面的记录,包括新产品的设计、试制、投产以及新工艺、新材料、产品改革、设备改进等情况的原始记录。如新产品试制记录表、工艺更新通知单、技术革新项目成果登记表。⑥ 产品销售方面的记录,包括各种产品销售的数量、规格、价格等方面的原始记录。如产品年销售发票、发货单、用户意见登记表。⑦ 成本财务方面的记录,包括成本财务收支情况方面的原始记录。如各种原始凭证。⑧ 安全环保方面的记录,包括反映企业安全生产和环境保护方面的原始记录,如安全教育、人身事故、三废监测、三废处理等有关情况的记录。

（2）按原始记录的特点划分

① 综合原始记录,它是用于反映生产经营中多种技术经济活动的情况,即在一张表上记录生产经营活动几方面的过程和成果。综合原始记录又分为:以产品为对象的记录,如施工票和加工路线单;以生产者为对象的原始记录,如个人生产记录与班组生产记录;以生产设备为对象的原始记录,用以反映设备操作中的技术数据和运行情况。② 专用原始记录,是指专门为取得某项特定生产经营情况的资料而设置的原始记录。即在一张表上只登记和反映某一方面的情况,如质量检验单、成品入库单、领料单、考勤卡等。

原始记录是企业的生产经营活动最初的直接记录,是企业进行会计核算、统计核算、业务核算的重要依据。因此,原始记录必须做到及时、准确、全面、真实。

2. 统计资料

统计资料是在原始记录的基础上,按照一定的要求和方法对各种数据进行整理和分析之后,加工出来的比较系统的资料。准确、及时掌握统计资料,是企业根据历史的资料对未来发展趋势做出科学预测,掌握生产、技术、经济活动情况,做出决策、制订和检查计划的依据,还是科学检查企业采取技术组织措施的经济效果的重要工具。统计资料的主要形式有统计台账、统计报表和统计分析。

（1）统计台账

统计台账是一种按照报表和核算工作的需要,将原始记录按时间顺序汇总在一起的表格。其突出特点是数据信息按时间顺序进行系统登记,由于统计台账是系统的积累统计资料,所以既可避免资料散失,又便于审查核对、及时发现差错,保证统计的准确性。台账还可以把编制统计报表的工作分散在平时和期末,保证报表编制的及时性。此外,由于台账是按时间顺序登记的,这就便于对生产经营活动情况进行动态对比,观察现象的发展趋势,为深入分析问题提供线索。

台账一般在企业职能部门和各生产业务部门分别设置,按专业统一汇总,统计台账大致有以下分类:① 按登记的内容划分,有综合台账和专门台账。综合台账,即将几个有关指标,按照分析的需要,同时登记在一起的台账,如主要指标完成情况台账;专用台账,指对某一种指标按时间顺序进行登记的台账,如产品出厂进度台账、废品台账等。② 按统计核算的范围划分,可分为个人与班组统计台账、车间统计台账和科室统计台账。

（2）统计报表

统计报表是根据原始记录和统计台账,按特定要求定期编制的报表。它是企业各级领导和有关职能部门取得资料,了解企业生产经营情况,实行科学管理的重要依据。统计报表大致有以下分类:① 按报告单位划分,有班组报表、车间报表和科室统计报表。② 按内容划分,有生产报表、劳动报表、原材料报表和技术经济指标完成情况报表等。③ 按报告周期划分,有日报、周报、旬报、月报等。

（3）统计分析

统计分析是在原始资料系统整理的基础上,运用科学的方法,对经营管理活动中的数量关系进行分析,从中引出规律性的结论,为企业领导决策提供依据。统计分析根据内容不同,可分为专题统计和综合统计分析。专题统计分析是对某一项问题进行分析,综合分析是根据一定时期的全面资料对有关综合问题进行分析研究。

3. 做好原始记录和统计工作应注意的问题

原始记录和统计工作,是企业信息的基础性工作,必须作为一项经常性的工作认真搞好。为此,在原始记录和统计工作中,应注意以下问题:① 必须严格遵守国家有关规定和要求,努力做到全面、真实、准确和及时。② 要按照专业管理和群众管理相结合的原则建立健全编制、审核、供应、保管、交接等责任制度,实现数据管理制度化、科学化。③ 要在满足管理需要的前提下,尽量做到统一、简化、明了,统计文字说明应简明扼要。

（三）技术经济情报工作

1. 科技经济情报的种类

科技经济情报是企业为了提高科学技术水平,提高企业经济效益而收集的、有系统的、经过加工处理的信息资料。对企业来讲,科技经济情报是至关重要的信息资源,它对有效地提高企业科技水平、改善经营管理、提高经济效益、在市场竞争中立于不败之地、不断发展壮大有着不可估量的作用。科技经济情报按不同标准可作不同分类。

① 按情报的性质划分,可分为科技情报和经济情报。科技情报主要是指企业外部有关科学技术进步的情况和动态资料。比较重要的包括:科研成果采用情况、科技发展趋势等。经济情报是指反映企业内外各种经济动态、经济活动的资料,比较重要的包括:国内外市场需求、同类企业生产技术经济的动态、资源情况等。

② 按情报的表现形式划分,可分为非文献情报和文献情报。非文献情报也称非记录性情报,是指通过演讲、电视、广播、会议等口头形式传播的情报,以及通过样品、展览会等媒介传播的、无文字记录的情报。文献情报,包括文字记录和视听资料两部分。对于企业来说,文献情报主要有产品目录和样本、专利文献、政府公开出版发行的文件、报刊科技经济论文和专业文章以及科技档案、学术会议文件、科技电影等。

2. 科技经济情报工作的主要内容

① 情报搜集,情报的搜集是情报工作的基础。首先,要确定情报来源,即搜集哪种情报,到哪里去搜集这些情报。其次,要确定搜集情报的渠道和方法,即哪些情报通过专业情报部门搜集,哪些通过有关部门或自己搜集,搜集的方法是采购、交换、索取还是复制等。再次,要对情报来源进行及时、连续的跟踪收集,以掌握其动态。② 情报加工整理,一是对情报进行登录、分类和保管工作;二是编制检索,其内容主要有资料的选择鉴定、主题分析、文摘、编辑等。③ 情报报导,即通过文字、口头、影视等形式,将所搜集、加工、整理的情报传播给需要的单位和个人,以发挥其应有的作用。④ 情报服务,包括提供咨询、指导检索、复制和翻译等。⑤ 情报的分析研究,包括对科学技术和经济管理的方针政策的情报研究;对科技课题的发展水平、动向和发展趋势的情报研究;对市场动向和经营管理的情报研究;以及对技术引进的情报研究等。

3. 做好科技经济情报工作应注意的问题

① 对情报的搜集和传递,要做到及时、准确、适用和经济。② 企业应建立健全情报机构,加强调查研究和预测,认真做好情报的搜集工作。要做好加工整理、传递和情报服务工作,并积极创造条件,逐步实现情报手段现代化,提高情报工作效率。③ 企业不仅要从外部收集情报,还要对国内有关单位提供或互通情报,有时还要与国外有关单位和机构交流情报,以加强对外协作与联系。在法律和制度允许的范围内,在严防泄密的情况下,搞好对外情报交流,有助于企业了解国外同类型企业的生产技术水平和动向,促进本国企业的发展;同时介绍本企业产品的情况,以建立经销和委托贸易关系,打入国际市场。

(四) 科技经济档案工作

1. 科技经济档案的种类

科技经济档案是指在企业的生产经营、基本建设、科技研究、企业管理等项活动中形成的应当归档保存的图纸、文字材料、计算材料、照片、影片、录音、录像等科技经济文件。科技经济档案实质上是一种储存起来的信息,是企业在生产经营活动中的记录,有较高的使用价值。它可以为新产品开发、技术更新提供技术资料,为企业之间进行技术交流提供素材,为科技人员进行研究提供借鉴。

科技经济档案包括科技档案和经济档案两大类。其中科技档案种类繁多,主要包括产品设计档案、工艺档案、设备仪器档案、基本建设档案、科研档案、其他专项档案(如技术标准和重大技术革新、合理化建议等)、特种档案(如需用特种方法保存的摄影件、录音带、影音件等)。

2. 科技经济档案工作的基本内容

① 搜集。包括接受归档的文件材料和对零散文件材料的收集。② 整理。根据档案的性质、特点和时间顺序,进行科学分类、系统成套和基本编目等工作。③ 保管。指保护档案的完整和安全,维护档案的机密,为最大限度地延长档案的寿命提供条件的工作。④ 鉴定。指通过对档案价值的鉴定,决定档案的保管期限,并将失去保存价值的档案拣出销毁。⑤ 统计。通过数字来了解和反映档案的数量和质量,以及收集、整理、保管等的基本情况。⑥ 提供服务。为生产、科研和设计等工作提供咨询服务。

3. 做好科技经济档案工作应采取的措施

① 建立一定的档案工作机构,设置集中保管档案的库房和设备等。② 建立一套统一管理档案的规章制度。如文件材料的归档制度、保密制度等。③ 根据需要,创造条件逐步实现科技经济档案的现代化。如档案储存缩微化、档案检索电脑化、档案通讯网络化、档案管理自动化。

五、规章制度

企业的规章制度是以文字的形式,对企业的生产经营活动和各项管理工作及生产作业所作的规定,是企业全体职工行动的规范和准则。它具有法定的稳定性和一定的强制性,是企业管理的一项极其重要的基础工作。在现代企业中,要把成千上万的职工合理地在安排在每一个岗位上,把他们的积极性调动起来,正确处理生产过程中人们之间的关系;把复杂的、连续性很强的工业生产,组织成有秩序、有节奏的活动,就必须有一套科学的规章制度。企业需要建立的规章制度大体上包括基本制度、工作制度和责任制度三类,其中责任制度是其他各项制度的核心。企业常用的规章制度有以下方面。

(1) 基本制度

企业的基本制度就是带有根本性的制度,如企业领导制度、民主管理制度,这类制度对企业总体工作产生影响,其中最重要的是企业领导制度。

(2) 工作制度

它是指对企业的有关计划、生产、技术、劳动、物资、销售、人事、财务管理等工作内容、程序和方法所做的具体规定。如人事工作制度、计划管理工作制度、经营工作制度、技术管理制度、物资供应制度、生产管理制度、质量管理制度、劳动管理制度、经济核算与财务管理制度、生活福利工作制度。

(3) 责任制度

它是指规定企业内部各级组织、各类人员的工作范围,应承担的责任和相应的权限的制度,现已发展成为企业内部多种形式的经济责任制。企业的责任制度很多,基础是岗位责任制,内容包括岗位责任、为完成专职必须进行的工作和基本方法以及应该达到的基本要求。① 工人岗位责任制,不仅要规定干什么,还要规定怎么干和干到什么程度,负什么责任、有什么权利等。其内容通常包括:岗位专责制、交接班制、巡回检查制、设备维护与保养制、质量责任制、岗位练兵制、安全生产制、班组经济核算制等。② 干部岗位责任制,一般有领导干部和一般干部的岗位责任制。干部岗位责任制一般包括三个方面的内容:其一是干部的基本职责;其二是干部的考核制度标准;其三是规定干部的业务流程,也就是要把岗位应当办的事按项列出来,并明确协作关系及什么时间办理等内容。

搞好企业规章制度建设,有着多方面的重要作用:它是保证企业生产经营活动有秩序进行的必要条件;是协调企业内部关系、提高工作效能的重要手段;是调动广大职工积极性的重要措施;是增强职工组织性、纪律性的行动规范。

六、基础教育工作

基础教育是指为了使企业每个职工具备从事本职工作,履行本岗位职责所必须进行的基本素质的教育。它包括思想政治、纪律、业务技术、经济管理和科学文化知识教育等内容。

(一)职工基础教育应做好的几项工作

① 建立健全相应的职工教育机构。② 建立相应的职工教育队伍。应选择一批既有理论水平又有实践经验,并通过考核审定合格的人才担任专职教员,也可聘请有关专业教师授课,以保证教学质量。③ 配备通俗易懂的教材。④ 教育场所。应有固定的教育场所,以创造良好的学习环境,提高学习效果。⑤ 职工教育的组织实施。建立健全职工教育的各项规章制度,提高教学质量,把学习情况记入个人档案,作为晋升的依据,并采取多种方式把教育搞活。

(二)基础教育工作的方法

① 经常化、制度化、持之以恒的方法。② 正规办学和脱产轮训的教育形式相结合的方法。③ 教育与考核相结合的方法。④ 政治思想教育与技术、技能教育相结合的方法。

第三节　企业管理基础工作的新发展

20 世纪末 21 世纪初,科学技术日新月异、知识经济蓬勃发展、经济全球化趋势日益明显,管理理论与管理实践适应新时期新环境的变化也有了很大发展。企业管理基础工作作为整个管理体系的组成部分,也在发展变化,出现了一些新兴领域,这些新兴领域与企业管理基础工作有着密切的关系,对于提高企业管理基础工作水平,适应新时期的新要求,具有重要意义。

一、流程管理

从管理学发展的一般逻辑来看,可以说流程管理是对传统的职能管理的发展,如果流程管理能够创造出什么价值,发挥出一点积极的作用,那么它也是建立在传统的职能管理的内在的完备和有效性上的。随着企业信息化步伐的加快,流程管理将成为一项重要的基础管理工作。

（一）流程的概念

流程（Process）就是一系列活动的组合，这一组合接受各种投入要素，包括信息、资金、人员、技术等，按照一定的次序连接起来，通过流程产生顾客所期望的结果，包括产品、服务或某种决策结果。流程是任何企业运作的基础，企业的大部分业务都需要流程来驱动，就像人体的血液流程把相关的信息数据根据一定的条件从一个人（部门）输送到其他人员（部门）得到相应的结果以后再返回到相关的人（或部门）。流程的复杂程度差异很大，在企业中发一份文件可以看做是一个小的流程；而企业的全部活动，也就是以输入顾客需求和各种生产要素为起点，到创造出对顾客有价值的产品或服务为终点的一系列活动，可以看做是一个大的流程。

（二）流程管理的内涵

流程管理（Process Management，简称 PM）就是系统地识别、理解和管理企业的业务流程，追求组织整体绩效改善的管理活动。流程管理以满足最终顾客的需要为目标。业务流程本身并不是目的，流程管理的目的是把流程上所有的活动整合起来，形成一个有机的整体。它要超越每个活动实现的单个目标，共同指向流程的最终目标——满足顾客的需要。① 流程管理从流程的角度来理解企业组织。流程管理把企业看做是由众多流程构成的流程体系，流程中的活动以及流程之间是有机联系在一起的，因此它强调横向整合和协调。② 流程管理以完整的业务流程作为管理对象。在层级组织中，流程被按照分工原则设立起来的职能部门的边界所割裂，没有人对整个流程负责，跨部门的工作往往需要共同的上级来出面协调，流程的整体被破坏了。为了恢复流程的整体性，就需要对完整的流程实施管理。③ 流程管理追求整体绩效的改善。流程的割裂，正是企业整体绩效产生问题的根源，只有把全部流程当做一个整体并进行全过程的管理，才可能大幅度提高组织绩效。

（三）流程管理的内容

适应企业的需要，流程管理将成为企业的一项基本管理职能。流程管理职能的贯彻需要由专门的机构负责，同时也需要企业各部门的支持和配合。流程管理包括两项核心工作：流程改进和流程规范化。为了支持流程管理工作，企业还需要进行流程观念的培育和传播、流程改进人才的培养以及相关的配套改革。

1. 流程改进

流程管理是以流程为着眼点的整体改善活动。对企业的现有流程进行分析和改进，是流程管理的核心活动。通过流程分析，及时发现流程中存在的问题，并加以改进，如果流程的问题足够严重，就需要进行流程再造。流程再造项目需要系统地组织实施，企业没有必要也不可能经常性地进行流程再造，而流程分析与改善则应当成为企业的一项日常性工作。流程改进通常有以下几种情况：活动的合并、活动的删减、活动的并行、信息化（自动化）。

2. 流程规范化

流程规范化是流程管理的一项核心工作内容，包括流程规范的制定和实施。改进之后的流程，最终要用于指导业务活动的具体实践，为了保证新流程的严格贯彻和实施,就需要以规范化的方式把流程固定下来。

（1）流程规范设计的要求

由于业务活动不同、管理目的不同,各企业所设计的流程图,可能在内容和形式上会有所差异。但是,流程图的设计也应当符合一些共性的要求:① 综合性,流程规范图把过去分散的制度和办法按照流程综合在一起。② 全面性,流程图把与流程相关的要素尽可能全面地反映出来。③ 直观性,流程图综合利用表格、图形和文字等形式,非常直观。④ 标准性,流程图的格式以及内容的填写均有统一的标准。⑤ 实践性,流程图的设计以满足管理实践的需求为出发点。流程规范通常以流程图的形式来反映。但为了直观地反映流程规范的内容,有时还需要借助于一些图形符号。

（2）流程规范的内容

根据流程再造的实际需要,一个完整的、有效的、能对实际工作起具体作用的流程规范,应该包括以下十三个要素:流程负责人、事项承担者、事项、程序、职责、工作标准、协作要求、考核办法、信息流载体、相关制度、工作方法、流程名称及流程编码。这十三个要素中,有些反映了流程的基本内容,如事项、程序等;有些则是根据管理的需要而增加的要素,如流程名称、流程编码等。

二、知识管理

随着知识经济的兴起和发展,企业的经营方式和管理方式也出现了一些新特点。正如管理大师彼得·德鲁克所言:知识的生产率将成为一个国家产业、一个公司的竞争力的决定因素,没有任何国家、产业或公司在这方面有自然的优势或劣势,唯一的优势是经济的利用公开可得的各种知识的能力。知识经济时代的企业再不像过去那样以单纯金融资本或自然资源来表明本企业与其他企业的不同,而是通过知识获取竞争优势。这种新变化要求一种新的管理方式即以知识为核心的管理也就是知识管理（Knowledge Management,简称 KM）。知识管理着重于员工的内在需要,每位员工无论其能力大小、贡献多少、职位高低,都希望被认为是有思想、有价值的人,都希望自己的意见和需要能得到尊重和重视,都希望成为管理的主体。知识管理就是通过影响企业员工的工作态度和行为,建立起开放和信任的企业内部环境,从而使得员工自愿合作、共享和开发知识资源去完成更艰难的任务,达到更高的目标和产生更好的效益。知识管理有其特定的内容和作用。

（一）知识

为了正确地认识知识管理的意义,我们有必要对"知识"这个概念加以界定,按照经济合作与发展组织（OECD）在 1996 年的年度报告《以知识为基础的经济》的定义,把知识表示为 4W,即① Know—what（知道是什么的事实知识）;② Know—why（知道为什么的原理知识）;③ Know—how（知道怎样做的技能知识）;④ Know—who（知道是谁的人际知识）。其中,前两类知识即事实知识和原理知识是可表述出来的知识,也即我们一般所说的显性知识,而后两类知识即技能知识和人际知识则难以用文字明确表述,亦即隐性知识。

一般来讲,隐性知识比显性知识更完善、更能创造价值,挖掘和利用隐性知识的能力,将成为个人和组织成功的关键。一方面,通过运用暗号、比喻、类比和模型,可以将存在于整个组织中有价值的隐性知识转化为容易传播的显性知识;另一方面,显性知识必须能很快地再转换为隐性知识,否则它的真实价值就不复存在,因为显性知识转换为企业员工隐性知识的过程,一般都是知识应用的过程或知识成为生产力的过程。

（二）知识管理的基本内涵

知识管理目前还没有一个统一的定义,许多学者从不同的角度出发,对知识管理作出了不同的解释,可谓众说纷纭、莫衷一是。关于知识管理的定义中较有代表性的有:

美国生产力质量研究中心的定义:企业知识管理是指为提高企业竞争力对知识的识别、获取和充分发挥其作用的过程。

Dell 创始人的定义:知识管理是应用集体智慧提高应变和创新能力,是显性知识和隐性知识共享的新手段。

美国德尔福集团公司执行副总裁、企业知识管理咨询专家弗拉保罗说:知识管理就是运用集体的智慧提高应变和创新能力。

知识管理专家 Yogesh Malbotra 博士认为,知识管理是企业面对日益增长的非连续性的环境变化时,针对组织的适应性、组织的生存和竞争能力等重要方面的一种迎合性措施。本质上,它包含了组织的发展进程,并寻求将信息技术所提供的对数据和信息的处理能力以及人的发明创造能力这两方面进行有机的结合。

上述这些知识管理的定义尽管表述不同,但是它们有一个共同点,那就是强调以知识为核心和充分发挥知识的作用。知识管理的实质是对企业中人的经验、知识、能力等因素的管理,以实现知识共享。一些企业对于知识管理的理解与认识也很值得我们借鉴。例如,施乐公司在总结实践的基础上,列出了知识管理最重要的 10 个方面:对知识和最佳业务经验的共享;对知识共享责任的宣传;积累和利用过去的经验;将知识融入产品、服务和生产过程;将知识作为产品进行生产;驱动以创新为目的的知识生产;建立专家网络;建立和挖掘客户的知识库;理解和计量知识的价值;利用知识资产。

（三）知识管理的主要内容

根据知识的可编码性对知识分类,即编码型知识和意会型知识,企业的知识管理主要包括以下内容:

① 编码型知识又叫显性知识管理。显性知识是指那些能够以正式的语言明确表达的知识,表达方式可以是书面陈述、数字表达、列举、手册、报告等。这种知识能够正式地、方便地在人们之间传递和交流。对显性知识的管理,目前在图书情报学领域已有大量的理论与实践研究成果。

② 意会型知识也叫隐性知识管理。隐性知识是建立在个人经验基础之上并涉及各种无形因素如个人信念、观点和价值观等的知识。为了更精确地描述隐性知识,我们把隐性知识划分为两类。一类是技术方面的隐性知识,它包括那些非正式的、难以表达的技能、技巧和诀窍。例如,一个厨师经过多年的经历,掌握了一些烹饪的诀窍,如火候的大小、作料的多少等,而这个诀窍不能用科学的或技术的原理对其进行解释或加以表达。另一类是认识方面的隐性知识,它包括心智模式、信念、价值观,这些认识方面的隐性知识反映了我们对现实的看法(是什么)以及对未来的远景(应该是什么),尽管它们

不能方便地表达出来,但这些隐性知识影响着我们观察周围世界的方法。

能够用语言和数字表达的知识(即显性知识)只是人类所有知识的一小部分,而人类知识更多的是那些难以表达,难以描述的知识(即隐性知识)。隐性知识是高度个性化的,涉及每个人的经历、价值观和信念,而这些东西是难以公式化和明晰化的。因此,隐性知识在一定程度上具有独占性和排他性,难以与他人交流和共享,但这并不意味着它不是知识管理的对象,恰恰相反,隐性知识是知识管理的重要内容,知识管理的一个重要目的在于把隐性知识转变为显性知识。当然这个转化不是单向的,隐性知识在向显性知识转变中,还需要借助现有的显性知识,促进隐性知识的转化。

(四)隐性知识与显性知识的转化的管理。

隐性知识与显性知识的转化主要有以下四种模式。

(1)社会化过程

从隐性知识到隐性知识,即知识在人之间的转移。社会化即是一个共同分享各人的经历、经验,转而创造新的隐性知识,如共享的心智模式、技能和诀窍的过程。一个人可以从别人那里直接学习到别人的隐性知识,而无须借助语言表达。例如,学徒长期和师傅在一块工作,从师傅那里学到技能,主要是通过观察、模仿和不断地实践。

社会化的过程不仅存在于公司内部成员之间,而且还存在于产品开发者与消费者之间。在新产品开发之前和在新产品投入市场之后,与消费者之间的相互交流,实际上是一个永无止境的共享隐性知识和创造新思想的过程。

(2)外化过程

从隐性知识到显性知识,即将人们头脑中的经验和诀窍总结出来,提高其可见度。外化过程是知识转化模式中极其重要的一环,把隐性知识显性化时要充分利用比喻、比较、概念、假设和模型等多种方法和工具。要精确地把头脑中的隐性知识转化成显性知识是相当困难的,比如,当我们用语言或用笔,把我们头脑中的景象描绘出来时,这些表达与头脑中的景象往往是不一致的,存在或多或少的差别,它需要人们充分发挥其洞察力、想象力和推理的能力,这个要求是非常高的,这也是隐性知识能否转化为显性知识的关键因素。

(3)综合过程

从显性知识到显性知识,即对知识进行重新整理,或将知识存放在知识库中。综合的过程就是把不同的显性知识结合起来,个人可通过文件、会议、电话谈话、计算机通讯网络等媒介传递和交流知识,并对已获得的信息和知识进行排序、增减、分类、综合,这个过程能够产生新的、更加系统化的知识。综合这种知识转化模式,实际上是对已获得的显性知识进行加工整理。可借助现代化的信息技术和数字技术,对信息和知识进行编码,利用计算机加以重新整理、划分新的知识单元,改变知识结构以达到创造新知识的目的。计算机通讯网络和大规模的数据库的使用,有助于这个过程的转化。

(4)内化过程

从显性知识到隐性知识,实质上是一个学习过程。如通过培训将书本知识转化为人们头脑中的知识。当通过社会化、外化、综合获得的知识被内化成个人的隐性知识,形成一种共享的心智模式和技术诀窍的时候,它们才会变成有价值的资产。个人通过内化过程能不断积累和丰富自己的知识,只有在把显性知识进行加工处理后,形成正式的文件、手册、报告等形式,显性知识转变成隐性知识的转化过程才会较顺畅和容易。文本形式有利于促成个人的内化过程,丰富个人的隐性知识,同时也有利于这些显性知识的传播和交流,从而帮助人们间接地体验别人的经历。内化过程除了上述的体验方式之外,通过阅读、聆听等学习方式,也能把显性知识内化为自己的隐性知识。

对隐性知识的管理和对知识变换的管理,目前无论是在理论上还是在实践上都还没有形成完整的模式,尤其是对知识变换的管理,目前更是处在理论探索阶段。

第四章　人力资源管理

人力资源是一种特殊资源,已经成为国家或组织获取竞争优势的途径和手段。现代人力资源管理观念的建立和理论知识的普及,要求组织的管理人员尤其是其经营者必须掌握人力资源管理知识,建立人力资源管理队伍,以提高企业人力资源的管理水平。对组织来说,为确保各项任务的顺利完成并使系统能够正常的运行,组织还必须按照组织设计的基本要求为系统配置合适的人力资源,如管理人员、作业人员及参谋人员等,并对之进行有效的管理。本章旨在介绍人力资源管理的基本理论,阐述人力资源规划、员工招聘、员工培训与发展、绩效评估以及薪酬管理的基本理论和一般方法。

第一节　人力资源管理基础

什么是人力资源?它具备什么样的性质和特点?它能为我们的社会经济生活和企业作出什么样的贡献?这些问题是我们需要弄清楚的。

一、人力资源的概念和特征

(一)人力资源的概念

从广义的角度理解,智力正常的人都是人力资源。从狭义上看,人力资源是指投入和即将投入社会财富创造过程的人力。就一个国家来说,人力资源是指能够推动国民经济和社会发展的、具有智力劳动能力和体力劳动能力的人的总和。企业的人力资源是指能够推动整个企业发展的劳动者的能力的总称,它是一种战略性的资源。

1. 人力资源的内涵

① 人力资源是社会财富创造过程中一项重要因素,离开了人力资源,也就无所谓社会生产、社会财富的创造。

② 人力资源是指劳动者创造财富的能力,这种能力存在于劳动者身上,离开了劳动者,也就无所谓人力资源。

③ 一个国家一定时期内人力资源的存量,表示该国该时期内人力资源的多少。

$$人力资源的存量＝劳动人口数×人均劳动能力水平$$

④ 一个国家的人力资源有两种存在形式。一是正在被使用的人力资源,它是由在业的劳动者的劳动能力构成;二是尚未被使用的人力资源,它是由劳动预备军、待业人员等的劳动能力组成。

人力资源主要涉及从事经济活动的企业及有关的公司、工厂等经济实体。因此,本书的人力资源是指在从事经济活动的实体中的一切从业人员,包括普通工人、职员及专业技术人员、管理人员、高层领导等。

2. 人力资源的构成

人力资源由数量和质量两个方面构成。

(1) 人力资源的数量。人力资源的数量是对人在量上的规定,是指一个国家或地区拥有的有劳动能力的人口资源,也就是劳动力人口的数量,具体反映在由就业、求业和失业人口所组成的现实人力资源上。一个国家一定时期内的总人口大致包括以下几部分:① 适龄就业人口,即国家规定在劳动年龄段范围内的人口。我国规定,男女 16 岁以后进入劳动年龄段,男 60 岁、女 55 岁以后退出劳动年龄段。② 未成年人口,即未达到 16 岁的人口。③ 老年人口,即男 60 岁以上、女 55 岁以上,按国家规定达到退休年龄的人。

(2) 人力资源质量。是人力资源在质上的规定性,反映在构成人力资源总量的劳动人口的整体素质上,即指人力资源所具有的体质、智力、知识和技能水平,以及劳动者的劳动态度。一般具体体现在劳动者的体质、文化水平、专业技术水平及劳动积极性上。

3. 人力资源的分类

人力资源分为两部分。一部分是现实的人力资源,即现在就可以使用的人力资源,它由劳动适龄(就业)人口中除因病残而永久丧失劳动能力者外的绝大多数适龄劳动人口和老年人口中具有一定劳动能力的人口组成,包括正在使用的人力资源和暂时未被使用的人力资源两种。另一部分是后备人力资源,即现在还不能使用但未来可使用的人力资源,它由未成年人口组成。

(二) 人力资源的特征

人力资源是进行社会生产最基本、最重要的资源。与其他资源相比,人力资源具有以下基本特征。

1. 人力资源的生物性

人首先是一种生物。人力资源存在于人体之中,是有生命的"活"资源,与人的自然生理特征相联系,人的最基本的生理需要带有某些生物性的特征。在管理中,首先要了解人的自然属性,根据人的自然属性与生理特征进行符合人性的管理,人力资源属于人类自身所特有,因此具有不可剥夺性,这是人力资源最根本的特性。

2. 人力资源的能动性

能动性是人力资源区别于其他资源的本质所在。其他资源在被开发的过程中,完全处于被动的地位,人力资源则是在经济活动中居于主导地位的能动性资源。与其他被动性生产要素相比,人力资源是最积极、最活跃的主动性生产要素,在社会生产中具有主导地位。人力资源的能动性主要表现在自我强化、选择职业和劳动积极性等方面。自我强化可通过人力资源自身的努力学习知识、积极锻炼身体得以实现;选择职业是人力资源主动地与物质资源结合的过程;劳动积极性的发挥则是人力资源能动性的最重要方面,对人力资源潜力的发挥具有决定性影响。同时,人力资源具有创造性思维的潜能,能够在人类活动中发挥创造性的作用,既能创新观念、革新思想,又能创造新的生产工具、发明新的技术。

3. 人力资源具有两重性

人力资源既是创造财富的生产要素资源又是投资（消耗社会资源）的结果，它具有既是生产者又是消费者的两重性，与其他资源一样具有投入产出规律。从生产和消费的角度看，人力资源的投资、开发和维持是一种消费行为，人力资源的使用和创造财富则是一种生产性行为。一方面，人们的消费行为具有刚性，无论是否为社会创造财富，都需要消耗社会生产资料；另一方面，人们的生产行为具有弹性，受到年龄、能力、机会、生产资料等多种因素的影响。因此，在投资、开发、利用和管理人力资源时，应充分重视和平衡人力资源的两重性。正确处理好人力资源的投资与产出、开发与使用、数量与质量等相互制约的多重关系。

4. 人力资源的时限性

时限性是指人力资源的形成和作用效率要受其生命周期的限制。作为生物有机体的个人，其生命是有周期的，每个人都要经历幼年期、少年期、青年期、中年期和老年期。其中具有劳动能力的时间是生命周期中的一部分，其各个时期资源的可利用程度也不相同。无论哪类人，都有其才能发挥的最佳期、最佳年龄段。如果其才能未能在这一时期充分利用开发，就会导致人力资源的浪费。因此，人力资源的开发与管理必须尊重人力资源的时限性特点，做到适时开发、及时利用、讲究时效，最大限度地保证人力资源的产出，延长其发挥作用的时间。

5. 人力资源的再生性

人力资源是一种可再生资源，其再生性可基于人口的再生产和劳动力的再生产过程得以实现。与物质资源相似，人力资源在使用过程中会出现有形磨损和无形磨损。有形磨损是指由于个体的疲劳、衰老、体质下降、智能退化等原因造成的劳动能力下降；无形磨损则主要指由于社会和科技进步等现实而导致个人的知识、技能、经验等相对老化造成的劳动力下降。人力资源的有形磨损是不可抗拒的，但人们可通过医疗和保健来延缓磨损进程；人力资源的无形磨损可以积极预防甚至可以在一定程度上避免，人们可通过加强培训、终生教育实现持续的自我开发，消除和避免无形磨损。

6. 人力资源的社会性

人力资源是一种社会性资源。人是社会存在与自然存在的统一，人力资源既是人类社会的主体，又是人类社会活动的结果。从宏观看，人力资源的形成、配置、利用、开发是通过社会分工完成的；从微观看，人类社会是群体性劳动，在高度社会化大生产的条件下，个体要通过一定的群体来发挥作用，合理的群体组织结构有助于个体的成长及高效地发挥作用，不合理的群体组织结构则会对个体构成压抑。群体组织结构在很大程度上又取决于社会环境，社会环境构成了人力资源的大背景，它通过群体组织直接或间接地影响人力资源开发，这就给人力资源管理提出了要求：既要注重人与人、人与团体、人与社会的关系协调；又要注重组织中团队建设的重要性。对于人不仅要重视其社会性的一面，而且要通过精神文化、价值观念、人际关系、团队建设、利益整合等方式，促进其有效开发和管理。无论是在企业内部，还是在企业外部，企业的劳动者都处于广泛的社会联系之中，因此在人力资源管理过程中，不仅要考虑人的个性，还要考虑人与人之间、人与社会之间的管理，考虑这些管理对组织的影响。

7. 人力资源的时代性

人是构成人类社会活动的基本前提。一个国家的人力资源,在其形成过程中受到时代条件的制约。人从一生下来就遇到既定的生产过程和生产关系,当时的社会发展水平,从整体上制约着这批人力资源的数量和质量,以及人力资源素质的提高。他们只能在时代给他们提供的条件下努力发挥作用,这就是为什么当前生产力水平不同的国家之间,其人力资源素质也存在差距的原因。即使在同一个国家、同一个省区,社会发展水平不同,人力资源的质量也会不同。

8. 人力资源的智力性

人不仅具有能动性,而且拥有丰富知识与智力内容。人把物质资料作为手段,在改造世界的过程中,创造了工具,通过自己的知识智力,使自身能力不断扩大,创造数量巨大的物质资源。尤其是随着新科技革命的兴起、高科技的迅猛发展,人们的视野不断扩大、知识智力急剧发展,人们普遍认识到:世界上的许多事情都是可以做到的。人力资源的这种知识智力性表明人力资源具有巨大潜力。人们的智力具有继承性,这使得人力资源具有的劳动能力随着时间的推移,还能得到积累、延续和增强。

(三) 人力资源在现代经济发展中的作用

随着社会的发展,人力资源对经济增长所起的推动作用越来越大。具体地说,人力资源在现代经济发展中的主要作用如下。

1. 人力资源是构成社会经济活动的基本前提

人力资源是经济运行的根本要素。离开了人力资源,一切社会经济活动将无从开展。社会生产的基本过程是人类运用劳动工具作用于劳动对象从而改造自然的过程,人和劳动工具是对劳动对象起推动作用的主体,而劳动工具又是人类造就和改造自然的物力要素,本质上是扩大的、延伸的人体器官。因而,人力资源是社会经济运行的基本前提。

2. 人力资源的质量是推动经济发展的关键

经济发展的关键在于提高人力资源的质量。人力资源具有能动性,居于国民经济运行的主体地位,具有推动物质资源的能力。实践表明,人力资源的有效开发和管理是生产发展和经济增长的最重要因素,一国的经济发展状况与其人力资源状况正相关,一国的人力资源质量状况将直接决定其经济发展的基本状况。发达国家极为重视人力资源在经济发展中的重要作用,二战后日本经济的腾飞主要得益于对教育的重视和人才的培养。对发展中国家来说,人力资源开发和管理在促进经济发展中更有着特殊的意义。

3. 人力资源的收益递增性是促进经济增长的主要潜力

经济增长的主要潜力在于人力资源。增加投资量和提高单位投入量的产出率是促进国民经济增长的两方面要素。其一,投入要素包括人力和物力两类要素,实践证明,增加人力投入,特别是高质量的人力资源开发性投入,可比增加物力投入取得更大收益;其二,在提高产出率方面,人力因素的作用同样大于物力因素。对人力进行投资、开发,可提高劳动者的知识和技能,增强其运用物质资源的能力。

二、人力资源管理的概念、与传统人事管理的区别及其内容

（一）人力资源管理的概念

人力资源管理（Human Resource Management，简称 HRM），就是指运用现代化的科学方法，对与一定物力相结合的人力进行合理的培训、组织和调配，使人力、物力经常保持最佳比例，同时对人的思想、心理和行为进行恰当的诱导、控制和协调，充分发挥人的主观能动性，使人尽其才、事得其人、人事相宜，以实现组织目标。

首先，根据其定义，我们可以从两个方面来理解人力资源管理，即：

① 对人力资源外在要素——量的管理。对人力资源进行量的管理，就是根据人力和物力及其变化，对人力进行恰当的培训、组织和协调，使二者经常保持最佳比例和有机的结合，使人和物都充分发挥出最佳效应。

② 对人力资源内在要素——质的管理。主要是指采用现代化的科学方法，对人的思想、心理和行为进行有效的管理（包括对个体和群体的思想、心理和行为的协调、控制和管理），充分发挥人的主观能动性，以达到组织目标。

其次，人力资源管理因其主体、对象、范围的不同，又分为宏观人力资源管理和微观人力资源管理。

① 宏观人力资源管理。宏观人力资源管理是指在一个国家或地区范围内，对全社会的各阶层、各类型的从业人员进行的，从招聘、录用、培训、升迁、调动、直至退休的全过程管理。宏观人力资源管理的管理主体是一个国家或地区的政府，管理对象是正在从事体力劳动和脑力劳动的现实劳动力人口，即已经进入劳动过程的人力资源。宏观人力资源管理的特点是强调国家、地区或行业范畴的用人管理、就业管理和组织管理，目的是通过对人力资源的宏观管理来推动经济发展和社会进步，主要包括人力资源决策管理、人力资源配置使用管理、人力资源流动管理、人力资源保护管理及劳动关系管理等内容。

② 微观人力资源管理。微观人力资源管理是指企业等微观组织对本组织的人力资源进行的全过程管理。微观人力资源管理的管理主体是企业等微观组织，管理对象是正在本组织从事体力劳动和脑力劳动的员工，即已进入本组织工作的人力资源。微观人力资源管理的特点是强调调动组织员工的积极性和创造性，目的是推动本组织战略目标的实现，主要包括人力资源规划、员工招聘、员工培训与职业发展、绩效评估等一系列工作程序。具体地说，组织首先应通过人力资源规划，在对组织的当前情况与未来发展进行评估后，测算出人力资源的短缺与超额配置程度；在此基础上，进行员工招聘工作；在招聘到胜任的员工后，为使其适应组织需要并确保其知识与技能的不断更新，应有计划地进行员工培训并规划其职业发展；最后，还要通过绩效评估促使组织成员在工作中保持良好的绩效水平。本书的研究重点是微观人力资源管理，即组织范围内的人力资源管理。

（二）人力资源管理与传统人事管理的区别

前面已经说过，人力资源管理，就是根据企业发展战略的要求，有计划地对人力资源进行合理配置，通过对企业中员工的招聘、培训、使用、考核、激励、调整等一系列过

程,调动员工的积极性,发展员工的潜能,为企业创造价值,确保企业战略目标的实现。从传统的人事管理发展到现代的人力资源管理,其一,人力资源管理的范围扩大了,其二,企业对人力资源管理的认识提高了。两者具体存在的不同之处表现在:

① 两者管理的视角不同。传统的人事管理把人力看做是成本,人力资源管理把人力看做是资源;从成本的角度出发,管理活动追求的必须是人员的减少,人力成本的节约;从资源的角度出发,管理活动就会重视对人力资源的开发和利用。

② 两者工作的性质不同。人事工作属于行政管理的范畴,主要是一些事务性的工作,人事部门负责执行领导的决策;人力资源管理则包含战略性的工作和事务性的工作,吸纳和开发人力资源成为人力资源管理工作的重中之重。人力资源管理部门既是人事行政管理的办事机构,又是领导层制定实施人才战略的参谋部。

③ 两者管理的重点不同。人事管理以事为中心,强调的是"因事设人,因事评人",工作任务是否完成,是一切管理活动的出发点;人力资源管理则是以人为中心,注重人事相宜,在某些企业中,为了留住人才,充分发挥其才能,甚至出现了"因人设事"的现象。例如,如果某位研发人员提出了某项项目,在经过适当的评估之后,企业会为这位研发人员提供相关的支持。

④ 两者对管理人员的要求不同。承担人事管理工作的人,通常是人事方面的专门人才;人力资源管理则要求其工作人员是通才,即不仅要懂人事工作,还要了解企业各方面的经营管理状况。

⑤ 两者管理的职能不同。传统人事管理是某一职能部门单独使用的工具,似乎与其他职能部门的关系不大,但现代人力资源管理却与此截然不同。实施人力资源管理职能的各组织中的人事部门逐渐成为决策部门的重要伙伴,从而提高了人事部门在决策中的地位。人力资源管理涉及企业的每一个管理者,现代的管理人员应该明确:他们既是部门的业务经理,也是这个部门的人力资源经理。人力资源管理部门的主要职责在于制定人力资源规划、开发政策,侧重于人的潜能开发和培训,同时培训其他职能经理或管理者,提高他们对人的管理水平和素质。所以说,企业的每一个管理者,不单完成企业的生产、销售目标,还要培养一支为实现企业组织目标能够打硬仗的员工队伍。

（三）人力资源管理的内容

1. 人力资源规划

人力资源规划是指根据组织的发展战略和经营计划,分析组织的经营环境变化对人力资源的供给和需求的影响;评估组织的人力资源现状及发展趋势;收集和分析人力资源供给与需求方面的信息和资料;预测人力资源供给和需求的发展趋势;制定人力资源招聘、调配、培训、开发及发展计划等政策和措施。

2. 人力资源成本会计工作

人力资源管理部门应与财务等部门合作,建立人力资源会计体系,开展人力资源投入成本与产出效益的核算工作。人力资源会计工作不仅可以改进人力资源管理工作本身,而且可以为决策部门提供准确和量化的依据。

3. 岗位分析和工作设计

为实现组织的战略目标,人力资源管理部门要根据组织结构,对组织中的各个工作和岗位进行分析,确定每一个工作和岗位对员工的素质要求,包括技术及种类、范围和熟悉程度;学习、工作与生活经验;身体健康状况;工作的责任、权利与义务等方面的情况。这种具体要求必须形成书面材料,这就是工作岗位职责说明书。这种说明书不仅是招聘工作的依据,也是对员工的工作表现进行评价的标准,是进行员工培训、调配、晋升等工作的根据。

4. 员工的招聘与选拔

根据人力资源的规划而开展的招聘与选拔、录用与配置等工作是人力资源管理的重要活动之一。当企业新成立或者岗位出现人员空缺时,应根据组织内的岗位需要及工作岗位职责说明书,利用各种方法和手段如接受推荐、刊登广告、举办人才交流会、到职业介绍所登记等从组织内部或外部吸引应聘人员;并且经过资格审查如接受教育程度、工作经历、年龄、健康状况等方面的审查,从应聘人员中初选出一定数量的候选人,再经过严格的考试如笔试、面试、评价中心、情景模拟等方法进行筛选,确定最后录用人选。在这过程中,我们所说的招聘就是企业吸引、寻找具备基本任职资格的人员,从中选出符合空缺岗位需要的人员予以录取的过程,录用到优秀人员之后,还需要合理的使用才能充分发挥其才能。在这过程中需要采用科学的方法和手段对所需要的人员进行评估和选择。人力资源的选拔,应遵循平等就业、双向选择、择优录用等原则。

5. 雇佣管理与劳资关系

员工一旦被组织聘用,就与组织形成了一种雇佣与被雇佣的、相互依存的劳资关系,为了保护双方的合法权益,有必要就员工的工资、福利、工作条件和环境等事宜达成一定协议,签订劳动合同。

6. 员工入职教育、培训和发展

任何应聘进入一个组织(主要指企业)的新员工,都必须接受入职教育,这是帮助新员工了解和适应组织、接受组织文化的有效手段。入职教育的主要内容包括组织的历史发展状况和未来发展规划、职业道德和组织纪律、劳动安全卫生、社会保障和质量管理知识与要求、岗位职责、员工权益及工资福利状况等。在工作过程中,为了提高广大员工的工作能力和技能。有必要开展富有针对性的岗位技能培训。培训是一个学习训练的结果,在这个过程中,作为培训对象的员工获得胜任工作的知识和技能,企业的培训包括一般性的培训和开发,一般性的培训是为了增加员工承担现有岗位所应具备的知识和技能,开发则重点在于获得未来职业生涯所需要的知识和技能。对于管理人员,尤其是对即将晋升者有必要开展提高性的培训和教育,目的是促使他们尽快具有在更高一级职位上工作的全面知识、熟练技能、管理技巧和应变能力。

7. 绩效评估

绩效评估,即对照工作岗位职责说明书和工作任务,对员工的业务能力、工作表现及工作态度等进行评价,并给予量化处理的过程。其目的是激励员工们继续恰当的行为并改正不恰当的行为。评估不仅是针对员工本身的,也是对企业人力资源管理水平的考察。通过评估,了解企业和员工的需求,分析存在的差距,从而可以有针对性地做出人力资源方面的管理决策。评估结果是员工晋升、接受奖惩、发放工资、接受培训等的有效依据,有利于调动员工的积极性和创造性,检查和改进人力资源管理工作。

8. 薪酬管理

薪酬包括工资和福利及奖金等。工资是员工所得的薪水;福利是提供给员工的在工资以外的某种报酬形式;奖金是奖励员工恰当工作行为与超出劳动定额以外的工作结果,合理、科学的工资报酬福利体系关系到组织中员工队伍的稳定与否。人力资源管理部门要从员工的资历、职级、岗位及实际表现和工作成绩等方面,来为员工制定相应的、具有吸引力的工资报酬福利标准和制度。工资报酬应随着员工的工作岗位升降、工作岗位的变换、工作表现的好坏与工作成绩进行相应的调整,不能只升不降。

9. 员工的职业生涯发展

人力资源管理部门和管理人员有责任鼓励和关心员工的个人发展,帮助其制订个人发展计划,并及时进行监督和考察。这样做有利于促进组织的发展,使员工有归属感,进而激发其工作积极性和创造性,提高组织效益。人力资源管理部门在帮助员工制订其个人发展计划时,有必要考虑它与组织发展计划的协调性或一致性。也只有这样,人力资源管理部门才能对员工实施有效的帮助和指导,促使个人发展计划的顺利实施并取得成效。

10. 人力资源保护

为使员工努力工作,组织应创造一种积极的工作环境,即良好的员工关系。公司必须保证员工健康和安全的法律性、社会性等,通过建立有效的预防方案以保证员工的身体健康和心理健康,在公司中建立员工和组织的有效沟通渠道。

11. 人力资源研究

企业要做好人力资源管理工作,管理者必须重视人力资源的研究工作,即通过对企业人力资源管理诸环节的运行、实施的实际状况、制度建设和管理效果进行调查评估,分析了解企业人力资源管理工作的性质、特点和存在的问题,提出合理化的改革方案,使企业人力资源管理工作能充分调动员工的积极性和创造性。

第二节　人力资源规划

人力资源规划是将企业经营战略和目标转化为人力需求,以企业整体的超前和量化的角度分析和制定人力资源管理的一些具体目标。任何成功的组织都是十分珍惜和爱护人力资源的,人力资源规划就是充分利用人力资源的一项重要措施。那么什么是人力资源规划呢?

一、人力资源规划的概念及其作用

(一)人力资源规划的概念

人力资源规划是指根据组织的发展目标和战略规则,通过对组织未来的人力资源需求和人力资源供给状况的分析和预测,对组织的人力资源管理活动进行的总体规划。简单地说,人力资源规划就是在适当的时间为适当的职位配备适当数量和类型的工作人员。人力资源规划是组织进行人力资源管理的首要步骤,具有重要的战略性意义:一方面,人力资源的制定要服从于组织的战略目标;另一方面,组织战略目标的实现要有具体的人力资源规划来支持。

(二)人力资源规划的作用

在组织的人力资源管理活动中,人力资源规划具有先导性和全局性。编制和实施人力资源规划的目的,就是通过规划人力资源管理的各项活动,使组织的需求和人力资源的状况相匹配,实现人力资源的优化配置和组织的高效运营,促进组织战略目标的实现。具体地说,人力资源规划有如下作用。

1. 确保组织运营对人力资源的需求

组织员工主要分为三类:基本技能员工、高技能的技术人员和管理人员。不同类型的组织对人力资源数量、质量、层次、结构的要求各不相同,同一组织在不同发展阶段对人力资源的需求也不尽相同。通过人力资源规划,可以控制组织的人员结构、职务结构,减少用人的随意性,保障组织运营中的人力资源有效供给,使人力资源符合组织战略发展的需要。

2. 促进人力资源管理活动的有序化

人力资源规划是组织进行人力资源管理的具体行动方案,是开展各项人力资源管理活动的基本依据。组织在何时需要补充人员、补充何种层次的人员、采用何种方式补充、根据职位要求应如何组织培训等,都需要在人力资源规划中予以考虑,这就为组织成员的录用、晋升、培训、调整及人工成本的控制等各项人力资源管理活动提供了准确的信息,从而使人力资源管理活动更为科学有序。

3. 促使个人目标与组织目标的融合

人力资源规划不仅要聚焦组织的战略目标,还应关注员工的个人目标。在人力资源规划的指导下,组织通过有计划地实施员工培训、有针对性地规划员工职业发展、有目标地进行绩效评估等一系列人力资源管理活动,能最大限度地发掘组织员工的潜力、调动组织员工的积极性、满足组织员工的需求,使员工清楚地知道自己的工作方向及在组织中的发展方向,从而促使员工个人目标与组织目标的融合,实现个人和组织的共同发展。

二、人力资源规划的内容

一份完整的人力资源规划包括人力资源总体规划和具体的业务计划两个层次。

(一)人力资源总体规划

人力资源总体规划是有关人力资源开发的总目标、总政策、实施步骤及总预算的安排。其主要内容包括:① 阐述在战略计划期内组织人力资源配置的总框架;② 阐明与组织人力资源有关的重要方针、政策和原则;③ 确定组织人力资源投资预算总额;④ 确定组织人力资源净需求。

(二)人力资源业务计划

人力资源业务计划是总体规划的展开和具体化。它主要包括人员招聘计划、人员培训计划、职业发展计划、绩效评估计划及人员使用计划、提升与降职计划、薪金福利计划、退休解聘计划、劳动关系计划等。

三、人力资源规划的基本程序

人力资源规划是对组织人力资源战略的定量和定性的转化,概括地讲,人力资源规划的基本程序如下。

（一）评价组织现有的人力资源状况

1. 现状考察

组织在制定人力资源规划时,首先要对现有人力资源状况进行调查,草拟一份人力资源调查报告,资料来源是现有员工填写的调查表,调查内容涉及姓名、年龄、性别、最高学历、工作简历、职业专长、教育培训经历、现在企业职务等。

2. 职务分析

现状考察的另一个主要内容是进行职务分析。其目的是定义组织中的职务以及履行职务所需的行为,方法是拟定职务说明书与职务规范。职务说明书与职务规范是选聘员工的重要文件,其中职务说明书是对任职者基本任务、责任、义务的书面说明,可用来向申请者详细描述职务内容;职务规范则指明任职者有效的从事工作所需的知识、技术、能力和其他素质,可用来考察申请者是否具备某种最低限度的任职资格条件。

（二）预测组织未来需要的人力资源

未来人力资源的需求由组织的战略目标所决定。在对组织现有的人力资源进行评价之后,应根据组织的战略目标确定未来规划时间内对人力资源数量、质量、层次、结构的需求,可根据规划时间长短、收集信息类型等的不同,分别采用定性预测方法和定量预测方法进行预测。

（三）制定面向未来的人力资源最终方案

在对现有能力和未来需要做全面评估之后,应以此为依据,进行人力资源供需分析比较,测算出组织人力资源在数量、结构方面的短缺或过剩状况,发现和找出组织中人员不足或超额配置的领域,在此基础上拟定面向未来的最终方案。

（四）执行与评价人力资源规划

人力资源规划最终要把制定人力资源方案付诸具体实践。方案执行阶段有四个步骤:实施、检查与评价、反馈与修正。首先,确保有专人负责且在既定的时间内执行到位,同时初期成效与预测的情况是一致的。其次是检查与评价,列出检查提纲,明确检查目的与检查内容,反馈检查结果和评价给实施者。检查是必不可少的步骤,保证计划的顺利进行。再次,反馈也是一个重要的步骤,通过反馈,我们可以知道计划中哪些内容是正确的,哪些是错误的等。最后是修正,由于内外部环境的迅速变化,人力资源规划的制定并不是一成不变的,需要根据环境不断的修正。

第三节 员工招聘

员工招聘是"获取"这一人力资源管理要素的具体实现。它是按照企业经营战略规划、人力资源规划的要求把优秀、合适的人招聘进企业。把合适的人放在合适的岗位,是企业成败的关键之一。员工招聘工作是一项十分复杂的工作。

一、招聘的作用和程序

在组织存在职位空缺的情况下,应根据职务分析的要求进行员工招聘。所谓员工招聘,是指组织及时寻找、吸引并鼓励符合要求的人到本组织中任职和工作的过程,它实际上是一种组织与应聘者个人之间双向选择的动态过程,目的是实现人员与职位的匹配。

(一)员工招聘的作用

员工招聘是组织人力资源管理中的重要环节,其主要作用有:

① 构筑组织竞争优势的关键。人力资源是组织的第一资源,员工招聘的质量直接影响着员工素质的高低。高素质的组织员工所拥有的知识和技能,是形成组织竞争优势的源泉。

② 决定组织经营业绩的前提。人力资源管理的核心活动是个人与工作职位的匹配,每个职位都有对任职者的知识、技能等方面的特殊要求。有效的员工招聘能保证员工与职位的匹配,确保组织的高效运营和实现良好的工作绩效。

③ 发挥组织人力资源管理职能的基础。员工招聘是组织人力资源形成的关键,它为组织的人力资源管理工作搭建了一个基础平台,其质量高低直接影响着人力资源管理的后续工作。如果招聘的员工无法适应职位的要求,将很难产生良好的工作绩效,组织将在人员培训方面花费更多的时间和金钱,人员的重新安置也会带来一系列费用和管理问题。

(二)员工招聘的程序

组织的人力资源规划为员工招聘提供了基本的依据,员工招聘的具体程序如下。

① 制订并落实招聘计划。当组织中出现需要填补的职位空缺时,应根据职位的类型、数量等制订招聘计划,同时成立相应的招聘工作小组,向组织内外进行招聘。招聘小组可通过多种渠道,发布待聘职位的性质、数量及对应聘者的要求等信息,吸引符合条件的申请者主动求职。

② 对应聘者进行初选。在应聘者的数量较多时,招聘小组要对其进行初步筛选。对内部候选人的初选相对容易,可以参照其以往的绩效评估记录进行;对外部应聘者,可以根据其填写的申请表做出初步判断。在通常情况下,招聘小组都会要求应聘者填写一份申请表,主要内容涉及姓名、地址、电话、学历、曾任职务、成就、离职原因等。申请表提供了求职者的基本信息,能使组织对求职者的背景和经历有一个概括的了解。

③ 对初选合格者进行知识和能力的考核。在初选的基础上,招聘小组要对数量相对有限的初选合格者进行进一步的深入考核。具体内容包括下列两个方面:

第一,智力和知识测试。合格的任职者应当具备一定的智力水平和知识水平,招聘小组可以通过笔试的形式对此考察,包括智力测试和知识测试。智力测试是评价应聘者个人潜能的基本方法;知识测试则是评价应聘者是否熟练掌握与待聘职务有关的基本技术知识和管理知识的基本方法。

第二,绩效模拟测试。智力与知识测试考核的是个人的基本素质,绩效模拟测试考核的是个人的实际工作能力,它是基于职务分析材料做出的,比单纯的笔试更能满足工作表现相关性的要求。

④ 面谈。在对应聘者进行知识和能力考核后，还应对其进行面谈，以考察应聘者的沟通能力、应变能力和综合素质。需要注意的是：由于面谈的时间较短，面谈者对应聘者的履历、测试成绩等往往有一个先入为主的印象，容易产生认知偏差，为提高面谈的有效性，应尽量避免此种情况。

⑤ 选定录用员工。在上述各项工作的基础上，应利用加权的方法，计算出每个候选人智力、知识、能力的综合得分，根据待聘职位的性质和要求，综合有关各方的意见，予以选择录用。

⑥ 评价和反馈招聘结果。在员工选定录用后，还要对整个招聘工作程序进行全面的检查和评价，并对录用的员工进行追踪分析，以检验招聘工作的成效；同时应总结招聘过程中的经验与教训，及时反馈到招聘部门，以便改进和修正日后的招聘工作。

二、人员的选拔

在组织出现职位空缺需要招聘员工时，既可以在组织内部进行，也可以在组织外部进行。根据招聘来源的不同，人员选拔的方式有两种：内部选拔和外部选拔。两种方式各有其优势和局限性，可依据实际情况灵活运用。

（一）内部选拔

内部选拔是指组织中出现职位空缺时，从组织内部选拔符合条件的员工予以填补，组织现有员工是组织最大的招聘来源，尤其是管理职位的人员选拔。

1. 内部选拔的主要优势

① 有利于调动员工的工作积极性。内部选拔制度给组织中的每个员工带来希望和机会，且会带有示范效应，使员工更为积极地工作，从而更大限度地利用组织现有的人力资源。尤其是出现管理职位的空缺时，内部选拔制度能产生巨大的示范效应，极大地激发员工的士气，维系员工对组织的忠诚。

② 有利于保证选聘工作的正确性。组织内部的应聘者已经在组织中工作了一段时间，组织对其了解程度要高于外部应聘者，同时，组织还可以采取多种方式，对其进行全面深入的考察和评估，从而保证其适应相应职务的要求。

③ 有利于被聘者迅速地开展工作。同外部人员相比，在组织内部成长起来的被聘者，对组织目标、组织文化、组织制度、组织结构有深入的了解，并熟知组织的各种情况，可以迅速地适应新的职位和工作。

2. 内部选拔的主要弊端

① 可能会导致组织内部"近亲繁殖"现象的发生。从组织内部选拔的员工往往喜欢模仿上级的管理方法。这虽然可使过去的经验和优良作风得到继承，但也有可能使不良作风得以发展，这不利于组织的管理创新和管理水平的提高。

② 可能引发内部矛盾。在组织内部的若干候选人中选拔一名员工，虽可能提高员工的士气，但也可能招致落选者产生不满的情绪，尤其是在竞聘同一管理职位时，这一现象极易发生。这将不利于被选拔者展开工作，不利于组织成员的团结合作。为此，组织必须不断完善人事考核制度，客观公正地评价每一个内部候选人的情况，做到条件公

开、择优录用。

（二）外部选拔

外部选拔是指组织中出现职位空缺时，按照组织制定的标准和程序从组织外部选拔符合空缺职位要求的应聘者予以填补。

1. 外部选拔的明显优势

① 能够为组织输入新鲜血液。来自组织外部的被应聘者可以为组织带来新的管理方法和经验，突破组织原有的思维定势、拓宽组织的视野、促进组织的多元化发展，从而为组织带来更多的创新和发展机会。在组织面临重大危机时，外部选拔方式尤为有效。

② 有利于平息或缓和内部竞争者之间的紧张关系。组织中的一个空缺职位往往会吸引多个内部竞争者，如采用内部选拔方式，落选的组织成员极易产生不满的情绪，甚至影响组织正常工作的开展。在内部矛盾激烈的情况下，采用外部选拔方式，可以使这些内部竞争者得到某种心理上的平衡，从而有利于缓和其紧张关系。

2. 外部选拔的局限性

① 外部选拔对内部员工的积极性造成打击。每个组织成员都希望在组织中有不断发展的机会，希望担任越来越重要的工作，如果组织经常从外部选拔人员，会挫伤内部员工的工作积极性，降低员工的士气，不利于组织的长久发展。

② 可能出现选拔失误。组织对外部应聘者的实际情况往往缺乏深入了解，而是更多地依据其提供的背景资料和考核成绩进行判断，并评价其工作潜力。因此，尽管在选拔过程中经过了层层筛选和各种测试，仍可能出现被聘者的实际工作能力不符合职位要求的情况，从而给组织带来损失。

③ 外部选拔员工对组织缺乏深入了解。外部选拔人员不熟悉组织的内部情况，同时也缺乏一定的人事基础，往往需要较长一段时间才能与组织现有的文化相适应，才能真正开展有效的工作。

第四节　员工的培训与发展

根据组织的内部、外部环境的特点，采用科学的方法，有计划、有组织、有重点地进行全员培训，特别是对有发展潜力的未来管理人员进行培训，是组织人力资源管理中的一项重要工作。

一、员工培训的目的与内容

（一）培训目的

员工培训是指组织对员工进行的有计划的、有针对性的教育和训练，使其能够改进目前知识和能力的一项连续而有效的工作。员工培训的目的旨在提高员工的素质、促进组织的发展，具体地说，包括以下几方面。

1. 使组织员工适应职位的要求

组织中的每个职位都有相应的任务和目标，组织员工必须具备一定的知识和技能，才能与特定职位相匹配,从而达到较高的绩效水平。为了保证新员工更好地适应工作要求,必须对其进行专业系统的岗前培训。为了防止在职员工知识和技能的老化,必须对其进行持续不断的在职培训,以补充、更新其与工作有关的最新知识与技能。

2. 提高组织员工的综合能力

员工的综合素质和能力是形成组织竞争优势的重要源泉,员工培训的目标不仅要着眼于培养员工的基本技能,还要着眼于培养员工的综合能力,即沟通、创新等能力。这些能力对组织的未来发展至关重要,会使组织的各项工作更有成效,会给组织带来更大的发展机会,从而全面提高组织的竞争力。

3. 转变组织员工的态度及观念

组织员工对组织文化的认同将直接影响其工作态度和工作绩效,员工培训的目标不能仅局限于能力的培养,还应注意观念的培养。每个组织都有自己的价值观念和行为准则,员工培训的重要目标就是经过对组织成员特别是新聘主管人员的培训,使其逐步了解和接受组织文化并融入组织文化中,按照组织共有的行为准则来从事各项工作。

（二）培训内容

组织员工应具备的技能分为三类:技术技能、人际关系技能和解决问题技能,相应的,员工的培训也围绕着上述三方面内容展开。

① 技术技能培训。技术技能既包括一些最基本的能力,也包括与特定职位相关的能力。随着科技的发展,对组织员工技术技能的要求日益提高。例如,在办公自动化的条件下,员工必须具备一定的阅读能力、写作能力和计算机能力,能够使用文字处理软件和电子邮件系统,从而有效地开展日常工作。

② 人际关系技能培训。员工的工作绩效在很大程度上取决于其与上下级及同事有效相处的能力。人际关系技能培训的目的是使员工学会增进信任合作,更好地适应团队工作,具体内容包括:如何做个好听众、如何更清晰地表达自己的思想以及如何减少摩擦冲突等。在强调团队精神的今天,培养良好的人际关系技能尤为重要。

③ 解决问题技能培训。组织员工尤其是从事非常规工作的员工和管理人员,在日常工作中经常需要解决一系列问题,其中许多问题是非常规的、富于变化的,甚至有些问题是重大的突发意外事件。这些问题的处理和解决没有固定的模式可循,因此要求组织员工必须具备较强的逻辑推理和判断问题的能力,面对意外和混乱,能够迅速对因果关系做出判断,果断制定解决问题的可行方案,并从中选定最佳的解决办法。通过专门的员工培训,可以改进和提高员工的解决问题技能。

二、员工培训的方法

要使员工培训更有效,适当的培训方法是必要的。员工培训的方法大致上可分为两大类:在职培训和离职培训。下面介绍各种培训方法及其优缺点和适应范围,为培训者提供设计和选择培训方法的建议。

（一）在职培训

所谓在职培训,是指员工在完成工作任务的同时,在工作场所接受培训。在职培训的最大特点是员工通过实践进行学习,例如玫琳凯化妆品公司的销售代表接受的就是在职培训。其优点是:培训的针对性更强;简单易行;成本低廉。其缺点是:难以兼顾学习和工作,可能扰乱工作的正常秩序。

在职培训的主要方式为:

1. 职务轮换

职务轮换是指通过横向的变换,使员工从一个职位调到另一个职位以扩展其工作经验的培训方法。一方面,职位轮换可以在一定程度上消除专业分工过细带来的弊端,使员工有机会承担多种任务,学会多种工作技能;另一方面,职务轮换可以使员工全面了解整个组织的不同工作情况,培养更广阔的工作视角,为员工今后的发展和升迁打下基础,从而有利于培养全面的高级管理人才。

2. 预备学习

预备学习是指受训员工以一对一的方式跟随经验丰富的老员工工作一段时间,在其指导下提升自己的知识和技能的一种培训方法。对于新员工的培训,通常采用这种方法。指导者通常是年长的富有经验的优秀员工,他(她)以导师和顾问的身份对新员工的工作进行指导和监督,并成为受训员工的榜样。预备实习方式有助于组织新员工的迅速成长,一方面,受训员工有机会观察和学习老员工的工作方法和工作技巧;另一方面,受训员工还有机会独立承担一些重要任务。

(二) 离职培训

所谓离职培训,是指员工脱离自己的工作岗位,在专门的课堂环境中接受系统的培训。离职培训的最大特点是员工通过课堂环境进行学习。其优点是:使员工摆脱工作压力,便于集中精力面向组织内外的专家学习。其缺点是:需要抽出专门的时间;费用较高。

离职培训的方式主要有:

① 课堂讲座。课堂讲座特别适用于传播具体的信息,但很难培养员工在实际工作中运用理论解决实际问题的能力。这是一种传统的培训方式。

② 电视录像。电视录像由于其直观示范性的特点,更适合于技术能力的学习。这种远程学习的方式,使同时、整体地传递组织所需的各种信息成为可能,并可根据需要反复使用,为传统的课堂教学提供了灵活性和自主性。其最大好处是能确保教学的一致性,同时增加培训数量,减少培训费用。目前一些大型组织开始采用这种培训方式。

③ 模拟练习。模拟练习更适合人际关系和解决问题技能的学习,具体的练习方式有案例分析、角色扮演、小组互动等。

相对而言,在工作场所进行的在职培训,主要适用于技术技能的培训。在工作场所以外进行的脱产培训则更适用于人际关系技能和解决问题技能的培训。

三、员工的职业发展

传统意义的职业发展概念将范围界定在特定组织内,员工职业发展规划的主体是特定的组织。当前,随着组织变革的持续进行,职业发展概念日益面临不确定性,组织和员工个人都要对职业发展概念的认识做出观念上的调整,出现了无边界职业发展概念。该概念的核心是提升个人自身对职业发展的责任感,具体地说,员工职业的发展、对组织的忠诚度、重要技能的形成及市场价值,是由个人而不是由组织决定的。员工要为自己的职业生涯规划、职业目标选择及教育培训等负主要责任。根据无边界职业发展概念,员工职业发展规划的主体不是特定的组织,而是员工个人。

（一）含义

从员工个人角度看,职业发展规划是指员工根据自己的能力和兴趣,通过规划职业目标及实现目标的手段,使自己在人生的不同阶段得到不断发展。通过职业发展规划,员工个人结合自身情况和客观制约因素,为自己实现职业目标确定行动方向、行动时间和行动方案。它是员工不断提高自身素质,努力实现自身价值的重要手段。

员工个人的职业发展规划包含了一系列职业生涯中的重大转折,如专业发展方向的选择、就业单位的选择、职务的选择等。首先要在做好自我分析的基础上,在本人价值观的指导下,确定个人的长期与近期发展目标,进而拟定出具体的发展规划。该规划应具有一定的灵活性,以便根据自己的实际表现予以调整。

（二）责任

在员工职业发展中,个人应从以下几方面认识自己:① 价值观,树立正确的人生观和价值观;② 兴趣,认清自己希望做什么及对什么最感兴趣;③ 知识和能力,认清自己的知识、能力及工作阅历;④ 个性与风格,认清自己的个性和风格,便于找准发展方向,在成长过程中少走弯路。

需要指出的是,员工个人的职业发展应建立在组织发展的基础上,通过个人目标和组织目标的实现,可促进个人和组织的共同发展。

第五节　绩效评估

绩效评估是指组织定期对个人或群体小组的工作行为及业绩进行考察、评估和测度的一种正式制度。用过去制定的标准与员工的工作绩效记录进行比较并及时将绩效评估结果反馈给员工,可以起到有效地检测及控制作用。

绩效评估是组织与员工之间的一种互动关系,在实际工作中,绩效评估因为在制度设计、评估的标准及方法、执行程序等诸多方面很难做到完全客观和准确,所以管理人员与员工之间会因认识不一致而可能发生一些矛盾和冲突;也由于绩效评估给人力资源的各个方面提供了反馈信息,并与组织中的各个部分紧密联系,因此实施绩效评估一直被认为是组织内人力资源管理中最棘手也最有力的方法之一。

一、绩效评估的作用

（一）绩效评估为最佳决策提供了重要的参考依据

绩效评估的首要目标是为组织目标的实现提供支持,特别是在制定重要的决策时,绩效评估可以使管理者及其下属在制订初始计划过程中及时纠偏,减少工作失误,为最佳决策提供重要的参考依据。

（二）绩效评估为组织发展提供了重要的支持

绩效评估的另一个目标是提高员工的业绩,引导员工努力的方向,使其能够跟上组织的变化和发展,绩效评估提供的相关的信息资料可以作为激励或处分员工、提升或降级、职务调动以及进一步培训的依据,这就是绩效评估最主要的作用。

（三）绩效评估为员工提供了一面有益的镜子

绩效评估使员工有机会了解自己的优缺点以及其他人对自己工作情况的评价,是一面有益的镜子。特别是当这种评价比较客观时,员工可以在上级的帮助下有效发挥自己的潜能,顺利执行自己的职业生涯计划。

（四）绩效评估为确定员工的工作报酬提供依据

绩效评估的结果为确定员工的实际工作报酬提供了决策依据。实际工作报酬必须与员工的实际能力和贡献相结合,这是组织分配制度的一条基本原则。为了鼓励员工出成绩,组织必须设计和执行一个公正合理的绩效评估系统,对那些最富有成效的员工和小组给予明确的加薪奖励。

（五）绩效评估为员工潜能的评价以及相关的人事调整提供了依据

绩效评估中对能力的考评是指通过考察员工在一定时间内的工作业绩,评估他们的现实能力和发展潜力,看其是否符合现任职务所具备的素质和能力要求,是否具有担任更重要工作的潜能。组织必须根据员工在工作中的实际表现,对组织的人事安排进行必要的调整,应该把能力不足的员工安排到他力所能及的岗位上,而对潜能较强的员工应该提供更多的晋升机会,对另外一些能力较为平衡的员工则可保持其现在的职位。当然,反映员工过去业绩的评价要与描述将来潜力的评价区分开来,为此组织需要创设更为科学的绩效评估体系,为组织制订包括降职、提升或维持现状等人事调整计划提供科学的依据。

二、绩效评估的目的与标准

（一）评估目的

从总体上说,组织的绩效评估旨在确保员工的工作与组织的目标保持一致。具体地讲,绩效评估的主要目的是:

1. 为确定员工的工作报酬提供依据

收入分配的基本原则是工作报酬要与工作者的能力和贡献相结合,因而,在确定工作报酬时,不仅要根据担任某项职务所必需的素质来确定能力工资或职务工资,而且还应根据员工的工作成效等因素来确定绩效工资或各种奖酬。这就需要通过绩效评估来提供依据。

2. 为组织的人力资源规划提供依据

通过对组织成员的工作定期进行全面综合的考察,能够检验其是否有效地完成工作、是否存在改进的必要,从而对员工的现实能力和发展潜力做出客观评价,并且根据员工在工作中的实际表现,对组织的人力资源规划进行重新调整,最终为晋升、解聘、职务调动、进一步培训等人力资源决策提供依据。

3. 促进组织和个人的共同发展

科学有效的绩效评估不仅要对员工的工作绩效进行评价,还应提供及时的反馈信息,并为员工改进和提高工作绩效提供建议和支持,从而更好地开发员工的潜能,使其保持较高的绩效水平,促进员工的职业发展。在员工个人进行自我发展、自我完善的同时,也促进了组织的进一步发展。

(二)评估标准

绩效评估是人力资源管理活动中最难操作的环节,评估标准的选择直接影响着评估结果的有效性。在一般情况下,评估标准由组织的管理者、员工及有关专家共同确定。首先,组织的管理者对组织的总体目标最为了解,是制定评估标准的发起者;其次,组织员工对自己从事的具体工作最为熟悉,应该参与评估标准的制定;再次,由于管理者和员工缺乏制定评估标准的专业知识和技能,还应邀请有关专家参与。在上述三方的共同参与下,参照组织及部门的工作目标,结合员工个人实际工作和能力等因素,选择确定科学的评估标准,作为绩效评估的基本依据。

绩效评估主要评价员工以下三方面与工作业绩有关的内容:即个人特征、工作行为、工作结果。其中,个人特征是指员工的知识、能力、个性等;工作行为是指员工在工作中表现出的实际行为;工作结果是指员工的工作业绩或工作的实际产出。针对这三方面评估内容,组织的绩效评估标准可归纳为两大类。

① 主观标准,又称定性标准,主要适用于对员工的个人特征、工作行为、工作结果的主观描述。在评估内容无法测量的情况下,可采用主观标准对其进行文字叙述式的总结评价。主观标准的主要缺陷是:缺少客观统一的评价尺度,评估结果依赖于评估者的主观认识。

② 客观标准,又称定量标准,主要适用于对可用数字测量的员工工作结果的客观评价。相对而言,员工的工作结果比个人特征和工作行为更易于衡量,而且往往可以表现为具体的数据。客观标准的主要缺陷是:单纯依靠抽象的数字评价,无法体现被评估者的具体工作状态。

在进行绩效评估时,组织往往同时采用上述两种评估标准,以实现对员工全面、综合、科学、有效的评估。

三、绩效评估的原则

(一)应尽可能科学地进行评价

只有科学地进行评价,才能保证评价的可靠性、客观性、公平性。考评应当根据规定的评价标准,针对客观评价资料进行评价,尽量避免掺入主观性或感情色彩。

(二)应使考评标准和考评程序科学化、明确化和公开化

考评标准和考评程序应科学化、明确化和公开化,能使员工对考评工作产生信任和采取合作态度,对考评结果能理解和接受。

(三)应坚持差别原则

考核的等级之间应当有鲜明的差别界限,并据此对员工实行相应的奖惩和升降,使评价带有刺激性,否则考评就不会实现鼓励和激发员工上进心的作用。

(四)考评结果一定要反馈给被考评者本人

这是保证考评民主的重要手段。评估的结果(评语)一定要反馈给被评价本人。这样,一方面有利于防止考评中可能出现的偏见以及种种误差,以保证考评的公平与合

理;另一方面可以使被考评者了解自己的缺点和优点,使绩优者再接再厉,考评成绩不佳者心悦诚服,奋起上进。

四、绩效评估的内容

与人员素质评价内容的侧重点不同,员工绩效考评的内容主要侧重于工作实绩和行为表现两个方面。① 工作实绩。工作实绩就是员工在各自岗位上对企业的实际贡献,即完成工作的数量和质量。它包括:员工是否按时、按质、按量地完成本职工作和规定的任务,在工作中有无创造性成果等。② 行为表现。行为表现即员工在执行岗位职责和任务时所表现出来的行为,它包括职业道德、积极性、纪律性、责任性、事业性、协作性、出勤率等诸多方面。

五、绩效评估的方法

绩效评估的方法有很多,每种方法都有其优势和局限性,没有一种适合一切评估目标和一切组织的通用方法。在实际评估时,可依据不同的评估目标和要求选择使用,有的还可综合使用几种方法。

（一）书面描述法

书面描述法是指评估者以书面形式描述员工的长处、缺点、以往业绩和发展潜能,并提出改进建议。这种方法简单易行,但由于没有统一的标准,评估结果不仅取决于被评估者的实际绩效水平,还与评估者的写作能力有很大关系。

（二）关键事件法

关键事件法是指评估者将被评估者有效的和无效的工作行为记录为书面材料,运用这些记录材料对其业绩进行评价,被评估者所做的特别有效的和无效的工作行为即关键事件。这种方法的特点是,只记述被评估者的具体行为,不评价其个性特征,以丰富的关键事件和行为为依据,给被评估者指明今后的工作方向。该方法的缺陷是耗时、无法量化,且需要评估者有较强的分析归纳能力。

（三）评分表法

评分表法是指列出一系列绩效因素,如工作的数量与质量、出勤、协作、忠诚、创新等,由评估者对表中每一项逐一给出评分,评分尺度通常采用5分制。这是一种最常用的评估方法,由于耗费时间较少,便于定量分析和横向比较,在实际中被广泛地采用;该法的缺点就是缺乏详尽的信息。

（四）行为定位评分法

该法综合了关键事件法和评分表法两种方法的主要因素,评分项目是某人从事某项具体职务的具体行为事例,由评估者按序数值尺度对各项指标评分。该法的优点是侧重于具体而可测量的工作行为;缺点是耗时,使用难度大。

（五）多人比较法

多人比较法是指将一个员工的工作绩效与另一个或多个其他员工进行比较,多人比较法是一种相对的衡量方法,可以与其他方法结合使用

（六）目标管理法

目标管理法是指每个员工都确定有若干个具体指标，这些指标是其工作成功展开的关键目标，它们的完成情况可以作为评价员工的依据。目标管理法是对管理人员和专门职业人员进行绩效评估的首选方法，其最大特点是注重结果甚于手段；该法的缺陷是耗时、容易导致急功近利的行为。

（七）360度反馈法

360度反馈法是指综合运用上级、员工本人、同事、下属、客户等人的意见对员工进行全面的绩效评估。这种方法采用了多个评估人，涵盖了不同信息来源，评估结果最为全面，主要缺陷是耗时。需要注意的是，它是进行职业指导的一种有效方法，能帮助员工认清自己的长处和短处，但不适用于将其用于报酬、提升等人事决策。

六、绩效评估的实施

大多数组织按照固定的事件进行绩效评估，一般为每年或每半年一次，具体实施程序如下。

（一）确定评估目标

不同职位的工作要求不同，相应的评估目标也有所不同。在进行绩效评估时，首先要根据职位的性质和特点，有针对性地选择确定特定的绩效评估目标，并据此设计出科学的评估表，这是有效开展评估工作的基本前提。

（二）选择评估执行者

在确定评估目标后，还应选择合适的评估执行者。尽管绩效评估是组织人力资源部的重要工作，但其主要职责是负责评估的组织工作，而非具体的填写每份评估表。因此，评估执行者应该是与评估对象在业务上发生联系的有关人员，如上级、同事、下属，在有些情况下，也可由评估对象做出自我评价。

（三）进行绩效评估

评估执行者应本着公正客观的原则，坚持定量评估与定性评估相结合，根据评估目标的要求综合使用多种评估方法，杜绝平均主义和个人偏见，得出真实可靠、科学有效的考评结论。这是因为，一方面，评估结论直接反映了上级、部属、同行对员工的评价，从而反映了组织对其努力的承认程度；另一方面，组织将根据评估结论对员工进行职务上的分配或晋升决策，从而影响到员工在组织中的现有地位和发展前景。

（四）反馈评估结果

评估结果应及时反馈给本人，使他们了解组织对其业绩的评价和未来改进的方向，这也是绩效评估的意义所在，反馈的方式有两种：直接面谈和书面通知。在采用直接面谈方式时，尤其是需要同事提供负面反馈信息时，上级管理者应注意的事项是反馈和面谈的目的是解决问题和寻找解决方案，而不是人身批评。

（五）将评估结果备案

人力资源部最后还应将评估结果进行备案，并根据评估结果确定不同员工的发展方向，从而为组织的人力资源规划工作和各项人事决策提供依据。

第六节 薪酬管理

薪酬管理是企业为实现其目标,由人力资源部负责,其他职能部门参与的,涉及薪酬系统的一切管理工作,也是制定出吸引人才、留住人才、鼓舞士气的薪酬体系的过程。它是保证企业生产经营正常运行的必要条件。

一、薪酬的内容

在实际生活中,由于薪酬的名词太多,即使人力资源管理专家也难以全部说出,如工资、薪水、薪金、奖酬、报酬、奖金、福利等。一般说来,薪酬是员工为企业工作而从企业得到的物质利益的回报,包括工资、奖金和福利三部分。

(一)工资

工资是员工收入中比较固定的部分,它常常由员工的基本工资、职务工资、技能工资、工龄工资以及若干种国家政策性津贴构成,是企业人工费用中的成本性支出。其中,基础工资保证员工维持最低的生活水平;职务技能工资根据员工的职务和技能情况发放,是对员工劳动力价值的认可,是劳动力商品的交易结果;工龄工资在许多企业中十分盛行,它以员工为企业工作的长短为依据,一般认为工龄长意味着积累了较多的企业工作经验,从而有更高的劳动力价值,有的企业为了留住员工,特别强调工龄工资的作用。

(二)奖金

奖金也称绩效工资,常用的奖金形式有月度奖、年终奖、超额奖、效益奖等。它是企业对员工超额劳动或劳动绩效所支付的报酬,具有很强的激励性。在具体实施过程中,有三种不同的奖励制度。第一种是基于企业整体绩效而对所有员工的奖励,是企业投资者与劳动者之间的利益分配关系。第二种是基于企业中某一工作团队的突出绩效对该团队的集体奖励,以此促进员工的合作努力。第三种是基于某些员工的突出的个人绩效,对优秀员工所作的个人奖励,目的是表彰先进、树立榜样。

(三)福利

福利是一种补充性报酬,往往不以货币的形式直接支付,而采取实物形式发放。例如,企业为减轻员工的负担,丰富员工的文化生活,为职工提供生活方便,在本单位兴建生活与文化设施;建立员工各类待遇项目,如住房补贴、交通车、工作午餐、带薪休假、子女教育津贴、疾病与人身保险等。

在实际工作中,上述三种薪资项目的内容,有时并未加以严格的区分,所以人们常常用工资这个术语来描述员工报酬的全部内容。为叙述的方便,本书也用工资的概念来代表薪酬的概念。

二、薪酬的标准

薪酬是员工由于在企业中付出了有偿劳动而获得的报酬,由于其劳动状况不同,所获得的薪酬也不同。为了对员工劳动进行合理的评价,支付公平的薪酬,根据不同劳动的特点和不同企业的政策,形成了不同形式的薪酬标准,大致包括以下四种。

（一）计时工资

计时工资是按照单位时间工资标准和员工实际劳动时间计算和支付的工资,可分为小时工资、周工资、月工资和年工资。这种工资体系比较重视职务价值、任职资格和员工技能,工资水平的决定因素是员工所在职位和个人技能的评价结果。

计时工资体系比较稳定,劳动力成本容易预测,管理也很方便,但由于忽略了员工的工作业绩,因而对员工的短期激励作用相对较弱。一般说来,工种、职位、岗位能够明确划分等级的工作,较适合采用计时工资。它主要适用于以下几种情况:① 生产规模小,便于监督管理的企业;② 劳动成果无法个别测量的工作,如管理和服务工作;③ 技术复杂、技术含量高,难以用工作行为的外在表现评价的工作,如科研工作;④ 机械化和自动化程度高,员工工作绩效直接取决于工作协作方式的工作,如大型生产线作业等。

（二）计量工资

计量工资是根据员工完成的工作量计发的薪资。计量工资的前身是计件工资,即将工人工资同其产品的数量与质量挂钩。这种工资在制造业中非常普遍,例如:规定每生产一件产品的工资为 3 元,若一个工人生产 100 件产品,其工资就是 300 元。计件工资容易操作但工资水平变化大,如果企业希望在员工工资相对稳定的基础上,以一定幅度的薪资变动来激励员工,可以采用提成计量工资——即在稳定的基础工资的基础上,根据不同员工的业绩表现,提取一定比率的变动工资,作为超额劳动报酬,称为酬金。酬金比较适用于劳动成果难以事先量化的工作,如销售人员的薪资。

计量工资有很强的激励作用,据研究,在计量工资体系下,员工以正常速度工作,其产量比计时工资高三分之一左右。

一般认为,计量工资比较适合以下几种情况:① 员工的劳动成果可直接计算数量和检验质量,如车床工和搬运工;② 员工的劳动成果主要取决于员工个人的技能水平和努力程度,如缝纫工;③ 企业有完善的管理制度和操作标准,如健全的产品数量和质量检验制度。

（三）绩效工资

绩效工作是以工作量为依据计算工资,但它与计量工资不同,不是简单意义上的工资与工作量挂钩,而是一种建立在系统的业绩考核与管理程序基础上的工资体系。这种工资体系下的工资总额与企业经营效益直接联系,本质上是一种经营效益分享方式。在这种薪资体系下,员工的业绩是依据预先设计的企业经营目标、利用绩效考核手段进行分解和测评的,企业的薪资分配主要以考核结果为依据。绩效工资有两种形式:一种是根据绩效考核结果,一次性支付员工一定数量的报酬;一种是根据绩效考核结果,定期或不定期地调整员工的工资档次。

绩效工资目前是一种比较流行的工资体系。绩效工资主要有以下优点:① 突出一种关注整体业绩的企业文化,使员工努力投入到组织所需的活动中去;② 将目标激励机制与业绩考核标准相联系,更能调动员工的积极性;③ 工资向业绩优秀者倾斜,可以提高企业效率和节约工资成本。

尽管绩效工资备受推崇,但在实施时困难比较多,主要是考核标准难以合理确定;考核制度难以有效实施。

(四)岗位技能工资

与绩效工资制度关注员工业绩相反,岗位技能工资主要考虑的是员工劳动能力的价值。它以劳动技能、劳动责任、劳动强度、劳动环境等因素为依据,对不同岗位或职务加以分析比较,做出职位价值测定,进而确定不同职位的工资水平。在此基础上,再根据任职者的个人情况,测出不同员工之间的技能差异,确定不同技能的工资水平。岗位技能工资就是职务工资和技能工资的综合。企业采用岗位技能工资,主要是为了激励员工不断学习和提高职业能力、提高劳动力价值,为企业作出更大的贡献,尤其是在科技日新月异的今天,企业往往要求员工具备多种知识和技能并不断更新。为此,企业不仅需要为员工提供必要的培训,而且需要制定与之相适应的工资体系。岗位技能工资也是一种目前非常流行的工资体制。

三、薪酬体系的设计

薪酬体系的设计是企业人力资源管理过程中的一项具有挑战性的工作,需要有一套完整的、正规的程序来保证其质量。同时薪酬体系的设计与管理应该被看做是一个动态的过程,一个有效的薪酬体系不应是僵化和死板的,而应该根据企业内部、外部环境的变化随时进行监控、调整和优化,并且是一个持续改进的过程。

(一)薪酬体系设计的过程

1. 薪酬调查

所谓薪酬调查,是指企业通过了解企业内外薪酬分配的有关状况,找出差距和问题,为改进薪酬管理提供信息支持。薪酬调查对确定企业不同职务的薪酬起着关键作用,一般来说,企业管理人员可以用两种方式获得薪酬信息。一种是企业人力资源部门直接进行的正式或非正式调查,这是很多中小企业主要的薪酬调查方式;另一种方式是依靠商业机构、专业协会或政府部门的调查报告。薪酬调查的结果,直接影响企业薪酬管理工作。其影响方式大致有如下三种:① 根据调查收集的有关保障、休假等员工福利信息,制定基本的员工福利方案。② 根据调查结果,对本企业中类似或相同职位的薪酬进行比较分析,以符合市场价格。③ 参考调查得出的基准职务工资水平,并根据不同职务在企业中的相对价值,建立企业的薪酬标准体系。

2. 确定薪酬总额

所谓薪酬总额,包括企业所有员工的工资、奖金、加班费、职务补贴、退职退休金、福利安全费、劳动保险费、培训经费等费用。薪酬对大多数企业是一种相当重要的成本,企业为了健康稳定的发展,就必须很好地控制自己的薪酬总额,力争少投入、多产出。

3. 确定薪酬差异

薪酬总额确定之后,必须以一定的方式把它分解到不同的员工身上,由于员工之间存在劳动差异,因而各个员工的薪酬多少也会不同。如何确定不同员工之间的薪酬差异,是企业薪酬管理的一个基本问题。在现代企业中,通常从员工劳动能力、劳动付出、劳动效果三个方面确定员工之间的薪酬差异,其中员工所任职务的价值差异和员工与职务相关的技能差异,是两个最基本的决定因素。

(1) 职务价值差异

随着科技的发展,人们的劳动越来越复杂,很难对具体岗位的个别劳动成果进行测量,只能从该职位的重要性及其任职资格等方面想办法,以确定员工的薪酬水平。这就要求对企业中所有职务的价值进行区分,根据职务价值的区别,确定每一职务在企业薪酬体系中的地位,利用这种方法确定工资,就要用到职务评价。值得注意的是,职务评价的目的是追求企业的内部公平,即担任同样职务工作的员工领取同样的薪酬。职务评价只与工作岗位有关,与该岗位上的员工个人特点无关,因此,详细、完整的工作说明书是确定职务价值差异的必要前提。

(2) 员工技能差异

担任不同职务的员工,由于职务价值不同,会出现薪酬上的差异,担任同一职务的员工也会出现薪酬差异。这种差异的原因不在于职务价值的区分,而在于任职者本人的技能区分,在同样职务上工作的员工,由于学历、经验、职称、任职时间等原因,会表现出不同的工作能力,产生不同的工作效果。对这种差异也必须承认,才有利于鼓励员工在同一岗位上不断提高技能,进行职业发展,这就是技能工资的差异。

职务价值差异和技能价值差异,是确定员工薪酬差异的两个基本点。

4. 确定绩效奖励的方式

奖金通过将员工的收入和业绩挂钩,对工作优秀的员工从物质报酬上加以肯定和激励,以此调动员工的工作积极性。

5. 建立福利保障制度

企业福利管理是薪酬管理的一个重要组成部分。随着社会经济水平的不断提高,福利在吸引和留住人才方面的作用日益显著。员工福利的内容主要包括两大类:一类是政府通过立法要求企业为员工提供的福利,叫法定福利;一种是企业为吸引和留住员工而主动提供的福利,通常叫做企业福利。

6. 调整企业薪酬关系

企业薪酬调整包括薪酬的水平调整和结构调整两方面内容,每方面又可分为员工个人薪酬调整和企业内不同岗位之间薪酬调整两个层次。

(1) 薪酬水平调整

所谓薪酬水平调整,是指由于劳动力市场的变化,或者企业政策变化,而对企业一般薪酬水平进行的主动调整。这主要是因为薪酬一般呈刚性上升,薪酬水平会随着经济发展和物价水平的上涨而不断提高,如果经济不发展且物价下降,工资则不会下降。所以,现在很多企业都实行薪酬指数化,即把员工的薪酬与物价指数挂钩,以消除物价波动对员工薪酬水平的影响。

(2) 薪酬结构调整

这是薪酬调整的主要内容。由于劳动力市场供求关系的不断变化,企业需要定期对内部雇员的工资进行结构性调整,主要是对工资标准和工资等级进行调整。调整发生在两个方面,一是对某一等级的人员进行薪酬调整;二是对整个工资关系进行调整,即对薪酬等级线、薪酬级差进行调整。

7. 改进企业薪酬体系

在传统的薪酬体系中,员工的薪酬水平主要取决于学历、工龄、职位等因素,这是一种片面的做法,难以全方位满足薪酬管理的要求。在实际工作中,既要考虑职务与工作的性质,又要考虑人力资源投入方式,更要考虑薪酬分配如何与员工的业绩挂钩。衡量一个企业的薪酬管理体系是否完整,可以从以下方面入手。

① 薪酬管理的系统性。即是否有专门的人才管理;是否进行薪酬调查;是否与绩效考核紧密联系。

② 薪酬管理的规范性。即是否有薪酬分配方案;是否有具体明确的薪酬表;是否有完备的规章制度。

③ 薪酬管理的具体性。即是否进行职务分析和评价;是否实行员工职务工资和技能工资;是否设置职务评价委员会等专门的薪酬管理机构。

④ 薪酬管理的激励性。即是否根据管理目标确定员工的绩效工资和奖金;奖金领取人数是否有限制。

⑤ 薪酬管理的安全性。即薪酬水平是否能满足员工的基本生活要求;现行的薪酬标准是否达到市场一般水平。

(二) 薪酬体系设计应注意的问题

由于不同的薪酬体系有不同的管理重点和倾向,适合不同的企业和工作岗位,因此,各企业在设计薪酬体系时,必须根据自身的类型和特点,灵活地加以确定。其中特别要注意以下几个方面的问题。

1. 企业所处行业的特点

显然,不同行业的企业有不同的特点。首先是企业的经营范围和组织结构不同;其次是企业的工作环境和工作要求不同;此外还有企业规模和人数等一系列属性的差异。这些都会对企业的薪酬管理产生重要的影响,例如:初级加工工业通常采用计件工资制,而高科技企业采用岗位技能工资制。

2. 本企业的管理方式

不同的企业有不同的管理特色,其中薪酬分配方式占有重要地位。企业管理特色不是开一次会进行宣传就能形成的,要通过相应的制度体系和行为习惯来体现,由于薪酬分配对企业利益关系的影响尤其直接,因而是企业管理特色赖以形成的一个基本支柱。例如:技能工资体系会引导人们不断学习和进步,有利于企业形成学习型组织。

3. 员工的素质水平

人的需求是有层次的,高素质的人自我实现的需求比较强烈,而一个还没有完全解决温饱问题的人,则难以对其进行有效的精神激励。因此,企业对不同职务、不同素质的员工,必须实行不同的薪酬分配方式。例如:在大规模自动化生产企业,普通员工工作比较简单,工作成果主要由机器的性能决定,其薪酬分配方式一般以职务工资为主;而管理人员和技术人员,由于需要较强的独立工作能力和创新能力,则常常采用职能工资。

第五章　企　业　文　化

传统的企业管理理论比较注重采用新的科学技术和先进的管理手段来对企业进行管理,而对于企业的文化因素重视不够。然而文化因素无疑对企业行为具有重要影响和巨大的意义。企业文化是企业成员在认识和行为上的共同理解,它贯穿于企业的全部活动,影响企业的全部工作,决定企业中全体成员的精神面貌和整个企业的素质、行为和竞争能力,对企业文化的研究,将有助于对企业成员乃至整个企业行为的理解、预见和把握。

第一节　企业文化的概念、特征及功能

企业文化作为一种企业范围内的意识,即群体意识,是由社会存在决定的。在不同的国家、不同的历史时期有着不同的内涵和特征。

一、企业文化的概念

文化一词来源于古拉丁文 cultura,本意是"耕作"、"培养"、"教习"、"开化"。一般而言,文化有广义和狭义两种理解。广义的文化是指人类在社会历史实践过程中所创造的物质财富和精神财富的总和。狭义的文化是指社会的意识形态,以及与之相适应的礼仪制度、组织机构、行为方式等物化的精神。文化具有民族性、多样性、相对性、沉淀性、延续性和整体性的特点。

相对于国家文化、民族文化、社会文化而言,企业文化是一种微观文化。随着对企业文化研究的深入,对企业文化的定义主要有以下几种说法:

① 威廉·大内的《Z理论》中说,"传统和气氛构成一个企业的文化,同时,文化意味着一个企业的价值观,如进取、保守或灵活,这些价值观成为企业员工活动、建议和行为的规范。管理人员以身作则,把这些规范灌输给员工,再一代一代地传下去"。

② 美国学者迪尔和肯尼迪在《企业文化》一书中指出,"我们把文化描述为'我们在这种环境中做事的方式'"。他们认为,每个企业或组织都有一种文化,文化对企业或组织中每件事都具有有力的影响。企业文化是由企业环境、价值观、英雄人物、典礼和仪式、文化网络等五要素组成的,并以价值观为核心。

③ 企业文化有广义和狭义两种理解。广义的企业文化是指企业所创造的具有自身特点的物质文化和精神文化;狭义的企业文化是企业所形成的具有自身个性的经营宗旨、价值观念和道德行为准则的综合。

④ 企业文化是社会文化体系中的一个有机的重要组成部分,它是民族文化和现代意识在企业内部的综合反映和表现,是在民族文化和现代意识影响下形成的具有企业

特点和群体意识以及这种意识产生的行为规范。

综合以上说法,我们认为企业文化是企业员工在从事商品生产和经营中所共同持有的理想信念、价值观念和行为准则,是外显于厂风厂貌、内隐于人们心灵中的,以价值观为核心的一种意识形态。

以上定义说明了企业文化是观念形态文化、制度形态文化和物质形态文化的复合体,其核心是观念文化,对其他文化要素具有决定性影响。也就是说,从本质上讲,企业文化是一种意识形态,是企业全体员工在从事商品生产和经营过程中形成的意识形态。虽然从企业文化的构成看,它既包括内隐部分,也包括外显部分,但后者是前者的载体和具体表现。如企业文化中的技术不是指的技术的本身,而是指人们创造和运用该技术过程中的观念、态度、精神等。总之,企业文化的外显部分,是指从企业的物质形态中折射出来的企业的生产经营特色和管理特色。

二、企业文化的特征

企业文化作为一种文化现象,具有以下特征。

（一）整体性

企业是一个人造的开放系统,系统思想的核心是整体性,通过树立企业的整体形象去影响、规范每个职工的观念和行为,为实现共同目标而工作。

（二）隐形性

企业文化主要是一种意识形态,属于上层建筑范畴,并且以价值观为内核,因而隐形地存在于职工的心灵之中。

（三）潜移性

企业文化不像行政命令那样以外部的强制力量去左右人们的行为,而是"润物细无声"地作用于员工的心里,指导人们的行为。企业文化作为一种意识形态、一种精神,对员工行为的影响是潜移默化的。

（四）稳定性

企业文化是在企业的长期发展中形成的,是一个漫长的渐进过程。企业文化形成后,具有一定的稳定性,已经为大多数员工所理解和接受。不会因为企业产品的换代、机构的变化、领导层的更换、经营策略的改变而立即改变,只能在发展中逐步完善,具有质的稳定性。

（五）独特性

企业文化具有很强的个性,每一个企业都有自己独特的文化,反映企业自身的特点,以区别于其他企业。其独特性主要体现在时代性、地域性、行业性等方面,不同的时代、地域、行业会形成各具特色的企业文化。

（六）开放性

企业文化的独特性,并不排斥对外开放。相反,优秀的企业文化具有全方位开放的特征,绝不排斥先进管理思想和经营理念的影响和冲击,而是努力引进、吸收其他先进的企业文化,促使自身不断完善和发展。

（七）继承性

从纵向看,企业文化可以继承过去文化中的各种因素,包括好的、不好的因素都能传于后世。因此,人们对过去的企业文化要加以鉴别,去其糟粕,取其精华,使优秀的、健康的成分继承发扬光大。从横向看,企业文化虽有地域、行业、国别之间的差异,但优秀的企业文化是人类共有的财富,是能够扩散的,对于吸收和借鉴别国、别企业的长处来说,实际上是一种继承。

（八）发展性

企业文化随着历史的积累、社会的进步、环境的变迁以及组织变革而逐步演进和发展。强势、健康的文化有助于企业适应外部环境和变革,而弱势、不健康的文化则可能导致企业的不良发展。改革现有的组织文化,重新设计和塑造健康的组织文化的过程就是组织适应外部环境变化,改变员工价值观念的过程。

三、企业文化的功能

企业文化之所以成为企业竞争力的重要来源,被国内外越来越多的企业所重视,是因为它在企业管理中具有特殊的功能,发挥着特殊的作用。具体而言,企业文化主要具有以下功能。

（一）企业文化具有导向功能

所谓导向功能就是通过它对企业的领导者和职工起引导作用。企业文化的导向功能主要体现在以下两个方面。

1. 经营哲学和价值观念的指导

经营哲学决定了企业经营的思维方式和处理问题的法则,这些方式和法则指导经营者进行正确的决策,指导员工采用科学的方法从事生产经营活动。企业共同的价值观念决定了企业的价值取向,使员工对事物的评判达成共识,有着共同的价值目标,企业的领导和员工为着他们所认定的价值目标去行动。美国学者托马斯·彼得斯和小罗伯特·沃特曼在《寻求优势》一书中指出"我们研究的所有优秀公司都很清楚他们的主张是什么,并认真建立和形成了公司的价值准则。事实上,一个公司缺乏明确的价值准则或价值观念不正确,我们则怀疑它是否有可能获得经营上的成功"。

2. 企业目标的指引

企业目标代表着企业发展的方向,没有正确的目标就等于迷失了方向。完美的企业文化会从实际出发,以科学的态度去制定企业的发展目标,这种目标一定具有可行性和科学性。企业员工就是在这一目标的指导下从事生产经营活动。

（二）企业文化的约束功能

企业文化的约束功能主要是通过完善管理制度和道德规范来实现。

1. 有效规章制度的约束

企业制度是企业文化的内容之一,企业制度是企业内部的法规,企业的领导者和企业职工必须遵守和执行,从而形成约束力。

2. 道德规范的约束

道德规范是从伦理关系的角度来约束企业领导者和职工的行为,如果人们违背了道德规范的要求,就会受到舆论的谴责,心理上会感到内疚。同仁堂药店"济世养生、精益求精、童叟无欺、一视同仁"的道德规范约束着全体员工必须严格按工艺规程操作,严格质量管理,严格执行纪律。

（三）企业文化的凝聚功能

企业文化以人为本,尊重人的感情,从而在企业中形成了一种团结友爱、相互信任的和睦气氛,强化了团体意识,使企业职工之间形成强大的凝聚力和向心力。共同的价值观念形成了共同的目标和理想,职工把企业看成是一个命运共同体,把本职工作看成是实现共同目标的重要组成部分,整个企业步调一致,形成统一的整体。这时,"厂兴我荣,厂衰我耻"成为职工发自内心的真挚感情,"爱厂如家"就会变成他们的实际行动。

（四）企业文化的激励功能

共同的价值观念使每个职工都感到自己存在和行为的价值,自我价值的实现是人的最高精神需求的一种满足,这种满足必将形成强大的激励。在以人为本的企业文化氛围中,领导与职工、职工与职工之间互相关心,互相支持。特别是领导对职工的关心,职工会感到受人尊重,自然会振奋精神,努力工作。另外,企业精神和企业形象对企业职工有着极大的鼓舞作用,特别是企业文化建设取得成功,在社会上产生影响时,企业职工会产生强烈的荣誉感和自豪感,他们会加倍努力,用自己的实际行动去维护企业的荣誉和形象。

（五）调适功能

企业文化的调适功能就是调整和适应的能力。企业各部门之间、职工之间,由于各种原因难免会产生一些矛盾,解决这些矛盾需要各自进行自我调节;企业与环境、与顾客、与企业、与国家、与社会之间都会存在不协调、不适应之处,这也需要进行调整和适应。企业哲学和企业道德规范使经营者和普通员工能科学地处理这些矛盾,自觉地约束自己。完美的企业形象就是进行这些调节的结果。调适功能实际也是企业能动作用的一种表现。

（六）辐射功能

辐射功能是指企业文化对社会的影响。企业文化不止在企业起作用,它也能通过各种渠道对社会产生影响。企业文化辐射的渠道很多,主要包括传播媒体、公共关系活动等。优秀的企业文化一旦在社会上引起轰动效应,还可以对公众和同行产生一种示范导向的积极作用,为社会精神文明建设作出贡献。

四、企业文化的分类

按照不同的标准,企业文化有着不同的分类。

（一）按照企业的任务和经营方式的不同划分

迪尔和肯尼迪把企业文化分为四种类型:即硬汉文化,努力工作尽情享受文化,赌注文化,过程文化。

1. 硬汉型文化

这种文化鼓励内部竞争和创新,鼓励冒险。具有竞争性较强、产品更新快的企业文化特点。

2. 努力工作尽情享受型文化

这种文化把工作与娱乐并重,鼓励职工完成风险较小的工作。具有竞争性不强、产品比较稳定的企业文化特点。

3. 赌注型文化

它具有在周密分析基础上孤注一掷的特点。一般具有投资大、见效慢的企业文化特点。

4. 过程型文化

这种文化着眼于如何做,基本没有工作的反馈,职工难以衡量他们所做的工作,具有机关性较强、按部就班就可以完成任务的企业文化特点。

(二) 按照企业的状态和作风的不同可以分为

1. 有活力的企业文化

其特点是:重组织、追求革新,有明确的目标,面向外部,上下左右沟通良好,责任心强。

2. 停滞型企业文化

其特点是:急功近利,无远大目标,带有利己倾向,自我保全、面向内部,行动迟缓,不负责任。

3. 官僚型企业文化

其特点是:例行公事,按部就班,官僚主义。

(三) 按照企业的性质和规模的不同可以分为

1. 温室型

这是传统国有企业所特有的,对外部环境不感兴趣,缺乏冒险精神,缺乏激励和约束。

2. 拾穗型

中小型企业所特有。战略随环境变动而转移,其组织结构缺乏秩序,职能比较分散,价值体系的基础是尊重领导人。

3. 菜园型

力图维护在传统市场的统治地位,家长式经营,工作人员的激励处于较低水平。

4. 大型种植物型

大企业特有。其特点是,不断适应环境变化,工作人员的主动性、积极性受到激励。

(四) 按照企业对各种因素重视的程度不同可以分为

1. 科层型

垄断的市场中从事经营的公司所拥有的,特点是:非个性化的管理作风,金字塔式组织结构,注重对标准、规范和刻板程序的遵循,组织内部缺乏竞争,人们暗地里钩心斗角。

2. 职业经理型

其特点是:以工作为导向,有明确的标准,严格的奖惩制度,组织结构富于灵活性,内部竞争激烈。

3. 技术型

特点是:技术专家掌权,家长式作风,着重依赖技术秘诀,采用职能制组织结构。

(五)按照企业文化层次的不同划分

艾德佳·沙因艾德佳(Schein,1990)认为,企业文化可以分为四个层次:人工制品、名义价值标准、实际价值标准和基本潜在假设。

① 人工制品,是组织文化中最显而易见的部分,是象征组织文化的最为具体有形的方面。

② 名义价值标准,是由组织领导宣布的组织企图达到的公共的价值标准和原则。

③ 实际价值标准,就是组织员工所表现出来的独立的、可以观察到的行为所体现的价值标准和原则。

④ 基本潜在假设,是指那些由感受、观念、思想和行为所构成的无意识信仰和价值标准。

第二节 企业文化的结构与内容

企业文化的内容十分丰富,仅狭义的企业文化就包括企业哲学、企业价值、企业精神、企业道德、企业习俗、企业礼仪、企业风尚、企业制度等。这些内容互相联系、互相牵制、互相渗透,需要从层次结构上去研究,才能把握住它们之间复杂的关系。

一、企业文化的结构

一般认为,企业文化可以分为三个层次的结构,即:深层的企业文化、中层的企业文化和表层的企业文化。

(一)深层的企业文化

深层的企业文化又称为潜层次的企业文化或精神文化,是企业文化中的核心和主体。它不是人们能直接观察、体会到的,而是渗透于广大员工思想和心灵里的共同而潜在的意识形态。

(二)中层的企业文化

中层的企业文化也叫做企业文化的制度层或制度文化,主要指企业文化中对企业职工和企业组织行为产生规范性、约束性影响的部分,具体体现为企业的组织机构、规章制度、处理企业内外人际关系的行为准则和道德规范等被一定的制度所约束和规范的内容。其特点是,它介于深层文化和表层文化之间,既不像深层文化那样隐藏于员工思想和心灵深处,也不像表层文化那样通过直观形象表现出来,中层文化只有通过调查才能被了解。它是企业文化深层与表层的中间层,是由虚体文化(意识形态)向实体文化转化的中介。

(三)表层的企业文化

表层的企业文化又叫做企业文化的显现层或物质文化,这是企业文化的外显部分,指的是那些可以通过感觉器官就能直接体察到的视之有形、闻之有声、触之有觉的文化形象。它是指凝聚着企业文化抽象内容的物质体的外在显现,它既包括了企业整个物质的和精神的活动过程、企业行为、组织体产出等外在表现形式,也包括了企业实体性的文化设备、设施等。显现层是企业文化最直观的部分,也是人们最易于感知的部分。

二、企业文化的内容

(一) 精神文化

对于企业的深层即精神文化的内容,到目前为止,理论界仍没有一致的意见。在实践中企业精神文化的建设也各具特色,但从最能体现企业文化特征的核心内容来看,一般的,企业精神文化包括企业最高目标、企业价值观、企业精神、伦理规范、经营管理风格、企业风气、企业道德以及企业素养几方面。

1. 企业最高目标

它反映了企业全体员工的最高理想和追求,是企业文化建设的出发点和落脚点。崇高而又符合实际的目标能够为企业的发展指明方向,能够激发起员工的积极性和创造性。例如,国内某著名家电生产企业将自己的最高目标表述为"××,以振兴民族工业为己任"。这就是该企业向世人的庄重宣言,它表明了该企业未来发展的总体目标,充分体现了该企业全体员工的崇高精神境界。企业的广大员工一旦理解和接受了最高目标,就会被激发出巨大的精神力量,受到鼓舞和鞭策去为实现崇高而美好的理想与追求而努力奋斗。

2. 企业价值观

它是指企业内部管理层和全体员工对该企业的生产、经营、服务等活动以及指导这些活动的一般看法或基本观点。它包括企业存在的意义和目的、企业中各项规章制度的必要性与作用、组织中各层级和各部门的各种不同岗位上的人们的行为与企业利益之间的关系等。每一个企业的价值观都会有不同的层次和内容,成功的企业总是会不断地创造和更新企业的信念,不断追求新的、更高的目标。

3. 企业精神

它是指企业经过共同努力奋斗和长期培养所逐步形成的,认识和看待事物的共同心理趋势、价值取向和主导意识。企业精神是一个企业的精神支柱,是企业文化的核心,反映了企业员工对组织的形象、地位、特征等的理解和认同,也包含了对组织未来发展和命运所抱有的理想和希望。它反映了一个企业的基本素养和精神风貌,成为凝聚组织成员共同奋斗的精神源泉。它是企业全体员工所共同信守的基本信念和思想境界。企业精神不是凭空产生的,而是对原有的观念意识、行为方式中的积极因素加以提炼、整合、提升形成的。例如,大家都很熟悉的大庆油田的"铁人精神"。

4. 伦理规范

这是指从道德意义上考虑的、由社会向人们提出并且应当遵守的行为准则,它通过社会公众舆论规范人们的行为。企业文化内容结构中的伦理规范,既体现企业自下而上环境中社会文化的一般性要求,又体现着本组织各项管理的特殊要求。因此,一旦高层主管不能设定并维持高标准的伦理规范,正式的伦理准则和相关的培训计划就会流于形式。

5. 经营管理风格

它是指企业为实现目标在整个经营管理活动中坚持的基本信念,是企业领导者对企业经营方针、管理风格的哲学思考和抽象概括。它的形成受到企业内外部客观条件的影响,但是却与最高领导者的价值观、知识水平、管理经验和工作作风等有密切关系。例如,诺基亚公司的"科技以人为本"、中国移动的"每天前进一步,永远真诚服务"等为人们非常熟悉的话语,就是这些企业各具特色的经营管理风格的高度概括,同时也体现着这些企业的领导者对于如何才能办好企业的深层思考与经验总结。

除了以上五个方面之外,企业的精神文化还包括企业风气、企业道德和企业素养。企业风气是指企业员工在长期的生产经营活动中和共同的工作生活中,所形成的一种精神状态和精神风貌。企业道德是调整企业内部人与人之间、各部门之间、个人与企业之间,以及企业与社会之间关系的准则和规范。企业风气和企业道德包含两层意思:一方面,企业都应当提倡符合社会道德规范的良好风气;另一方面,企业还应当形成有别于其他企业、独具特色的自己的风气和道德。企业素养是指企业从事生产经营活动能力的内和要素的综合素养品质。

(二)制度文化

制度文化的内容通常包括以下三个方面:

① 一般性制度,即所有企业都有的、带有普遍性的规章制度,比如经理负责制、安全责任制、岗位责任制、法人治理结构、职工代表大会制度等。

② 特殊制度,是指企业所特有或独有的、区别于其他企业规章制度,它能够反映企业的文化特色和管理风格,例如:有些企业制定的庆功会制度、员工民主评议管理者制度、企业高管定期拜访重要客户制度等。

③ 企业风俗,这是企业长期沿用、约定俗成、形成传统的仪式、典礼、活动、习惯等,比如有的企业举办的诗歌朗诵会、书画比赛、职工运动会、节日游园活动、企业周年庆典、企业文化艺术节等。

(三)物质文化

物质文化由于是以具体的形态存在,因而也是企业文化中种类最多的。其内容主要包括:① 企业标志(LOGO)、标准字、标准色;② 企业容貌,包括企业的自然环境、建筑风格、绿化情况、美化情况、办公室内摆设、其他楼体布局;③ 产品形象、造型、特色、款式、品牌设计、包装样式;④ 厂服、厂旗、厂歌、厂徽、厂牌;⑤ 企业的文化、体育、卫生、娱乐、生活等设施;⑥ 企业的交通工具;⑦ 企业的公关礼物和特色纪念品;⑧ 企业的宣传媒介和沟通方式,比如厂报、厂刊、企业网站、厂区广播电台、内部闭路电视、企业的广告牌、宣传栏、标语、条幅,等等。

以上物质文化的内容当中,第①、③、④项内容相对来说是比较稳定的,它们是一个企业形象的重要识别标志(有的被人们称为企业形象识别系统中的视觉识别)。例如,可口可乐一直使用的红色标志、摩托罗拉那像鸟儿展翅飞翔的大写的"M",都历经几十年基本没有什么变动。而物质文化的其他部分,尤其像第②、⑤、⑧项内容等则随着企业的发展和技术的进步,表现为较大的灵活性。

第三节 企业文化的形成与塑造

企业文化作为微观的文化氛围,构成了企业内部的心理环境,有力地影响和制约着企业成员的理想和追求、道德、感情和行为,发挥着凝聚、规范、导向的作用。优秀的企业文化不是一蹴而就的,而是要经过企业长期的艰苦努力才能实现的。

一、企业文化的形成机制

企业文化通常是在一定的生产经营环境中,为适应企业生存发展的需要,首先由少数人倡导和实践,经过较长时间的传播和规范管理而逐步形成的。其过程如图 5-1 所示。

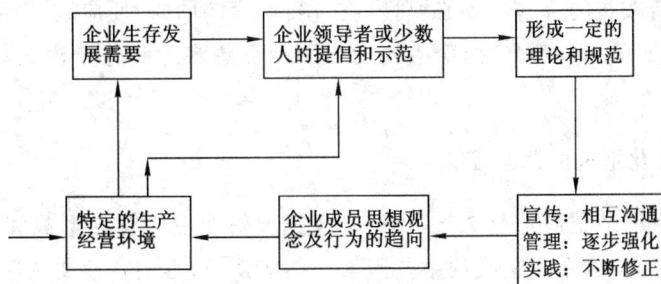

图 5-1　企业文化形成的微观机制

(一)企业文化是在一定环境中企业生存发展的需要形成的

存在决定意识,企业文化的核心价值观就是在企业图生存、求发展的环境中形成的。例如用户第一、顾客至上的经营观念,是在商品经济出现买方市场,企业间激烈竞争的条件下形成的。大庆石油的"为国分忧、艰苦创业、自力更生"的精神,在某种程度上是在 20 世纪五六十年代我国面临国外封锁、国内经济困难、石油生产又具分散及一定危险性等环境下形成的。企业作为社会有机体,要生存、要发展,但是客观条件又存在某些制约和困难,为了适应和改变客观环境,就必然产生相应的价值观和行为模式。同时,也只有反映企业生存发展需要的文化,才能被大多数职工所接受,才有强大的生命力。

(二)企业文化发端于少数人的倡导与示范

文化是人们意识的能动产物,不是客观环境的消极反映。在客观上出现对某种文化需要往往交织在各种相互矛盾的利益之中,羁绊于根深蒂固的传统习俗之内,因而一开始总是只有少数人首先觉悟,他们提出反映客观需要的文化主张,倡导改变旧的观念及行为方式,成为企业文化的先驱者。正是由于少数领袖人物和先进分子的示范,启发和带动了企业的其他人,形成了企业新的文化模式。

(三)企业文化必须形成一定的系统和规范

企业文化发端于少数人的倡导与示范,但他们最初的思想往往是零散的、不全面的或表述不规范的,需要进一步的整合、提炼,使之系统化、科学化。在企业文化的整合、提炼过程中,需要认真研究企业所处的外部环境,分析企业自身的条件,实际是一个复杂的创造性的脑力劳动过程。

(四)企业文化是坚持宣传、不断实践和规范管理的结果

企业文化实质上是一个以新的思想观念及行为方式战胜旧的思想观念及行为方式的过程,因此,新的思想观念必须经过广泛宣传,反复灌输才能逐步被员工所接受。例如日本经过几十年的宣传灌输,终于形成了企业员工乃至全民族的危机意识和拼命竞争的精神。企业文化一般都要经历一个逐步完善、定型和深化的过程。一种新的思想观念需要不断实践,在长期实践中,通过吸收集体的智慧,不断补充、修正,逐步趋向明确和完善。

文化的自然演进是相当缓慢的,因此,企业文化一般都是规范管理的结果。企业领导者一旦确认新文化的合理性和必要性,在宣传教育的同时,便应制定相应的行为规范和管理制度,在实践中不断强化,努力转变员工的思想观念和行为模式,建立起新的企业文化。

二、企业文化形成的影响因素

为了能够更好地塑造企业文化,我们必须还要对企业文化的形成和演变进行动态的系统分析,寻找影响企业文化的主要因素。一般认为,影响企业文化形成和演变的主要因素有以下方面。

(一)民族文化因素

企业文化根植于民族文化的土壤中,一个企业的价值观、行为准则、道德规范等无不打上民族文化的烙印。民族文化不仅对企业的价值观念、行为准则、道德规范等产生深刻的影响,而且对企业的经营思想、经营方针、经营战略和策略等也产生深远的作用。一个企业要获得成功,就要努力去适应民族文化环境,去迎合在一定民族文化环境下形成的社会心理状态,否则该企业就难以维持,必将陷入困境和危机。

(二)制度文化因素

不同国家以及同一国家不同历史时期,它们基本的政治制度和经济制度各不相同,因此对一个企业的文化形成所产生的影响也是不同的。企业文化的核心问题是要形成具有强大内聚力的群体意识和群体行为的规范,因此,制度因素是建设具有内聚力的企业文化的决定因素之一。

(三)外来文化因素

严格来说,从其他民族、其他地区、其他行业、其他企业中引进的文化对于一个企业来说都是外来文化,这些外来文化对本企业文化产生较大的影响。一个企业受外来文化的影响总是伴随着经济、技术、教育等方面的相互交流而产生的。所以,在引入先进的技术和管理思想的同时,也要注意到一些外来腐朽观念对本企业文化可能产生的破坏。在接受外来文化的过程中,要根据本企业的具体环境条件,有选择地吸收、消化、融合外来文化中有利于本企业发展的文化因素,警惕和拒绝对本企业不利的文化因素。

（四）企业传统因素

应当说企业文化的形成过程也是企业传统的发育过程，企业文化的发展与更新就是企业传统去粗取精、扬善抑恶的过程。从微观来看，每个企业都应当根据自身的外部环境和内部条件特点，从企业所追求的目标、发展战略和策略中总结出自己企业的优良历史传统和经营特色，从而形成本企业的经营哲学、价值观念，产生出本组织独具特色的企业文化风格。

（五）个人文化因素

个人文化因素，是指企业成员和领导者的思想素质、文化素质和技术素质对企业文化的影响。在个人文化因素中，企业领导者的思想素质、决策水平、实际经验、价值观念、思想方法和工作作风等因素对企业文化具有十分深远的影响，甚至领导者的性格特征也会对企业文化产生一定的影响。

（六）行业文化因素

不同的行业由于行业性质的不同，决定了工作内容、工作方式、劳动力结构等方面的差异，从而造成不同行业在价值观念、道德理念、行为规范等方面有着各自独特的特性，因此对企业文化产生不同影响。

（七）地域文化因素

地域文化是企业文化存在的中观环境，各个地区由于历史背景、文化教育、风俗民情、地理环境的不同，形成各具特色的地域文化。这种地域文化的特色会通过企业成员以及企业与本地其他企业的交流过程，对企业文化产生潜移默化的影响，企业必须做到"入乡随俗"才能够得到良好的生存和发展的机会。

三、企业文化的塑造

企业文化的塑造是一个长期的过程，同时也是企业发展过程中的一项艰巨、细致的系统工程。许多企业致力于导入企业识别系统（CIS系统）颇有成效，它已经成为一种直观的、便于理解和操作的企业文化塑造方法。企业文化塑造的过程主要有以下方面。

（一）选择合适的企业价值观标准

企业价值观是整个企业文化的核心，选择正确的企业价值观是塑造良好企业文化的首要战略问题。选择企业价值观首先要立足于本企业的具体特点，根据自己的目的、环境要求和组成方式等特点选择适合自身发展的企业文化模式。其次是要把握住企业价值观与企业文化各要素之间的相互协调，因为各要素只有经过科学的组合与匹配才能实现系统整体优化。

在此基础上，选择正确的企业价值标准要注意以下四点：

① 企业价值标准要正确、明晰、科学，具有鲜明特点；

② 企业价值观和企业文化要体现企业的宗旨、管理战略和发展方向；

③ 要切实调查本企业员工的认可程度和接纳程度，使之与本企业员工的基本素质相和谐；

④ 选择企业价值观要发挥员工的创造精神，认真听取员工的各种意见，并审慎筛选出符合本企业特点又能够反映员工心态的企业价值观和企业文化模式。

（二）强化员工的认同感

在选择并确立了企业价值观和企业文化模式之后，就应把基本认可的方案通过一定的强化灌输方法使其深入人心。具体的做法有：

① 利用一切宣传媒体，宣传企业文化的内容和精要，使之家喻户晓，以创造浓厚的环境氛围；

② 培养和树立典型。榜样和英雄人物是企业精神和企业文化的人格化身与形象缩影，能够以其特有的感召力和影响力为企业员工提供可以仿效的具体榜样。

③ 加强相关培训教育。有目的的培训与教育，能够使企业成员系统地接受企业的价值观并强化员工的认同感。

（三）提炼定格

企业价值观的形成不是一蹴而就的，必须经过分析、归纳和提炼方能定格。具体步骤有：

① 精心分析。在经过群众性的初步认同实践之后，应当将反馈回来的意见加以剖析和评价，详细分析和比较实践结果与规划方案的差距，必要时可以吸收有关专家和员工的合理意见。

② 全面归纳。在系统分析的基础上，进行综合化的整理、归纳、总结和反思，去除那些落后或不适宜的内容与形式，保留积极进步的内容与形式。

③ 精炼定格。把经过科学论证和实践检验的企业精神、企业价值观、企业伦理与行为予以条理化、完善化、格式化，再经过必要的理论加工和文字处理，用精炼的语言表达出来。

（四）巩固落实

要巩固落实已经提炼定格的企业文化首先要建立必要的制度保障，在企业文化演变为全体员工的习惯行为之前，使每一位员工在一开始就能够自觉主动地按照企业文化和企业精神的标准去行动比较困难，即使在企业文化已经成熟的企业中，个别员工背离企业宗旨的行为也是经常发生的。因此，建立某种奖优罚劣的规章制度是十分必要的。其次，领导者在塑造企业文化的过程中有着决定性的作用，他们应起到率先垂范的作用，必须更新观念并能够带领企业员工为建设优秀企业文化而共同努力。

（五）在发展中不断丰富和完善

任何一种企业文化都是特定历史的产物，当企业的内外条件发生变化时，企业必须不失时机地丰富、完善和发展企业文化。这就是一个不断淘汰旧文化和不断生成新文化的过程，也是一个认识与实践不断深化的过程。企业文化由此经过不断地循环往复达到更高的层次。

第四节　企业文化的建设与创新

企业文化建设是一项系统工程，是现代企业发展必不可少的竞争法宝。一个没有企业文化的企业是没有前途的企业，一个没有信念的企业是没有希望的企业。而企业文化是企业领导层提倡、上下共同遵守的文化传统和不断革新的一套行为方式，它体现为企业价值观、经营理念和行为规范,渗透于企业的各个领域和全部时空部落。因此,在新时期、新形势下企业文化必然要向前发展。

一、企业文化建设的总体思路和要求

企业文化建设总体应遵循精神层理念提炼→制度层设计→物质层方案设计→企业文化实施方案设计的思路进行,分阶段分层次地进行企业文化建设。

① 贯彻党的十七大精神,坚持以"三个代表"重要思想和"科学发展观"为指导,以创新精神大力发展先进文化,本着全面建设现代化企业的要求,适应激烈市场竞争形势发展的需要,建立公司企业文化体系,突出加强员工的思想道德建设这一企业文化的灵魂,推进现代经营理念与先进技术、先进管理方式的结合,推进物质文明、精神文明和政治文明建设,融合、打造并提升企业核心竞争力。

② 以经济建设为中心,以科技兴企为目标,以强化企业管理为依托,以制度建设为内容,以形象建设为载体,以文体活动为手段,以思想政治工作为保证,通过建立创新理念、凝练企业精神、培养好的作风、完善管理机制、营造学习气氛、建设过硬队伍、树立良好形象,构筑文化氛围。

二、企业文化建设的主要目标

(一)确立好"三个识别"

1. 理念识别(MI)

① 确立全体员工的价值观。企业价值观是企业文化的核心,决定企业的命脉,关系企业的兴衰。现代企业不仅要实现物质价值,还要实现文化价值,要充分认识企业竞争不仅是经济竞争,更是人的竞争、文化的竞争、伦理智慧的竞争。企业的最终目标是服务社会,实现社会价值最大化。

② 确立企业精神。培育有个性的企业精神是加强企业文化建设的核心,培育具有鲜明个性和丰富内涵的企业精神,最大限度地激发员工内在潜力,是企业文化的首要任务和主要内容。企业精神是集中体现一个企业独特的、鲜明的经营思想和个性风格,反映企业的信念和追求,并由企业倡导的一种精神。培养企业精神,要遵循时代性、先进性、激励性、效益性等原则,不仅要反映企业本质特征,而且要反映出行业的特点和本企业特色,体现出企业的经营理念。

③ 确立符合实际的企业宗旨。这是企业生存发展的主要目的和根本追求,它是以企业发展的目标、目的和发展方向来反映企业价值观。

2. 视觉识别(VI)

视觉识别包含企业标志、旗帜、广告语、服装、信笺、徽章、印刷品、产品品牌、包装等统一模式,实施配套管理。在企业发展中还要以务实的态度不断完善企业视觉识别各要素,做到改进—否定—再改进—再确定,以期规范员工行为礼仪和精神风貌,在社会上建立起企业的高度信任感和良好信誉。

3. 行为识别(BI)

行为识别主要体现在两个方面,一方面是企业内部对员工的宣传、教育、培训;另一方面是对外经营、社会责任等内容。要通过组织开展一系列活动,将企业确立的经营理念融入企业的实践中,指导企业和职工行为。

（二）以人为本,树立精干高效的队伍形象,打造精神文化

企业文化实质是"人的文化",人是生产力中最活跃的因素,人是企业的立足之本,企业员工是企业的主体,建设企业文化就必须以提高人的素质为根本,把着眼点放在人上,分别达到凝聚人心、树立共同理想、规范行动形成良好行为习惯、塑造形象扩大社会知名度的目的。为此要做好建立学习型组织;抓好科学文化知识和专业技能培训;培育卓越的经营管理者,带动企业文化建设;做好思想政治工作等相关工作。

（三）目标激励,塑造严明和谐的管理形象,打造制度文化

企业管理和文化之间的联系是企业发展的生命线,战略、结构、制度是硬性管理;技能、人员、作风、目标是软性管理。强化管理,要坚持把人放在企业中心地位,在管理中尊重人、理解人、关心人、爱护人,确立员工主人翁地位,使之积极参与企业管理,尽其责任和义务。强化管理要搞好与现代企业制度、市场开拓、实现优质服务、管理创新等的有机结合;还要修订并完善职业道德准则,强化纪律约束机制,使企业各项规章制度成为管理者和普通员工的自觉行为;提倡团队精神,成员之间保持良好的人际关系,增强团队凝聚力,有效发挥团队作用。

（四）内外并举,塑造品质超群的产品形象,打造物质文化

企业文化建设应与塑造企业形象相统一,实现技术创新,做到群众性合理化建议活动持之以恒,使之具备独特的技术特色和产品特色。创品牌,教育员工要像爱护自己的眼睛一样爱护企业的品牌声誉,使企业的产品、质量在社会上叫得响、打得硬、占先机,展示企业精华。要做到在经营过程中的经营理念和经营战略的统一;做到在实际经营过程中所有员工行为及企业活动的规范化、协调化;做到视觉信息传递的各种形式相统一,为促进企业可持续发展奠定坚实基础。

（五）寓教于文,塑造优美整洁的环境形象,打造行为文化

人改造环境,环境也改造人,因此,要认真分析企业文化发育的环境因素,使有形的和无形的各种有利因素成为企业文化建设的动力源泉。采取强化措施,做到绿化、净化、美化并举,划分区域,责任明确,做到治理整顿并长期保持卫生环境。要开展各种游艺文体活动,做到大型活动制度化,如:企业职工运动会、企业周年庆典、企业文化艺术节等;小型活动经常化,如:诗歌朗诵会、书画比赛、节日文娱活动等。

三、企业文化建设的主要问题

企业文化建设既是企业在市场经济条件下生存发展的内在需要,又是实现管理现代化的重要方面。为此,应从建立现代企业发展的实际出发,树立科学发展观,讲究经营之道,培养企业精神,塑造企业形象,优化企业环境,全力打造具有自身特质的企业文化,为企业快速发展提供动力和保证。在企业文化建设过程中,要重点解决好以下几方面的问题。

（一）处理好企业文化建设与思想政治工作的关系

有人认为,企业文化建设与思想政治工作没有什么区别,把二者等同起来,这是一

种误解;还有人认为,如今是市场经济了,思想政治工作已经过时,应该全面让位于时髦的企业文化了,用后者替代前者,这也是不对的。事实上,企业文化建设与思想政治工作既有相同点也有其区别,谁也取代不了谁。

1. 二者的相同点

① 指导思想相同。都重视人的因素,以改变人的思想观念为着眼点,调动人的积极性。

② 目的相同。都是为了促进精神文明建设和物质文明建设。

③ 工作主体相同。党、团、工会等都要抓,并且要发动群众。

④ 工作方法有许多相似之处。例如:从实际出发、民主集中、说服教育、树立典范、榜样带头等。

2. 二者的区别

① 二者的范畴不同。企业文化建设是直接指导和规范企业生产经营及员工工作行为的管理理论和方法,直接为企业经营目标、战略、方针服务的,属于管理范畴;思想政治工作更多地从坚持"三个代表"重要思想和落实"科学发展观"出发,围绕维护社会主义政治经济制度,促进全社会生产力发展开展工作,属于政治范畴。

② 二者的适用范围不同。企业文化是企业根据自身的特定条件和实际需要为企业"量身定做"的,具有鲜明的个性特征,因而甲企业的文化通常不适应乙企业的需要。而思想政治工作的共性较多,其基本原则和内容适合所有企业。

③ 二者的工作方法和过程不同。企业文化建设有明确的规范性和一定的强制性,要求员工的行为、观念合乎准则,达到高度自觉和一致;而思想政治工作侧重于引导和启发,提高工作对象的觉悟,不具有强制性。

可以看出,企业文化建设与思想政治工作是有机结合的,既有联系,又有区别;既可以相互促进、相得益彰,又可以相互制约、相辅相成,但绝不能相互取代。正确认识企业文化建设和思想政治工作的关系,对于加强企业精神文明建设,推动企业的改革与发展有重要的作用。我国一些优秀企业的实践已经充分证明,企业文化建设是思想政治工作渗透到经营管理中的极佳途径和载体,为开创思想政治工作新局面,更好地为生产经营服务提供了条件;反过来,随着企业思想政治工作的改革与加强,思想政治工作的资源优势不断被利用和挖掘,也必将对企业文化建设起到巨大的推动作用。要以政府倡导的"以人为本"为主题,从解放人的思想、转变人的观念入手,在开展思想政治工作中处理好虚与实、讲与做、精神与利益的关系,发挥思想政治工作的针对性、科学性、实效性、主动性和时代感,为经济工作和企业发展提供良好的思想基础和稳定局面。

(二) 加强对经营管理者的培育,以此带动企业文化建设

企业文化建设是有关企业生存发展的全局性、长远性、整体性、综合性的工作,企业经营管理者特别是高层主管人员起着非常重要的作用。作为企业中的重要经营管理者,不仅应当是企业文化的设计者、倡导者、组织者,还应当是模范的实践者,更应当是企业文化的直接体现者。领导者应该率先垂范,以自己的良好行为为优秀的企业文化提供可见的形象,同时特别需要企业领导以自己的新思想、新观念、新思维、新的价值取向来倡导和配置企业文化。

（三）讲求企业文化建设的方法和途径

企业文化不是无源之水、无本之木，它必须通过一定的物质实体和手段，在生产经营实践中表现出来，也就是企业文化的载体。企业文化载体是企业文化的表层现象，虽不等同于企业文化，但在企业文化建设中具有举足轻重的作用，是企业文化的重要组成部分。

（四）加快建立企业文化的体系框架工程

主要包括：把握企业文化建设的"把企业核心竞争力转化为市场竞争力"这一基本要求；体现"把握发展方向，具有先进性；体现时代特征，具有吸引力；塑造品牌标志，具有市场竞争力"这"三点内涵"；突出"把党的方针政策和国家的产业政策融于企业发展之中，形成具有鲜明特色的企业发展理念；把思想政治工作融入企业市场竞争之中，形成具有强大凝聚力的企业精神；把企业人文创造融入企业产品之中，塑造以企业品牌为核心内容的企业形象标志"三项主要任务。

（五）走出企业文化建设过程中的观念误区

一是鼓吹"文化万能"，认为"企业文化是个筐，什么都往里面装"，此种说法不但搞不好企业文化，还会影响其他管理职能的正常发挥。二是曲解"以人为本"，现实中企业的员工切身利益和个人目的，难免出现与企业利益和宗旨不一致的问题，员工也必须遵守企业的一切准则规定，尊重客户和竞争对手，因为离开一定的前提条件，就很难取得预期效果。三是滥用"民主管理"，决策要讲民主，但经营管理一定要有权威，民主只有在权威情况下，才能更加有效发挥管理的作用。

（六）其他需要抓好的工作

除了以上五点，在企业文化建设过程中，还应当对这几方面工作加以重视：按照社会主义市场经济的要求去塑造企业文化、汲取古今中外优秀文化营养去塑造企业文化、根据本企业特点塑造独特风格的企业文化、充分发挥企业领导者的关键作用、共同参与及知识共享、不断完善规章制度以巩固企业文化。

建设企业文化绝不是仅仅靠喊几句简单的口号、"大跃进"式地搞一阵风就能出成果的。企业文化中的制度文化和物质文化建设，当然需要我们花费一定的时间、精力和资金才能奏效和出成果，但是比起精神文化的建设来说，还算是比较容易的了。要想让企业全体员工形成共同的价值观并付诸实践，仍然需要企业用较长的时间进行不懈的艰苦努力才能实现，企业的所有成员尤其是高层管理者必须要有打持久战的心理准备。

四、企业文化的创新

企业通过文化来使其成员的行为具有一定程度的可预测性（比如企业文化中的规章制度、道德规范和行为准则等可以使我们预先知道员工在实践活动中的行为表现），从而实现在企业活动过程中对这些成员的不同时空的努力进行引导与整合。企业文化的形成、演变以及实现的全过程都要受到企业的经营环境、企业在经营过程中所选择的技术以及企业活动的规模与内容特点等因素的影响。

（一）当前的宏观经济背景

如今的时代，早已进入了知识经济时代，尽管可能有人对此还毫无察觉，但它的确是悄然走来了。知识在企业生产制造、人事管理、市场营销、财务控制等经营活动中的作用日显重要,知识及其运用的产品化、产品及其生产过程的知识化是我们在越来越多的企业中能够观察到的、正在发生的客观现象。不管人们是否已经认识到,也不管人们是否承认或愿意承认,知识经济正逐渐取代工业经济成为现代社会的主要特征,当然也成为现代企业所生存的经济环境。从企业组织分析的角度,我们认为知识经济可能表现出以下三个方面的基本特点。

① 知识要素在企业生产经营活动中的相对重要性大大提高。资本的相对稀缺性、资本的货币形态的可转换性等特点决定了资本是工业社会的最为重要的生产要素。资本市场的发展、融资手段的不断完善以及与此同时企业生产过程的渐趋复杂使得知识正逐渐取代资本成为企业生产经营的第一要素。

② 生产者与最重要的生产要素的重新结合。产业革命的发展伴随着劳动生产者与物质生产条件的分离。由于某种原因被剥夺了物质生产条件的劳动者只能通过出卖自己的劳动力来谋求生存条件,从而为工业经济的发展提供了大量的廉价劳动力。被企业雇佣后,他们只能根据雇主或其代表或者代理的要求来表现符合其利益的行为。整个工业经济时代企业组织的构造都是以劳动者与其物质生产条件的分离为基本假设的。然而,当知识成为最重要的生产要素后,情况发生了变化:知识作为人脑的产物,本质上是不可能与其拥有者分离的。知识经济时代企业的组织设计不能不考虑知识的这种特点,以及由此决定的劳动者与其最重要的生产要素重新结合的现象。

③ 信息技术的广泛运用使知识创新和传播的速度大大加快。从某种意义上说,任何知识都是与人的活动有关的,与企业经营有关的知识是在企业经营过程中生成与发展的。知识形成、积累、创新的速度影响着企业生产过程的组织方式,影响着不同知识所有者的相对重要性,从而决定着企业参与者在这个过程中的相互关系。信息技术的广泛运用加速了知识的生成与发展进程,从而引导着企业文化的创新。

（二）企业文化创新

在工业社会中,企业文化的功能便是在企业制度和层级结构不能触及的地方发挥作用,即用来调节不同成员在企业活动中的非正式关系。

1. 工业社会中企业文化的特点

迄今为止,工业社会中的企业文化通常是事后总结的结果,主要与历史和传统有关,因而表现出如下特点。

① 企业文化是作为企业经营的一种副产品出现的。成功的企业文化都不是企业刻意追求的结果,而是企业经营者甚至是几代经营者在企业实践中通过自己的领导风格与行为方式对企业员工的行为产生了潜移默化的影响,从而促成了一种价值观念和行为准则被企业员工广泛认同的结果。

② 企业文化基本上反映了企业组织的记忆。文化是一个历史的概念,是在企业经营的过程中,经过岁月流逝而逐渐积累而成的,是被实践证明是成功的行为方式以及这种行为方式所体现的行为准则和价值观念。所以用企业文化来引导员工的行为,实际上是用过去的经验来指导员工今日的行动。

③ 企业文化是作为一种辅助手段而发挥作用的。在工业社会中,企业主要通过制

度结构来规范权利关系;通过层级结构来规范和制约员工的正式关系;通过奖惩机制来制约和诱导员工的行为。而企业文化则是作为一种补充,主要在企业制度和层级结构不能触及的地方发挥作用。

④ 企业文化是一元的。工业社会的企业文化,根据定义是排斥异种价值观和行为准则的,具有异种价值观的员工是难以融入企业文化氛围中的,其行为通常难以被企业的其他员工所接受。企业文化的这种一元性与工业社会中层级组织的等级指挥、标准作业、规则一致的特点,以及影响这些特点的早期工业社会的消费需求的无差异性是相互呼应的。

2. 知识经济时代的企业文化

具有我们在前面曾经描述过的相关特征的、正在到来的知识经济将改变工业社会企业文化的基础,对新时期、新环境下的企业文化发展提出了改变以求适应的新要求,以下四个方面是我们创新企业文化需要着重调整的:

① 企业文化将成为知识经济条件下企业管理的重要的,甚至是主要的手段。文化手段重要性的这种变化是与层级结构的网络化改造相关的,在实行分权化管理的网络化层级结构中,各工作单元也是决策中心。管理中枢主要通过信息的提供去影响、引导和协调这些单元的决策以及决策的组织实施。在这种情况下,用被企业员工广泛认同的价值观和行为准则去影响各工作单元在不同时空的行为方向、内容及方式的选择就变得至关重要了。企业文化将成为保证和促进网络化层级结构条件下企业组织活动一体化的黏合剂。

② 企业文化将是人们自觉创造的结果,而非企业生产经营中的一种副产品。实际上,在网络化的层级结构中,当管理中枢无须直接利用权力去分配和协调下属单位的活动后,其重要的工作内容就不仅是组织信息的收集、处理与传播,而是要通过基本政策的制定,借助各种沟通渠道,去倡导某种适合企业特点的文化。我们就不能再消极等待而应当大张旗鼓地宣传这种文化,总结和介绍在这种文化影响下成功的工作单元的事例,来促进这种文化所包含的价值观和行为准则被各工作单元迅速地接受,并使之成为影响他们行为选择的基本规范。

③ 企业文化主要不是记忆型的,而是学习型的。作为人们自觉行为结果的企业文化,在传统的工业社会中体现的主要是企业的"组织记忆"。这种成功的经验在环境参数不发生重要变化时,人们还可以据此应对未来的变化。然而知识经济条件下市场环境的急剧变化让经验在今天的新现实面前苍白无力,企业在客观上需要行为准则和行为方式不断创新的要求决定了企业文化必须是学习型的。在知识经济条件下,人们没有足够时间去等待,因此必须迅速学习新的行为准则和行为方式。这导致企业文化首先是自觉学习的结果,加上网络化层级结构中的各工作单元与外界的广泛接触使企业不断习得新的知识,同时企业内部发达的沟通网络又将各单元习得的知识与应验迅速共享,最终促进不断创新并推广新的企业文化。

④ 企业文化在强调主导价值观与行为准则的同时,允许异质价值观和行为准则的存在。

学习型的企业文化必然是多元的。实际上,如果没有对不断出现的异质价值观的接触、了解和接受,也就不可能有企业文化的创新。此外,文化多元也是与企业需要满足的个性化消费需求的特点相一致的。网络化层级结构不可能要求企业以整齐划一的方式行事,不能再像传统方式下那样以单一的规则和一致性的标准去约束自主工作单元的行为,具有决策权的自主工作单元必然会在企业经营中表现出各具特色的个性化行为方式。文化的多元必然会促进企业文化的不断创新,也必然会不断促进知识经济条件下的企业走向繁荣。

第六章　企业战略管理

　　企业战略是企业面对激烈竞争的经营环境,为取得长期生存和不断发展而进行的总体性规划,它是企业战略思想的集中体现,同时又是制订各种计划的基础。"战略决定成败"这句名言足以说明战略对于企业的生存和发展的重要性。本章主要阐述企业战略管理的一些基本理论与概念,介绍企业常用的战略和战略分析方法,就如何制定、实施、评价企业战略展开论述,使读者对企业战略管理的相关内容有一个总体性认识。我们相信通过认真地学习本章内容,读者一定会受益匪浅。

第一节　企业战略管理概述

　　学习并掌握企业战略管理的知识,首先要了解企业战略的一些基本概念和理论,这样才能为后面的学习做好准备。本节主要论述企业战略管理的相关概念及其理论演变与发展的过程,为今后的学习打下坚实的基础。

一、战略管理的相关概念

(一)战略

　　"战略"一词,原为军事用语,指对战争全局的谋划,是一个宏观上的概念。在西方,战略"Strategy"一词源于希腊语,意为"指挥军队的才干"。当今,战略的应用更为广泛,指重大的、带有全局性和决定性的谋划。企业战略,一般是指企业为了生存和发展的需要,结合自身条件,对企业的发展方向提出的具有全局性、长远性指导作用的谋划。

(二)企业战略管理

　　企业战略管理是指管理层对企业战略外部环境和内部条件进行分析,在发现优势、劣势、机会、威胁的基础上对影响企业发展的重大事项进行的管理。其目的在于使企业长期地获利和稳健地成长。

　　企业战略管理包括战略制定和战略实施两个主要部分:战略制定是明确企业的发展方向,战略实施是对已制定的战略贯彻执行的过程。二者之间的相互配合决定了战略管理的成败,如果战略制定失误,战略实施的再好也于事无补;如果战略制定正确而战略实施不力,那么再好的战略也无法实现。

二、企业战略的特征

(一)全局性

　　企业战略是以企业全局的发展规律为研究对象的,是根据企业总体发展的需要而制定的。它所规定的是企业的总体行动,它所追求的是企业的总体效果,它是指导企业一切活动的总规划。虽然企业战略也包括一些局部活动,但这些局部活动是作为总体活动的有机组成部分在战略中出现的。

(二)长远性

企业战略的制定要以企业外部环境和企业内部条件的当前情况为出发点,并且对企业当前的生产经营活动有指导作用,但是,企业战略制定的着眼点在于企业未来的生存和发展,只有面向未来,才能保证战略的成功。

(三)稳定性

为了实现可持续发展,企业战略应具有相对的稳定性。虽然企业的生产经营活动是一个动态的过程,要根据环境的变化做出适当的调整,但是这种调整不能太频繁。如果战略朝令夕改,就会使企业生产经营活动出现混乱的局面,难以实现企业的战略目标。所以,企业战略在保证适应外部环境多变性的同时还要具有相对的稳定性。

(四)竞争性

在市场经济条件下,企业间的竞争日益残酷和激烈。制定战略的目的就是要在激烈的市场竞争中与竞争对手抗衡,在与竞争对手争夺市场份额和资源的战斗中取得优势地位。企业战略与那些不考虑竞争因素,只是为了改善企业现状、提高管理水平的行动方案不同,这也是企业战略在激烈的竞争和严峻的挑战中产生和发展的原因。

三、企业战略管理的过程

企业战略管理过程是指企业为了实现战略目标而制定战略并实施战略的一个过程,包括五方面的内容:

① 确立战略方向,包括制定企业使命、愿景与目标。使命和愿景的制定是开始战略性思考企业未来的业务组合及企业的发展方向;目标制定是把企业愿景转化为特定的业绩目标,通过目标的实现保证愿景的最终实现。

② 战略环境分析,包括外部环境分析和内部环境分析,通过识别外部环境中的机遇和威胁及内部环境中的优势和劣势,为战略选择与制定提供依据。

③ 战略方案的制定,包括确定企业总体发展战略、各经营单位的竞争战略、职能战略等不同层次的战略。

④ 战略实施,是指企业内部各项经营活动与企业战略相匹配的过程,是一个内部经营驱动的活动过程,通过组织、激励、创建企业文化、监督等活动,对已制定的战略进行贯彻实施。

⑤ 战略控制,这是对战略实施结果进行评价的环节。首先,企业需要信息反馈,把战略实施的结果与既定的战略目标进行比较,检测二者存在的误差,并进行修正;其次,企业还必须根据情形的变化,对战略细则进行修正。

四、企业的使命与愿景

(一)企业的使命

使命表述的是对企业"存在理由"的说明,企业使命是企业区别于其他类型企业而存在的原因或目的,即企业应满足何种需要,应从事何种业务。定义企业的使命就是阐明企业组织的根本性质与存在的理由,根据企业的意愿及服务对象的性质揭示企业长远的发展前景,为企业目标的确立与战略的制定提供依据。企业使命的含义体现在三个方面:① 企业形成和存在的根本目的;② 企业生存和发展的基本任务;③ 企业达成目的、完成任务的基本行为规范和原则。

（二）企业的愿景

企业愿景又译为企业远景,简称愿景(Vision),或译为远景、远见,在 20 世纪 90 年代盛行一时。所谓愿景,是由组织内部的成员所制定,由组织成员讨论,获得组织一致的共识,形成大家愿意全力以赴工作的未来行动方向。愿景形成后,组织负责人应对内部成员做简单、扼要且明确的陈述,以激发内部成员的士气,并应落实组织目标和行动方案。

（三）企业使命与愿景的区别

企业愿景与企业使命相比,前者更倾向于以企业的未来为导向。具体而言二者不同之处在于:使命表示的是"我们的业务是什么",它与现时的状况和行为相联系;愿景展现的是公司未来发展的一幅蓝图——公司前进的方向、公司意欲占领的业务位置以及公司计划发展的能力。

五、企业战略目标

从企业战略管理的角度考虑,企业的战略目标是企业在其战略管理过程中所要达到的市场竞争地位和管理绩效。企业战略目标可以为企业的发展指明方向,可减少企业发展中的不确定性,为企业绩效的评价提供标准,帮助管理者有效地从事企业战略管理活动。

企业战略目标是由诸多目标项目构成的一个战略目标体系,它具有以下特点:

① 可接受性。企业目标的制定需要考虑企业的愿景和使命,被企业中各个层面所认可的目标,才是可操作性的目标。

② 可衡量性。目标是具体的,可以衡量的,不能是含糊不清的。只有制定可衡量性的目标,才能检验目标的达成情况,做到心中有数。

③ 灵活性。企业要想在竞争中立于不败之地,就要审时度势,面对千变万化的企业内外部环境,企业的目标就必须做出及时调整,即应具有灵活性。

④ 匹配性。长期目标与短期目标相匹配,企业总体发展目标与企业使命和愿景相匹配,不同层次的目标相匹配,这就是目标的匹配性。

六、企业战略管理理论的演变和发展

一般认为,现代企业战略管理思想诞生于 20 世纪 60 年代的美国,它基于这样一种认识,即企业应连续不断地注视内部及外部的事件与趋势,以便必要时及时做出调整,因此它是研究企业如何动态地适应内外环境变化的理论。尽管战略管理理论的发展历史并不长,但发展的速度非常快,研究文献硕果累累,这种理论上的繁荣态势与企业战略管理实践的蓬勃发展息息相关。根据主导战略思想的不同,企业战略管理理论的发展大致经历了三个阶段。

（一）经典战略管理理论阶段

以安德鲁斯和安索夫为代表人物的经典战略管理理论是建立在对企业内部条件和外部环境系统分析的基础上的。它分析了企业组织的优势、劣势和环境给企业所提供的机会、威胁（即SWOT分析法），并在此基础上确定企业如何制定战略。经典战略管理理论为企业战略的制定提供了一整套基本的思路和程序，特别是SWOT分析法的运用充分体现了组织内外部关系对战略形成的重要性。

（二）以定位为基础的战略管理理论阶段

在整个20世纪80年代，波特的著作《竞争战略》、《竞争优势》对战略管理的理论和实践产生了深远的影响，形成了以定位为基础的战略管理理论。在《竞争战略》一书中，波特运用了产业组织理论中的产业分析方法，提出了五种竞争力量模型。他认为，特定产业的竞争性质由五种力量决定：现有的竞争者、潜在的竞争者、替代产品的威胁、供应商的议价力量和购买者的议价力量。这五种力量的综合作用随产业的不同而不同，随产业的变化而变化，结果就使不同产业或同一产业的不同发展时期具有不同的利润水平。因此，如何通过五种竞争力量的分析确定合适的定位就成了企业取得优良业绩的关键。在此基础上，波特提出了企业在特定产业中的竞争通用战略，即总成本领先战略、差异化战略和目标集聚战略，这是企业所获得的竞争优势的三个基点。

（三）20世纪90年代以后的战略管理理论阶段

20世纪90年代以后，不少通过多元化经营形成的大企业开始出现了问题，多元化的热潮也开始消退。其原因主要是随着全球经济一体化进程的加速，企业经营环境的不确定性日益增大，产业结构的稳定性日益下降，以恰当定位获得竞争优势变得越来越困难。在这种严峻的挑战面前，企业战略管理的理论研究出现了几大新趋势：① 竞争优势的理论重点开始由以定位为基础转向以资源为基础的竞争优势观，并出现了核心能力理论。1990年，美国学者帕沃拉德和哈默尔在《哈佛商业评论》上发表《公司的核心能力》一文，提出了核心能力的概念，1994年两人又合著《竞争大未来》，正式提出了核心能力理论，构成了20世纪90年代西方最热门的企业战略理论。② 强调战略形成中的学习观，认为唯一可持续的竞争优势就是比对手更快的学习能力，其形成的方法是建立学习型组织。③ 采用全新的视角，20世纪90年代以前的战略理论都比较偏重讨论竞争和竞争优势，但进入20世纪90年代以后，随着环境的日益动态化，创新日益成为企业战略管理研究的重点。在此背景下，超越竞争成为战略管理理论发展的一个新热点。

第二节　企业战略环境分析

企业是一个开放的经济系统，企业战略管理要受到客观环境的影响和制约，要制定一个科学合理的战略，必须了解和熟悉企业所处环境的现状和未来的发展趋势，抓住有利于企业发展的机会，规避环境威胁及风险。企业战略对环境的分析更注重对环境的评价，对环境变化发展趋势的预测，通过分析提出建议，即通过战略环境分析确定有哪些外部因素会影响企业，这些因素将会发生哪些变化，这些变化会以何种方式影响企业等等。这正是企业谋求生存和发展的重要问题。

企业环境一般包括外部环境和内部环境。外部环境是指那些与企业关联的外界因素的集合。根据对企业经营活动影响的密切程度,外部环境可分为宏观环境和微观环境;内部环境又称内部条件,在制定战略时,要认真考虑将企业内部资源与外部环境相匹配,充分利用环境提供的机会,同时避开企业面临的风险。

一、企业宏观环境分析

一般认为企业的宏观环境因素有五类,即政治和法律环境、经济环境、社会文化环境、科技环境以及自然环境。

(一)政治和法律环境

政治和法律环境是指那些制约和影响企业的政治要素和法律系统,以及其运行状态。政治环境包括国家的政治制度、权力机构、颁布的方针政策和政治形势等因素。法律环境包括国家制定的法律、法规、法令以及国家的执法机构等因素。政治和法律环境直接影响着某些商品的生产和销售,对企业的影响具有刚性约束的特征,是保障企业生产经营活动的基本条件。

(二)经济环境

经济环境是指构成企业生存和发展的社会经济状况及国家的经济政策,包括社会经济结构、经济体制、发展状况、宏观经济政策等要素。通常衡量经济环境的指标有国内生产总值、就业水平、物价水平、消费支出、国际收支状况、利率、政府支出、汇率等国家货币和财政政策等。经济环境对企业生产经营的影响更为直接具体。

(三)社会文化环境

社会文化环境是指企业所处的社会结构、社会风俗和习惯、信仰和价值观念、行为规范、生活方式、文化传统、人口规模与地理分布等因素的形成和变动。这些因素关系到企业确定投资方向、产品改进与革新等重大经营决策问题。在社会文化环境中,社会阶层的形成和变动、人们的生活方式和工作方式、社会风俗与民族构成、人口的地区流动性、人口的年龄结构等方面的变化都会影响到社会对企业产品或劳务的需求。

(四)科技环境

科技环境是指企业所处的环境中的科技要素及与该要素直接相关的各种社会现象的集合。它包括社会科技水平、社会科技力量、国家科技体制、科技政策和科技发展趋势等。现代科学技术有两种形态:硬件方面有新材料、新设备、新工艺等;软件方面有信息化的新思想、新方法、新方式等。在面临原料与能源危机的今天,科学技术已成为决定人类命运和社会进步的关键所在。科技水平和产业化程度的高低也是衡量一个国家或地区综合实力和发展水平的重要标志。

(五)自然环境

自然环境是指企业所在地的全部自然资源,包括钢铁、煤炭、石油等矿藏资源,还包括气候自然条件,如水、空气等。拥有丰富的自然环境资源,对于一个企业乃至一个国家都是至关重要的。很多时候,自然资源的贫乏成为制约一个企业、一个国家发展的瓶颈。

二、企业微观环境分析

企业的微观环境主要包括产业环境和市场环境两个方面。产业的生命周期、产业结构分析、市场结构与竞争、市场需求状况、产业内的战略群体和成功关键因素分析都是微观环境分析的重要内容。

(一)产业的生命周期

在一个产业中,企业的经营状况取决于其所在产业的整体发展状况以及该企业在产业中所处的竞争地位。分析产业发展状况的常用方法是认识产业所处的生命周期的阶段。产业的生命周期阶段可以用产品的生命周期阶段来表示,分为引入期、成长期、成熟期和衰退期四个阶段。只有了解产业目前所处的生命周期阶段,才能决定企业在某一产业中应采取何种策略,才能进行正确的投资决策,才能对企业在多个产业领域的业务进行合理组合,提高整体赢利水平。

(二)产业结构分析

根据波特教授从产业组织理论角度提出的产业结构分析的基本框架——五种竞争力分析,可以从潜在进入者、替代品、购买者、供应者与现有竞争者间的抗衡来分析产业竞争的强度以及产业利润率。潜在进入者的进入威胁在于减少了市场集中,激发了现有企业间的竞争,并且瓜分了原有的市场份额。替代品作为新技术与社会新需求的产物,对现有产业的"替代"威胁的严重性十分明显,但几种替代品长期共存的情况也很常见,替代品之间的竞争规律仍然是价值高的产品获得竞争优势。购买者、供应者讨价还价的能力取决于各自的实力,比如卖(买)方的集中程度、产品差异化程度以及信息掌握程度等。产业内现有企业的竞争,即一个产业内的企业为市场占有率而进行的竞争,通常表现为价格竞争、广告战、新产品引进以及增进对消费者的服务等方式。

(三)市场结构与竞争

经济学中对市场结构进行了分类,它们是完全竞争、垄断竞争、寡头垄断和完全垄断四种市场结构,这有助于对市场竞争者的性质加以正确的估计。严格定义的完全竞争市场在现实生活中并不存在,但这一市场中激烈的价格竞争使价格趋向于边际成本的描述在许多消费品市场中却屡见不鲜;垄断竞争市场中,产品的差异性为企业建立了固定客户,并且允许企业对这些固定客户享有价格超过边际成本的一些市场权力;寡头垄断市场中,企业的决策要依赖于其他企业的选择,决策主体的行为发生直接相互作用条件下的决策均衡问题日益受到广泛重视;完全垄断市场上,垄断厂商操纵价格和产量的行为因损害了消费者的利益受到了反垄断政策的制约,但企业通过创新来取得垄断力量和实现高额利润的努力也存在一定的合理性。

(四)市场需求状况

可以从市场需求的决定因素和需求价格弹性两个角度分析市场需求。人口、购买力和购买欲望决定着市场需求的规模,其中生产企业可以把握的因素是消费者的购买欲望,而产品价格、差异化程度、促销手段、消费者偏好等影响着购买欲望。影响产品需求价格弹性的主要因素有产品的可替代程度、产品对消费者的重要程度、购买者在该产品上的支出占总支出的比重、购买者转换到替代品的转换成本、购买者对商品的认知程度以及对产品互补品的使用状况等。

（五）产业内的战略群体

确定产业内所有主要竞争对手的战略各方面的特征是产业分析的一个重要方面。一个战略群体是指某一个产业中在某一战略方面采用相同或相似战略的各企业组成的集团。战略群体分析有助于企业了解自己的相对战略地位和企业战略变化可能产生的竞争性影响，使企业更好地了解战略群体间的竞争状况，了解战略群体内企业竞争的主要着眼点，预测市场变化和发现战略机会等。

（六）成功关键因素

作为企业在特定市场获得赢利必须拥有的技能和资产，成功关键因素可能是一种价格优势、一种资本结构或消费组合、或一种纵向一体化的行业结构。不同产业的成功关键因素存在很大差异，同时随着产品生命周期的演变，成功关键因素也会发生变化，即使是同一产业中的各个企业，也可能对该产业成功的关键因素有不同的侧重。

三、企业内部环境分析

内部战略环境是企业内部与战略有重要关联的因素，是企业经营的基础，是制定战略的出发点、依据和条件，是竞争取胜的根本。企业内部环境或条件分析目的在于掌握企业历史和目前的状况，明确企业所具有的优势和劣势。它有助于企业制定有针对性的战略，有效地利用自身资源，发挥企业的优势，同时避免企业的劣势。企业内部环境分析的内容包括很多方面，有组织结构、价值链、核心竞争力分析等。

（一）组织结构

企业组织结构是企业内部的信息沟通、权利分配、产品或服务流的相互连接方式，也就是企业内部如何分配人员、处理好人员关系、以满足实现企业使命与目标要求的正式结构。企业组织结构的形式主要包括直线制组织结构、职能制组织结构、事业部制组织结构和矩阵制组织结构等，详细内容见本书其他相关章节，这里不再赘述了。

（二）价值链

这一概念是哈佛大学商学院教授迈克尔·波特于1985年提出的概念，波特认为，"每一个企业都是在设计、生产、销售、发送和辅助其产品的过程中进行种种活动的集合体。所有这些活动可以用一个价值链来表明"。企业的价值创造是通过一系列活动构成的，这些活动可分为基本活动和辅助活动两类，基本活动包括内部活动、生产经营、外部后勤、市场营销、服务等；而辅助活动则包括财务管理、人力资源管理、技术研发管理和企业基础设施等。这些互不相同但又相互关联的生产经营活动，构成了一个创造价值的动态过程，即价值链。如图6-1所示。

通过价值链分析，企业可以发现哪些环节是价值增值的关键环节，哪些环节是增加附加成本的环节，有助于企业确定重点发展的业务及需要加以改进的业务。通过对不同企业的价值链进行比较分析，有助于企业维持自身的优势和改进自身的劣势。

（三）核心竞争力分析

1990年，美国著名管理学者加里·哈默尔和帕沃拉德提出的核心竞争力模型是一个著名的企业战略模型，其战略流程的出发点是企业的核心力量。他们认为：随着世界

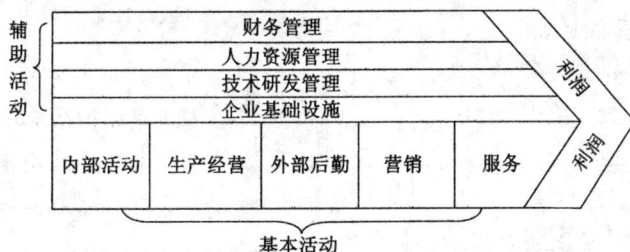

图 6-1　价值链

的发展变化、竞争加剧、产品生命周期的缩短以及全球经济一体化的加强,企业的成功不再归功于短暂的产品开发和随机的市场战略,而是企业核心竞争力的外在表现。核心竞争力是能使公司为客户带来特殊利益的一种独有技能或技术。

　　企业核心竞争力是建立在企业核心资源基础上的企业技术、产品、管理、文化等的综合优势在市场上的反映,是企业在经营过程中形成的不易被竞争对手模仿并能带来超额利润的独特能力。在激烈的竞争中,企业只有具有核心竞争力,才能获得持久的竞争优势,保持长盛不衰。传统的自外而内战略(例如:波特的五种竞争力量分析模型),总是将市场、竞争对手、消费者置于战略设计流程的出发点上。核心竞争力理论恰好与其相反,采用自内而外的企业战略,认为从长远来看,企业的竞争优势取决于企业能否以低成本、并以超过对手的速度构建核心竞争力。核心竞争力能够生产出令人意想不到的产品,竞争优势的真正源泉是企业围绕其竞争力整合、巩固工艺技术和生产技能的能力。

四、战略环境分析方法

　　企业战略环境分析的方法有很多,比如 SWOT 分析法、外部因素评价矩阵、内部因素评价矩阵等都是常用的方法。这里我们仅对 SWOT 分析法做出详细介绍,其他方法不再赘述。

　　SWOT 分析法又称为态势分析法,它是 20 世纪 80 年代初被提出来的,是一种能够较客观而准确地分析和研究一个单位现实情况的方法。SWOT 四个英文字母分别代表:优势(Strength)、劣势(Weakness)、机会(Opportunity)、威胁(Threat)。从整体上看,SWOT 可以分为两部分:第一部分为 SW,主要用来分析内部条件;第二部分为OT,主要用来分析外部条件。利用这种方法可以从中找出对自己有利的、值得保持的因素,以及对自己不利的、要避开的风险,发现存在的问题,找出解决办法,并明确以后的发展方向。

　　SWOT 分析法常常被用于制定集团发展战略和分析竞争对手情况,在战略分析中,它是最常用的方法之一。进行 SWOT 分析时,主要有以下几个步骤。

　　1. 分析环境因素

　　运用各种调查研究方法,分析出公司所处的各种环境因素,即外部环境因素和内部环境因素。外部环境因素包括机会因素和威胁因素,属于客观因素;内部环境因素包括优势因素和劣势因素,它们是公司在其发展中自身存在的积极和消极因素,属主观因素。如表6-1所示。

表6-1　　　　　　　　　　　　　　　环境因素分析表

	项目		评价内容	分值/权重	总分值/总权重
			自己公司		
优势	内部因素	1	公司相关人员有信心、感兴趣、热情高	1/5	15/27
		2	资金实力强	2/4	
		3	对该产品的销售前景有充分的市场调研和策划	2/5	
		4	公司管理好	4/3	
		5	有一定的近似产品的客户群	2/5	
		6	可以招聘到现成的销售队伍	4/5	
劣势	内部因素	1	没有产品的销售经验	2/4	12/27
		2	对产业发展的前景预测不够	1/5	
		3	没有找到理想的广告和媒体宣传渠道	2/4	
		4	公司所处地理位置不佳	2/5	
		5	尚没有非常合适的销售队伍	2/4	
		6	对销售该产品的财务方面有技术问题	3/5	
机会	外部环境	1	公司和政府主管部门关系良好	2/5	16/27
		2	融资渠道多,得到多家金融机构的支持	2/3	
		3	有实力的销售伙伴愿意合作	3/6	
		4	同行业竞争者实力不足	2/3	
		5	本地区生活水平普遍提高,支付能力强	4/6	
		6	消费者对使用本产品表现出浓厚的兴趣	3/4	
威胁	外部环境	1	销售量大增后会遭到竞争对手的报复	3/5	11/27
		2	国家经济前景难以预测	3/4	
		3	竞争对手可能不断增加,抢占现有市场份额	1/4	
		4	国家和地区法规的不确定性	1/5	
		5	会受到消费者的投诉及政府和社会团体的质疑	2/4	
		6	交通工具等基础设施是否满足长远发展	1/5	

优势,是组织机构的内部因素,具体包括:有利的竞争态势、良好的企业形象、技术力量、规模经济、产品质量、市场份额、成本优势、广告攻势等。

劣势,也是组织机构的内部因素,具体包括:设备老化、管理混乱、缺少关键技术、技术研发落后、资金短缺、经营不善、产品积压、竞争力差等。

机会,是组织机构的外部因素,具体包括:新产品、新市场、新需求、外国市场壁垒解除、竞争对手失误等。

威胁,也是组织机构的外部因素,具体包括:新的竞争对手、替代产品增多、市场紧缩、行业政策变化、经济衰退、客户偏好改变、突发事件等。

2. 构造 SWOT 矩阵

将调查得出的各种因素根据轻重缓急或影响程度等排序,构造 SWOT 矩阵。如图 6-2 所示。在此过程中,将那些对公司发展有直接的、重要的、迫切的、久远的影响因素优先排列出来,而将那些间接的、次要的、不急的、短暂的影响因素排列在后面。

内部分析 外部分析	优势 S 1 2　列出优势 3	劣势 W 1 2　列出劣势 3
机会 O 1 2　列出机会 3	战略 SO 1 2　发挥优势,利用机会 3	战略 WO 1 2　克服劣势,利用机会 3
威胁 T 1 2　列出威胁 3	战略 ST 1 2　发挥优势,回避威胁 3	战略 WT 1 2　克服劣势,回避威胁 3

图 6-2　SWOT 矩阵图

3. 制订行动计划

在完成环境因素分析和 SWOT 矩阵的构造后,便可以制订出相应的行动计划。制订计划的基本思路是:发挥优势因素,克服劣势因素,利用机会因素,化解威胁因素。运用系统分析的方法,将各种环境因素相互匹配起来加以组合,得出一系列公司未来发展的可选择对策。

第三节　企业总体战略

企业战略有很多种形式,采用不同的标准,企业战略就有不同的分类。按照企业的发展趋势可以分为:发展战略、稳定战略、紧缩战略;按照战略实施区域可以分为:国际经营战略和国内经营战略。本节将从企业发展趋势的角度对发展战略、稳定战略、紧缩战略进行分析。

一、企业发展战略

企业发展战略要求企业客观地分析自身外部环境与内部环境,利用企业现有优势,使企业的经营再上一个新台阶。企业发展战略包括进入新领域战略和一体化战略。

(一)进入新领域战略

1. 并购战略

(1)并购含义

并购是指两家或者更多的独立企业、公司合并组成一家企业。通常由一家占优势的公司吸收一家或者多家公司。

兼并与收购本属于不同的概念,但二者的含义对企业发展战略而言无太大差别,所以将它们合称为并购战略。兼并也是一种合并,但它不是平等意义上的合并,而是一种吸收合并。收购是指一家企业在证券市场上用现金、债券或者股票购买另一家企业的股票或资产并获得控制权的行为。

(2) 并购的实质

并购的实质是在企业控制权运动过程中,各权利主体依据企业产权而进行的一种权利让渡行为。并购活动是在一定的财产权利制度和企业制度条件下进行的,在并购过程中,一部分权利主体通过出让所拥有的对企业的控制权而获得相应的收益,另一部分权利主体则通过付出一定代价而获取这部分控制权。

(3) 并购的原因

产生并购行为最基本的动机就是寻求企业的发展,寻求扩张的企业面临着两种选择:内部扩张和通过并购发展。内部扩张可能是一个缓慢而不确定的过程,通过并购发展则要迅速的多,尽管它会带来自身的不确定性。

① 扩大生产经营规模,降低成本费用。通过并购,企业规模得到扩大,能够形成有效的规模效应。规模效应能够带来资源的充分利用和整合,降低管理、原料、生产等各个环节的成本,从而降低总成本。

② 提高市场份额,提升行业战略地位。规模大的企业,伴随生产力的提高、销售网络的完善,市场份额将会有比较大的提高,从而确立企业在行业中的领导地位。

③ 获得廉价的生产原料,增强企业的竞争力。通过并购实现企业的规模扩大,成为原料的主要客户,能够大大增强企业的谈判能力,为企业获得廉价的生产原料提供了可能,从而大幅度降低成本,提高企业的整体竞争力。

④ 取得先进的生产技术、管理经验、经营网络和专业人才等资源。并购活动收购的不仅是企业的资产,而且获得了被收购企业的人力资源,管理资源,技术资源,销售资源等,这些都有助于企业整体竞争力的提高,对公司发展战略的实现有很大帮助。

⑤ 实施多元化战略,分散投资风险。随着行业竞争的加剧,企业通过对其他行业的投资,不仅能有效扩充企业的经营范围,获取更广泛的市场和利润,而且能够分散因本行业竞争带来的风险。

2. 内部创业战略

内部创业战略是指企业通过内部创新,开发新产品进入新市场,从而进入一个新的行业。企业在进入一个新的行业时,应主要考虑进入障碍和现有企业的报复行动的影响。

(1) 进入障碍

进入障碍主要是研制或开发新产品所支付的费用。进入每一个行业都有一定的进入门槛,或者是技术障碍,或者是资金障碍。所以要实施内部创业战略,一定要考虑企业自身的实力,权衡利弊,才能做到万无一失。

（2）现有企业的反应

现有企业将如何对待行业内新的竞争对手和新产品的进入，应从以下几个方面考虑：

① 市场容量的扩张速度。如果市场容量扩张的速度缓慢，进入者就会取得一定的市场份额，这意味着原有企业绝对销售量的降低，必然会引起原有企业的强烈反应；如果市场容量的扩张速度很快，虽然进入者会得到一定的市场份额，但对原有企业的业绩影响不大，原有企业的反应就会缓和一些。

② 商品类别。在没有品牌忠诚度和细分市场的行业，新进入者对原有企业的影响就小，价格将是影响进入者的主要因素。

③ 行业内原有企业的战略观。如果行业内原有企业在战略上高度重视它们在行业中的地位和市场份额，它们的反应就会非常的激烈；反之，反应比较平缓。

（二）一体化战略

一体化战略就是将独立的若干个部分有机地结合在一起组成的经营联合体。一体化战略并不是企业间简单的联合，这些结合起来的企业在生产过程或市场上应该有一定的联系。一体化战略可以分为垂直一体化战略和水平一体化战略。

1. 垂直一体化战略

垂直一体化战略又叫纵向一体化战略，是将生产与原材料供应，或者生产与产品销售联合在一起的战略形式。按物质流动的方向又可以将垂直一体化战略划分为前向一体化战略和后向一体化战略。

（1）前向一体化战略

前向一体化战略是指企业通过兴办或购入一个或若干个企业而进入其产品的销售行业。它是为了促进和控制产品的需求，搞好产品营销，从而达到扩张市场的目的，它是一种进攻型战略。

（2）后向一体化战略

后向一体化战略是指企业通过建立或购买一个或若干个企业而进入其原材料生产行业。其目的是为了保证产品或劳务所需的全部或部分原材料的供应，加强对所需原材料的质量控制，降低成本，它是一种防御型战略。如钢铁公司自己拥有矿山和炼焦设施；纺织厂自己纺纱、洗纱等。

2. 水平一体化战略

水平一体化战略也叫横向一体化战略，是指为了扩大生产规模、降低成本、巩固企业的市场地位、提高企业竞争优势而与同行业中的企业进行联合的一种战略。其实质是资本在同一产业和部门内的集中，目的是实现规模效益、降低产品成本、巩固市场地位。

采用横向一体化战略，企业可以有效地实现规模经济，快速获得互补性的资源和能力。此外，通过收购或合作的方式，企业可以有效地建立与客户之间的固定关系，遏制竞争对手的扩张意图，维持自身的竞争地位和竞争优势。

二、企业稳定战略

(一)企业稳定战略的概念

稳定型战略是指在内外环境的约束下,企业准备在战略规划期使企业的资源分配和经营状况基本保持在目前状态和水平上的战略。按照稳定型战略的要求,企业目前所遵循的经营方向以及企业在其经营领域内所达到的产销规模和市场地位都应该大致不变或以较小的幅度增长或减少。

(二)稳定型战略的类型

1. 按照偏离战略起点的程度划分

① 无增战略。无增战略似乎是一种没有增长的战略。采用它的企业可能基于以下两个原因:一是企业过去的经营相当成功,并且企业内外环境没有发生重大变化;二是企业并不存在重大的经营问题或隐患,因而战略管理者没有必要进行战略调整。在这两种情况下,企业的管理者和职工可能不希望企业进行重大的战略调整,因为这种调整可能会在一定时期内降低企业的利润总额。

② 微增战略。企业在稳定的基础上,略有增长与发展的战略。

2. 按企业采取的防御态势划分

① 阻击式防守战略。这一战略的指导思想是"最有效的防御是完全防止竞争较量的发生"。它的操作方法是:企业投入相应的资源,以充分显示企业已经拥有的阻击竞争对手进攻的能力;不断明白无误的传播自己的防御意图,塑造出顽强的防御者形象,使竞争对手不战而退。

② 反应式防御战略。当对手的进攻发生以后,针对这种进攻的性质、特点和方向,企业采用相应的对策,施加压力,以维持原有的竞争地位和经营水平。

3. 按战略的具体实施划分

① 维持利润战略。这是一种牺牲企业未来发展来维持目前利润的战略。维持利润战略注重短期效果而忽略长期利益,其根本意图是渡过暂时性的难关,因而往往在经济形势不景气时被采用,以维持过去的经济状况和效益,实现稳定发展。

② 暂停战略。在一段较长时间的快速发展后,企业可能会遇到一些问题使得效率下降,这时就可以采用暂停战略,即在一定时期内降低企业的目标和发展速度。暂停战略可以达到让企业积聚能量,为今后的发展做准备的目的。

③ 谨慎实施战略。如果企业外部环境中某一重要因素难以预测或变化趋势不明显,企业的某一战略决策就要有意识地降低实施进度,步步为营,这就是所谓的谨慎实施战略。

(三)稳定型战略的优点和缺点

1. 稳定型战略的优点

① 企业的经营风险相对较小。由于企业基本维持原有的产品和市场领域,从而可以避免因开发新产品所带来的巨大资金投入、激烈的竞争抗衡和开发失败的风险。

② 能避免因改变战略而改变资源分配的困难。由于经营领域主要与过去大致相同,因而稳定型战略不必考虑原有资源的增量或存量的调整,相对于其他战略来说,显

然要容易得多。

③ 能避免发展过快而导致的弊端。在行业迅速发展的时期,许多企业无法看到潜伏的危机而盲目发展,结果造成资源的巨大浪费。

④ 能给企业一个较好的修整期,使企业积聚更多的能量,以便为今后的发展做好准备。从这个意义上说,适时的稳定型战略将是增长战略的一个必要的酝酿阶段。

2．稳定型战略的缺点

① 稳定型战略的执行是以市场需求、竞争格局等条件基本稳定为前提的,一旦企业的这一判断没有得到验证,就会打破战略目标、外部环境、企业实力之间的平衡,使企业陷入困境。因此,如果环境预测不准确,实施稳定型战略就会造成巨大的损失。

② 特定细分市场的稳定型战略也会有较大的风险。由于企业资源有限,企业会在部分市场上采用竞争战略,这样做实际上是将资源重点配置在这几个细分市场上,因而如果对这几个细分市场把握不准,企业可能会更加被动。

③ 稳定型战略也会使企业的风险意识减弱,甚至是害怕风险,回避风险,这就会大大降低企业对风险的敏感性和适应性。

三、企业紧缩战略

（一）紧缩型战略的概念

所谓紧缩型战略是指企业从目前的战略经营领域和基础水平收缩和撤退,且偏离起点战略较大的一种经营战略。与稳定型战略和发展型战略相比,紧缩型战略是一种消极的发展战略。一般的,企业实施紧缩型战略只是短期的,其根本目的是使企业躲过风暴后再转向其他的战略选择。有时,只有采取收缩和撤退的策略,才能抵御竞争对手的进攻,避开环境的威胁和实行自身资源的最优配置。可以说,紧缩型战略是一种以退为进的战略。

（二）紧缩型战略类型

① 适应型紧缩战略。企业为适应外界环境而采取的一种战略,包括经济衰退、行业进入衰退期、对企业产品或服务的需求减小等。其适用条件是企业已预测到或感知到外界环境对企业经营的威胁,并且企业采用稳定型战略尚不足以使企业顺利应付不利的外界环境。

② 失败型紧缩战略。当企业因经营失误造成企业竞争地位削弱、经营状况恶化时,只有采用紧缩型战略才能最大限度地减少损失,保存实力。其适用条件是企业出现重大的内部问题,如产品滞销、财务状况恶化等。

③ 调整型紧缩战略。动机是为了谋求更好的发展机会,使有限的资源得到更为有效的配置。

（三）紧缩型战略的优点与缺点

1．紧缩型战略的优点

① 能帮助企业在外部环境恶劣的情况下,节约开支和费用,顺利地渡过企业面临的困境。

② 能在企业经营不善的情况下最大限度地降低损失。在许多情况下,顽固地坚持

经营无可挽回的事业,而不是明智地采用紧缩型战略,会给企业带来致命的打击。

③ 能帮助企业更好的实行资产的最优组合。如果不采用紧缩型战略,企业在面临一个新的机遇时,只能运用现有的剩余资源进行投资,这样做势必会影响企业在这一领域发展的前景。相反,通过采取适当的紧缩型战略,企业往往可以将不良资源或闲置资源转移到这一发展点上,从而实现企业长远利益的最大化。

2. 紧缩型战略的缺点

① 实行紧缩型战略的尺度难以把握,因而如果盲目地使用紧缩型战略,可能会扼杀具有发展前途的业务,使企业的总体利益受到伤害。

② 一般来说实施紧缩型战略会引起企业内部人员的不满,从而引起员工情绪低落,因为实施紧缩型战略常常意味着不同程度的裁员和减薪,而且实施紧缩型战略在某些管理人员看来意味着工作的失败。

第四节　企业基本战略

企业基本战略主要包括企业竞争战略和企业投资战略,这两种基本战略的制定与实施关系到企业的生存和发展。本节将系统论述这两种战略,使读者对企业的基本战略有一个更加宽泛和深刻地认识。

一、企业竞争战略

基本竞争战略是由美国哈佛商学院著名的战略管理学家迈克尔·波特提出的。基本竞争战略包括三种:成本领先战略、差异化战略、集中化战略。企业必须从这三种战略中选择一种,作为其主导战略。要么把成本控制到比竞争者更低的程度;要么在企业产品和服务中形成与众不同的特色,让顾客感觉到你提供了比其他竞争者更多的价值;要么企业致力于服务某一特定的细分市场、某一特定的产品种类或某一特定的地理范围。

(一)成本领先战略

成本领先战略也称为低成本战略,是指企业通过有效途径降低成本,使企业的全部成本低于竞争对手的成本,甚至是在同行业中最低的成本,从而获取竞争优势的一种战略。

1. 成本领先战略的类型

根据企业获取成本优势的方法不同,我们把成本领先战略概括为如下几种:

① 简化产品型成本领先战略。就是使产品简单化,即将产品或服务中添加的花样全部取消。

② 改进设计型成本领先战略。

③ 材料节约型成本领先战略。

④ 人工费用降低型成本领先战略。

⑤ 生产创新及自动化型成本领先战略。

2. 采用成本领先战略的收益

① 企业的低成本可以使企业为那些欲进入本行业的潜在进入者设置较高的进入障碍,使那些生产技术不熟练、缺乏经营经验或缺乏规模经济的企业很难进入此行业。

② 企业的低成本可以使企业增加对原料供应者和消费者的讨价还价能力。

③ 企业的低成本可以使企业的产品在与替代品进行竞争时,降低或缓解替代品对本企业产品的威胁,使企业始终处于有利的竞争地位。

④ 企业的低成本可以使企业在与行业内的竞争对手进行价格竞争时,在竞争对手毫无利润的低价格水平上保持赢利,从而保持企业的绝对竞争优势。

3. 采用成本领先战略的风险

如果竞争对手的竞争能力过于强大,拥有更低成本的生产方法,就会使企业原有的成本优势变为成本劣势。当企业的产品或服务具有竞争优势时,竞争对手往往会采取模仿的方式形成与本企业相似的产品或成本,给企业形成新的压力。如果企业过分追求低成本,可能会在一定程度上降低产品质量或服务的质量,影响对消费者需求的满足程度,造成消费者需求的改变,从而使企业原有的竞争优势变为劣势。

（二）差异化战略

所谓差异化战略,是指为使企业产品与竞争对手产品有明显的区别,形成与众不同的特点而采取的一种战略。这种战略的核心是取得某种对顾客有价值的独特性。

1. 差异化战略的类型

（1）产品质量差异化

这是指企业向市场提供竞争对手不具有的高质量产品,通过高质高价获得比竞争对手更多的利润。例如我们熟知的"海尔"电器,它的价格比其他电器高一些,但却能够赢得消费者的青睐,究其原因是因为海尔电器有着较高的质量和安全可靠性,消费者愿意出高价购买这种优质产品。

（2）产品销售服务差异化

通过转变销售方式或者加强售后服务,建立服务的竞争优势。以服务取胜是许多成功企业采用的共同战略。如"海尔"电器的服务水平在业界是有口皆碑的,通过优质且与众不同的服务赢得了很多客户的赞誉。

（3）产品创新差异化

对于一些拥有雄厚研发实力的高科技企业,实行以产品创新为主的差异化战略,不仅可以保持企业在科技上的领先地位,而且可以增强企业的竞争优势和获利能力。例如,我们所熟知的日本松下电器公司研制的超薄型摄像机,其厚度不到 20 毫米,使用起来方便轻巧,这种产品对于技术的要求相当高,一般企业难以在短期内模仿制造。

（4）产品品牌差异化

产品品牌差异化就是通过创建名牌产品,使企业自己的产品有别于竞争者产品,为消费者所认知的战略。名牌产品就是具有较高知名度和市场占有率的产品,名牌不仅是社会对某一产品的评价,而且是对企业整体的评价。在市场竞争条件下,产品品牌差异化战略是企业进行竞争和取胜的法宝,只有勇创名牌才能在市场竞争中立于不败之地。

2. 采用差异化战略的收益

① 建立起顾客对企业的忠诚。

② 形成强有力的产业进入障碍。

③ 增强了企业对供应商讨价还价的能力。

④ 削弱购买商讨价还价的能力。

3. 采用差异化战略的风险

① 可能丧失部分客户。如果采用成本领先战略的竞争对手压低产品价格,使其与实行差异化战略的厂家的产品价格差距拉得很大,在这种情况下,用户为了大量节省费用,会放弃差异化的产品,而选择物美价廉的产品。

② 用户所需产品差异的因素下降。当用户变得越来越老练时,对产品的特征和差别体会不明显时,就可能发生忽略差异的情况。

③ 大量的模仿缩小了产品的差异。特别是当产品发展到成熟期时,拥有技术实力的厂家很容易通过逼真的模仿,减少产品之间的差异。

(三)集中化战略

集中化战略也称为聚焦战略,是指企业或事业部的经营活动集中于某一特定的购买者集团、产品线的某一部分、某一地域市场的一种战略。这种战略的核心是瞄准某个特定的用户群体,某种细分的产品线或某个细分市场。

1. 集中化战略的类型

集中化战略可以分为产品线集中化战略、顾客集中化战略、地区集中化战略。

2. 采用集中化战略的收益

① 集中化战略便于集中使用整个企业的资源,更好地服务于某一特定的目标。

② 将目标集中于特定的细分市场,企业可以更好地调查研究与产品有关的技术、市场、顾客以及竞争对手等各方面的情况,做到知己知彼。

③ 战略目标集中明确,经济效果易于评价,战略管理过程也容易控制,从而简化了管理工作的难度。

3. 采用集中化战略的风险

① 由于企业的全部资源都投入到一种产品或一个特定的市场,当顾客偏好发生变化、技术出现创新或有新的替代品出现时,特定市场对产品或服务的需求会急剧下降,企业就会受到很大的冲击。

② 竞争者进入了企业选定的目标市场,并且采取了优于企业的更集中化的战略。

③ 产品销量可能变小,产品要求不断更新,造成生产费用的增加,使得采取集中化战略的企业成本优势得以削弱。

二、企业投资战略

投资战略是指企业或经营单位根据自身经营组合的性质和水平,在人力、财力、物力资源方面予以投入,以形成竞争优势的战略。

投资战略的目的是通过人力、物力和财力的投入以维持和发展企业已经选择好的竞争战略,协调竞争战略与企业资源之间的关系,使企业竞争战略得到资源保证,最后取得竞争优势。

企业投资战略有增加份额战略、增长战略、赢利战略、市场集中和资产减少战略、财产清算和撤退战略。

（一）增加份额战略

增加份额战略是企业通过大量投资，持续地、大幅度地增加企业的市场占有率，从而改变企业原有的竞争地位的战略。企业份额的改变幅度一般根据企业所在行业的结构而定。对于所需要的资金，可以通过自筹，也可以通过联合的形式取得，从而实现市场份额的改变。

（二）增长战略

增长战略是企业在迅速扩张的市场上用来维持现有竞争地位的战略。随着市场的增长，企业可以取得所需要的资源，用以保持住企业现有的竞争地位。当增长速度减缓，企业进入调整阶段时，则运用新的竞争方式进行有效的竞争。

（三）赢利战略

赢利战略是企业通过适当投资，最大限度的依靠现有的资源和技术在某一细分市场上获得收益以维持现有的竞争地位的战略。通常在产品成熟期使用这一战略，此时行业内的竞争相对稳定，在大部分领域的投资收益不会太好，企业应将经营重点从增长率转向获利能力上。这样，企业就会在行业内其他企业赢利水平下降的情况下仍然保持原有的获利水平和原有的竞争地位。

（四）市场集中和资产减少战略

市场集中和资产减少战略是通过大幅度地减少企业的投资，重新进行企业资产配置和重新组合企业的经营范围的战略。它的目的是改善企业短期赢利和企业长远利益的关系，在短期内收回投资。

（五）财产清算和撤退战略

财产清算和撤退战略是企业从缺乏竞争力的经营领域中撤出来，尽可能地收回资金，最大限度地减少企业损失的战略。

第五节　企业战略的制定

企业战略的制定是企业战略管理获得成功的基本保证。影响战略制定的因素、战略制定的步骤和战略制定的方法是本节主要阐述的内容。

一、影响战略制定的因素

战略的制定者们常常对过去和未来进行评估，随着事态的发展不断发现新的和谐性，并及时对企业的资源进行调整，求得新的平衡，以适应经常变化着的环境。但是，研究表明，在战略制定的过程中，以下因素扮演着关键角色：企业过去的战略、管理层对风险的态度、低层管理者和职能部门人员的影响、竞争行为和反应以及时限。下面我们对这些因素分别进行论述。

（一）企业过去战略的影响

对大多数企业来说，过去的战略常作为战略制定过程的起点。这样，一个很自然的结果是，进入考虑范围的战略方案会受到企业过去战略的限制。研究表明，当人们必须对已经选择的行动过程的否定性后果亲自负责时，他们会为这一行动过程投入最大限度的资源。这可以部分地解释为什么高层管理者的人事变动常是改变组织战略的一个必要条件。新的管理层更少受到过去战略的限制。

（二）管理者对风险的态度

企业和管理者对风险的态度影响着战略的选择。一些企业乐于承担风险，而另一些企业则对风险有一种强烈的回避倾向。风险承担者一般采用一种进攻战略，以便在被迫对环境的变化做出反应之前主动地适应这种变化。风险回避者则通常采取一种防御战略，只有在环境变化迫使他们做出反应时才不得不这样做。风险回避者十分倚重过去的战略，而风险承担者则寻求一种更广泛的选择。企业管理层对风险的态度能够减少或增加进入考虑范围的战略方案的数目，并提高或降低某些特定战略方案被采纳的可能性。

（三）低层管理者和职能部门人员的影响

低层管理者和职能部门人员对企业战略的制定有重要影响。他们选择的战略常常在某种程度上不同于主要领导人选定的战略。这些低层管理人员和职能部门人员将部分地受到他们个人观点以及他们部门的特定目标和宗旨的影响。低层管理者和职能部门人员影响战略制定的途径是通过准备提交的战略方案以及通过评价与各种方案相联系的风险来实现的。一般情况下，低层管理者和职能部门人员对战略选择提出的建议和评价倾向于少冒风险，并且与过去的战略十分相似。

（四）竞争行为和反应

影响战略制定的另一个因素是企业外部的竞争行为和反应。这一因素相当关键，尤其是在某些特定的行业。例如，IBM 公司的竞争行为和反应强烈地影响到计算机行业所有公司的战略抉择。

（五）时限考虑

影响战略制定的一个重要因素是可供做出决策所用的时间的长短；另外，确定实施战略的精确时间也是很关键的一个因素，太长时间的等待和太匆忙的介入同样有害。时限压力限制了可能进入考虑范围的战略方案的数量。当人们被置于时限的压力之下时，他们倾向于把否定性因素看得比肯定性因素更重要一些，并且在做出决策时只考虑为数更少的因素。

二、战略制定的步骤

（一）识别和鉴定企业现行的战略

在企业的运营过程中，随着外部环境的变化和企业自身的发展，企业的战略也应做出相应的调整和转换。然而，要制定新的战略，首先必须识别企业的现行战略是否适应形势。因此，识别和鉴定企业现行的战略是制定新战略的前提。只有确认现行战略已不适用时，才有必要制定新战略。同时，也只有在认清现行战略缺陷的基础上，才能制定出较为适宜的新战略方案。

（二）分析企业外部环境

对企业外部环境的调查、分析和预测，是企业战略制定的基础。通过环境分析，战略制定人员应认清企业所面临的主要机会和威胁，觉察现有和潜在竞争对手的图谋和未来的动向，了解未来一段时期社会、政治、经济、军事、文化等的发展动向，以及企业由此而面临的机遇和挑战。

（三）测定和评估企业自身能力

企业通过测定和评估自身的各项能力，搞清自身的状况，明确自身的优势与劣势，这样就能在竞争中"知己知彼，百战不殆"。

（四）准备战略方案

根据企业的发展要求和经营目标，依据企业所面临的机遇和挑战，列出所有可能达到经营目标的战略方案。

（五）评价和比较战略方案

企业根据股东、管理人员以及其他相关利益团体的价值观和期望目标，确定战略方案的评价标准，并依照标准对各项备选方案加以评价和比较。

（六）确定战略方案

在评价和比较战略方案的基础上，企业选择一个最满意的战略方案作为正式的战略方案。有时，为了增强战略的适应性，企业往往还选择一个或多个方案作为备选的战略方案。

三、战略制定的方法

（一）自上而下的方法

这种方法是先由企业总部的高层管理人员制定企业的总体战略，然后由下属各部门根据自身的实际情况将企业的总体战略具体化，形成系统的战略方案。这种方法的优点是：企业的高层管理人员能够牢牢把握住整个企业的经营方向，并能对下属各部门的具体行动实施有效地控制。这种方法的缺点是：要求企业的高层管理人员在制定战略时必须经过深思熟虑，战略方案务必完善，并且还要对下属各部门提供详尽的指导。同时，这一方法也束缚了各部门的手脚，难以充分发挥中下层管理人员的积极性和创造性。

（二）自下而上的方法

这是一种典型的先民主后集中的方法。在制定战略时，企业最高管理层对下属部门不做具体硬性的规定，而要求各部门积极提交战略方案。企业最高管理层在各部门提交的战略方案基础上，加以协调和平衡，对各部门的战略方案进行必要的修改后加以确认。

（三）上下结合的方法

这种方法是在战略的制定过程中，企业最高管理层和下属各部门的管理人员共同参与，通过上下各级管理人员的沟通和磋商，制定出适宜的战略。这种方法的主要优点是，可以产生较好的协调效果，制定出的战略更具有操作性。

（四）战略小组的方法

这种方法是指企业的负责人与其他的高层管理人员组成一个战略制定小组,共同处理企业所面临的问题。在战略制定小组中,一般是由总经理任组长,而其他的人员构成则有很大的灵活性,由小组的工作内容而定,通常是吸收与所要解决问题关系最密切的人员参加。这种战略制定方法的目的性强、效率高,特别适宜制定如产品开发战略、市场营销战略等特殊战略和处理紧急事件。

第六节　企业战略实施

无法实施的战略只能是没有实际意义的战略,就像"纸上谈兵"一样。企业的发展不仅需要战略的指导,更需要将战略付诸实施。即使是一个适当的战略,如果没有得到有效地实施,也将会导致战略的失败。因此,从某种意义上说,战略的实施比制定更加困难。本节就战略实施的概念、战略实施的各个阶段及特点、战略实施的模型进行系统阐述。

一、战略实施的概念

战略实施就是企业将所制定的关系企业自身发展的、指导全局的战略付诸实施的具体过程。战略实施是一个自上而下的动态管理过程。所谓"自上而下"主要是指,战略目标在企业高层达成一致后,再向中下层传达,并在各项工作中得以分解、落实。所谓"动态"主要是指战略实施的过程中,常常需要在"分析—决策—执行—反馈—再分析—再决策—再执行"的不断循环中达成战略目标。

战略在尚未实施之前只是纸上的或人们头脑中的东西,而企业战略的实施是战略管理过程的行动阶段,因此它比战略的制定更加重要。

二、战略实施的阶段

（一）战略发动阶段

在这一阶段,企业的领导人要研究如何将企业战略的理想变为企业大多数员工的实际行动,调动起大多数员工实现新战略的积极性和主动性,这就要求对企业管理人员和员工进行培训,向他们灌输新思想和新观念,消除不利于战略实施的旧观念和旧思想,以使大多数人逐步接受一种新的战略。

对于一个新的战略,在开始实施时有很多的人会产生各种疑虑,而一个新战略往往要将人们引入一个全新的境界,如果员工们对新战略没有充分的认识和理解,那么这个新战略就不会得到大多数员工的充分拥护和支持。因此,战略的实施是一个发动广大员工的过程,要向广大员工讲清楚企业内外环境的变化给企业带来的机遇和挑战、旧战略存在的各种弊端、新战略的优点以及存在的风险等,使大多数员工能够认清形势,认识到实施战略的必要性和迫切性,打消疑虑,为实现新战略的美好前途而努力奋斗。

（二）战略计划阶段

这一阶段要将经营战略分解为几个战略实施阶段,每个战略实施阶段都有分阶段的目标,相应的有每个阶段的政策措施、部门策略以及相应的方针等。要定出分阶段目标的时间表,要对分阶段目标进行统筹规划、全面安排,并注意各个阶段之间的衔接。对于远期的目标方针可以概括一些,但是对于近期的目标方针则应该尽量详细一些。

（三）战略运作阶段

企业战略的实施运作主要与各级领导人员的素质和价值观念、企业的组织机构、企业文化、资源结构与分配、信息沟通、控制及激励制度六个因素有关。通过这六个因素使战略真正进入到企业的日常生产经营活动中去,成为制度化的工作内容。以上六种因素的详细内容见本书其他相关章节,这里不再赘述。

三、战略实施模式

战略实施模式是指企业管理人员在战略实施过程中所采用的手段,一般有以下几种模式。

（一）指挥型

这种模式的特点是:企业总经理考虑的是如何制定一个最佳战略的问题。在实践中,计划人员要向总经理提交企业经营战略的报告,总经理看后做出结论,确定了战略之后,向高层管理人员宣布企业战略,然后强制下层管理人员执行。

这种模式有个明显的缺陷,即它不利于调动企业职工的积极性。职工会因此感到自己在战略制定上没有发言权,处于一种被动的执行状态。

（二）变革型

这种模式的特点是:企业总经理考虑的是如何实施企业战略。在战略实施中,总经理本人需要对企业进行一系列的变革,如建立新的组织机构、新的信息系统、变更人事、甚至是兼并或合并经营范围,采用激励手段以促进战略的实施。

（三）合作型

这种模式的特点是:企业的总经理考虑的是如何让其他高层管理人员从战略实施一开始就承担有关的战略责任。为发挥集体的智慧,企业总经理要和企业其他该层管理人员一起对企业战略问题进行充分的讨论,形成较为一致的意见,制定出战略,再进一步落实和贯彻战略,使每个高层管理者都能够在战略制定及实施的过程中作出各自的贡献。

（四）文化型

这种模式的特点是:企业总经理考虑的是如何动员全体员工都参与战略实施活动,即企业总经理运用企业文化的手段,不断向企业全体成员灌输战略思想,建立共同的价值观和行为准则,使所有成员在共同的文化基础上参与战略的实施活动。由于这种模式打破了战略制定者与执行者的界限,力图使每一个员工都参与制定实施企业战略,因此使企业各部分人员都在共同的战略目标下工作,使企业战略实施迅速,风险小,企业发展迅速。

第七节　战略的评价与控制

企业战略过程的最后一步就是战略评价与控制。在实际工作中,由于各种原因导致战略实施的结果偏离预定的战略目标,如制定企业战略的外部环境和内部条件发生了变化或者战略本身存在缺陷,需要在实施过程中进行修正、补充和完善等。所以,战略评价与控制就成为战略过程中不可缺少的一步。

一、战略评价与控制的含义

战略评价与控制主要是指在企业经营战略的实施过程中,检查企业为达到目标所进行的各项活动的进展情况,评价实施企业战略后的企业绩效,把它与既定的战略目标和绩效标准相比较,发现战略差距,分析产生偏差的原因,纠正偏差,使企业战略的实施更好地与企业当前所处的内外环境、企业目标协调一致,使企业战略得以实现。

战略控制与战略评价既有区别又有联系,要进行战略控制就必须进行战略评价,只有通过评价才能实现控制。评价本身是手段而不是目的,发现问题实现控制才是目的。战略控制着重于战略实施的过程,战略评价着重于对战略实施过程和结果的评价。

二、战略评价与控制的内容

① 设定绩效标准。根据企业战略目标,结合企业内部人力、物力、财力及信息等具体条件,确定企业绩效标准,作为战略控制的参照物。

② 绩效监控与偏差评估。通过一定的测量方式、手段、方法,监测企业的实际绩效,并将企业的实际绩效与标准绩效对比,进行偏差分析与评估。

③ 设计并采取纠正偏差的措施,以顺应变化着的条件,保证企业战略的圆满实施。

④ 监控外部环境的关键因素。外部环境的关键因素是企业战略赖以存在的基础,这些外部环境的关键因素的变化意味着战略前提条件的变动,必须给予充分的注意。

⑤ 激励战略控制的执行主体,以调动其自我控制与自我评价的积极性,以保证企业战略实施的切实有效。

三、战略控制的方式

(一)从控制时间角度看

1. 事前控制

在战略实施之前,要设计好正确有效的战略计划,该计划要得到企业高层领导人的批准后才能执行,其中有关重大的经营活动必须通过企业的领导人的批准同意才能开始实施,所批准的内容往往也就成为考核经营活动绩效的控制标准,这种控制多用于重大问题的控制,如任命重要的人员、重大合同的签订、购置重要设备等。

2. 事后控制

这种控制方式发生在企业的经营活动之后,才把战略活动的结果与控制标准相比较。这种控制方式工作的重点是要明确战略控制的程序和标准,把日常的控制工作交由职能部门人员去做,即在战略计划部分实施之后,将实施结果与原计划标准相比较,由企业职能部门定期将战略实施结果向高层领导汇报,由领导者决定是否有必要采取纠正措施。

3. 随时控制

即过程控制,企业高层领导要控制企业战略实施中的关键性的过程或全过程,随时采取控制措施,纠正实施中产生的偏差,引导企业沿着战略的方向进行经营,这种控制方式主要是对关键性的战略措施进行随时控制。

(二)从控制的切入点角度看

① 财务控制。这种控制方式覆盖面广,是用途极广的非常重要的控制方式,包括预算控制和比率控制。

② 生产控制。即对企业产品品种、数量、质量、成本、交货期及服务等方面的控制,可以分为产前控制、过程控制及产后控制等。

③ 销售规模控制。销售规模太小会影响经济效益,太大会占用较多的资金,也影响经济效益,为此要对销售规模进行控制。

④ 质量控制。它包括对企业工作质量和产品质量的控制。工作质量不仅包括生产工作的质量,还包括领导工作、设计工作、信息工作等一系列非生产工作的质量,因此,质量控制的范围包括生产过程和非生产过程的其他一切控制过程。

⑤ 成本控制。通过成本控制使各项费用降低到最低水平,达到提高经济效益的目的。成本控制不仅包括对生产、销售、设计、储备等有形费用的控制,而且还包括对会议、领导、时间等无形费用的控制。在成本控制中建立各种费用的开支范围、开支标准并严格执行,要事先进行成本预算等工作。

四、战略评价与控制的方法

(一)波士顿(BCG)集团咨询法

1. 模型介绍

制定企业战略最流行的方法之一就是 BCG 矩阵。该方法是由波士顿集团在 20 世纪 70 年代初开发的。BCG 矩阵将组织的每一个战略业务单位标在一种二维的矩阵图上,矩阵图的横纵坐标分别是相对市场占有率和市场增长率,从而显示出哪个战略业务单位提供高额的潜在收益,以及哪个战略业务单位是组织资源的漏斗。如图 6-3 所示。

2. BCG 矩阵的四种业务组合

(1)问题类业务(高增长、低市场份额)

处在这个领域中的是一些投机性产品,带有较大的风险。这些产品可能利润率很高,但占有的市场份额很小。这往往是一个公司的新业务,为发展这种业务,公司必须建立工厂,增加设备和人员的投入,以便跟上迅速发展的市场,并超过竞争对手,这些意味着大量的资金投入。只有那些符合企业长远发展目标、企业具有资源优势、能够增强企业核心竞争力的问题类业务才有资格成为明星类业务。而要成为明星类业务,就必须扩大战略业务单位的市场份额,甚至不惜放弃近期收入来达到这一目标。

(2)明星类业务(高增长、高市场份额)

这个领域中的产品处于快速增长的市场中,并且占有支配地位的市场份额,也许会给企业带来大量的现金流,也许不会产生现金流,这取决于新工厂、设备和产品开发对投资的需要量。明星类业务是由问题类业务继续投资发展起来的,可以视为高速成长

相对市场占有率

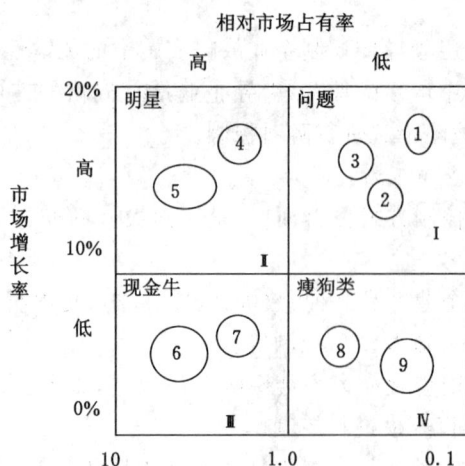

图 6-3　波士顿集团咨询矩阵

市场中的领导者,它将成为公司未来的现金牛业务。但这并不意味着明星类业务一定可以给企业带来源源不断的现金流,因为市场还在高速成长,企业必须继续投资,以保持与市场同步增长,并击退竞争对手。企业如果没有明星类业务,就失去了希望,企业应将有限的资源投入到能够发展成为现金牛业务的明星类业务上。

（3）现金牛业务（低增长、高市场份额）

处在这个领域中的产品会产生大量的现金流,但未来的增长前景是有限的。这是成熟市场中的领导者,它是企业现金的来源。由于市场已经成熟,企业不必大量投资来扩展市场规模,同时作为市场中的领导者,该业务享有规模经济和高边际利润的优势,因而给企业带来大量现金流。企业往往用现金牛业务来支付账款并支持其他三种需大量现金的业务。

（4）瘦狗类业务（低增长、低市场份额）

这个领域中的产品既不能产生大量的现金,也不需要投入大量现金,这些产品没有希望改进其绩效。一般情况下,这类业务常常是微利甚至是亏损的,瘦狗类业务存在的原因更多的是由于感情上的因素,虽然一直微利经营,但像人养了多年的狗一样而不忍放弃。其实,瘦狗类业务通常要占用很多资源,如资金、管理部门的时间等,多数时候是得不偿失的。

3. 可供选择的战略

① 发展。这种战略的目标是提高战略业务单位的相对市场占有率。为了达到这个目标,有时甚至不惜放弃短期收入。这种战略特别适用于问题类战略业务单位,因为这类单位如果要转入明星类业务,就必须提高其相对市场占有率。

② 保持。这种战略的目标是维持战略业务单位的相对市场占有率,特别适用于现金牛业务,尤其是其中的大金牛战略业务单位,因为这类单位能提供大量的现金。

③ 收割。这种战略的目标是增加战略业务单位的短期现金流量,而不顾长期效益。这种战略适用于小金牛,因为这类业务单位很快要从成熟期进入衰退期,前途暗

淡,企业又需要从这类业务单位榨取更多的现金。此外,这种战略也可以用于问题类和瘦狗类战略业务单位。

④ 放弃。这种战略的目标是清理、变卖某些战略业务单位,以便把有限的资源用于经营效益较高的业务,从而增加赢利。这种战略适用于那些没有前途或妨碍企业增加赢利的问题类和瘦狗类战略业务单位。

(二) GE 矩阵

1. 模型介绍

GE 矩阵法又称通用电器公司法、麦肯锡矩阵、九盒矩阵法、行业吸引力矩阵。说到 GE 矩阵就一定要结合 BCG 矩阵一起比较讨论,因为 GE 矩阵可以说是为了克服 BCG 矩阵的缺点而开发出来的。由于基本假设都和 BCG 矩阵相同,最大的改善就在于用了更多的指标来衡量两个维度。如图 6-4 所示。

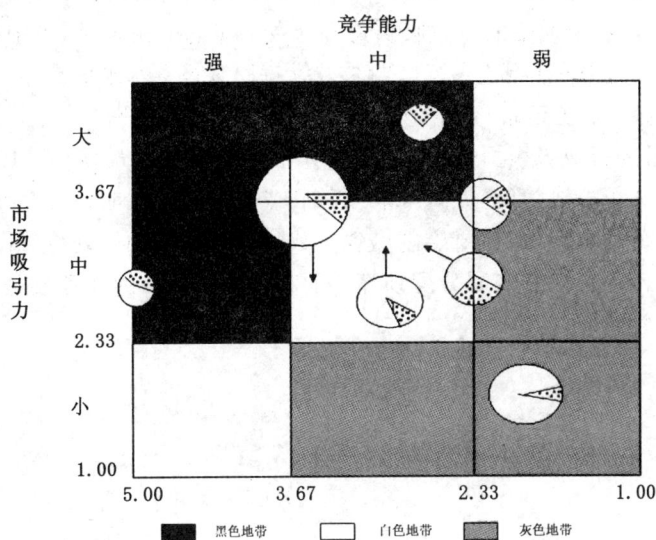

图 6-4　通用电器公司法

GE 矩阵相比 BCG 矩阵,GE 矩阵也提供了行业吸引力和业务实力之间的类似比较,但不像 BCG 矩阵用市场增长率来衡量吸引力,用相对市场份额来衡量实力,只是单一指标;而 GE 矩阵使用数量更多的因素来衡量这两个变量,纵轴用多个指标反应行业吸引力,横轴用多个指标反应企业竞争地位,同时增加了中间等级。

通用电气公司认为,企业在对其战略业务单位加以分类和评价时,除了要考虑市场增长率和市场占有率之外,还要考虑许多其他因素,这些因素可以分别包括在以下两个主要变量之内:

① 行业吸引力。包括市场大小、市场年增长率、历史的利润率、竞争强度、技术要素、由通货膨胀所引起的脆弱性、能源要求、环境影响以及社会、政治、法律的因素等。矩阵图中的纵坐标代表行业(市场)吸引力,以大、中、小表示。

② 业务力量。即战略业务单位在本行业中的竞争能力,包括市场占有率、产品质量、品牌信誉、商业网络、促销能力、生产能力、单位成本、原料供应、研究与开发效率以及管理人员等。矩阵图中的横坐标代表战略业务单位的业务力量(竞争能力),以强、中、弱表示。如果行业吸引力大,企业的战略业务单位的业务力量又强,那么这种业务是最好的业务。

2. 模型分析

企业对上述两大变量中的各个因素都要给出分数(最高分数为 5 分),而且各个因素都要加权,求出各个变量的加权平均分数。

GE 矩阵图分为三个地带:

① 左上角地带(黑色地带,这个地带的三个小格是"大强"、"中强"、"大中")。对这个地带的战略业务单位要"亮绿灯",采取增加投资和发展的战略。

② 从左下角到右上角的对角线地带(白色地带,这个地带的三个小格是"小强"、"中中"、"大弱")。这个地带的行业吸引力和业务力量总的说来是"中中"。因此,企业对这个地带的战略业务单位要"亮黄灯",采取维持原来投资水平的战略。

③ 右下角地带(灰色地带,这个地带的三个小格是"小弱"、"小中"、"中弱")。总的说来,这个地带的行业吸引力偏小,战略业务单位的业务力量偏弱。因此,企业对这个地带的战略业务单位要"亮红灯",采取"收割"或"放弃"的战略。

根据上述的分类和评价,还要绘制出各个战略业务单位的计划位置图,并根据此决定各战略业务单位的目标和资源分配预算。而相关营销人员的任务就是贯彻执行好高层的决定和计划。

第七章 企业技术创新与价值工程

企业技术创新是科技创新的一种具体形式,科技创新就其本质来说,是把科学技术潜在的生产力转化为直接的生产力。它既具有新产品开发应有的内涵,又具有技术研究开拓的外延,内容很广泛。本章仅对企业技术创新、技术引进、技术改造作简要的阐述,同时还介绍价值工程的基本原理,以及价值工程活动的实施程序和方法,以便在新产品开发中能更好地应用这一现代管理技术,促进企业技术的发展。

第一节 企业技术创新概述

我国加入 WTO,既给我国企业带来了机遇,同时也带来了挑战。企业要生存,就必须在不断提高生产技术的基础上对企业技术有所创新,只有这样才能够应对其他企业的挑战。本节主要阐述技术创新的概念、对象、特点和意义。

一、技术创新的概念及创新的对象

(一)技术创新的概念

技术创新,从广义上来说,是科学技术上的新发现、新发明转化为社会生产力全过程的活动。从狭义上来说,是指企业中首次应用新技术或形成新技术所展开的一系列活动,如新产品的开发,新工艺、新材料的应用,新市场的开拓等。从宏观上来说,技术创新就是把经济的发展转变到领先科技进步,实现经济增长方式由粗放型转变到集约型知识型上来。它是国家民族兴旺发达的不竭动力,也是企业得以生存和发展的根本。

(二)企业技术创新的对象

在现代企业里,技术创新的对象非常广泛。一般包括以下几个方面:

① 产品创新。产品创新包括老产品改进和开发新产品两个方面,这是企业技术创新的主要内容。

② 设备与工具的创新。设备和工具是企业进行生产的必要手段,是现代化大生产的物质基础。对现有设备与工具进行开发主要包括:改造原有的设备,开发简易设备,革新生产工具,将手工操作改为半机械化、机械化和自动化,开发先进的工艺装备如开发气动、电动、液动、组合自动半自动的夹具和先进的模具、刀具等。

③ 生产工艺和操作技术的创新。如改革旧的工艺和缩短加工过程,用先进的加工方法代替旧的加工方法,创造新的加工方法和操作方法等。

④ 能源和原材料创新。能源开发是技术创新的重大问题,每个企业都必须千方百计地采取有效措施,节约能源,提高能源利用率。如狠抓热加工设备及低效锅炉的更新改造,提高燃料热能的利用效率,采取余热利用措施,积极推广采用节能新技术等。对

原材料要开展综合利用,节约使用和发展新材料等。

⑤ 改善生产环境及劳动保护工作。解决环境污染、避免职业病以及消除公害等问题,将越来越迫切,因此不断研究变害为利,治理环境污染,改善劳动条件,保证安全生产等都是技术开发的重要内容。

二、技术创新的特点

(一)技术创新的不连续性

任何一种新产品的开发和加工技术的变革,往往都经历着由渐变到突变的过程。一种技术或产品创新时,脱离原来的技术基础而发生突变,如机械表发展为电子表、真空管发展为晶体管等。研究这些演变过程,可以发现它们都有一个鲜明的共同点,就是新产品所依据的技术与原来的技术是不同的,因此产品在开发研制的时候就发生了突变,这就是技术创新的不连续性。

(二)技术创新的杂交性

现代高新技术有强大的渗透力和综合力,几种技术交叉嫁接融合的情况日渐增多,这就是现代技术创新的杂交性。企业利用技术杂交性这一特点去开发新产品新品种,拓宽经营范围,是大幅度提高经济效益的一个十分有效的途径。

(三)技术创新的软化性

现代产品的技术密集程度越来越高,软件的作用也日益突出。软件的比重增加,使产品价值更多地取决于软件的功能和软件技术的质量。如产品的造型、色彩控制机能、维修方法等。系统论、信息论、控制论等引入现代产品设计之中,其中心思想是让软件在更大程度上发挥硬件功能,让产品逐步智能化。

三、技术创新的重要意义

(一)科学技术是生产力中最活跃的决定性的因素

科学技术的社会变革功能,表现在它能推动社会生产的发展和社会历史的变革,是第一生产力。社会劳动生产率的提高、国家实力的增强、人民生活的改善,无不取决于科学进步与技术创新。

(二)通过技术创新,促进生产力的发展,保证技术进步,对提高企业现代化水平具有重要意义

有关统计资料表明:工业发达国家的产出中60%～70%是靠技术进步获得,而我国只有30%左右是靠技术进步。这说明我们在技术上必须迎头赶上,必须依靠技术进步发展生产,积极采用新技术、新材料、新工艺,开发新产品,才能使企业立于不败之地。

(三)通过技术创新,使科学技术应用于生产,提高企业经济效益

所谓提高企业经济效益,就是以尽量少的劳动消耗,生产出尽可能多的符合社会需要的产品。实践证明,只有依靠技术进步,实现生产和管理现代化,才可能大幅度地节约劳动消耗,保证生产出高质量的符合社会需要的新产品,同时大大提高劳动生产率。科学技术投资是经济效益最大的投资。

第二节　企业技术引进与改造

随着经济的快速发展,科学技术发生了日新月异的变化,为了在国际市场上占据领先地位,我国企业必须紧跟世界科学技术的发展,所以要进行技术引进与改造,提高科学技术水平,从而提高生产效率,降低成本,提高企业效益。

一、技术引进管理

(一)技术引进的作用

技术引进是指国际间的技术转移活动。买进技术的一方,通过各种途径从国外获得先进设备、先进制造技术、先进工艺技术以及先进的经营管理技术和手段等。技术往往被作为商品而用来交易,从而使技术引进和技术贸易密切地结合起来。

技术引进对提高我国的科学技术水平,填补技术空白,促进国民经济发展起到重要的作用,尤其是在当前受到全球金融危机的影响的前提下,更能有利于我国经济的发展。同时,引进先进技术、促进技术进步,提高企业自身的抗风险能力,已成为企业经营管理的重要内容。技术引进的作用主要有以下几个方面。

1. 技术引进是一个国家科学技术发展的必由之路

科学技术是人类实践活动的共同财富,它本身没有民族和国家的界限,这为各国之间技术交流、相互引进提供了客观可能性。另外,科学技术具有循序性和综合性,任何一个国家的科学技术都只有在继承前人的成果和广泛地吸收世界先进科学技术成就的基础上,结合本国实际,有选择地借鉴、吸收、消化和独立创新,才能不断向前发展。同时,要取得任何一项科学技术新成果,都必须付出大量的人力、物力、财力和时间。从一个国家来看,这些条件往往是有限的,不可能完全靠自己的力量解决本国经济和社会发展中的一切科学技术问题,因此必须向国外学习和引进技术。

2. 技术引进可以加速生产的发展,增强自力更生能力

引进技术和自主研发相比,可以大大节省技术开发的时间,节省研制费用,为国民经济的迅速发展赢得时间,少走弯路。

3. 引进技术有利于改善经济结构,填补技术空白,发展新兴工业部门和新产品

当今社会生产的分工日趋国际化,科学技术的发展也日益具有世界性。世界上没有哪一个国家能够拥有发展本国经济需要的所有资源,能够掌握世界所有的先进技术,每个国家都有自己的优势和不利条件,通过技术引进,可以做到取长补短。

4. 技术引进可以掌握国外的先进科学技术,可以全面提高经济效益

使用先进技术,可以使企业大幅度提高劳动生产率,减少能源消耗和原材料消耗,降低成本,增加积累;可以提高本国科技人员和管理人员的技术、管理水平;同时还可以提高产品质量,加速产品更新换代,增强竞争能力,从而全面提高经济效益。

(二)技术引进的内容和方式

技术引进的内容和方式很多,一般情况下有以下几种。

1. 引进先进设备

引进先进设备包括进口关键设备、成套设备和包建整个项目，亦称引进"硬件"。这类引进严格地说还不是本意上的技术引进，一般在进口先进设备时，都是和引进使用这种设备制造产品的各种技术联系在一起的。这类引进的优点是时间短，形成生产能力快，能迅速填补国内生产技术的空白或克服薄弱环节。其缺点是花费外汇多，代价高，而且只是解决了生产手段，并未解决该项目设备的制造技术问题。

2. 引进先进技术

引进先进技术包括生产工艺技术、设备制造技术和经营管理技术，这类引进也称引进"软件"。其具体形式很多，如购买设计流程、配方、设备制造图纸和工艺技术资料；聘请专家、培训人员、技术咨询、技术服务或为引进技术而进口关键样机和仪器仪表；引进技术软件等。

在国际上把引进技术称为"许可证贸易"。即指技术的输出方将技术的使用权转让给技术引进方的一种贸易形式。许可证贸易有三个内容：

① 专利使用权的转让。专利是指一项发明、创造、设计或革新的首创者，向某个政府的专利主管机构申请专利登记，并公布发明要点，回答对发明的异议征询，经审查批准而获得的一种工业产权。专利受国家法律的保护，其他人要使用专利技术，必须经专利所有者的同意，并支付费用，否则就侵犯了专利所有者的专有权，要负法律责任。任何一项专利都只能在一定时间内有效，购买专利就是购买使用专利的权利，不一定取得什么图纸资料。

② 专有技术使用权的转让。专有技术是指未申请专利的技术知识、技巧和经验等，亦称技术诀窍。专有技术必须具备以下几个条件：能在一定范围内应用，并有良好的应用效果；能够进行鉴别和鉴定，并能用文字、资料和图表来表达、传授和转让；技术引进方使用该项专有技术能够制造出新的产品，并达到规定的技术质量要求；应具备新颖性、实用性、价值性和保密性 4 个要素。专有技术和技术专利的相同之处是两者都拥有技术所有权，不同之处是专利是公开的，专有技术是保密的；专利有法律保护，专有技术没有法律保护。

③ 商标使用权的转让。商标使用权是指按照外国技术生产的产品，可以加上外国厂家的名牌商标，并付一笔费用，即可利用该厂的销售网、技术服务网和零件供应网。购买商标只是购买商标的使用权，而不是所有权，其目的是利用输出方的名牌商标提高自己产品的声誉，扩大市场销售。购买国外产品的名牌商标，对引进方有一定的好处，其不足之处是不利于创出自己的名牌产品。我们应不断创造条件打出自己的商标，创造自己的名牌产品。

3. 利用外资，引进先进技术和先进设备

与外商在销售、生产和经营方面合作，以利用外资引进先进技术和先进设备。这种方式主要有"三来一补"、合作生产和合资经营等，采用这种方式可以引进"硬件"，也可以引进"软件"。

(1) "三来一补"

来料加工、来件装配、来样生产叫"三来"。其基本做法是：外商提供全部或部分原材料、元器件、零部件、包装物料、技术装备，以及产品的花色品种、规格的设计图样、质量要求，乙方按要求加工装配，并收取加工费和其他费用，产品由外商在国际市场销售。这种方式有利于解决部分企业原材料、资金的困难，有助于引进先进技术和先进设备，可以节约外汇和创汇。其缺点是不易引进较先进的技术，生产经营主动权受制于外商。

"一补"是指补偿贸易，它是技术引进和资金借贷相结合的一种形式。甲方（输出国）向乙方（引进国）提供贷款，乙方用此款购买甲方的设备和技术，用这些设备、技术开发自然资源或开办企业，然后用所生产的产品或双方商定的其他产品，在双方商定的时间内偿还甲方贷款本息。前一种偿还办法称直接补偿，亦称回购方式；后一种偿还办法称间接补偿，亦称反购方式。补偿贸易对双方都较有利，甲方可以得到长期需要的商品保证，并可获得贷款利息；乙方可以减少外汇支出，而且偿还贷款有保证，并用甲方贷款引进先进的设备和技术，产品由甲方承担购销义务，这样乙方生产的产品可以通过外商销售渠道行销，为我们的产品打入国际市场提供条件。

（2）中外合资经营企业

它是指本国企业与外国企业共同投资经营公司和工厂。它的基本特点是共同投资、共同经营、共担风险、共负盈亏、采用股份制。合资经营能更好地引起外国投资者关心合资企业的建设情况和生产经营的经济效益，愿意把先进技术和管理经验带进来。发展合资企业，对我们利用外资引进技术和设备，提高生产技术和经营管理水平，以及产品打入国际市场都比较有利。

（3）合作经营

它是指本国企业与外国企业对某种产品或资源共同拟定开发规划，依据法律确定合作双方的权利、义务和责任的协议，实行合作经营的企业。目前我国兴办的中外合作企业，主要是以引进技术为主要内容，同时结合进口关键设备，与外国厂商从事某种产品的合作生产。这样可以直接利用国外新技术成果，加快产品更新换代，提高产品竞争能力，可以充分利用现有企业的基础，节约外汇；还可以加速消化和掌握引进技术，推动企业技术改造和提高管理水平，有利于促进技贸结合和产销结合，是我国利用外资引进技术的有效方式。

（三）技术引进的原则

技术引进涉及政治、经济、技术、贸易、外交、法律等各个方面，因此做好技术引进工作，必须坚持以下原则：

1. 独立自主，政治上平等、经济上互利的原则

技术引进的目的是为了提高我国科学技术水平，增强我国自力更生的能力，加速我国经济的发展。因此，在技术引进工作中，要坚持拒绝技术输出方提出的任何有损于我国主权及政治上和经济上的不平等条件，做到政治上平等、经济上互惠互利。独立自主、自力更生，决不是闭关自守、盲目排外，而是要坚持对外开放的方针，积极引进国外的先进技术，但又不能什么都依赖外国，样样都引进。应该重视我国自己的力量，充分利用现有基础，保护我国民族工业的发展。

2. 从实际出发、实事求是、适合国情、量力而行的原则

应该认识到，我国目前仍然底子薄、人口多，工农业生产还不发达，科学技术水平较

低,资金也很有限。因此技术引进必须从我国的实际出发,坚持统筹安排、循序渐进。也就是说,要把技术引进工作建立在有偿还能力的基础上,量力而行;引进的技术要同我国的资源情况、技术水平和管理水平相适应;引进技术还要分轻重缓急,有计划、有重点、有选择地进行。

3. 择优引进技术,讲求经济效益的原则

技术引进,要以提高经济效益为目的。因此,凡是我国自己能制造的,不要引进;凡是购买关键设备,自己可以配套的,就不要成套引进。引进的技术和设备,要与我国产品的系列化、标准化相结合,逐步形成我国自己的产品系列。但也应注意技术的连续性、先进性以及配套成龙,不能"一刀切"。引进技术要与引进管理并举,技术复杂或规模大的引进项目,可聘请外国专家负责设计和帮助建设,建成后再花一段时间帮助掌握和管理。

4. 学习与独创相结合,确保消化,力求创新的原则

学习与创新相结合,是我国赶超世界先进水平的必由之路。对外国的先进技术,应该采取"一学、二用、三改、四创"的方针。要引进先进技术为我所用,就要切实认真地消化、吸引、发展,并力求创新,不重视自己的消化能力,不力求创新,将永远跟在别人的后面。要在消化吃透的基础上做到既不损害引进技术的专利权,又能搞好仿制工作;同时,要建立从技术情报、技术力量、经费渠道到组织实施等一整套能够协调行动的体制和网络。

二、技术改造管理

(一) 技术改造的含义和作用

技术改造主要是指在坚持科学技术进步的前提下,把科学技术成果应用于企业生产的各个环节(产品、设备、工艺、原材料等),用先进的技术改造落后的技术,用先进的工艺和装备代替落后的工艺和装备,实现内涵扩大再生产,达到增加品种、提高质量、节约能源、降低原材料消耗、提高劳动生产率、提高经济效益的目的。

企业进行技术改造的重要作用如下。

1. 技术改造投资少,见效快,经济效益高

对现有企业进行技术改造,是扩大再生产的一个重要途径。扩大再生产分为外延扩大再生产和内涵扩大再生产两种类型。外延扩大再生产是指单纯依靠增加劳动力、机器设备、原材料、能源等生产要素的办法扩大再生产;内涵扩大再生产是指用改善生产要素的质量,如改进生产技术、提高劳动生产率、提高原材料的质量和利用率等方法扩大再生产。技术改造主要是实现内涵扩大再生产,与新建同等生产规模企业相比,有其突出的优越性。技术改造可以充分利用原有的物质技术基础,如辅助生产部分和共同福利设施,从而节约费用,加快生产速度。据统计资料,通过技术改造来扩大再生产,投资一般可省2/3,设备材料可节省60%,建成时间可缩短一半以上。

2. 对现有企业进行技术改造,是技术发展的客观要求

技术是不断发展的,技术的新与旧、先进与落后,是相对的、动态。当今世界上科学技术发展日新月异,今天先进的技术、先进的工艺设备,过几年会变成落后的,因此企

业要坚持技术改造,不断提高自己的技术水平,使企业始终保持旺盛的生命力。

3. 对现有企业进行技术改造,是提高企业素质、增强企业竞争能力和适应能力的迫切需要

随着企业体制改革以及市场经济的发展,竞争日趋激烈,企业的外部环境对企业的生产经营影响越来越大,不断提高企业的竞争能力和应变能力已成为企业成败的重要因素;另外,我国相当数量的企业由于技术设备长期得不到更新改造,普遍严重磨损、陈旧落后,因而生产效率低、消耗高、质量差、品种单调、成本高、经济效益差,缺乏市场竞争能力。为解决这一问题,迫切要求企业加速进行技术改造,提高企业技术素质,从而带动企业素质的全面提高。

4. 技术改造是发展外向型经济的客观要求

目前我国很多城市正在实施外向型经济发展战略。我国有越来越多的企业及其产品进入国际市场,这与企业技术改造和技术进步有着密切的关系。如果我们不改进生产技术条件,提高生产效率,降低产品成本,就没有竞争优势,就不能占领国际市场,不可能提高创汇能力。因此,发展外向型经济说到底还是一个技术改造和技术进步的问题。

（二）技术改造的内容

① 产品改造。即改进产品设计,促进产品更新换代,不断开发新产品和改造老产品,以适应市场的需求。企业产品的发展带动和制约着企业的生产工艺和设备等方面的改造。企业的技术改造应以产品改造为中心,根据市场和用户的需要,积极开发新产品、改造老产品,实现产品不断更新换代。

② 设备、工具的更新改造。对那些性能和精度已不能满足工艺要求,质量差、能源消耗高、污染严重、技术经济效果差的设备,应优先予以更新改造。

③ 生产工艺和操作方法的改造。工艺先进与否,往往是影响产品质量、生产效率、能源和原材料消耗、成本高低的重要原因,因此应成为技术改造的重要内容。

④ 节约和综合利用原材料、能源,采用新型材料和代用品。主要包括改造高耗能的落后设备,采用综合利用原材料和能源的新技术,采用新材料、新能源和代用品等。其目的是提高原材料和能源的利用率,做到一物多用、物尽其用。

⑤ 劳动条件和生产环境的改造。主要包括厂房、公用设施的翻新改造,"三废"治理,改善劳动条件,减轻劳动强度,搞好安全生产等。劳动条件和生产环境是保证生产正常进行的重要因素。随着科学技术、工业和交通运输的发展,环境污染越来越严重,影响职工身体健康,破坏生态环境。因此不断进行防治污染,变害为利、保护环境,改善劳动条件是技术改造的新课题。

（三）原则

① 坚持以技术进步为前提,以内涵扩大再生产为主的原则。在技术改造中要依靠技术进步,把科学技术的新成果应用于企业的产品生产和工艺、设备等方面的改进,提高企业的技术水平,实现内涵扩大再生产,全面提高经济效益。

② 从实际情况出发,采用既适合我国国情和企业实际情况,又能带来良好效益的先进技术。做到技术上先进、生产上适用、经济上合理。重视国内已有的科研成果和先

进技术的推广。反对不顾客观实际，盲目追求"最新、最精、最高"的倾向。

③ 在提高经济效益的前提下扩大生产能力。实行技术改造，就是要扩大生产能力，但不能片面追求产量和产值的提高，而忽视经济效益。技术改造应首先着眼于改善各项经济指标，如减少消耗，生产出更好的符合社会需求的产品，从而促进企业不断向前发展。

④ 勤俭节约的原则。在技术改造中，要充分利用原有各种物质基础，针对企业薄弱环节进行有计划、有重点的改造，把有限的资金用在最急需的地方。

⑤ 走群众路线，广泛发动群众，形成一支技术改造队伍。技术改造涉及面比较广，技术问题复杂，必须充分调动各方面的积极性，共同努力才能取得好的效果。

（四）技术改造的组织管理

技术改造工作直接影响到企业技术进步和经济效益，因此要加强组织管理工作。技术改造的组织管理工作主要有以下几个方面。

1. 广泛调查，全面规划

在进行技术改造之前，要掌握国内同行业在产品、生产工艺、设备等各个方面的科学技术发展趋势，以及各种科研成果应用于生产技术的情况和效果；要掌握本企业已有产品生产技术水平存在哪些差距和薄弱环节。同时还应了解国家和当地政府的技术经济政策，才能制定企业的全面规划。在制定规划时要防止不顾主客观条件，不认真进行技术经济分析，不周密考虑整体经济效益。

2. 突出重点，择优而上

每个企业由于工艺技术和客观环境不同，技术改造的重点各异。一般来说企业技术改造的重点，应当是影响企业生产发展水平和经济效益的主要矛盾方面。解决这些矛盾就能改变企业落后的生产面貌，增加生产后劲，获得更好的经济效益。在重点改造时还应兼顾一般，凡是有利于提高产品质量，有利于安全生产的技术改造项目都应适当安排并完成。

3. 技术改造要以提高经济效益为目标

必须进行技术改造的可行性研究，经过经济论证，做出科学判断，选择最优方案。这样可以减少技术改造工作的盲目性，保证其可靠性和经济性，避免造成损失。

4. 要切实解决好技术改造所需资金、材料和设备，组织好技术改造队伍

在施工中要实行严格的经济责任制，确定项目负责人和经济负责人，明确各自的责任、权利和奖惩。做好改造项目的预算和决算的管理工作，严格控制资金使用。加强施工组织与调度工作，保证质量，做好工程的验收工作和总结工作。

第三节　新产品开发

在世界经济日益国际化和技术创新的步伐继续加快的新形势下，任何国家要增强自己在世界上的竞争能力，必须重视产品开发、产品设计、市场销售和售后服务，以提高产品质量和劳动生产率，降低产品成本，缩短产品开发周期；而且要学会满足消费者的不同需要，不断提高生产的灵活性，为消费者提供新产品。实践证明：哪个企业开发的

新产品多,速度快,哪个企业就发展得快,就兴旺发达;相反,哪个企业死抱着老产品不放,不改进、不创新,哪个企业就走向死胡同。

一、新产品开发的意义

新产品开发是企业的头等大事,十分重要,其意义主要有以下四点。

（一）开发新产品是实现我国经济发展战略目标的需要

我国目前企业的技术水平一般比较低,一些产品质量不过关,迫切需要开发新产品,调整和优化产品结构,使产品"升级换代",为国民经济的发展提供各种新材料、新设备、新仪器,以实现我国经济发展目标。

（二）开发新产品是不断提高人民生活水平的需要

社会主义企业生产的目的是不断满足人民日益增长的物质文化生活的需要。随着生产力的不断发展,人民的消费水平、消费结构的不断提高也迫使企业不断开发新产品。

（三）开发新产品是提高企业竞争能力、转换企业经营机制的需要

在我国社会主义市场经济条件下,市场竞争激烈,企业要想在竞争中取胜,必须不断推出适应市场需求的新产品。同时,在转换企业经营机制过程中,必须转换企业的发展机制,而发展机制集中表现在企业的创新能力上。只有建立适应市场经济要求的新产品开发机制,才能使企业保持旺盛活力,不断发展。

（四）开发新产品是提高企业经济效益的需要

开发新产品要求采用新的科学技术成就,这就推动企业生产技术水平的提高,从而提高产品质量,提高劳动生产率,降低产品成本。而且新产品一般比老产品具有更好的性能、质量,更能适应市场的需求,扩大销路,会给企业带来更大的经济效益。

二、新产品的概念以及开发的方式和程序

（一）新产品的概念

所谓新产品是指在一定地域内从未生产过的具有一定新质的产品。新产品在结构、性能、材质、技术特征等某一方面或几方面比老产品有显著改进和提高,或有独创性、先进性、实用性,能提高经济效益,有推广价值。对于那些产品结构、性能等没有改变,只是在外观表面装潢包装等方面改进的,不应列为新产品。新产品可分为全新产品、换代新产品、改进新产品等,按地区分可分为国际新产品、国家新产品和省市自治区新产品等。

（二）新产品开发的方式

1. 独立研制方式

即从产品的构思设计到试制成功都是独立研究制造的。这种方式要求具备集中强大的技术力量进行开发,它多用于发展国内外未生产过的新型产品。

2. 技术引进方式

即引进国外或其他地区已有的新技术和成熟经验从事新产品开发。这样能节约研制费用和时间,尽快将产品制造出来。在采用这种方式时要结合本国和本企业的能力

和特点,注意实效,做好消化吸收工作,把引进技术与创新结合起来。

3. 独立研制与技术引进相结合的方式

即企业在对引进技术进行消化和吸收的基础上,将引进技术与本企业科研活动结合起来,推动本企业的科研活动,在引进技术的基础上不断创新。按照"一学、二用、三改、四创"的原则不断发展自己的新产品。

(三) 新产品开发的程序

产品开发过程,从大的方面来分,一般可分为以下几个阶段。

1. 调查研究阶段

根据企业的经营目标、产品开发策略和企业的资源条件确定新产品开发的目标。这就必须做好调查研究工作,一方面对市场进行调查,了解消费者需求的发展变化动向,以及影响市场需求变化的因素等。另一方面是对科学技术的现状和发展趋势进行调查了解;调查用户对现有产品的意见和对技术性能改进的需求;了解同类产品或者相关产品的发展动向;了解新技术、新工艺、新材料、新设备发展状况,进行技术预测。

2. 开发新产品创意阶段

根据调查研究的情况以及企业本身条件,充分考虑用户使用要求和竞争对手的动向,在一定范围内提出开发新产品的初步设想和构思创意。构思创意是新产品孕育诞生的开始,它主要来自用户的要求。本企业职工以及厂外科技人员运用专家、学者的科研成果,从中汲取开发新产品的构思创意。

3. 新产品开发创意的筛选阶段

这一阶段是从征集到的许多方案中选择具有开发条件的构思创意。筛选时一要坚持新产品开发的正确方向,二要兼顾企业长远发展和当前市场的需要,三要有一定的技术储备。

4. 决策方案和编制设计任务书

根据新产品开发目标的要求,对未来产品的基本特征和开展条件进行概括的描述,包括主要性能、目标成本、销售预计、开发投资、企业现有条件利用程度等。决策的目的是对不同方案进行技术经济论证比较,决定取舍。一般决策结果可能出现几种情况,一是所有的方案都不付诸开发;二是因某些情况尚不清楚推迟开发;三是选择两个各有利弊的方案制造出样品,然后依据试验结果再决定取舍;四是选择某个真正较优的方案开发。

新产品开发方案决定后,要组织力量编制设计任务书。设计任务书的内容比产品开发方案要具体,包括新产品的结构、特征、技术规格、用途、使用范围、与国内外同类产品的分析比较,开发这一产品的理由和根据等。

5. 新产品设计阶段

设计任务书经审查批准后,便可进行产品的设计工作。新产品设计一般分为初步设计、技术设计和工作图设计三个阶段。

6. 新产品的试制阶段

新产品试制一般包括样品试制和小批试制两个阶段。样品试制是考核设计的质量、产品结构和性能等;小批试制是考核工艺,检查图纸的工艺性等。

7. 新产品试验与评价鉴定阶段

新产品装配至鉴定前,应做好试车及试验工作,对样品进行全面检查,试验与调整。试验调整后,做出总结,交有关鉴定部门鉴定。

三、新产品开发的技术管理工作

企业开发新产品的管理工作,主要是对新产品开发、产品设计、工艺、工装设计等技术活动的管理工作。

(一)制订新产品开发计划

每个企业为了有计划、有步骤地开发新产品,应制订新产品开发计划。它是实现产品开发目标和决策的重要手段,是组织、协调、控制企业内部各部门、各环节产品开发活动的基本依据,也是提高开发工作经济效益的保证。新产品开发计划的内容主要包括:

① 编制新产品开发计划。具体确定计划目标,收集编制计划的依据,提出计划措施,确定开发方式,安排进度以及明确各项工作具体责任等。

② 新产品开发计划一般包括产品研究计划、新产品试制计划和生产技术准备计划。生产技术准备计划分为企业年度生产技术准备综合计划、产品的生产技术准备计划、科室部门的生产技术准备计划。编好生产技术准备计划,以保证企业新产品开发工程的总进度和总质量要求。

(二)加强新产品设计管理

企业开发新产品,需要有一个科学的设计。产品设计工作是保证产品质量和达到良好经济效益,使产品投产后有良好的生产秩序的首要环节。产品设计是从明确设计任务开始,到确定产品的具体结构、性能为止的一系列工作。

1. 产品设计的基本要求

① 所设计的产品在技术上必须是先进的。保证产品具有良好的性能和质量,满足使用要求。

② 所设计的产品在使用和制造方面都有良好的经济效果。即使用时效率高、消耗少、使用成本低。在满足要求的前提下,尽可能做到制造费用低,物美价廉。

③ 所设计的产品要符合我国国情,适应我国的资源条件和资源情况,认真贯彻国家的技术经济政策。

④ 设计新产品尽量提高标准化、系列化、通用化水平,这对于节约人力、物力、加快新产品的发展,提高经济效益都有重要的作用。

2. 产品设计工作的类型

产品设计工作根据不同情况有不同的类型,目前在我国主要有以下几种:

① 自行设计。即完全由本企业设计。

② 老产品改型。在原有产品基础上,对产品进行局部的改进,使它在性能、质量上有较大的提高。

③ 样品测绘。即将已选定的先进产品拆开后进行分析研究,并按实物照样测绘全套产品生产图纸和技术文件,供本企业生产使用。测绘中要对原产品进行细致的技术分析,以达到真正的吸收消化。

④ 引进图纸。主要是对引进的图纸和技术文件进行细致的审查和消化,并根据具体的生产条件和标准作必要的局部修改,供生产使用。

在产品设计过程中,往往会出现一些不同的方案,要选择一个最好的方案,就需要进行技术经济分析。技术经济分析的方法很多,本书只作一般的介绍:① 价值分析也叫价值工程,将在本章专题介绍;② 投资效果分析,包括静态分析和动态分析,在本教材第十二章具体讲述。

(三)加强新产品工艺管理

所谓工艺,是指劳动者利用生产工具,对原材料、半成品进行加工和处理,最后使之成为产品的方法。工艺管理工作是保证新产品试制和正式生产时达到设计要求,指导工人操作,保证产品质量,决定产品制造经济效果的一项重要的生产技术准备工作。工艺管理的主要内容包括工艺准备工作、工艺装备准备工作和日常工艺管理工作等。

1. 工艺准备工作

① 产品设计图纸的工艺分析和审查。这是从工艺技术的角度分析评定产品设计是否合理,在制造时是否经济。所设计的产品要尽量符合企业的制造条件,并力求达到最好的经济效果。所有的设计图纸都必须经过工艺性的分析审查后,才能作为工艺设计的依据交付车间使用。

② 工艺方案的拟定与评价。工艺方案是工艺设计的指导性文件,它是在产品设计图纸确定后,进行具体工艺设计以前进行的。它指出产品试制中的技术关键及其解决方法,规定各项工艺工作应遵循的基本原则,确定工艺路线和生产组织形式的原则,确定工艺规程制定的方式、详尽程度、种类数量等原则,关键性工艺的解决方案和试验等问题,工艺装备系数和工艺装备的设计原则和经济效果的分析等。

生产一种产品(或零部件),在保证产品质量的前提下,往往可以有几种工艺方案可供选择,如何选择一个比较好的工艺方案,这就需要对工艺方案进行评价。在功能和质量得到保证的前提下,工艺方案的选择主要是对不同的工艺方案进行经济分析,即对工艺成本进行分析,选择工艺成本最低的工艺方案。其评价的步骤如下:

首先,确定工艺成本。把工艺成本分为可变费用(如工人工资、主要原材料费用等)和固定费用(如折旧费、管理费用等),这样在产量一定的情况下,对工艺方案进行经济分析就简便了。如对比两个工艺方案的工艺成本,应用盈亏平衡点的原理,用图解法对两种方案的成本与产量关系进行比较。

其次,工艺方案设计设备更新或投资时,也要比较投资效益,其计算方法与其投资效益分析相同。本书将在第十二章介绍。

③ 工艺技术文件的编制。工艺技术文件是在拟定工艺方案的基础上编制的,它是企业安排计划、布置生产、组织劳动、进行技术检验和组织材料、工具供应的依据。工艺技术文件的种类很多,其中最主要的是工艺规程。工艺规程是规定产品如何加工、指导工人操作的技术文件,其形式一般有工艺过程卡、工艺卡、工序卡、工艺守则等。

2. 工艺装备准备工作

工艺装备(简称工装),是按照工艺规程进行产品制造所需要使用的刀具、模具、夹具、量具、工位器具等的总称。它是保证产品质量,提高劳动生产率和保证安全生产所不可缺少的。工装一般分为通用和专用两种,通用的适合于制造多种产品的零件,一般可外购;专用的只能适合加工一定的零件和工序使用,一般要自己设计制造。设计制造工装工作量大,在设计制造专用工装时,既要考虑到产品制造质量和提高劳动生产率,又要降低成本,这就要正确确定工艺装备系数。其计算公式是:

$$工艺装备系数 = \frac{专用工艺装备种数}{专用零件种数}$$

工艺装备系数过大,工艺准备工作量大、周期长、成本高;如果太小则又不能满足生产需要及保证质量和提高劳动生产率的要求,因此要合理选择工艺装备系数。一般来说,产量越大,产品越精密、复杂,工艺装备系数也越大,反之可以小些。

3. 日常工艺管理工作

日常工艺管理工作主要严格贯彻工艺文件,及时总结和推广先进经验,并在实践中不断完善。日常工艺管理工作主要内容包括组织职工学习工艺文件,加强遵守工艺纪律的宣传教育和检查工作,及时整顿和改进工艺,保证工艺文件的完整和统一等。

(四)新产品试制与鉴定

新产品经过设计和工艺准备后,必须经过试制与鉴定。新产品试制一般分为样品试制和小批试制两个阶段。

① 样品试制。它是根据设计图纸、工艺文件和少数工装,试制出一件或几件样品,来检验是否达到设计任务书的要求,借以考验产品结构、性能以及主要工艺是否达到设计要求,以便验证和修正设计图纸。

② 小批试制。在样品试制的基础上进行小批试制,它主要目的是考验产品的工艺,检查图纸的工艺性,验证全部工艺文件和工装是否合适,并对设计图纸做进一步的审查和校正,为正式投产做好必要的准备。小批试制一般可以在生产车间中进行,也可以专门组织试制。

③ 鉴定。不论样品试制还是小批试制后,都要进行鉴定。鉴定是对新产品从技术上、经济上做出全面评价,以确定是否可以进行下阶段试制或正式投入生产。鉴定一般包括:检查产品是否符合已批准的技术文件和各种技术标准;检查工艺文件和工装是否合理;检查零部件及产品质量;最后对产品进行全面的技术经济分析和评价,并写出试制鉴定书。鉴定时发现的缺点和不足之处,企业应及时修正,有的还要在使用中广泛听取用户意见进行改进,才能做出定型结论和正式投产。

第四节　价 值 工 程

本节比较详细地阐述了价值工程的产生和发展、基本概念、一般程序以及具体实施步骤和方法。

一、价值工程的产生和发展

价值工程(Value Engineering,VE)又称为价值分析(Value Analysis,VA)是一门新兴的管理技术,是降低成本提高经济效益的有效方法。它 20 世纪 40 年代起源于美国,麦尔斯(L. D. Miles)是价值工程的创始人,1961年美国价值工程协会成立时他当选为该协会第一任会长。在二战之后,由于原材料供应短缺,采购工作常常碰到难题。经过孜孜不倦地探索,麦尔斯发现有一些相对不太短缺的材料可以很好地替代短缺材料的功能。后来,麦尔斯逐渐总结出一套解决采购问题的行之有效的方法,并且把这种方法的思想及应用推广到其他领域,例如,将技术与经济价值结合起来研究生产和管理的其他问题,这就是早期的价值工程。1955年这一方法传入日本后与全面质量管理相结合,得到进一步发扬光大,成为一套更加成熟的价值分析方法。麦尔斯发表的专著《价值分析的方法》使价值工程很快在世界范围内产生了巨大的影响。价值工程主要思想是通过对选定研究对象的功能及费用分析,提高对象的价值。

麦尔斯在长期实践过程中,总结了一套开展价值工作的原则,用于指导价值工程活动的各步骤的工作。这些原则是:

① 分析问题要避免一般化、概念化,要具体分析。

② 收集一切可用的成本资料。

③ 使用最好、最可靠的情报。

④ 打破现有框框,进行创新和提高。

⑤ 发挥真正的独创性。

⑥ 找出障碍,克服障碍。

⑦ 充分利用有关专家,扩大专业知识面。

⑧ 对于重要的公差,要换算成加工费用来认真考虑。

⑨ 尽量采用专业化工厂的现成产品。

⑩ 利用和购买专业化工厂的生产技术。

⑪ 采用专门生产工艺。

⑫ 尽量采用标准。

⑬ 以"我是否这样花自己的钱"作为判断标准。

以上这13条原则中,第①条至第⑤条属于思想方法和精神状态的要求,提出要实事求是,要有创新精神;第⑥条至第⑫条是组织方法和技术方法的要求,提出要重专家、重专业化、重标准化;第⑬条则提出了价值分析的判断标准。

今天,VA或VE已发展成为一门广泛应用的学科,提高产品或服务价值,在实践中已形成了一套科学的实施程序。这套实施程序实际上是发现矛盾、分析矛盾和解决矛盾的过程,通常是围绕七个合乎逻辑程序的问题展开的,将在后文详细讲述。

二、价值工程的基本概念

(一) 概念

GB 8223—87对价值工程的定义是:"价值工程是通过各相关领域的协作,对所研究对象的功能与费用进行系统分析,不断创新,旨在提高所研究对象价值的思想方法和管理技术。"

(二) 价值及提高价值的途径

工程价值中的价值,指的是反映费用支出与获得之间的比例。GB 8223—87对价值的定义是:"对象所具有的功能与获得该功能的全部费用之比"。价值是功能与费用之比,这是对研究对象的功能与费用所做的一种综合的评价,反映研究对象(产品)给企业和用户带来的效益。研究对象(产品)价值的大小是由功能和费用两者之间的相互关系来表示的。其表达式如下:

$$V = \frac{F}{C}$$

式中:V 是价值(value);F 是功能(function);C 是费用或称成本(cost)。

这个表达式说明(以下以产品为例),产品的价值与功能成正比,在总费用不变的情况下,功能大,价值就越大;功能越小,价值就越小。产品的价值与总费用成反比,在功能不变的情况下,费用越高,价值就越小;费用越低,价值就越大。

提高价值的基本途径有 5 种,即:① 提高功能,降低成本,大幅度提高价值;② 功能不变,降低成本,提高价值;③ 功能有所提高,成本不变,提高价值;④ 功能略有下降,成本大幅度降低,提高价值;⑤ 适当提高成本,大幅度提高功能,从而提高价值。

(三)功能

GB 8223—87 对功能的定义是:"对象能够满足某种需求的一种属性"。凡是满足使用者需求的任何一种属性都属于功能的范畴,例如洗衣机的功能是洗衣服,家用电冰箱的功能是冷藏食物。满足使用者现实需求的属性是功能,而满足使用者潜在需求的属性也是功能,这种潜在的需求正是价值工程提倡的技术创新的一条思路。

从以上对功能的定义来看,企业生产出来的产品,都要具有能满足用户需要的特定功能,否则便成为废物。所以从企业的角度来说,实际上生产的是功能,这种功能以一定的物理形态表现出来,并蕴藏在产品之内。所以功能是产品的本质,在研究产品时,应紧紧抓住产品功能这个本质的东西。价值工程的核心就是进行功能分析,这也是价值工程最大的特点。在进行功能分析时,必须要用某种数量形式表示出对象的功能的大小。价值工程的功能概念中突出功能的数量,在运作过程中对功能的定量化要求非常坚决。只有在功能表述出数量的前提下,才可与成本比较出价值量,然后才能谈到提高价值的创新。若没有功能计量,计算不出价值量,也就无法按价值工程运作。

功能作为满足需求的属性便带有客观物质性和主观精神性两个方面,称为功能的二重性。在计算功能数量的时候,必须带有客观和主观两个方面。如对一条裤子进行"漂亮"功能的计量时,有人认为喇叭裤漂亮,也有人认为裤子本身是具有客观物质性,而裤子的款式则带有明显的主观精神性。于是计算出的功能量便有二重性,包含着主观和客观两个方面。

价值工程对功能计量的精确度一般采取宽松的态度。即既要表述功能量,又不一定要求计算精确,宜精则精、难细则粗。涉及主观精神性的功能量是很难精确测算的,当把不同性质的功能汇合成产品的总功能时,汇总计算的模式也很难精确。

产品的功能可分为使用功能和外观功能、基本功能和辅助功能、必要功能和不必要功能、不足功能和过剩功能以及目的功能和手段功能等。产品的内部存在一个功能系统,产品的整体功能常常是由产品的各个组成部分或构成要素的功能来完成的,而每个组成部分的功能又是由它们的构成单元的功能来完成的。因此,在一个产品内部存在着许多大大小小的功能,这些大大小小的功能又存在着密切的关系,结成为一个功能系统。

(四)成本

在价值工程中,成本是指为获得对象的功能而需支付的费用,又称为取得(功能的)成本。这样定义成本,在价值工程运作中带来较大的灵活性,可以不受会计制度定义的成本或费用所约束。价值工程考虑的成本形成跨度可长可短,最长跨度的是"寿命周期成本",它包括从对象的研究、形成、使用一直到退出使用所需的全部费用。同时价值工程根据需要又允许只计算某一段跨度的成本,如制造成本,是指工厂制出成品为止的费用;购买成本,是指消费者购买商品的价格;使用成本,是指用户使用商品过程中所用的费用;等等。

理解价值工程中成本的含义和把握计算成本的跨度,关键在于掌握价值工程的含义。因为价值工程的核心内容要进行功能与成本的系统分析,然后创新方案,目的在于提高价值,获取效益。所以它的成本是针对获取功能而界定的,制造成本对应的是工厂可出售的功能;价格对应的是顾客购得的功能;价格加上使用成本对应的才是使用者获得的功能。

三、价值工程的特点和作用

(一)特点

① 价值工程以提高对象价值为目的,以最低的寿命周期成本,实现产品的必要功能。企业正在生产或正在研制的产品,其功能成本由于科技日新月异的进步、消费者的需求的不断变化与理想状态有一定现实差距。如何对产品的功能与成本进行较理想的选择,始终是企业面临的重要课题。离开价值工程,单方面解决成本问题或单方面解决质量问题都不能全面满足企业和顾客的需要。

② 价值工程以功能分析为核心。价值工程以功能为中心考虑问题,从消费者的功能要求出发,定性与定量方法相结合,分析产品(或作业)的功能,确定必要的功能,剔除不必要功能;功能与成本分析相结合,寻求二者的最佳结合点。以功能分析为核心,不受现有产品的约束,因而可以做出根本性的变革,促进新技术、新工艺、新产品的出现与应用,例如电子计算机取代算盘实现计算的功能,如果仅从算盘的产品结构上怎么分析都不会诞生电子计算机的。

③ 价值工程是一项集体智慧的有组织的活动。价值工程涉及产品开发、设计、制造、供应、使用、维修以及企业经营的各个方面,需要综合运用技术与经济多种学科知识,所以仅靠个人决策是很不够的,只有有组织地活动,依靠各方面集体的智慧,才能获得最佳方案和良好的运行实施。

④ 活动领域上价值工程侧重于产品的研制设计阶段。价值工程应用的重点放在产品的研制设计阶段。因为产品的功能和成本 70% 取决于这个阶段。一旦设计图纸付诸实践,在生产阶段改变工艺和设备、调整劳动组织等所需的成本会成倍增长,技术经济效果必然受到严重影响,所以设计上的浪费是最大的浪费。

（二）作用

价值工程是一种既能提高产品的功能，又能提高经济效益的先进管理技术。据有关资料反映，通过开展价值工程活动，一般能降低成本 10％～30％，活动的收益与支出之比可以高出十几倍、几十倍甚至成百倍。价值工程活动面很广，不仅能用于改进企业产品、降低产品成本，而且还可以用于改进设备、工具、作业及管理等。价值工程在企业生产经营活动中所起的作用，一般是指应用价值工程的原理对企业生产经营中的各个环节进行分析评价，从而实现最佳方案。它在企业管理中的作用具体表现为以下几个方面：

① 对产品开发进行价值分析，以促进企业提高生产技术和管理水平，不断提高经济效益。

② 把设计、工艺、制造、采购、销售、财务等各个部门和各类人员的活动，以提高产品价值为目标，有机地结合起来，从而提高工作效率和工作质量。

③ 对质量管理进行价值分析，保证和提高产品质量，降低成本。

④ 推动企业面向市场，确保产品适销对路，不断开拓市场，打开产品销路。

⑤ 对企业的投资进行价值分析，以合理分配和利用资金，使得企业取得好的经济效益等。

四、价值工程的实施程序和方法

（一）一般工作程序

价值工程以功能分析为核心，它有一套发现问题、分析问题和解决问题的科学的、系统的、卓有成效的方法。归纳起来要解决如下 7 个提问：① 它是什么？② 它是干什么用的？③ 它的成本是多少？④ 它的价值是多少？⑤ 有其他方法能实现这个功能吗？⑥ 新的方案成本是多少？⑦ 新的方案能满足要求吗？为了能在进行过程中正确地回答和解决以上问题，价值工程一般工作程序如表 7-1 所示。

表 7-1　　　　　　　　　　价值工程一般工作程序

阶　段	步　骤
准备阶段	（1）对象选择 （2）组成价值工程小组 （3）制订工作计划
分析阶段	（4）收集整理信息资料 （5）功能系统分析 （6）功能评价
创新阶段	（7）方案创新 （8）方案评价 （9）提案编写
实施阶段	（10）审批 （11）实施与检查 （12）成果鉴定

163

企业在开展价值工程活动时,一般需按照表中划分的 4 个阶段顺序进行,而细分的 12 个步骤可针对企业和对象的实际情况灵活执行,可以适当调整。

（二）价值工程的具体实施步骤和方法

根据价值工程研究对象的不同,实施步骤可以分得粗些也可以分得细些,要根据具体情况而定。一般可将上表中的 12 个步骤合并为 7 个步骤进行:选择价值工程的研究对象;收集整理情报信息资料;功能分析和评价;提出新方案设想;分析评价方案;试验审批定案;实施检查与量定验收。以下分别讨论各个步骤的具体做法。

1. 选择价值工程的研究对象

开展价值工程首先要确定对象,价值工程研究的对象是物品或工作。物品包括产品、零部件、工具、夹具等;工作包括工程、作业、工艺、工序、管理、机关服务等,凡是这些物品或工作都可选为研究的对象。对一个企业来说,生产的产品品种、规格很多,一个品种又包括好多零部件,一个零部件又包括很多工序,而且价值工程又是一个循环接着一个循环不断开展下去。那么究竟从何入手呢?不能把所有品种、所有零部件、所有工序都列为 VE 对象,一次解决,因此就有一个轻重缓急的问题。根据一定的原则,采取适当的方法,选择和确定对象,若选择不当,可能劳而无功。

（1）选择 VE 对象的一般原则

企业应根据自己的发展方向、经营目的、存在的问题、薄弱环节来选择 VE 对象,以提高生产率,提高质量,降低成本,提高价值和提高经济效益为目标。

对初搞价值工程的单位,选择对象应先易后难、先大后小,先从比较熟悉而有改进潜力的地方入手,取得经验,逐步扩大选择范围。优先选择下列项目:

① 同企业的发展方针密切相关,适应社会需要的项目;

② 投入的人力物力财力不多,预计在短期内可以取得成果的项目;

③ 有明显的改进余地,节约潜力较大或积累效益较多的项目;

④ 信息资料较齐全,目标比较明确,有发展前途的项目;

⑤ 具备某方面的技术管理人才,对某些问题有改进能力,并预计成功率较高的项目。

（2）寻找问题根据上述原则,再从不同角度寻找问题,列出单子,然后按轻重缓急做出安排。

① 从必要性考虑。对国计民生影响较大的产品;对实现企业经营目标影响大的产品;社会需要量大的产品。

② 从设计上考虑。结构复杂、落后的产品或零件;设计年代已久,因技术落后而有提高价值可能的产品;设计时未经严格计算和评价,问题较多、潜力较大的产品;体积或重量大的产品或零部件,有缩小体积和减轻重量可能的产品;属于技术储备的新产品。

③ 从生产上考虑。工艺复杂,工序太多,有简化工艺、减少或合并工序可能的产品;工艺性不好的产品或零部件;原材料种类繁多,价格较贵并且有代用可能的产品或零部件;材料利用率低的产品或零部件;占成本比重大的零部件;成品率低和废品率高的产品或零部件。

④ 从销售方面考虑。用户意见多的产品;竞争激烈的产品;功能差的产品;成本高

于同类产品,而功能低于同类产品的产品;扩大市场占有率的产品。

⑤　其他。自制技术措施项目,基本建设项目,重大工装制造,关键工艺改进等。

（3）选择 VE 对象的方法

选择 VE 对象的方法很多,下面介绍几种常用的方法。

①　ABC 分析法。ABC 分析法的基本原理是处理任何事情都要分清主次、轻重,区别关键的少数和次要的多数,根据不同情况进行分析。在一个企业中需要的原材料有成千上万种,但经常使用的贵重原材料可能只有几种或几十种;工厂生产的产品品种很多,但是销售量大、赢利多的产品可能只有少数几种;产品质量不合格或造成废品,原因是多方面的,但主要原因可能就是一两个。在实际工作中,就是要根据主次、轻重关系,保证重点、照顾一般,才能取得事半功倍的成效。ABC 分析法就是一种寻找主要原因的方法,这种方法起源于意大利经济学家巴列特(Pareto)对资本主义财富的分析,他发现 80％的财富掌握在 20％的人手里,分配是不均匀的,称为不均匀分布规律。后人把这个规律应用在成本分析上,通过成本分析发现:占零件数 10％左右的零件,其成本往往占整个产品的 60％～70％,这类零件可划分为 A 类;占零件数 20％左右的零件,其成本也占整个产品成本的 20％,这类零件划为 B 类;占零件数 70％左右的零件,其成本仅占整个产品成本的 10％～20％左右,这类称为 C 类。

在应用 ABC 分析法选择 VE 对象时,首先将一个产品的零部件或工序按其成本大小,由高到低排列起来,优先选择成本大的少数零件或工序,作为 VE 对象。进行 ABC 分析法的步骤为:

第一步,将零部件按成本大小依次排队;

第二步,根据零件排队的累计件数,求出占全部零件总数的百分比;

第三步,根据零件累计成本,求出占总成本的百分比;

第四步,将全部零件划分为 ABC 三类;

第五步,首先以 A 类,其次再以 B 类为 VE 对象。

如果产品零件很多,可采用 ABC 法确定产品部件对象,然后以部件为单位,将零件划分为 ABC 三类。还有一种办法是先将零件按一定的成本幅度进行归并,如将成本为 91～100 元的零件划为一组,编入一个序号,再将成本 81～90 元的零件编为另一序号,等等,以简化计算。

如果是非装配型产品,如矿物、钢铁、化工等产品,则可按成本构成要素进行分类。这时一般教材上巴列特图上的横坐标将改为材料费、工时费、管理费、折旧费等,同样可以找出主要因素加以分析。

ABC 法的优点是能抓住重点,把数量少而成本大的零部件或工序选为 VE 对象,利于集中精力,重点突破,取得较大效果。例如,沈阳某水表厂应用 ABC 分类法,从许多规格的水表产品中选择价值工程对象,把占总产量 85％以上的两种水表选为分析对象。又从这两种水表的 46 种零件中,选出 13 种成本高、工艺复杂、材料消耗高的零件进行成本分析,分析出有 4 种零件,只占产品零件总数的 18.8％,但成本却占总成本的 69.12％。于是,对这几种零件从材质到加工工艺进行改革,结果使单位产品成本大大降低。

ABC法的缺点是在实际工作中,由于成本分配不合理,常常会出现有的零部件功能比较次要,而成本却高;也会出现有的零部件功能比较重要但成本却低。对于后一种零部件本应选为VE对象,提高其功能水平,但因其成本较低而划为C类,未被选上。解决的办法是结合其他方法(如强制确定法)综合分析,避免应入选的而未被选中,不应入选的却选中了。

② 强制确定法。强制确定法是一种目前流行较广的功能评价法,简称FD法。它的基本思想是:产品的每一个零部件成本应该与该零件功能的重要性相称。如果某零件的成本很高,但它的功能在产品中却处于很次要的地位,这说明功能与成本的匹配不合理。通过求算功能评价系数、成本系数,得出价值系数,根据价值系数判断对象的价值,把价值低的选为VE对象。

③ 最合适区域法。最合适区域法是日本田中教授提出的,也是一种求算价值系数,选择VE对象的方法。它求算价值系数的方法与步骤和强制确定法相同,其不同点是提出一个价值系数的最合适区问题。即凡是分布在最合适区以内的零件都视为合理,不作为VE对象;凡是分布在区域以外的零件都视为不合理,可作为VE对象;凡是远离区域的,则作为VE重点对象。而强制确定法认为凡是价值系数>1或<1的零件,原则上皆可为VE对象,实际上$V=1$的零件很少,因此势必浪费VE的人力、物力和财力,不能保证重点。最合适区域法就是为克服强制确定的缺点而提出的。这种方法的思路是:价值系数相同的零件,由于功能评价系数和成本系数的绝对值不同,因而对产品价值的实际影响有很大差异,在选择VE对象时,不应把价值系数相同的零件同等看待,而应优先选择对产品价值影响大的为对象;至于对产品影响小的,则可根据必要与可能,决定选择与否。

选择VE对象的方法除上述方法外还有:① 经验估计法。即找几个熟悉情况的人,根据经验集体研究,共同讨论选择哪些产品或作业作为VE对象。此方法简单易行,只能定性不能定量,受分析人员的工作态度和经验水平影响很大。② 用户评分法。通过用户对产品的各项性能指标的重要程度进行评分,用户认为重要的功能多打分,次要的功能少打分,把用户认为最重要的功能选择出来,作为VE对象。③ 成本模型法。首要建立理想的成本模型,把偏离模型成本范围的一些零件作为选择的对象。④ 功能重要性分析法。根据零部件或工序的功能重要性大小来选择对象,站在用户要求的立场上选择重要性大的为VE对象。

总之,选择VE对象的方法很多,应根据具体情况灵活运用或结合应用。

2. VE的信息收集

确定VE对象以后,围绕着VE对象,收集有关信息资料,是一项很重要的工作。从情报资料中得到进行价值工程活动的依据,从中受到启发,打开思路,深入地发现问题,科学地把握问题之所在。收集信息情报资料是价值工程活动的重要环节,收集的情报资料越全面就越有价值。情报收集后还要认真进行分析整理,使它成为系统的有用的资料。需要的情报内容,大致有以下几个方面:① 有关用户方面的情报;② 有关市场(销售)方面的情报;③ 有关技术方面的情报;④ 有关经济(成本、利润)方面的情报;⑤ 有关企业内部(供应与生产)方面的情报;等等。

收集情报要求准确可靠,不准确可靠的情报会给价值工程的研究工作造成困难和错误,达不到预期的效果,所以收集的情报要经过整理、归纳、鉴别、加工后才能应用。

3. 功能分析与评价

功能分析是科学地确定产品(或零部件)的必要功能,并结合实现功能的成本,确定其价值的大小,它是价值工程的核心。功能分析一般分为功能定义、功能整理、功能评价三个步骤进行。

(1) 功能定义

价值工程要求以最低的寿命周期成本获得用户所需要的功能。因此,在功能分析时首先要对产品的功能做出正确的定义,以揭示产品的本质,对各种产品的功能用简明的语言进行描述。功能定义要准确,因为在改进产品、进行价值工程研究时是根据功能定义来考虑的。

(2) 功能整理

功能整理是在功能定义的基础上进行的,其目的是要搞清楚哪些功能是基本功能,哪些功能是辅助功能,哪些是必要的,哪些是不必要应该取消的,还应补充哪些功能,以及功能之间的相互关系是从属关系还是并列关系,等等。

功能整理的方法有两种:功能分析系统技术和功能卡片排列法。我们重点介绍前一种方法。功能分析系统技术的基本步骤如下:

① 挑出基本功能,并把其中最基本功能排列在左端,称为上位功能,其余是辅助功能。

② 逐个明确功能之间的关系,是上下位关系还是并列关系。在一个功能系统中,上位功能是目的,下位功能是手段,而且目的和手段又是相对的。一个功能对它的上位功能来说是手段,对它的下位功能来说又是目的。并列关系是两个以上功能同等地位,都是为实现同一目的而必须具备的手段。

③ 画出功能系统图,按上位功能在左,下位功能在右的顺序排列图,如图 7-1 所示。

(3) 功能评价

完成产品的功能分析后,就应该:① 确定功能的成本;② 确定功能评价或重要程度;③ 求出各功能区域的价值系数。

功能评价就是对各功能区域的价值进行定量分析,从中找出价值低的功能区域作为改善对象。

功能评价的目的有:① 确定功能目标成本(即功能评价值);② 评定现实功能的价值,预测价值改善效果;③ 进一步选准 VE 对象,鼓舞 VE 人员信心。

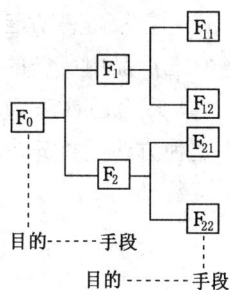

图 7-1 功能系统图

功能评价的大致步骤如下:① 求功能评价值(或功能重要性系数);② 确定功能实现成本(或功能成本系数);③ 计算功能价值系数;④ 计算成本降低幅度,即改善期望值;⑤ 选择功能价值低、改善期望值大的功能作为 VE 对象。

功能评价回答了"它的成本是多少"和"它的价值是多少"的基本提问。

4. 创造新方案

创造新方案即提出新方案设想,是一个创造的过程,在价值工程中进行创新,要提倡在个人基础上发挥集体智慧。为了使人们有一个容易把个人的、集体的各种经验、知识进行分解和重新组合的环境,必须注意以下几点:

① 创新要敢于打破旧框框,不受原设计的束缚,应根据功能定义从各个不同角度来设想。

② 创新要有信心,要相信人们对客观事物是由不认识到认识逐渐深化的,改进是无止境的。同时在创新过程中要善于利用各种情报资料。

③ 要把各种设想集中起来形成多种方案,逐步使其完善。

5. 分析与评价方案

对已提出来的方案,要从技术上和经济上逐个进行分析和评价,不能满足要求的就淘汰,有价值的就保留,并从中选出技术上先进、经济上合理的最佳方案。

方案评价和选择的方法很多,现介绍以下几种。

(1) 优缺点列举法

即把每一个方案的优缺点详细地列出来,并对缺点作进一步的调查,最后根据优缺点的情况做出选择。列举优缺点应从多方面考虑,同时要分清哪些目标是必须达到的,哪些是争取达到的,对它们的重要程度列出优先顺序,作为评价的依据和准则。评价时一般用淘汰法,逐步缩小考虑范围,从范围不断缩小的过程找到最后的结论。

(2) 直接打分法

即根据各种方案能够达到各项功能要求的程度,按 10 分制(或 100 分)进行打分,然后算出每个方案达到功能要求的总分,再比较各个方案的总分,初步分出可用、保留、采纳的方案,最后再对保留、采纳的方案进行成本比较后,选出最优方案。

(3) 加权打分法

这种方法是将功能、成本等各种因素,根据要求的不同,予以加权计算,权数大小应根据它在产品中所处的地位而定,最后算出综合分数后再加以选择。

(4) 理想系数法

这种方法是首先对每种方案在各项功能指标上进行评分,并按下面公式计算功能满足系数(T):

$$T = \frac{\text{该方案之总评分值}}{\text{满足时(理想)总分值}}$$

然后对各方案的经济性进行评价,计算成本满意系数(E):

$$E = \frac{\text{理想成本} - \text{方案预计成本}}{\text{理想成本}}$$

最后由方案的功能满足系数和成本满意系数计算方案的理想系数

$$(\phi) = \sqrt{T \cdot E}$$

理想系数中 ϕ 是综合衡量方案在功能和成本两方面距离理想状况的程度。当 $\phi = 1$

时,方案完全理想;若$\oint=0$,则方案完全不理想;一般情况下为$0\leqslant\oint\leqslant1$。在众多方案中选择$\oint$值最高的方案为选定方案。

6．试验与审批方案

为了确保所选的方案是先进可行的,必须对选出的最优方案进行验证。验证的内容有:① 方案的规格和条件是否合理;② 方案的优缺点是否确切;③ 存在的问题有无进一步解决的措施;④ 正确地确定试验方法;⑤ 要有试验计划;⑥ 对试验结果进行汇总、整理、比较、评价、形成试验报告。如果试验表明某方案确是最优者,就应确定为正式采用的方案,经批准后列入实施计划。

7．实施检验、鉴定与验收

在方案实施过程中,还会出现这样那样的问题,因此应对实施情况进行检查,发现问题立即解决,使其更加完善和能顺利进行。方案实施完成后,要进行总结鉴定和验收,即总结价值工程活动的经验教训和评价技术经济效果。评价经济效果的指标有:

$$全年净节约额＝(改进前的单位成本－改进后的单位成本)\times年产量$$

$$节约百分比＝\frac{改进前的成本－改进后的成本}{改进前的成本}\times100\%$$

$$节约倍数＝\frac{全年净节约额}{价值工程活动经费}$$

$$价值工程活动单位时间节约数＝\frac{全年净节约额}{价值工程活动延续时间}$$

第八章 生产管理

生产管理是对企业日常生产活动的计划、组织和控制,是和产品制造密切相关的各项管理工作的总称。生产管理的基本任务就是在生产活动中,运用计划、组织和控制的管理职能,把投入生产过程的各种生产要素有效地、科学地组织起来,形成有机的体系,按最经济的方式,生产出满足社会需要的产品(或劳务)。因此,搞好生产管理,不仅可以保证生产的顺利进行,而且是合理利用企业资源,提高经济效益的重要保证。

第一节 生产过程组织

合理组织生产过程,正确确定企业及其各个生产单位的生产任务,做好日常生产活动的协调和控制,搞好生产现场管理,可以保证生产的顺利进行。

一、生产过程

(一)生产过程的概念

企业的生产过程,一方面是人、财、物的不断输入,另一方面是产品(或劳务)的不断输出的过程。工业产品的生产过程是指从准备生产该种产品开始,直至把产品生产出来为止的全部过程。生产过程包括劳动过程和自然过程两部分。劳动过程,是指劳动者在一定生产技术条件下,借助于劳动资料直接或间接地作用于劳动对象,使之变为具有使用价值的产品的过程。自然过程,是指在某些生产技术条件下,借助于自然力的作用,使劳动对象发生物理的或化学的变化。

生产过程＝劳动过程＋自然过程

劳动过程是主要的过程,有些产品自然过程也是不可忽视的。如酿酒厂的发酵过程,火柴厂的干燥过程,铸件的时效过程等。

(二)生产过程的构成

根据生产过程各阶段对产品所起的不同作用,可将生产过程分为生产技术准备过程,基本生产过程,辅助生产过程和生产服务过程。

1. 生产技术准备过程

生产技术准备过程是指产品在投入生产前所做的全部生产技术准备工作。它主要包括产品设计、工艺设计、工艺装备的设计与制造,材料及工时定额的制定,劳动组织的协调和新产品的试制、检验,等等。

2. 基本生产过程

基本生产过程是指对劳动对象进行加工使之变为产品的生产过程。如机械企业中的铸造、机械加工和装配等过程;纺织企业的纺纱、织布、印染等过程。

3. 辅助生产过程

辅助生产过程是指为保证基本生产过程的正常进行所必需的各种辅助性生产活动。如基本生产过程中需要的蒸汽、工具、卡具、刀具、量具、模具等的制造，设备的维修，等等。

4. 生产服务过程

生产服务过程是指为基本生产和辅助生产服务的各种生产服务活动。如供应工作、保管工作、运输工作、技术检验工作等。

工业企业生产过程的各个组成部分既有区别又有联系，其中基本生产过程是主导部分，其他各部分都围绕这一过程进行。

工业企业的基本生产过程和辅助生产过程都是由若干相互联系的工艺阶段所组成的。所谓工艺阶段，是按照使用的生产手段不同和工艺加工性质的差别而划分的局部生产过程。如机械制造企业的基本生产过程可分为毛坯制造、金属切屑加工和装配三个工艺阶段；纺织企业可分为纺纱、织布和印染三个工艺阶段；等等。

每个工艺阶段可以按劳动分工和使用设备的不同划分为若干道工序。工序是组成生产过程的基本单位。组织生产过程就是要合理的安排工序以及组织好各工序间的配合和协作。所谓工序是指一个或几个工人在同一工作地上对同一个（或几个）劳动对象连续的生产活动。工序是工业企业生产技术工作、生产管理和组织工作的基础。工作地是工人使用劳动工具对劳动对象进行生产活动的场地。工序按其作用可分为工艺工序、检验工序和运输工序。工艺工序是使劳动对象发生物理或化学变化的工序。检验工序主要是对原材料、零部件、半成品和成品的质量进行检验的工序。运输工序是在工艺工序之间、工艺工序与检验工序之间运送劳动对象的工序。

工序的划分对组织生产过程、制定劳动定额及劳动组织以及编制生产作业计划等工作有着重要影响。

（三）合理组织生产过程的基本要求

合理组织生产过程是指把生产过程从空间上、时间上很好地结合起来，使产品以最短的路线、最快的速度通过生产过程的各个阶段，并且使企业的人力、物力和财力得到充分的利用，达到高产、优质、低耗。合理组织生产过程必须做到以下几点。

1. 生成过程的连续性

生产过程的连续性是指产品或其零部件在生产过程的各阶段、各工序之间的流动，在时间上是紧密衔接，连续不断的，也就是说不发生或少发生不必要的中断、停顿和等待现象，即要求产品在生产过程中始终处于运动状态，不是在加工、检验，就是在运送。

2. 生产过程的比例性

生产过程的比例性是指企业基本生产过程和辅助生产过程以及生产服务过程之间，生产过程各阶段、各工序之间，在生产能力方面要保持适当的比例关系，以适应产品生产的要求。

3. 生产过程的均衡性

生产过程的均衡性亦称生产过程的节奏性。节奏性是指产品在生产过程的各个阶段，从投料到成品完工入库，都能保持有节奏地进行。要求在相等的时间内，生产相等数量或递增数量的产品,不出现时松时紧、或前松后紧的现象。

4. 生产过程的适应性

生产过程的适应性是指生产过程的组织形式要灵活,能及时满足变化的市场需求。随着生产力的不断发展,人民生活水平的不断提高,市场经济的发展,对产品的需要越来越多样化。

以上四项要求是相互联系、相互影响的,组织生产过程必须全面体现这些要求,即从时间上、空间上合理组织生产过程,以提高生产的经济效益。

二、生产类型

各工业企业在产品结构、生产方法、设备条件、生产规模、专业化程度等方面,都具有各自不同的特点,这些特点都影响着企业生产过程组织。将企业划分为不同的生产类型,便于根据不同的生产类型确定相应的生产组织形式。

(一)生产类型的概念

生产类型是企业根据产品结构、生产方法、设备条件、生产规模、专业化程度等方面的情况,按照一定的标准所进行的分类。

(二)生产类型的种类及其特点

工业企业的生产类型可按以下不同的标准加以分类。

1. 按生产方式划分

① 合成型。即将不同的成分(零件),合成或装配成一种产品,即加工装配性质的生产,如机械制造厂、水泥厂、电器厂等。

② 分解型。即原料经加工处理后分解成多种产品,即化工性质的生产,如炼油厂、化工厂等。

③ 调制型(调剂型)。即通过改变加工对象的形状或性能而制成产品,如钢铁厂、食品加工厂、服装厂、橡胶厂等。

④ 提取型。即从地下、海洋中提取产品,如煤矿、油田等。

2. 按接受生产任务的方式划分

① 订货生成方式。它是在用户提出订货要求后,才开始组织生产,进行设计、供应、制造、出厂等工作。

② 存货生产方式,它是在市场调查预测的基础上,有计划地进行生产,产品有库存。

3. 按生产的连续程度划分

① 连续生产。它是长时间连续不断地生产一种或很少几种产品,生产的产品、工艺流程和使用的生产设备都是固定的、标准化的,工序之间没有在制品储存。例如油田的采油作业、炼油厂、化工厂、化肥厂等。

② 间断生产。输入生产过程的各种要素是间断地投入,生产设备和运输装置必须适合各种产品加工的需要,工序之间有一定的在制品储存。例如机械制造厂、家用电器厂等。

4. 按生产任务的重复程度和工作地的专业化程度划分

按专业化程度来划分工作地的生产类型的方法有两个,即工序数目法和工序大量系数法。所谓工序数目法是根据工作地所担负的工序数目确定工作地生产类型的方法。一般来说,固定于一个工作地上的工序数目越少,专业化程度越高。工序大量系数和工作地承担的工序数目是互为倒数关系的。按照此方法可以把企业分为:

① 大量生产。其特点是:生产的产品产量大、品种少、经常重复生产一种或少数几种类似的产品,生产条件稳定,大多数工作地固定完成一两道工序,专业化程度高。经常采用高效率的专用设备和专用工艺装备,并可使技术管理工作做到细致、精确;生产过程机械化、自动化水平较高;在劳动组织方面,可以进行细致的分工,有利于提高工人的技术熟练程度,对工人的要求较低;可以按对象专业化组织生产,常采用流水线组织形式,计划编制较细致、精确,计划执行情况也易于检查和控制。

② 成批生产。其特点是:生产的产品产量较大量生产少,而产品的品种较多,各种产品在计划期内成批地轮番进行生产,大多数工作地要担负较多的工序,专业化程度比大量生产较低。由一批产品的制造改变为另一批产品时,工作地上的设备和工具要作相应调整,即要花一次准备与结束时间。合理地确定批量,组织好多品种的轮番生产,是成批生产类型生产管理的重点问题。

③ 单件生产。其特点是:产品的品种繁多,而每一种产品仅生产一台(件)或少数几台(件)。有的产品一次生产后不再重复生产,有的产品虽要重复生产,但不定期。因此,大多数工作地要负担许多道工序,生产的稳定性和工作地的专业化程度很低。单件生产类型一般都采用适应性很强的通用设备及工艺装备,要求工人有较高的技术水平和较广的生产知识,以适应多品种生产的要求。这种类型的车间或企业经济效益最低。

三、生产过程空间组织

工业企业的生产过程是在一定的空间中,通过许多相互关联的生产单位来完成的。为了高效益地实现产品生产过程,企业各生产单位必须在空间布局上形成一个有机整体,这就是生产过程空间组织要解决的问题。

（一）生产过程空间组织的概念

生产过程空间组织就是合理地确定劳动对象在空间的运动形式,及劳动对象与劳动工具、劳动者的结合方式。其内容有企业应设置什么单位,按照什么原则布置这些单位,如何在空间上形成一个既有分工又有协作的有机整体。

（二）工厂总平面布置

工厂总平面布置是工厂设计的部分内容,是由厂方参与、由设计单位进行设计的一项重要工作。即根据已选定的厂址和厂区,把工厂的各个组成部分作适当的安排,组成一个符合生产和工作需要的有机整体,以达到方便生产、保证安全、提高经济效益的目的。

1. 工厂总平面布置的基本原则

① 最小的占地面积。

② 最大限度的利用空间。

③ 最大的灵活性。

④ 协调性。

⑤ 最大的可见性。

⑥ 最大限度为操作提供方便。

⑦ 最少的装卸次数。

⑧ 最大的安全保证。

⑨ 最短的运输路线。

2. 工厂总平面布置

（1）厂前区

厂前区一般设在工厂大门入口至生产区的中间地带，有的工厂将厂前区设在工厂大门之外。不管设在何处，都要充分考虑这个区域的美化问题。

（2）生产区

生产区一般应靠近厂前区，不同性质的企业虽有不同的平面布置方法，但都应坚持工厂布置的基本原则。

（3）生活区

生活区是职工生活休息之地，必须避开工厂的三废污染。要将生活区建在厂区的上风向，并与生产区间隔一定的距离，避开噪声的干扰。

（三）车间布置

车间布置是指工业企业内部生产单位，包括车间、工段、班组的布置，它是在工厂总平面布置之后进行的一项工作。

1. 企业生产单位的组成

① 基本生产部门。它是指直接从事产品生产，实现基本生产过程的单位。如机械制造企业的毛坯车间、机加车间、装配车间等。

② 辅助生产部门。它是实现辅助生产过程，为基本生产过程提供辅助产品与劳务的生产单位。如工具、机修、动力车间等。

③ 生产服务部门。它是为基本生产和辅助生产服务的单位。如运输部门、仓库、过道、车间管理、生活福利等组成。

2. 车间布置的程序

① 首先安排起始和终点工序。

② 设置车间的主要通道。

③ 对车间工作面积合理安排。

④ 其他部分的布置。

3. 生产单位专业化的形式

生产单位专业化的形式，决定着企业内部的生产分工和协作关系，决定着工艺过程的流向以及原材料、在制品在厂内的运输路线等，对于企业管理工作和经济效益有着直接影响。生产单位的专业化形式一般有三种。

（1）工艺专业化形式

工艺专业化也称为工艺原则，亦称机群式。它是按照生产工艺性质的不同来组织生产单位,这种形式就是把同种或同类设备及工人集中在统一区域内,进行着相同工艺的加工。如机械制造企业的车工车间、磨工车间、铣工车间、冲压车间、热处理车间等。

工艺专业化的优点是:对产品品种的变换有较强的适应性;便于进行专业化管理,有利于相同工种的工人进行技术交流,从而提高工人的技术水平;便于生产的灵活调度和协作;同设备集中在一个区域,便于布置,可以节省占地面积。

工艺专业化的缺点:制品在车间之间辗转频繁,流程交叉重复,加工路线长,从而使生产周期长;因运输路线增长,可能出现迂回运输使得工件碰撞机会增多,影响产品质量;制品停放时间多,流动资金占用量大;车间之间生产联系复杂化,从而使计划管理、在制品管理工作复杂,增加了车间之间协调的难度。

（2）对象专业化形式

对象专业化也叫对象原则、产品专业化。它是按照产品(或零部件)的不同来划分生产单位的一种组织形式。在这种生产单位中,集中了为制造某种产品所需要的各种不同类型的生产设备和不同工种的工人,对所负责的产品进行不同工艺方法的加工。每一个生产的单位基本上能独立完成该种产品的全部或大部分工艺过程。由于工艺过程是封闭的,所以也叫封闭式车间(或工段)。

按对象专业化形式组成的生产单位,由于相同的劳动对象集中在一起,顺序进行各种不同工艺方法的连续加工,所以具有如下优点:可以大大缩短产品在生产过程中的运输路线,减少仓库和生产面积的占用,可以减少在制品运送和停放的时间,进而减少在制品数量和流动资金占用数量,缩短生产周期,有利于保证零件的质量;有利于按期、按质、按量、成套地完成生产任务;便于采用先进的生产组织形式。减少了车间之间协作联系,从而简化了计划管理、生产控制、质量管理、经济核算等工作。

对象专业化形式也存在着一些缺点:适应产品品种变化的能力差,当市场需求变化快,企业产品方向不稳定、品种多而产量小时,往往会导致设备、生产面积和劳动力不能充分利用,使生产经济效益降低。同时不便对工艺进行专业化管理和指导。

（3）混合专业化

混合专业化又称为混合原则或称综合形式。这是将以上两种专业化结合起来的一种形式,在一个企业内,既有按对象专业化原则布置的车间,又有按工艺专业化原则布置的车间。这种形式集中了两种专业化原则的优点,因此也是经常采用的一种车间布置形式。

四、生产过程的时间组织

做好生产过程的时间组织,对提高劳动生产率和设备的利用率,缩短生产周期,增加产量,加速资金周转,降低成本,更好地实现企业的经营目标,搞好企业的生产管理都有重要意义。

生产过程时间组织的目标,就是要节约时间,提高时间利用率并尽量减少无效时间,以缩短生产周期。

（一）产品(或零部件)在工序间的移动方式

175

1. 简单生产过程工件的移动方式

所谓简单生产过程是指单一劳动对象、单一部件或同种同一批零件按顺序经过各道工序而组成的生产过程,它是生产过程最简单的表现形式,是复杂生产过程的组成部分。工件的移动方式主要有三种,即顺序移动方式,平行移动方式和平行顺序移动方式。

(1) 顺序移动方式

顺序移动方式的特点是产品(零件)在各道工序之间是整批移动的,即一批零件在前道工序全部完工后,才能送到后道工序进行加工。顺序移动该批零件的加工周期,等于该批零件在全部工序上作业时间的总和,用公式表示如下:

$$T_0 = nt_1 + nt_2 + \cdots + nt_m = n\sum_1^m t_i$$

式中　T_0——一批零件顺序移动加工周期,分;

　　　n——零件批量;

　　　t_i——零件在 i 道工序上的单件工时,分/件;

　　　m——工序数。

采用顺序移动方式,生产组织工作简单。由于一批零件集中加工和运送,减少了设备的调整时间和运输次数,可以充分利用设备负荷。它的缺点是每个零件由于在各道工序上的停留时间不同,因而都有等待加工和等待运输的中断时间,使零件的加工周期延长。这种移动方式一般适用于批量不大和工序时间较短的零件加工。

(2) 平行移动方式

这种移动方式的特点是,每个零件在上道工序加工完成之后,立即转到下道工序进行加工,产品在各道工序上平行作业。在平行移动方式下,整批零件的加工周期可以按照下式计算:

$$T_p = t_1 + t_2 + \cdots + nt_l + \cdots + t_m = \sum_1^m t_i + (n-1)t_L$$

式中　T_p——平行移动方式的加工周期;

　　　t_L——最长的单件加工时间,分。

在平行移动方式下,由于工序间的等待、运输时间减少到最低限度,所以它的加工周期最短,工序间在制品储备也大大减少。这种移动方式多用于大量流水生产线的作业。

(3) 平行顺序移动方式

平行顺序移动方式是将平行移动方式和顺序移动方式综合运用的方式。这种移动方式的特点是:它既考虑了零件加工移动的平行性,又保持了加工的连续性。当一批零件在前道工序还没有全部加工完成以前,就将已经加工完成的部分零件送到后道工序进行加工,并要严格保证后道工序连续地全部加工完整批零件。平行顺序移动方式的加工周期,可以用下式计算:

$$T_{p0} = n\sum_1^m t_i - (n-1)\sum_1^{m-1} t_{短}$$

式中 T_{p0}——平行顺序移动方式下的加工周期；

$t_短$——前后两道工序单件加工时间的短者。

上述三种移动方式,是工艺加工过程中组织各工序在时间上相互衔接的基本形式,实际生产当然要比这复杂得多。从生产周期看,平行移动方式最短,平行顺序移动方式次之,顺序移动方式最长。但在选择采用哪种移动方式时,不能只考虑生产周期,还应结合企业生产的特点全面考虑,以达到合理组织生产过程的目的。

2. 复杂生产过程工件的移动方式

复杂生产过程是由各种零件的简单生产过程组成的,其生产过程主要有零件加工、部件组装以及产品总装三部分。在复杂生产过程中,零件加工时的移动方式和简单生产过程是一样的。不过,要考虑各零部件的组装配合问题以及时间上的配合问题。

（二）工件加工次序的安排

工件加工次序的安排亦称作业顺序的合理安排,主要是指在生产任务既定的条件下,合理规定各种产品在设备上的加工次序,以便在完成计划任务的前提下,缩短生产周期,达到节约时间取得良好经济效益的目的。作业顺序合理安排的评价尺度有:第一,总流程时间或平均流程时间最短;第二,最大延期量或平均延期量最小;第三,平均在制品占用量最少;第四,总调整时间最短。

五、流水生产组织

流水生产是现代大量和成批生产企业所采用的主要生产过程组织的一种形式,采用这种组织形式不仅生产率较高,而且能有效地提高企业生产的经济效益。

（一）流水线的概念与特征

流水生产又叫流水作业、流水线,它是对象专业化组织形式的进一步发展,它是按照产品(零、部件)生产的工艺顺序排列工作地,使产品按照一定的速度,连续地、有节奏地通过各个工作地依次加工,直到生成产成品。

流水线生产具有以下特征:

① 在流水线上固定生产一种或少数几种产品,在每个工作地上固定完成一道或少数几道工序,即工作地专业化程度高。

② 流水线生产具有封闭性和顺序性。封闭的工艺过程和按工艺过程顺序把工作地排列成链条形式,劳动对象在工序间只作单向移动。

③ 每道工序的工作地(设备)数量与各道工序的加工时间比例一致,即各工序加工时间相等或成简单倍数关系。

④ 流水线具有高度的连续性、劳动对象在工序间采用的是平行或平行顺序移动方式,最大限度地减少了工序间的间断时间。

⑤ 按规定的节拍进行生产。所谓节拍是指相邻两件制品的出产间隔时间。

（二）流水线的分类

按生产对象的移动方式可以分为固定流水线和移动流水线;按生产对象数目可以分为单一对象流水线和多对象流水线;按生产过程的连续程度可以分为间断流水线和连续流水线;按达到的节奏性程度不同可以分为强制节拍流水线、自由节拍流水线和粗略节拍流水线;按机械化程度可以分为手工流水线、机械化流水线和自动化生产线;按运输设备种类可以分为无专用运输设备的流水线、具有非机动专用运输设备的流水线和机械运输设备的流水线。

（三）组织流水线的条件

在组织流水线之前要考虑如下条件:

① 产品结构先进定型且工艺要相对稳定。

② 产品的品种稳定,产量相当大的产品。

③ 组成生产过程的各道工序或各个工作地的工作是可以分解和合并的,以便使各道工序和各工作地节拍与流水线节拍相等或相近。

④ 要有足够的生产面积来安装流水线的设备、工艺装备和传送装置,机器设备必须经常处于完好状态,严格执行计划预修制度。

⑤ 原材料、协作件必须是标准的、规格化的,并能按时供应。

（四）单一对象流水线的组织设计

建立流水线之前,必须做好流水线的设计。流水线的组织设计内容一般有:流水线节拍的确定;工序同期化工作;设备需要量和负荷系数的计算;工人配备;制品传送方式的设计;流水线的平面布置等。

1. 计算流水线的节拍

流水线的节拍表明了流水线生产率的高低,是流水线最主要的工作参数,是设计流水线的基础。流水线节拍的计算公式为:

$$R = \frac{T}{Q}$$

式中　R——流水线节拍;

　　　T——计划期内有效工作时间;

　　　Q——计划期内制品产量。

有效工作时间是计划生产的时间,它可以根据制度时间和时间有效利用系数求得。确定有效利用系数时要考虑这样几个因素:设备修理、调整、更换模具的时间,工人休息的时间,一般取 0.9～0.96,两班工作时间取 0.95。计划期的制品产量 Q,包括计划产量和预计的废品量。

【例】　某厂生产计划中规定轴承套圈的产量为 40 件,每日工作时间 8 小时,时间利用系数为 0.96 ,废品率 2%,试求轴承套圈的节拍。

解:$T = 8 \times 60 \times 0.96 = 460.8$(分)

　　$Q = \frac{40}{1-2\%} = \frac{40}{98\%} = 40.8$(件)

　　$R = 460.8 \div 40.8 = 11.3$(分/件)

即节拍为 12 分。

2. 进行工序同期化

工序同期化是使流水线各工序的单件时间等于节拍或节拍的整数倍。这是保证各工序按节拍进行工作的重要因素,也是提高设备负荷和劳动生产率、缩短生产周期的重要方法。

在手工业中,实现工序周期化一般采用的方法是,把工序分为更小的组成部分(作业单元),然后按照同期化的要求把各个相邻的组成部分重新组成工序。这些工序时间就可以接近于节拍或节拍的倍数。也可以合理调配劳动力,如组织相邻工序的工人协作,把熟练工人调到高负荷工序上去工作等。在机器作业中,实现工序同期化的方法主要有:采用更完善的设备和工具、改进工艺方法,提高工人熟练程度以及改进劳动组织等。

3. 计算设备(工作地)数量和设备负荷系数

为了保证制品在流水线上连续移动,每道工序的设备(工作地)数量应等于工序时间与流水线节拍之比。其计算公式为:

$$S_i = \frac{T_i}{R}$$

式中　S_i——第 i 道工序所需设备数量;

　　　T_i——第 i 道工序的单件工作时间。

计算出的设备需要量若不是整数,则采用的设备数 S_{ei} 应取接近于计算数 S_i 的整数(或小数进一)。

设备负荷系数是表明设备利用程度的指标,其计算公式如下:

$$K_i = \frac{S_i}{S_{ei}}$$

式中　K_i——第 i 道工序的设备负荷系数。

工序数为 m 的流水生产线的总设备负荷系数 K_q,可以用以下公式计算:

$$K_q = \frac{\sum S_i}{\sum S_{ei}}$$

设备负荷系数决定了流水生产线的连续程度,当 K_q 值为 $0.75 \sim 0.85$ 时,可以组织间断流水线;当 K_q 值为 0.85 以上时,就可以组织连续流水线;当 K_q 小于 0.75 时,就不宜采用流水线生产方式。

4. 计算工人需要量,合理配备工人

流水线的工序确定之后,就可以计算流水线上工人需要量。在以手工劳动为主的流水线上,工人数可以按照以下公式计算:

$$p_i = S_{ei}GW_i$$

式中　p_i——第 i 道工序的工人人数;

　　　W_i——第 i 道工序同时工作的人数;

　　　G——每日工作班次。

整条流水生产线的工人人数是所有工序工人人数之和。

在以设备加工为主的流水生产线上,工人人数可以按照以下公式计算:

$$P = (1+b) \times \frac{\sum S_{ei}G}{F_i}$$

式中　P——流水线工人总数;

b——考虑缺勤等因素的后备工人百分比；

F_i——第 i 道工序每个工人的设备看管定额。

5. 流水线上传送带的速度与长度的计算

流水线上采用的运输工具是传送带，这是一种比较先进的运输装置，它可以在同一时间里把流水线上各工作地完工的制品运送到下一个工作地去加工；可以节省运输人力，缩短运输时间，控制流水线按规定的节拍进行生产。传送带的长度一般可以按照以下公式计算：

$$传送带长度＝2×流水线上各工作地长度之和＋技术上需要的长度$$

$$传送带速度＝\frac{流水线上两件产品间的中心距离(米)}{节拍(秒)}$$

6. 流水线的平面设计

流水线的平面设计应当保证零件的运输路线最短，生产工人操作方便，辅助服务部门工作顺利，最有效地利用生产面积，并考虑流水线之间的相互衔接。为满足这些要求，在流水线平面布置时应考虑流水线的形式，流水线内工作地的排列方法等问题。流水线平面布置的类型通常有直线型、山字型、开口型、直角型、环型、S 型等。

（五）混流生产的投产顺序

在实际工作中，大量生产的企业毕竟较少，应用单一品种的场合不多，在成批生产的企业中，虽然产品的品种较多，但许多零件是相同或相似的，这就需要并有可能组织多品种流水线。所谓多品种流水线是指一条流水线上可以先后生产几种类似产品。多品种流水线具有较强的适应性，在更换品种（或产品）时，不需要做过多的设备调整。流水线上混合生产多种产品（或品种）的流水线叫做混流生产。

多品种流水线的组织设计比较复杂，确定投产顺序的方法主要有：基本逻辑分析法、生产比倒数法和启发式编排顺序法。

第二节　劳动组织与劳动定额管理

企业劳动组织和劳动定额管理工作是生产过程组织的重要组成部分。它的任务就是科学地组织人们的劳动，合理地使用劳动力，采用合适的劳动组织形式，制定合理的劳动定额，从而调动劳动者的积极性，不断提高劳动生产率。

一、劳动组织

劳动组织工作是企业根据生产的需要，正确处理劳动过程中劳动者之间以及劳动者与劳动工具、劳动对象之间的关系，采用先进的劳动组织形式，使劳动者、劳动资料和劳动对象从空间和时间上合理组织起来，形成一个有机整体，不断调整和完善生产过程中的分工与协作关系，以充分利用劳动时间和机器设备，从而有效地节约劳动，提高劳动生产效率。

（一）劳动分工、协作与组织

劳动分工是指根据一定的生产技术条件，把整个生产工作划分成许多组成部分，以便更好地配备劳动者,使他们明确责任,做到人尽其才,各展所长,充分利用工时,提高劳动生产率。科学的劳动分工必须根据生产技术的特点进行,要根据生产技术特点的不同,把不同的工艺阶段和工种分开,把基本工作与准备工作、辅助工作分开,把技术高的工作与技术低的工作分开,以充分发挥工人的技术专长。

有分工就有协作,分工和协作是紧密联系的。所谓劳动协作,就是把生产工作的许多组成部分,紧密地联系起来,组成统一的集体。在集体生产劳动中,每个人所分担的局部工作,都是整体中的有机组成部分,它们是互相联系、相互制约的。协作以分工为前提,而分工又应以协作为条件。在企业里协作的形式可分为厂外协作与厂内协作两个方面,厂内协作有各车间之间、各科室之间、车间与科室之间、车间内各班组之间的协作,以及班组内工人之间的协作等。厂外有企业与企业之间、企业与有关单位之间的协作等。

按照劳动分工与协作的原则,进行合理的劳动组织,一方面要为各种不同的工作配备相应工种和等级的职工,进行劳动组织形式建设,使配备的职工能充分发挥各自的专长和积极性;另一方面是劳动过程的组织协调工作,保证企业生产经营活动正常、高效地运行。

(二)劳动组织的内容

1. 企业定员

企业定员是根据企业既定的产品方向和生产规模,在一定时间内和一定技术组织条件下规定企业应配备各类人员的数量标准。

先进合理的定员标准和定额是劳动管理的前提,是制订生产计划的基础,是发掘劳动力资源的重要措施,是企业内部劳动力调配的主要依据。

企业定员以常年性生产、工作岗位为对象,在企业各部门、各单位工作的固定工、合同工、临时工都应列入定员。企业定员要以企业实际需要为依据,满足满负荷工作的需要,不能因人设事。

由于企业的具体特点不同,企业中各类人员的工作性质和影响因素不同,编制定员的方法也不相同,主要有以下方法。

(1)按劳动效率定员

按劳动效率定员就是根据计划规定的工作量、工人的劳动效率和出勤率来计算定员人数的一种方法。这种方法适用于有劳动定额的工种,特别是以手工操作为主的工种。

(2)按设备定员

按设备定员就是根据设备的数量,工人的看管定额,设备开动班次和工人的出勤率来确定人数的一种方法。这种方法适用于以机器设备操作为主的工种,特别是实行多设备看管的工种。

(3)按岗位定员

按岗位定员首先要根据劳动组织分工确定岗位数,然后再根据每个岗位的工作量,工人的劳动效率,开动班次和出勤率等因素来确定所需人员数。这种方法适用于看管大型联动设备或装置的工种,也适用于无法按劳动定额计算定员的辅助人员和服务人员。

（4）按比例定员

按比例定员就是根据工人总数或某一类人员的总数的比例来确定某些非直接生产人员和部分辅助生产人员的定员人数。采用这种方法的前提是被定员的某一类人员的数量必须随企业工人总数或某一类人员总数的增减而相应增减,例如:勤杂员、卫生保健人员等。

（5）按组织机构、业务分工定员

这种方法就是根据组织机构、业务性质、职责范围和工作量来确定所需人员数。这种方法适用于管理人员和工程技术人员。

2. 作业组的组织

作业组又称工作组,它是在劳动分工基础上,为完成某项工作,而将相互协作的有关工人组织成一定的劳动集体。在作业组内,每个工人都有明确的分工和职责,并由组长负责领导全组进行工作,以保证全组成员的工作相互协调。因此,通过作业组可以更好地组织工人的劳动协作,保证合理使用劳动力,提高劳动生产率。作业组与生产班组可能是一致的,也可能是不一致的。

在以下几种情况下应当组织作业组:① 由于劳动对象的限制,生产任务不能分配给各个工人独立进行,必须由若干工人共同完成;② 由于设备条件的限制,单个工人无法操作;③ 某些作业的基本工作与准备工作、辅助工作关系特别密切,相互依赖关系甚大,需要组成基本工人与辅助工人结合在一起的联合作业组;④ 工人没有固定的工作地点,或工作任务不固定,组成作业组便于组织与管理。

3. 工作地组织

工作地是工人进行生产活动的场地。工作地的组织工作,就是在一个工作地上,合理安排工人与劳动工具、劳动对象之间的关系。合理组织工作地,可以节省劳动时间,减轻劳动强度,使工人能够在最方便、效率最高、安全和卫生的条件下,从事生产活动。因此,工作地组织工作是企业劳动组织工作中一个重要的环节。

合理组织工作地应达到以下要求:① 使工作地最便于工人进行操作,节约工时,提高生产效率,并保证产品质量;② 充分利用工作地的装备,尽可能节省生产面积;③ 有良好的工作环境和劳动条件,保证工人的安全和健康。

4. 工作轮班组织

在现代企业中,为了充分利用生产设备,常常采用多班制生产。通过工作轮班组织,可以把最基本的分工协作关系从时间上有效地组织起来,保证生产顺利地进行。

多班制常见的形式有:① 两班制,即每天组织两班生产,不设夜班,每班工作 8 小时;② 三班制,即每天组织早、中、晚三班生产,每班工作 8 小时;③ 四班制,即每天组织四个班生产,每班工作 6 小时;④ 四班三运转制,即组织四个班,每天三个班生产,一个班休息;⑤ 四班交叉制,即每天组织四个班生产,每班工作 8 小时,上下两个班之间有两小时交叉,在交叉时间内两班工人共同进行生产。

5. 多机床管理

多机床管理,是指一个工人或一组工人同时看管几台设备。这是充分利用工时,有效挖掘潜力,大幅度提高劳动生产率的一种先进的劳动组织形式。

多机床管理的基本原理是:工人利用机器设备的自动时间,去完成其他各台机器的手动或机手并动操作。

二、劳动定额

劳动定额是企业管理的一项重要的基础工作,它是企业在一定时期内,生产技术水平、经营管理水平和文化技术水平的综合反映。

（一）概念与形式

劳动定额是指在一定的生产技术和组织条件下,为生产一定量的产品或完成一定量的工作所规定的必要活劳动消耗量的标准。

劳动定额有两种基本的表现形式:即工时定额和产量定额。工时定额是指生产单位合格产品所消耗的时间标准,如0.5小时/件;产量定额是指在单位时间内必须完成的合格产品数量,如2件/小时。工时定额和产量定额互为倒数关系。

此外,劳动定额还有看管定额形式。看管定额是指一个或一组工人,同时所能看管机器设备的数目,如一个挡车工同时看管几台织布机等。

（二）工时消耗的分类

工时消耗是指工人在一个轮班内全部劳动时间的消耗。研究工时消耗的目的在于确定哪些工时消耗是必要的,哪些工时消耗是不必要的,以便采取措施降低产品工时消耗,减少工时损失,不断提高定额水平。

工时消耗按照其性质和特点可以分为定额时间和非定额时间两部分。

1. 定额时间

定额时间,是指完成某项工作所必须消耗的劳动时间,通常可以分为以下四类。

① 作业时间,是指直接执行基本工艺过程所消耗的时间。它是定额时间中最主要的组成部分。作业时间按照其作用可以分为基本时间和辅助时间。

基本时间是指直接完成工艺过程,使劳动对象发生物理或化学变化所需要的时间。如切削加工时间等。

辅助时间是指为了实现基本工艺过程,而进行的各种辅助操作所消耗的时间。例如在机加工中装卸零件、测量尺寸等。

② 布置工作地时间,是指用于照管工作地,使工作地经常保持正常工作状态所需时间。它又可以分为技术性布置工作地时间和组织性布置工作地时间两部分。

技术性布置工作地时间是由于技术上的需要用于照管工作地时间。如更换刀具、调整设备等,这部分时间与基本作业成正比。

组织性布置工作地时间是指用于班前班后的准备工作和交接班工作所消耗的时间。如上班时领取图纸、整理工作地,下班时填写工票、整理机器工具、交接班等。

③ 休息与生理需要时间,是指为了使工人在工作班内保持充沛的精力而规定的休息和生理需要所必须消耗的时间,如休息、喝水、擦汗等。这部分时间的多少是根据作业环境和劳动繁重程度,按照作业时间的百分比来规定的。

④ 准备与结束时间,是指工人为生产一批产品或完成一项工作,事前进行准备和

事后结束工作所消耗的时间。这类时间是每生产一批产品或完成一项工作发生一次，与加工产品的批量大小无关。

2. 非定额时间

非定额时间是指那些与完成某项工作无关的时间消耗及停工损失。这部分时间有以下三类：

① 非生产工作时间，是指工人做了本身任务以外的工作所消耗的时间。如修理与本人无关的工具设备和返修不合格件等工作所用的时间。

② 工人过错造成的损失时间，是指由于工人不遵守劳动纪律所损失的时间。如无故缺勤、迟到、早退以及在工作时间内办私事、闲谈等。

③ 企业或外部原因造成的损失时间，是指由于企业技术组织工作的缺陷、管理不善或企业外部条件的影响，使工作发生中断的时间。如停工待料、停电停水以及工作分配不当、窝工等所损失的时间。

非定额时间是由各种原因引起的损失时间。因此，在制定工时定额时，这部分时间不应计入定额中，否则劳动定额就不可能充分发挥其作用。企业应改进工作，提高经营管理和技术水平，减少以至消除这部分时间。

（三）劳动定额的制定

劳动定额的制定要求达到"快、准、全"。"快"是指时间上的要求，就是要简便、工作量小，能迅速制定出定额；"准"是指质量上的要求，即制定的劳动定额符合先进合理的原则；"全"是指范围上的要求，即凡是需要和可能制定的工作都要有定额。"快、准、全"三者互相联系缺一不可，但"准"是关键。

制定劳动定额的方法主要有：① 经验估工法；② 统计分析法；③ 典型推算法；④ 技术测定法。

以上方法详见本书第三章企业管理基础工作中的定额制定方法的有关内容。

（四）劳动定额的贯彻与修改

劳动定额制定以后，必须组织好定额的贯彻执行，使其在企业的生产经营管理中发挥作用。劳动定额制定执行后不是一成不变的，随着生产的不断发展，要进行不断地修改，以适应企业生产发展的需要。

1. 劳动定额的贯彻

劳动定额的贯彻是指制定和修订后的劳动定额，通过行政部门颁布，使劳动定额得以实施的过程。主要做好以下几方面的工作：

① 要加强思想政治工作，依靠群众；

② 要及时将劳动定额下达到班组和个人；

③ 要建立健全劳动定额的管理机构，加强定额的考核工作；

④ 要切实地贯彻执行各种必要的技术组织措施；

⑤ 要把劳动定额的贯彻与经济责任制结合起来，以调动员工的积极性。

2. 劳动定额的统计分析工作

劳动定额的统计，是指劳动定额管理信息的反馈过程。通过统计分析，为企业指导生产、组织劳动与分配、评价劳动效率、进行经济核算、修订定额提供依据。这就要建立健全工时消耗的原始记录,通过分析了解定额的执行情况,发现偏差,及时采取措施纠正,保证定额的贯彻。

3. 劳动定额的修改

劳动定额的修改,是指由于生产技术条件变更,以及生产水平和劳动者技术熟练程度的提高,对现行劳动定额所做的修改。但是劳动定额应有相应的稳定性,不能经常变动。如果修改过于频繁,则不利于调动工人的积极性,而且还会增加定额管理工作的负担。

劳动定额的修改一般分为定期修改和不定期修改两种。定期修改是全面系统地修改,一般一年修改一次,结合编制年度计划进行;不定期临时修改是当生产技术条件发生了较大的变化,并对定额有显著影响时,经过一定的审批手续才进行的修改。

第三节　生产计划与生产作业计划

现代企业的生产经营活动是社会化大生产,分工精细,协作严密,同时需要大规模调配多种资源,令其在需要的时候,按照需要的量,提供所需要的产品或服务,因而必须制订科学周密的计划,提高计划管理水平。这就决定了生产计划工作在日常生产技术管理中处于核心地位。为了保证生产计划的执行与落实,还要进一步编制生产作业计划。

一、生产计划

生产计划就是在企业整体的经营战略与经营计划的指导下,根据市场需求预测和用户订单对生产任务做出总体安排,主要是确定企业在计划期内生产的产品品种、产出效率、产出时间、劳动力和设备的配置、产品或零部件、半成品的库存等,并要将这些生产任务层层分解,落实到各个工厂、车间、班组,以确保总体生产任务的完成。企业的生产计划是一个管理过程,包括制订计划、执行计划、检查计划完成情况和制定改进措施等几个阶段。最主要的是制订计划阶段。

(一)企业生产计划的指标体系

制订生产计划,首要任务是确定其指标,企业年、季度生产计划就是由一系列生产指标构成的。生产计划的主要指标有:产品品种指标、产品质量指标、产量指标和产值指标。

1. 产品品种指标

产品的品种指标,就是企业在计划期内预定生产的产品品名和品种数。产品品种是按照具体产品的用途、型号和规格划分的。

2. 产品质量指标

产品质量指标是企业在计划期内其产品质量提高所应达到的标准。产品质量指标分两类:一类是反映产品本身质量的指标,如产品技术性能指标和成品等级率指标;另一类是反映生产过程质量的指标,如合格率、废品率和返修率等。

3．产量指标

产量指标是企业在计划期内出产的符合质量标准的产品的数量。其计量单位均是实物单位。产品数量既包括计划期内企业生产的所有合格成品，也包括所有准备对外出售的合格半成品。那些不合格的成品及只作为本企业其他生产环节加工对象的各种半成品，还有那些未经企业加工而仅是转手的产品等均不能列入产品产量。

4．产值指标

从本质上讲，产值指标就是用货币表示的产量指标。它最综合地反映着企业生产的总成果。产值指标可以细分为商品产值、总产值和净产值三种。

（1）商品产值

商品产值就是用货币表示的商品产量。它包括：① 本企业自备材料生产的商品成品、商品半成品的价值；② 来料加工产品的加工价值；③ 对外承做的工业性劳务的作业价值。

（2）总产值

总产值即以货币所表示的企业在计划期内预定完成的工业生产成果的总量。它包括：① 全部商品价值；② 订货者来料加工产品的原材料价值；③ 企业的在制品、自制工艺装备的计划期末和期初结存量的差额价值。

（3）净产值

净产值即企业在计划期内工业生产活动新创造的价值。净产值可以用生产法或分配法计算。

① 生产法，就是从企业总产值中直接扣除生产过程中各种物料消耗价值后，来确定净产值的计算方法。其计算公式为：

$$工业净产值＝工业总产值－全部物料消耗价值$$

② 分配法，是从企业初分配出发把包括在产品价值中的工资、奖金、利润、税金、利息等多个项目加总而求得净产值的计算方法。其计算公式为：

$$工业净产值＝工资＋奖金＋利润（或－亏损）＋税金＋$$
$$利息＋其他企业收入初分配性质的支出$$

其他企业收入初分配性质的支出包括差旅费及出差补贴，市内交通费，职工培训费，罚金支出等。

净产值因为除去了物化劳动转移价值的影响，所以它比总产值能更准确地反映企业生产活动的成果及生产率。

（二）生产能力

生产计划是企业计划期内整个企业生产业务活动的纲要，制订一个能充分发挥企业生产系统功能的生产计划是生产管理的一项重要任务，企业只有在了解本企业生产能力的基础之上才能制订出好的生产计划，以保证企业生产任务的完成。

1．生产能力的概念

企业生产能力就是直接参与生产活动的设备，在一定时期内和在一定的技术组织条件下，经过综合平衡后所能生产一定种类、一定质量产品的最大数量。

2. 生产能力的种类

根据其用途,生产能力可以分为以下三类。

① 设计能力。设计能力是企业基本建设的设计任务书或技术文件中所规定的生产能力。

② 查定能力。查定能力是企业基于下述两种情况,根据现有设备条件,并考虑采取一定的技术、组织措施等多个因素,经重新调查核定的生产能力:a. 未定设计能力;b. 虽定有设计能力,但因产品方案或技术、组织等条件发生很大变化而使原有设计能力不能反映实际情况。

③ 计划能力。计划能力是企业在计划年度内实际可能达到的生产能力。它是企业根据其现有生产条件,并考虑到计划年度内所能实现的各种技术组织措施的效果确定的。

以上三种生产能力,计划能力用于编制企业年、季度生产计划和确定生产指标,而查定能力和设计能力则用来确定其生产规模、编制长期计划和安排基建及技改。

3. 影响生产能力的因素

在影响企业生产能力的众多因素中,固定资产是一个主要而且比较稳定的因素,从查定和计算设备能力角度看,影响生产能力的基本因素主要有:① 生产中的设备数量和生产面积数量;② 设备工作时间(生产面积利用时间)总数;③ 设备(生产面积)的生产率定额。

4. 生产能力的核定

在大批量生产条件下,车间生产能力取决于流水线;总装配线或自动线的能力,由流水线的总有效工作时间和节拍所决定。对于多品种或批量生产的设备组生产能力的计算,必须用代表产品法计算其生产能力,其他品种的产品要折合成代表产品,再来计算其生产能力。对于单件小批量生产时,需要按照假定产品来计算生产能力。

5. 生产能力与生产任务的平衡

对生产计划来说,生产能力是基本制约因素和保证因素。编制生产计划时必须检查生产能力与生产任务是否平衡。生产能力如小于生产任务,任务没有完成落实;生产能力大于生产任务,任务实现虽有充分保证,但又会使富余部分生产能力闲置、浪费;只有生产能力和生产任务相等,才会即使生产任务有可靠保证,又使生产能力得以充分利用。因此,生产能力与生产任务的平衡对生产计划的编制和实现都是十分必要的。平衡生产能力与生产任务有两种方法,即产量平衡和台时平衡。

① 产量平衡。即以产量单位为计算单位去比较生产能力与生产任务平衡与否。

② 台时平衡。即以台时为计算单位比较生产能力同生产任务平衡与否。

6. 提高生产能力的途径

企业生产能力既取决于机器设备这一主要的较稳定的因素,又受多种其他因素的影响。因此,企业生产能力既有其一定时期内相对稳定的一面,但又有随其环境、条件及诸相关因素的变化而不断提高的一面。提高和合理利用生产能力的主要途径有:① 合理规划设备能力;② 改善设备的时间利用;③ 提高设备的强度利用;④ 增加设备数量。

（三）生产计划的编制

编制企业生产计划,中心是确定生产指标及其相应的保证措施。而确定生产计划指标,就是确定企业在计划期内各项生产指标所应达到的水平和应增长的幅度。

程序上,确定生产计划指标、编制生产计划一般均应经过这样几步:首先,由生产计划部门在调查研究、摸清情况、掌握资料的基础上提出市场、社会需求预测数量、企业生产能力以及利润目标要求等框架性资料;其次,由各有关业务部门参照上述基础资料提出相关计划指标;第三,由生产计划部门就上述资料、指标进行试算平衡,并具体为正式的计划草案;最后,将计划草案上报最高决策层审议、批准,然后下达执行。

二、生产作业计划

企业的生产计划确定之后,为了便于组织执行,还要进一步编制生产作业计划。生产作业计划是生产计划的执行性计划。生产作业计划是把企业的全年生产任务以及临时生产任务,具体地分配到各车间、工段、班组以至每个工作地和工人,规定他们在月、旬、周、日、轮班以至小时内的具体生产任务,从而保证按照品种、质量、数量、期限和成本完成企业的生产任务。

编制并落实生产作业计划,是加强计划管理的重要环节,是组织日常生产活动的依据,是建立正常生产秩序和管理秩序、提高经济效益的重要手段,也是规定全体职工奋斗目标、调动职工积极性的有效途径,对于企业充分地利用人、财、物等生产资源、提高企业的经济效益有着重要意义。

（一）生产作业计划的任务

由于生产作业计划是生产计划的具体执行计划,所以它具有计划期短、任务具体明确,直接交给广大职工掌握和执行等特点。生产作业计划的任务有:

① 落实生产计划。生产计划一般只规定企业及车间较长期的计划生产产品的品种、质量、数量、期限,生产作业计划是把企业的生产计划变成生产工人具体的日常的生产活动。

② 合理组织生产过程。生产作业计划的任务之一就是要把生产过程中的各种物流、信息流、人流、资金流合理地、协调地组织起来,争取用最少的投入获得最大的产出。

③ 实现均衡生产。均衡生产包括两方面含义:一方面是指企业必须按照计划规定的品种、质量、数量和交货期,均衡地出产产品;另一方面,要求企业内部各生产环节做到有节奏地工作,消除前松后紧、突击赶工的现象。要实现均衡生产,就必须依靠生产作业计划合理地安排组织企业各生产环节的生产活动,协调好各部门的关系,通过信息反馈,准确掌握全厂各部门的生产和工作进度,及时发现问题,采取措施,准时地完成自己应该完成的工作。

④ 提高经济效益。生产作业计划的任务之一,就是在生产过程中,严格保证产品质量达到规定的标准,努力减少产品生产过程中活劳动和物化劳动的消耗,最大限度地降低产品成本,争取获得更高的经济效益。

（二）生产作业计划的内容

为了完成上述任务,企业生产作业计划一般应包括以下内容:

① 制定生产作业计划期量标准；

② 编制生产作业计划；

③ 生产现场的布置，生产任务的临时调配，鼓励职工的劳动热情等；

④ 生产控制，包括作业安排、生产进度控制和实物管理等。

（三）期量标准的制定

期量标准又叫作业计划标准，就是为制造对象（产品、零部件）在生产期限和生产数量方面所规定的标准数据。它是编写作业计划和组织日常生产活动的依据。

企业生产类型不同、生产组织形式不同，生产过程各环节在期限和数量方面联系的具体方式也有所不同，从而形成了不同的期量标准。大批量流水生产企业的期量标准有：节拍和节奏，流水线工作指示图表，在制品定额等；成批生产企业的期量标准有：批量和生产间隔期，生产周期，生产提前期，在制品占用定额等；单件小批生产企业的期量标准有：产品生产周期，生产提前期，产品装配指示图表等。

1. 批量与生产间隔期

批量是指消耗一次准备与结束时间生产同种产品（零部件）的数量。生产间隔期（又称为生产重复期）是指相邻两批同种产品（或零部件）投入（或出产）的时间间隔。

批量与生产间隔期有着密切的联系。当生产任务确定后，如果批量大了，生产间隔期就会相应延长。其相互关系可以用以下公式表示：

$$批量＝生产间隔期×平均日产量$$

式中，平均日产量等于计划产量除以计划期工作日数。

2. 生产周期

生产周期是指从原材料投入生产开始，到制成品验收合格为止所经过的全部日历时间。缩短生产周期可以加速资金周转，对于改善企业的经济效果具有重大意义。连续生产企业的生产周期是根据从原材料投入开始到成品出产所经过的全部时间直接计算的。成批生产企业的生产周期是按照零件工序、一批零件、成套零件组、部件和产品分别进行计算的。

3. 生产提前期

生产提前期是指产品（毛坯、零件、部件）在各生产环节投入或出产的时间比成品出产的时间所要提前的时间。产品在每一个生产环节上都有投入和出产之分，因而提前期也分为投入提前期和出产提前期。

4. 在制品定额

在制品是指生产过程中从原材料投入到成品验收合格入库为止，处于生产过程中尚未完工的所有毛坯、零件、部件和产品的总称。在制品定额是指一定技术组织条件下，各生产环节上为了保证生产衔接所必需的、最低限度的在制品储备量。

正确制定在制品定额，对于保证企业生产的连续性、均衡性和减少生产资金的占用、在制品运输费用等支出，都有着重要的作用。因此，必须合理地制定在制品定额。

企业生产类型不同，制定在制品定额的方法也不一样。

（1）大量流水生产条件下在制品定额的制定

① 流水线内部在制品定额的制定。主要有四种形态：工艺在制品、周转在制品、运

输在制品、保险在制品。

② 流水线之间在制品定额的制定。流水线之间在制品也有运输在制品、周转在制品和保险在制品三种。在供应流水线的节拍(或节奏)与需求流水线的节拍(或节奏)相等时,流水线之间在制品定额只包括运输在制品和保险在制品;当节拍(或节奏)不一致时,则只包括周转在制品和保险在制品。

(2) 成批生产条件下在制品定额的制定

① 车间内部在制品定额的制定。车间内部在制品占用量,是指正在进行加工或在工作地等待加工的在制品及运输或检验过程中的在制品。在定期成批轮番生产情况下,车间内部在制品占用量决定批量大小及生产周期与生产间隔期的比值,一般用图表法来确定。

② 车间之间在制品定额的制定。车间之间的在制品,处于车间之间的中间仓库,习惯上称为半成品,是由周转半成品和保险半成品两部分组成的。

(四) 生产作业计划的编制

不同生产类型的企业编制生产作业计划的方法不同,大量大批生产类型应采用在制品定额法;成批生产类型应采用累计编号法;单件小批生产类型应采用生产周期法;安排标准件、通用件生产车间的生产任务可以采用订货点法。

第四节　设备综合管理

设备是企业生产系统的重要组成部分,设备技术状态的好坏,直接影响到产品生产的效率和质量。加强设备管理,对保证企业生产的正常秩序,促进企业技术进步,实现企业经营目标,提高企业经济效益,具有十分重要的作用,是企业生产技术管理的一项重要内容。

一、设备综合管理概述

设备综合管理是以提高设备综合效益和实现设备寿命周期费用最经济为目标,采用技术、经济、管理等多方面措施和手段,对设备全过程进行管理的一种新型管理模式。

(一) 设备的运动形态

设备综合管理本质上是对设备运动全过程的管理。设备在运动全过程中,存在着两种运动形态:

① 设备的物质运动形态,包括调查、研究、规划、设计、制造、选购、验收、安装、调试、使用、维修、更新改造以及设备的事故处理到报废为止的"一生"的过程,通常叫做设备的技术管理。

② 设备的价值(资金)运动形态,包括设备的最初投资、维修费用支出、折旧、更新改造资金的筹措、积累与支出等,通常叫做设备的经济管理。

(二) 设备综合管理的特点

与传统的设备管理模式相比,设备综合管理的主要特点有:

① 追求设备的寿命周期费用最经济。设备综合管理强调设备的寿命周期费用,它

是指设备"一生"的总费用,由购置费用和使用费用两大部分构成。

② 对设备的"一生"进行全过程的管理。设备综合管理将设备管理扩展到设备的"一生",对设备从规划、设计、制造、安装、使用、维修、改进、更新直至报废的全过程进行系统分析,改进各个环节的效能,真正提高设备综合效益。

③ 实行全方位和全员参与的管理。所谓全方位,就是强调从涉及设备的技术、经济、管理等各个方面加强设备管理,改变传统设备管理偏重技术的倾向。所谓全员参与,就是把所有同设备"一生"有关的人员都组织到设备管理体系中来,这样才能使全过程、全方位的设备管理真正落实到实处。

（三）设备综合管理的内容

传统的设备管理工作主要集中在设备的维修上面,很少注意到设备的全过程的管理,并把设计制造过程的管理与使用过程的管理严格分开。

现代设备管理,将系统的观点应用在设备管理之中,对设备进行全面综合管理,设备综合管理的内容主要包括以下方面。

1. 设备综合工程学

设备综合工程学是戴尼斯·巴库斯于 1971 年在美国召开的国际设备工程学术会议上提出来的。设备综合工程学是对适用于固定资产的工程技术管理、财务等实际业务进行综合研究,以求实现设备寿命周期费用的最大程度节约。工厂机械、装置、建筑物的可靠性和有关可靠性的方案、设计、使用和费用的信息反馈,都属于它的研究范围。它具有以下五方面的特征:

① 设备综合工程学把设备的寿命周期费用最经济作为研究的目的。

② 设备综合工程学要求对设备从技术、经济、管理等各个方面进行综合管理。

③ 设备综合工程学以可靠性、可维修性设计为重要目标。

④ 设备综合工程学强调对设备从规划、设计、制造、安装到使用、维修保养、改造更新,直到报废全过程进行系统的分析处理,以提高各个环节的机能。

⑤ 设备综合工程学要求建立一套设计、使用情况及费用的信息反馈系统。

2. 全员设备维修制

20 世纪 70 年代日本对设备管理进行革新。日本设备工程协会决定在整个工业界开展全员参加的生产维修活动,即全员设备维修制。其主要内容有:

① 全员设备维修制的基本特点是"三全",即全效率、全系统、全员参加的设备管理。

② 设备的维修方式。它全部吸取了预防维修制的所有维修方式,包括日常维修、事后维修、预防维修、生产维修、改善维修、预知维修、维修预防等。

③ 设备的分类管理。对企业的设备划分等级(A、B、C 三类),以便区别对待,对重点设备(A 类)加强管理。

④ 生产维修目标管理。通过推行设备维修目标管理来确定设备维修工作的方向、目标和具体目标,并对取得的效果进行分析评价。

⑤ 在企业职工中进行工作作风教育,开展"5S"活动,即整理、整顿、清洁、清扫、素养(指职工的举止态度和作风)。

二、设备的选择与经济评价

在对设备进行投资时应先对设备进行选择,并对其进行经济评价,这是设备综合管理的一项重要内容。

1. 设备的选择

设备选择的目的是选择技术先进、经济合理、生产可行的设备,保证企业生产发展,实现技术进步。选购设备应遵循以下原则:

① 生产性原则,是指设备的生产效率;

② 可靠性原则,是指设备精度、准确度的保持性、零件耐用性、安全可靠性等;

③ 安全性原则,是指设备在使用过程中保证安全的程度;

④ 节能性原则,是指设备在使用过程中消耗能源的多少;

⑤ 耐用性原则,是指设备物质寿命的长短;

⑥ 维修性原则,是指设备维修的工作量和难易程度;

⑦ 环保性原则,是指设备在使用过程中对环境的影响程度;

⑧ 成套性原则,是指设备所需的专用附件、工具等的配套水平,只有配套,才能充分发挥设备性能;

⑨ 灵活性原则,是指设备对不同工作条件和加工不同产品(零件)的适应性;

⑩ 经济性原则,是指购置和使用设备所需支出费用的多少。

2. 设备投资的经济评价

在选择设备时应进行经济评价,即对设备的寿命周期费用进行测算和评价。设备的寿命周期费用是指设备整个寿命周期的总费用。主要包括两大部分:

① 设备的初始投资,是指一次支出或集中在短期内支出的费用。自制设备主要包括:研究、设计、制造、安装费用。外购设备主要包括:设备的价格、运输费、安装调试费等。

② 生产使用费,又叫运行费、维持费,是指设备在寿命周期内,为了保证设备正常运行而定期支付的费用。它主要包括:能源消耗费、维修费、固定资产税、保险、折旧、操作该设备的人员工资等。

三、设备的合理使用

设备寿命的长短,效率的高低,加工质量的好坏,固然取决于设备本身,但也在很大程度上取决于人们对设备的使用。因此,合理使用设备是设备管理工作的一项重要内容。

(一)设备的磨损规律

磨损是设备陈旧落后的主要原因,设备的磨损有两种形式,即有形磨损和无形磨损。

1. 设备的有形磨损

设备的有形磨损是指机械设备在力的作用下,零部件产生摩擦、振动、疲劳、生锈等现象,致使设备的实体产生磨损。设备的有形磨损有两种形式:

① 物理磨损,是指设备在使用的过程中,由于各种力的作用,使零部件产生实体磨损,导致零部件的尺寸、形状和精度发生改变,直至损坏。

② 化学磨损,是指设备在闲置过程中,由于自然力的作用而生锈腐蚀,丧失了工作精度和使用价值。

2. 设备的无形磨损

设备的无形磨损是指由于科学技术进步而不断出现性能更加完善、生产效率更高的设备,使原有设备的价值降低,或者是生产同样结构设备的价值不断降低而使原有设备贬值。设备的无形磨损也称为经济磨损。设备的无形磨损有两种形式:

① 第Ⅰ种无形磨损,是指由于相同结构设备再生产价值的降低而产生原有设备价值的贬值。

② 第Ⅱ种无形磨损,是指由于不断出现技术上更加完善、经济上更加合理的设备,使原设备显得陈旧落后,而产生的经济磨损。

(二) 设备的故障规律

设备的故障规律就是设备在寿命周期内故障的发生变化规律。设备故障的发展变化过程可以分为三个时期,如图 8-1 所示

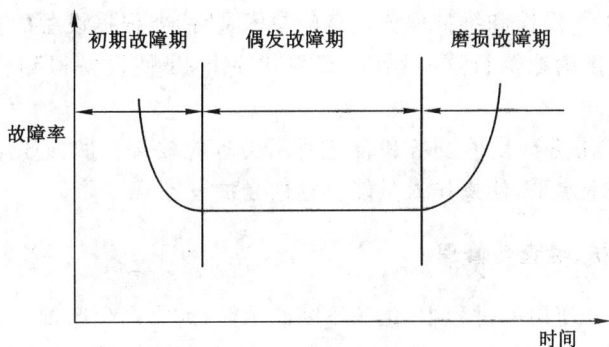

图 8-1 设备故障规律曲线

设备故障率的发展变化很像一个澡盆的断面,因此也叫“澡盆曲线”。按照设备的故障规律,可以把设备故障划分为三个时期。

1. 初期故障期

在这段时期内,故障发生的原因多数是由于设备设计、制造的缺陷;零部件磨合不好;搬运、安装时马虎;操作者不适应等。因此,对策是慎重地搬运、安装、严格验收、试运转。重点工作是细致地研究操作规程与方法。

2. 偶发故障期

这段时期设备处于正常运转时期,故障率最低。故障的发生经常是由于操作者疏忽和错误所致。因此,重点工作是加强操作管理,做好日常维护保养工作。

3. 磨损故障期

这是由磨损、腐蚀引起的故障。为了降低这个时期的故障率,就要在零部件达到使

用期以前加以修理。因此,重点工作是进行预防性维修和改善性维修。

把设备故障分为三个不同的阶段,有助于对设备管理起到指导作用。管理人员可以根据设备故障在不同时期的特点和规律,采取不同的措施。

（三）设备的合理使用

正确合理的使用设备,可以减轻磨损,延长设备寿命,保持设备应有的精度和良好的性能,从而充分发挥设备应有的生产效率。合理使用设备应做到以下几方面。

① 要合理安排机器设备的加工任务和工作负荷。在使用时,必须根据设备的具体情况,合理安排加工任务和工作负荷,使设备正常运转,避免意外损失,保证安全生产。

② 要正确配备各种类型的设备。根据企业的生产特点和工艺过程的要求,合理配备各种类型的设备。

③ 要为设备创造良好的工作条件。为设备创造良好的工作条件,是保证设备正常运转,延长使用期限,保证安全生产的重要条件。

④ 要为设备配备一定熟练程度的操作者。要正确使用和发挥设备的效能,就要求每个操作者熟悉地掌握设备的结构、性能、工艺加工范围和维护保养等基本知识,做到"三好"、"四会"(即用好、管好、保养好;会使用、会保养、会检查、会排除保障)。

⑤ 建立健全设备使用与维护保养方面的规章制度。设备使用与维护保养方面的规章制度,是指导工人操作和维护保养设备的技术文件,要根据设备的特点制定出设备的使用保养规程。正确地执行这些制度、规程和要求,是使设备得到合理使用的重要保证。

⑥ 要经常对职工进行爱护设备和合理使用设备的教育。加强职工的思想教育工作和提高职工的技术水平,使操作人员能自觉地爱护设备。

四、设备的维护、检查与修理

机器设备在生产使用的过程中,由于不断的运转,就会产生磨损。要使设备尽量减少磨损,以及磨损后能得到及时补偿,保证设备正常运转,就需要对设备进行维护、检查与修理。

（一）设备维修管理发展概况

设备维修管理是指围绕设备开展的一系列维护检查与修理的组织与计划工作的总称。设备维修管理随着生产的发展、现代化水平的提高以及管理科学和技术的发展而不断完善和发展,大致可分为五个阶段。

1. 事后维修

事后维修是指设备发生故障后,再进行维修。这个时期产生了专门从事设备检修和管理的人员,并逐步建立起设备维修与管理机构和制度,从而使设备管理开始走向专业化、科学化道路。但这种方法无计划,停歇时间长,不能满足现代生产的需要。

2. 预防维修

二大战时期,为了加强设备维修,减少设备停工修理时间,出现了设备预防维修的制度。这种制度以预防为主,在设备使用过程中做好维护保养工作,加强日常检查和定期检查,根据零部件磨损规律和检查结果,在设备发生故障之前有计划地进行修理。这延长了设备的有效寿命,并大大提高了设备的有效利用率。

3. 生产维修

预防维修有时会使维修工作量增多,造成过分保养。在1954年又出现了生产维修。生产维修要求以提高企业生产经济效果为目的来组织设备维修。其特点是,根据设备重要性选用维修保养方法;重点设备采用预防维修,对生产影响不大的一般设备采用事后维修。这样,一方面可以集中力量做好重要设备的维修保养工作,同时又可以节省维修费用。

4. 维修预防

设备的先天不足常常是使修理工作难以进行的主要方面。因此,1960年出现了维修预防的设想,这是指在设备的设计、制造阶段就考虑维修问题,提高设备的可靠性和易修性,以便在以后的使用中最大可能地减少或不发生设备故障,即使故障发生,也能使维修工作顺利进行。维修预防是设备维修体制方面的一个重大突破。

5. 设备综合管理

在设备维修预防的基础上,从行为科学、系统理论的观点出发,20世纪70年代初又形成了设备综合管理的概念。设备综合管理是对设备实行全面管理的一种重要方式。1970年首创于英国,继而流传于欧洲各国,这是设备管理方面的一次革命。

(二) 设备的维护保养

设备的维护保养是为了及时处理设备运行过程中由于技术状态的变化而引起的大量、常见的问题,随时改善设备的使用状况,以保证正常运行,延长使用寿命。设备的维护保养,按照工作量的大小、难易程度的不同,可以划分为以下类型。

1. 日常维护保养

日常维护保养,是由操作工人每天必须进行的例行保养。它主要对设备各部位进行清洁、润滑、紧固松动的螺丝;检查零部件是否完整;工件附件放置整齐以及填写交接班记录等。

2. 一级保养

一级保养,是在专职维修工人指导下,由操作工人定期进行的保养。它主要对部分零部件进行拆卸清洗;对设备某些配合间隙进行适当的调整;疏通油路;清扫电器箱电动机电器装置。

3. 二级保养

二级保养,是以维修工人为主,操作者协助进行的。它主要是根据使用情况,对设备进行部分解体检查和清洁,清洗内部传动装置,检修电路,检查、调整、修复精度,校正水平。

(三) 设备的检查

设备的检查是指对设备的运行情况、工作性能、磨损程度进行检查和校验。通过检查可以比较全面地掌握设备技术状况的变化和磨损情况,便于及时发现问题,提出改进维护工作的措施,为编制设备维修计划提供依据,有目的地做好修理前的准备工作,提高修理质量和缩短修理周期。设备检查按时间间隔可以分为:

① 日常检查,是由操作人员每日进行,目的是及时发现不正常的现象,进行必要的

维护保养工作。

② 定期检查,是按照计划日程表,在操作者配合下,定期地由专职维修人员执行,通过检查全面而准确地掌握零部件的磨损情况,以便确定更换的零部件和修理的部位。

（四）设备的修理

设备修理就是修复和更换由于正常或不正常的原因而引起的设备损坏,使其物质磨损得以补偿,恢复设备的效能。按照预防为主的原则,根据设备的磨损规律,有计划地对设备进行修理,以保证设备经常处于良好状态。设备计划修理主要分为以下三种。

① 小修,是对设备进行局部的修理,工作量较小,它只更换部分易损件,局部调整设备机构。

② 中修,是更换和修复主要零部件和较多的易损件,检查整个机械系统,紧固所有机件,消除扩大了的各种间隙和调整设备,校正设备基准,以保证修理部位恢复和达到规定的标准和技术要求。

③ 大修,是指对设备进行全面的修理,将设备全部解体,更换和修复所有的磨损件,校正和调整整个设备,全面恢复原有的精度、性能和生产效率,达到规定标准,配备安全装置和必要的附件。

五、设备的改造与更新

企业为了提高设备的现代化水平,适应生产发展的需要,保证生产的顺利进行,必须重视设备的更新与改造工作,设备的更新与改造工作是企业生产管理工作的一项重要内容。

（一）设备的寿命

由于磨损的存在,设备的使用价值和经济价值逐渐消逝,因而设备具有一定的寿命。根据对设备考察方面的不同,可以将设备寿命划分为以下几种。

① 自然寿命,也称物理寿命,是由有形磨损所决定的设备的使用寿命,指一台设备从全新状态开始使用,产生有形磨损,造成设备逐渐老化、损坏,直至报废所经历的全部时间。正确使用、维护保养、计划检修可以延长设备的自然寿命,但不能从根本上避免其磨损。任何一台设备磨损到一定程度时,必须进行修理或更新。

② 技术寿命,是指一台设备可能在市场上维持其价值的时间。也就是说一台设备开始使用到因技术落后而被淘汰为止所经历的时间,也叫设备的技术老化周期。技术寿命的长短主要取决于技术进步的速度,而与有形磨损无关。通过现代化改装,可以延长设备的技术寿命。

③ 经济寿命,是指由设备开始使用到其年平均使用成本最低年份的延续时间长短。经济寿命既考虑了有形磨损,又考虑了无形磨损,它是确定设备合理更新期的依据。一般说经济寿命短于自然寿命。

④ 折旧寿命,也称为会计寿命,是指计算设备折旧的时间长短,由财政部规定的固定资产使用年数来定。

（二）设备更新

设备更新主要是以结构更先进、技术更完善、效率更高、性能更好、消耗更低、外观更新颖的设备代替落后、陈旧,遭到第Ⅱ种无形磨损,在经济上不宜继续使用的设备。这是实现企业技术进步,提高经济效益的主要途径。

1. 设备更新的形式

设备更新的主要形式有两种,即原型更新和技术更新。

原型更新又称简单更新,是用同型号设备以新换旧。这种更新主要是用来更换已损坏的或陈旧的设备。这样有利于减少机型,减轻维修工作量,能保证原有产品质量,减少使用老设备的能源、维修费支出,缩短设备的役龄。但不具有更新技术的性质,因此,不产生技术进步。

技术更新是以结构更先进、技术更完善、性能更好、效率更高、能源和原材料消耗更少的新型设备,来换掉技术上陈旧落后,遭到第Ⅱ种无形磨损,在经济上不宜继续使用的设备。所谓设备更新主要是指这种方式,它是实现企业技术进步,提高经济效益的主要途径。

2. 设备更新的原则

我国设备拥有量已形成不小的规模,但技术水平低,老设备多,质量差,效率低,设备更新工作应遵循以下原则:

① 应坚持独立自主,自力更生,挖潜、革新和改造的方针;

② 必须要有战略规划;

③ 要讲究经济效益;

④ 更新下来的设备要合理、充分地利用。

3. 确定最佳的更新周期

确定设备的最佳更新时刻从成本观点来看就是确定设备的经济寿命。确定设备的最佳更新周期原则上是使设备一次性投资和各年经营费用的总和达到最小。计算的方法很多,运筹学的一个重要分支——更新论,就是专门用数学的方法研究设备的更新模型。常用的方法主要有:面值法、低劣化数值法、最小年费用法、更新收益率法等。

(三) 设备改造

设备改造是指应用现代科学技术成就,根据生产发展的需要,改变原有设备的结构,或对原有旧设备增添新部件、新装置,改善原有设备的技术性能和使用指标,使原有设备经改造后能局部或全部达到新设备的水平。

1. 设备改造的形式

设备改造的主要形式有两种,即:简单改装和现代化改装。

设备简单改装是通过改装扩大或改变设备的容量、功率、体积和形状,以满足产量或加工的要求。这种设备简单改装可充分利用现有设备,减少新设备购置费,节省投资,但不能提高设备现代化水平,不能实现企业的技术进步。

设备现代化改装是应用现代化的技术成就和先进经验,根据生产的具体需要,改变旧设备的结构,或增加新部件、新装置和新附件,以改善旧设备的技术性能与使用指标,使它局部达到或全部达到目前生产的新设备的水平。这种现代化改装可以使原设备提高加工质量和生产效率,降低消耗,全面提高经济效益。加强设备的现代化改装,是快速、经济、有效的更新改造方式。

2. 设备改造的内容

设备改造的内容很广泛,主要包括:

① 提高设备功率、速度、刚度,扩大改善设备的工艺性能;

② 提高设备的自动化程度,实现数控化、联动化;

③ 将设备改装成高效、专用设备;提高设备零部件的可靠性、可维修性;

④ 实现加工对象尺寸公差的自动控制;

⑤ 改装设备的监测监控装置;

⑥ 改进润滑、冷却系统;

⑦ 改进安全、保护装置及环境污染系统;

⑧ 降低设备原材料及能源消耗;

⑨ 使零部件通用化、系列化、标准化,提高三化水平。

第五节 生产运作管理的新方法

随着科学技术的进步、生产的发展和现代信息技术的广泛运用,许多适应市场需求多样化要求的变化趋势相继出现,一些能有效减少库存、合理安排生产、增强企业对市场变化的反应能力、提高为用户服务水平的现代生产管理方法应运而生,如工业工程(IE)、成组技术(GT)、准时生产方式(JIT)、精益生产方式、物料需求计划(MRP)、制造资源计划(MRPII)、企业资源计划(ERP)、柔性制造系统(FMS)、计算机集成制造系统(CIMS)、最优生产技术(OPT)、敏捷制造(AM)等。

一、准时生产方式

准时生产制(Just-In-Time,JIT),是日本丰田公司考虑当时国内市场环境、劳动力以及第二次世界大战后资金短缺等原因,综合了单件生产和批量生产的特点和优点,创造了一种在多品种小批量混合生产条件下高质量、低消耗的生产方式,即准时生产、即时配送,"在需要的时候,按需要的量,生产所需的产品"。准时生产方式,是一种有效地利用各种资源、降低成本的生产准则。其含义是:在需要的时间和地点,生产必要的数量和完美质量的产品、零部件,以杜绝超量生产,消除无效劳动和浪费,达到用最少的投入实现最大产出的目的。

(一)准时生产方式的目标和原则

一般来说,制造系统中的物流方向是从采购到生产再到销售的,而 JIT 方式却主张从反方向来看物流,即从顾客需求到生产再到采购。

1. 准时生产方式的目标

准时生产方式要彻底消除无效劳动和浪费。它将无效劳动和浪费分为:① 制造过剩的零部件;② 空闲待工的浪费;③ 无效的搬运劳动;④ 库存积压的无效劳动和浪费;⑤ 加工本身的无效劳动;⑥ 动作方面的无效劳动;⑦ 生产不合格品的无效劳动和浪费。

为了消除上述的无效劳动和浪费,准时生产方式的目标是:能高效地生产优良产品,并且在需要的时间按需要的数量生产所需要的工件。其具体要求有:① 废品量最低(零废品);② 准备和结束时间最短;③ 库存量最低(零库存);④ 搬运量最少;⑤ 机器损坏率最低;⑥ 生产提前期最短;⑦ 批量最小。

2. 准时生产方式的原则

准时生产方式应遵循的原则有:① 在当今产品市场寿命周期已大大缩短的年代,产品设计应与市场需求相一致,在产品设计阶段应考虑设计出的产品要便于生产;② 尽量采用成组技术和流程式生产;③ 要与原材料或外购件的供应者建立联系,以达到JIT供应原材料及采购零部件的目的。

为了确保准时生产方式的顺利实施,应建立准时生产方式系统,生产方式系统是建立在一系列生产管理技术的基础上的。它主要涉及设计出易生产易装配的产品;实现均衡生产;缩短生产提前期;保证生产资源的合理利用;健全质量控制与质量保证体系等方面。

(二)准时生产方式生产现场控制技术——看板管理

准时生产制主要采用看板管理,即企业将生产计划下达到最后一道工序,由后一道工序向前一道工序发出生产指令,通过信息的传递实现"拉动式"的适时适量生产。

1. 看板

看板管理是一种现场管理方法。它以流水线作业为基础,将生产过程中传统的送料制改为取料制,以"看板"作为"取货指令"、"运输指令"、"生产指令"进行现场控制。从生产最后一道工序(总装线)起,按反工艺顺序,一步一步地、一道工序一道工序地向前推进,直到原材料准备部门,都按照看板的要求取货、运送和生产。

准时生产方式生产现场控制的具体手段是看板。它是一种生产、转移的指令。看板上注明:看板编号、生产编号、件数、装箱型号、外协厂或上道编号、送达地的编号、交货时间、转送方式等,由总装厂向各零部件制造外协厂、下道工序向上道工序逐一下达。这与大批量生产方式的生产指令下达顺序正好相反。目前看板按照其功能和流转方式共分为运转、信息、产品、工艺、零件、特殊件、临时、试制、指示等9种主要类别。

2. 看板管理的规则

看板管理严格遵循以下规则:① 不良品不流到下道工序;② 后道工序向前道工序倒抽看板;③ 抽多少看板生产多少产品;④ 均衡生产;⑤ 生产组织合理化、简单有效减少浪费;⑥ 各工序(工艺装备)要稳定。

二、精益生产方式

精益生产(Lean Production,LP)起源于日本丰田汽车公司,精益生产既是一种原理,又是一种新的生产方式,它是继大量生产方式之后发展起来的一种新型生产方式。精益生产,是指对一切资源的占用少,对一切资源的利用率高。资源包括土地、厂房、设备、物料、人员、时间和资金等。

(一)精益生产的基本原理

1. 不断改进

企业在经营管理的过程中永远不满足于现状,不断地发现问题,寻找原因,提出改进措施,改变工作方法,使工作质量不断提高。

2. 消除浪费

企业在经营管理的过程中要尽量做到零库存和零缺陷,从而消除浪费。

3. 团队工作

团队工作是将职业、背景和专长不同的人组织到一起,以团队的形式完成特定任务的工作方式。团队工作将使协调简化,同时可以集中不同职业和专长的人的意见,从而提高工作质量和工作效率,使得改进不断进行。团队工作方式还可以激发人们的工作热情和创造力。

4. 沟通

人员之间、部门之间、本企业与顾客、供应厂之间都需要沟通,及时传递信息,以使相互了解,提高工作效率。

(二)精益生产的主要内容

精益生产的主要内容包括工厂现场管理、新产品开发、与用户的关系、与供应商的关系等方面。对于现场管理,即如何通过看板系统来组织生产过程,实现准时生产,在准时生产方式中已做了介绍。

1. 与用户的关系

公司在处理与用户的关系时采取"用户至上"、"用户第一"的指导思想,在这种指导思想下,公司采取了积极主动的态度,搞"主动销售"。

2. 新产品开发

如何按照顾客的需求不断开发新产品,是形成竞争优势的一个主要因素,缩短新产品开发周期,是成功推出新产品的关键。精益生产在新产品开发方面具有以下特点:① 领导,开发新产品时施行组长负责制;② 团队工作,开发新产品时,由项目负责人组织一个小组,小组一直工作到新产品开发完成;③ 沟通,大家互相沟通;④ 并行开发,将各部门人员放到一起可使很多工作并行地进行,从而大大缩短开发周期。

3. 与供应厂家的关系

在传统生产方式下,装配厂与供应厂之间是一种主仆关系。当总装厂的一种新产品的零件图出来之后,才开始选择供应厂家,而选择的标准就是低价。在精益生产方式下,零部件供应厂与总装厂是一种合作伙伴关系。零部件供应厂商是从合作共事过的企业中挑选出来的。在新产品开发初期,零部件供应厂商就可以参加进来。按照承担的任务不同,将零部件供应厂商按照不同层次组织起来,使供应厂商能够主动降低成本,并且有利于改进产品质量,提高产品的竞争力。

4. 精益企业

全面实行精益生产的企业是精益企业。精益企业包括以下五方面的含义:① 产品;② 生产过程;③ 工厂布置;④ 组织;⑤ 环境。经济发展带来了环境污染,大量生产,大量消费,大量污染,使我们居住的地球失去了生态平衡,也使人类受到惩罚,遭受各种灾害。

三、物料需求计划

物料需求计划(Material Requirements Planning ,MRP),是一种计算物料需求量

和需求时间的系统,其基本思路是围绕物料转化组织资源,实现按需准时生产。它按照基于产品结构的物料需求组织生产,根据产品完工日期和产品结构制订生产计划,即根据产品结构的层次从属关系,以产品零件为计划对象,已完工日期为计划基准倒排计划,按各种零件和部件的生产周期反推出它们的生产与投入时间和数量,按提前期长短区别各个物料下达订单的优先级,从而保证在生产需要时所有物料都能配套齐备,不到需求的时刻不要过早积压,从而达到减少库存量和减少占用资金的目的。MRP 系统的流程图如图 8-2 所示。

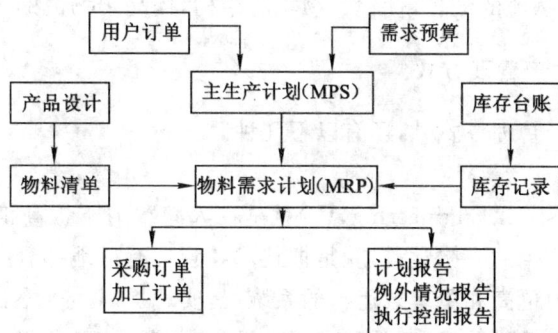

图 8-2　MRP 系统的流程图

1. MRP 系统的输入

MRP 系统的输入主要有三部分:主生产计划、产品结构文件和库存状态文件。

① 主生产计划(MPS),是一个综合性计划,是 MRP 的主要输入,相当于产品出产进度计划,是 MRP 运行的驱动力量。MPS 确定了最终产品的出产时间和出产数量。产品的需求量可以通过用户订单、需求预测而得到。MPS 的制定需要多种输入,如财务计划、消费需求、设备能力、劳动生产率、库存动态、供应商状态以及其他条件。

② 产品结构文件,也称物料清单(BOM),是生产某最终产品所需的零部件、辅助材料或材料的目录。它不仅要说明产品的构成情况,而且也要表明产品在制造过程中经历的各个加工阶段。

③ 库存状态文件,它是不断变化的,它的功能是保存每一种零部件的有关数据,如总需求量、现有量、前置时间、净需求量、预计到货量、计划发出订货量等。

2. MRP 系统的输出

MRP 系统的输出主要有:① 零部件投入出产计划;② 原材料需求计划;③ 互转件计划;④ 库存状态计划;⑤ 零部件完工情况统计,外购件及原材料的到货情况统计等;⑥ 工艺装备需求计划;⑦ 计划将要发出的订货;⑧ 已发出订货的调整;⑨ 对生产及库存成本进行预算的报告;⑩ 交货期模拟报告及优先权计划。

四、柔性制造系统和敏捷制造

柔性制造系统(Flexible Manufacturing System, FMS)是由计算机控制的由若干个半独立的工作站和一个物料传输系统组成,能高效的制造多品种、中小批量零件的加工系统。它具有以下特点：设备利用率高、投资小；工序中在制品少，缩短了准备时间；改变生产要求时有快速应变能力；维持生产的能力；产品质量高。柔性制造系统由：自动加工模块、刀具预调站、刀具管理子系统、工件装卸站、辅助功能模块、物料运输子系统、自动化仓库和机器人等八部分组成。

敏捷制造（Agile Manufacturing，AM）实质是在先进柔性生产技术的基础上，通过企业内部的多功能项目与企业外部项目合作组建一个虚拟公司，从而克服了 FMS 中物理设备固定、结构固定、加工柔性有限、无法实现动态重构等缺点。对企业物流系统而言，二者都简化了物流的流程，优化了物流的结构，提高了物流的工作效率。

五、其他现代生产管理方式

除上述现代生产管理方式外，还有以下几种。

（一）工业工程

工业工程（Industrial Engineering，IE）就是在人们致力于提高工作效率和生产率、降低成本的实践中产生的一门学科，就是把技术和管理有机地结合起来，去研究如何使生产要素组成生产力更高和更有效运行的系统，是实现提高生产率目标的工程学科。

工业工程的基本功能是：研究人员、物料、设备、能源、信息所组成的集成系统，进行设计、改善和设置。它的具体功能表现为：规划、设计、评价和创新等四个方面。

（二）成组技术

成组技术（Group Technology，GT）是组织多品种、中小批量生产的一种科学方法。它将企业生产的各种品种，以及组成产品的各种部件、零件，按照结构和工艺上相似原则进行分类编组，并以"组"为对象组织技术工作的生产管理方式。

（三）制造资源计划

制造资源计划（Manufacturing Resources Planning，MRPⅡ）是以计划和控制为手段，在全面分析制造企业生产库存特点的基础上，将企业采购物流、生产物流、销售物流集成在一起的"一体化"物流管理体系。因此，它既是一个物料计划系统，又是一个物料控制系统。

1. MRPⅡ系统的功能

MRPⅡ系统的功能有：① 基础数据管理；② 库存管理；③ 经营计划管理；④ 主生产计划；⑤ 物料计划；⑥ 车间作业计划与控制；⑦ 物料采购计划；⑧ 成本核算与财务管理。

2. MRPⅡ系统的特点

MRPⅡ系统的特点有：① 管理的系统性；② 数据共享；③ 动态应变性；④ 模拟预见性；⑤ 物流与资金流的统一。

（四）企业资源计划

企业资源计划（Enterprise Resources Planning，ERP），致力于在企业管理的各个活动环节中，充分利用现代信息技术建立信息网络系统，使企业经营管理活动中的物流、信息流、资金流、工作流加以集成和综合，实现资源的优化配置，加快对市场的反应速度，从而提高企业管理的效果和水平，并最终提高企业的经济效益和竞争能力。这是一种范围更广的、基于计算机信息管理系统的现代企业集成管理模式。

ERP 的核心思想就是实现对整个供应链的有效管理,主要体现在:① 体现对整个供应链资源进行管理的思想;② 体现精益生产和敏捷制造的思想;③ 体现事先计划与事中控制的思想。

(五)计算机集成制造系统

计算机集成制造系统(Computer Integrated Manufacturing System ,CIMS),就是把企业生产的各个环节,即从市场分析、产品设计、加工制造、经营管理到售后服务的全部生产活动作为一个不可分割的整体,紧密连接,统一考虑的集成系统。整个生产过程实质上是数据的采集、传递和加工处理的过程。

第九章　物料管理与供应链管理

企业进行物质生产活动要不断地、大量地消耗各种物料,加强企业物料管理是统筹兼顾企业各项技术、经济指标,取得良好经济效益的重要环节。物料管理的对象、范围广泛,品种繁多,搞好企业物料管理,就是要在企业连续生产的前提下,合理地选料,经济的采购,加强库存管理和控制,及时、配套、保质、保量地做好物料供应,以保证企业经济效益的提高。本章仅就物料消耗定额、物料储备定额、物料供应计划、物料库存控制以及供应链管理方面的内容进行阐述。

第一节　物料管理概述

企业的物料管理工作是企业生产经营管理的一项重要内容。物料的一般含义是物质资料的简称,它既包括生产资料,也包括生活资料。但在企业物料管理中所称的物料,是指在企业用于物质生产过程中所消耗的生产资料,如原料、材料、辅助材料、燃料、动力、工具等。企业的物料管理就是对企业所需的各种物料进行计划、采购、验收、保管、发放、节约使用以及综合利用等一系列组织管理工作的总称。企业的生产过程,同时也是物料的消耗过程。合理而有计划地组织物料的采购、供应、保管、使用,是保证企业生产顺利进行的前提条件。

一、物料管理的意义

加强对物料的管理具有重要的意义,主要表现在以下方面。

（一）加强物料管理,是保证企业生产能正常进行的重要条件

物料管理是生产前的一项准备工作,要保证企业的生产过程连续不断地进行,就需要不断地供应生产所需的各种物料。如果物料供应不正常,或者供应的品种、规格、质量不符合生产的要求,企业的生产就不能顺利进行。

（二）企业的生产过程同时也是物料的消耗过程

企业在生产的过程中要不断地消耗各种物料,在物料消耗过程中,如何做到合理利用,做到物尽其用,是企业节能降耗的一项重要工作。

（三）加强物料管理是提高企业经济效益的重要途径

搞好物料管理,合理利用和节约物料可以降低产品成本,加速流动资金周转,同时对产品开发、发展生产、提高质量、促进技术进步等都有着积极的作用。物料管理的好坏,直接影响到企业的生产、技术、经营等各方面的活动及其经济效益。

（四）加强企业物料管理,也是搞好整个国民经济物料管理的重要环节

从整个国民经济来看,国家在一定时期内的物质资源和资金总是有限的。搞好企

业物料管理,正确地选用和合理使用,加速物料的周转,就能以同量的物质资源和资金,为社会提供更多的产品,这对于促进国民经济的发展有着十分重要的意义。

二、物料管理的任务

企业物料管理的任务,总的来说,就是在国家方针政策的指导下,根据企业的生产经营任务,以提高经济效益为核心,做到供应好、周转快、消耗低、费用省,以保证企业的生产有效地顺利进行。具体任务可分为以下几个方面。

(一)保证有计划按品种、规格,保质保量及时地供应生产所需要的各种物料

企业所需要的物料是多种多样的,而且数量也很大,是通过其他许多企业生产和供应的,所以,无论在品种、规格、数量以及时间等方面,都会出现这样或那样的矛盾。物料管理工作的任务就是正确处理好这些矛盾,组织好物料供应工作,以保证企业的生产正常进行。

(二)加强物料管理,严格地组织物料的验收、保管和发放工作

对企业所需的各种物料,入厂时要做好物料的验收,入厂后要做好物料的保管和发放等一系列工作,要建立必要的责任制度以保证产品能够及时地投入生产,并设法尽量减少物料的损失浪费。

(三)组织好物料的运输和合理储备,以加速物料的流转

物料从供应单位到使用单位有一个运输的过程,同时,为了保证生产不致因物料供应不上而发生中断,就必须有一定的物料储备。这样,企业经常会有一定数量的物料处于运输和储备之中。因此,对于这部分物料必须加强管理,以减少到最低限度。如果这部分物料过多,就会多占用流动资金,延缓企业流动资金的周转速度,增加成本,影响企业的经济效益。

(四)监督和促进企业生产部门合理、节约使用物料

物料供应部门要加强物料消耗定额管理,严格执行物料的发放制度,积极提出节约物料的措施和建议,以促进生产部门不断改进工作,降低物料消耗,降低成本,提高部门的经济效益。

三、物料的分类

企业所需要的物料品种繁多、规格复杂、数量大,为了便于计划和管理,需要对各种物料进行分类。

(一)按照物料在生产中的作用分

① 主要原料和材料。即经过加工后构成产品主要实体的各种物资。原料是指采掘工作的产品,如矿石、原油、农产品等。材料是指原料经过加工之后,作为劳动对象提供的产品,如钢材、棉纱等。

② 半成品和成品配套件。即构成产品实体的外购产品。半成品是指购进后还需进一步加工或需组合加工后才能发挥其功能的产品。成品配套件是指凡购进后直接装机,就能发挥其原有功能或局部功能的产品。

③ 辅助材料。即用于生产过程,但不构成产品主要实体的材料。如与主要材料相

结合,使主要材料发生化学物理变化的材料,如染料、催化剂、接触剂等;为产品生产工艺上所需的各种材料,如铸造生产所用的型砂、型芯、铁丝、铁钉等;与机器设备使用有关的材料,如润滑油、皮带等;与劳动条件有关的材料,如清扫工具、照明、取暖设施等。

④ 燃料。即产生热能、光能的可燃烧性物料。如煤炭、木材、汽油等。

⑤ 工具。即生产中使用的各种刃具、量具、卡具等。

⑥ 动力。即用于生产和管理方面的电力、蒸汽、压缩空气等。

⑦ 包装物。即为了产品的销售与运输,并随产品一同售出的包装物品。

采用这种分类法,主要是便于企业制定物料消耗定额,计算各类物料的需用量和储备量,为计算产品成本、核算流动资金定额等提供依据。

(二)按照物料的自然属性分

① 金属材料。它包括黑色金属和有色金属两类。黑色金属又分为钢材、生铁等;有色金属如铜、铝、铅、锌等。

② 非金属材料。它包括石油产品、化工产品、木材、水泥等。

③ 机电产品。它包括机械产品、电工产品等。

采用这种分类法,便于企业编制物料供应目录和进行物料的采购与保管。

(三)按照物料的使用范围分

按照物料的使用范围可分为:① 生产经营用料;② 维修用料;③ 科学研究用料;④ 工艺装备用料;⑤ 技术措施用料;⑥ 基本建设用料。

采用这种分类法,便于企业和上级部门进行物料的核算和平衡,以及资金的预算和控制。

四、物料控制

企业生产系统的基本功能是实现生产的转换,即输入物料经过生产过程的加工制造转换成产品输出,生产转换的过程就伴随着物料流动的过程。

在物料流动过程中,存在着两种状态,一种是物料流动停滞状态;另一种是物料加工状态。但加工时间仅占生产周期的 2% 左右,所占比重较少。因而根据物料处于不同阶段的特点,将物料控制分为两类进行,一类是原材料和外购半成品及成品配套件的控制。这类物料的控制就是保证按质、按量、及时供应;要做好采购、储运等环节的工作。另一类是生产过程中在制品控制。由于物料在生产过程中大量处于停滞状态,堆存在各生产环节的仓库内,因此把这类控制看做是库存控制。库存控制的目的是减少库存费用,提高服务质量,适时、适质、适价供应,防止对生产环节或用户的供应短缺。

具体的控制方法将在以后章节中详细介绍。

第二节　物料消耗定额

企业在进行生产经营活动的过程中要不断地消耗大量的物料,制定科学合理的物料消耗定额有助于企业合理使用和节约物料,促进企业技术水平和管理水平的提高,降低产品成本,提高企业效益。因此,物料消耗定额是企业物料管理的一项重要工作。

一、物料消耗定额的概念及其作用

（一）物料消耗定额的概念

物料消耗定额，是指在一定的生产技术组织条件下，生产单位产品或完成单位工作，所必须消耗的物料数量标准。

物料消耗定额是反映企业生产技术水平和管理水平的标志，为了促使企业更好地使用和节约物料，努力降低单位产品的物料消耗，企业必须制定先进合理的物料消耗定额。所谓先进合理，就是在一定的生产技术组织条件下，在吸收先进技术经验的基础上，采用科学的计算方法，使制定出的定额既是先进的又是合理的，是经过努力可以达到的水平。

（二）物料消耗定额的作用

物料消耗定额的制定和管理是物料管理的一项基础工作，在企业管理中起着重要的作用。主要表现在以下几个方面：

① 物料消耗定额，是编制物料供应计划的依据。企业有了先进合理的物料消耗定额，才能正确地计算物料需用量、储备量、采购量，才能编制出准确的科学的物料供应计划。

② 物料消耗定额，是科学地组织物料管理的基础。因为有了先进合理的物料消耗定额，才能按照定额对消耗情况进行控制，按照定额组织物料供应，以保证企业生产正常地、均衡地进行。

③ 物料消耗定额，是监督和促进企业内部厉行节约、合理使用物料的重要工具。因为有了先进合理的物料消耗定额，并同经济责任制结合起来，就能有效地监督和促进车间、班组合理使用物料，节约物料，加强经济核算，设法采取各种措施降低物耗，杜绝浪费，提高企业经济效益。

④ 物料消耗定额，是促进企业提高生产技术水平、经营管理水平以及工人操作技术水平的重要手段。因为先进合理的物料消耗定额，是建立在先进的技术和管理水平基础上的。随着生产技术的进步和管理水平的不断提高，也要不断对物料消耗定额进行调整与贯彻，以促使企业不断改进设计和工艺，提高工人的操作技术、改进企业的生产组织和劳动组织，从而进一步提高技术水平和管理水平。

二、物料消耗定额的构成

制定物料消耗定额，首先要分析物料消耗的构成。也就是从原材料准备和投入生产开始，直到产品制成为止的整个生产过程中，物料消耗在哪些方面。

（一）原材料消耗的构成

一般来说，主要原材料消耗的构成主要包括以下三个部分。

① 构成产品净重的消耗。这是指按照图纸要求加工后的产品（零件）的净重，它是物料消耗的基本部分，也即有效消耗部分。

② 工艺性消耗。这是指在准备和加工的过程中，由于工艺技术上的原因所产生的原材料消耗。如机械加工过程中的切屑，锯木过程中的木屑、刨花，铸造过程中的氧化

皮以及加工准备过程中的料头、边角料等。

③ 非工艺性消耗。这是指产品净重和工艺性消耗以外的物料损耗。如生产的废品,运输、保管过程中所发生的损耗以及来料不符合要求或其他非工艺技术原因所产生的损耗等。这部分消耗,一般是由于管理不善所造成的。

（二）物料消耗定额的构成

由于物料消耗的构成不同,企业的物料消耗定额可以分为工艺消耗定额和物料供应定额两种。

① 工艺消耗定额。这是从工艺角度规定完成单位产品所合理消耗的物料数量标准,一般只包括产品净重和工艺性消耗两部分。工艺消耗定额是向车间和班组发料和考核的依据,一般是由工艺部门制定的。其计算公式为：

$$\text{单位产品(零件)工艺性消耗定额} = \text{单位产品(零件)净重} + \text{各种工艺性损耗重量的总和}$$

② 物料供应定额。由于有些非工艺性损耗是当前组织技术条件下很难避免的,为了确保供应,有必要在工艺定额的基础上,按一定的比例加上非工艺损耗,一般是以物料供应系数来表示的,这样计算出来的定额,通常称为物料供应定额。物料供应定额是用于核算需要量、确定物料采购量的主要依据,一般是由采购部门制定的。其计算公式为：

$$\text{物料供应定额} = \text{工艺消耗定额} \times (1 + \text{物料供应系数})$$

$$\text{物料供应系数} = \frac{\text{非工艺性损耗}}{\text{工艺消耗定额}}$$

三、制定物料消耗定额的基本方法

制定物料消耗定额的基本方法主要有三种,即:技术计算法、经验统计法和实际测定法。

（一）技术计算法

技术计算法是根据产品图纸和工艺资料,在工艺计算的基础上,吸取工人的先进经验,确定最经济合理的物料消耗定额的方法。技术计算法是制定物料消耗定额的一种基本方法,它又可以细分为以下三种方法：

① 计算法。即根据产品图纸和生产工艺等资料,计算物料消耗定额的方法。

② 下料法。即根据产品的图纸和生产工艺等资料,选择最合理的下料方案来制定物料消耗定额。

③ 实验法。即在实验室利用专门的仪器设备,通过实验计算出单位产品的物料消耗数量,再按照实际投产的条件制定定额标准。

以上三种基本方法各有优缺点,都比较科学,但是工作量较大,技术性较强。因此,凡是产品产量较大、技术资料健全的产品,应以计算法为主制定物料消耗定额。在实际工作中,最好将计算法、下料法、实验法三种方法取长补短结合使用。

（二）经验统计法

经验统计法也是制定物料消耗定额的一种基本方法,这种方法也可以细分为以下三种。

① 统计分析法。即根据物料消耗的历史统计资料,并考虑计划期内,在有关影响因素的基础上,进行计算和分析,制定出物料消耗定额的方法。

② 经验估计法。即根据有关人员的实际生产经验,并参考技术资料和计划期内的各种影响因素,通过估计来制定物料消耗定额的方法。这种方法简单易行,但科学性差,而且也易受制定人员经验的局限性影响,难以制定出先进合理的物料消耗定额。

③ 统计法。即直接根据历年的统计资料制定出物料消耗定额的方法。这种方法最大的优点是简单易行,缺点是制定的定额受统计材料的代表性和统计质量高低的影响,不能保证制定的物料消耗定额是否先进合理。

（三）实际测定法

实际测定法,即根据现场的实际情况,对物料消耗进行实际测定,通过分析研究制定出物料消耗定额的方法。采用这种方法制定定额时,可以消除一些消耗不合理的因素,但必须选择好测定对象,否则将对物料消耗定额的准确程度产生很大影响。

上述制定物料消耗定额的三种基本方法,都各有优缺点。在实际工作中,各企业由于产品性质不同,工艺加工方法不同,因此制定定额的具体方法也难以一致。至于采用哪种方法,应根据企业的实际情况和管理水平而定。最好是三种基本方法结合使用,以便取长补短,做好定额的制定工作。

四、物料消耗定额的制定

在实际工作中,根据企业使用的各种物料的用途可以将物料消耗定额分为:主要原材料消耗定额和辅助材料消耗定额。在同一企业内制定主要原材料消耗定额和辅助材料消耗定额的方法也是各不相同的。下面分别说明主要原材料和辅助材料消耗定额的具体制定方法。

（一）主要原材料消耗定额的制定

① 在机械加工企业中,一般是以毛坯的重量为出发点进行计算,在具体计算时,又因为所用的材料不同而有所区别。以零件棒材消耗定额为例,当一根棒材用于制造同种零件时,可以用以下公式计算:

$$零件棒材消耗定额 = \frac{一根棒材的重量}{一根棒材可锯出的毛坯数}$$

式中:

$$一根棒材重量 = 棒材单位长度重量 \times 棒材长度$$

$$一根棒材可锯毛坯数 = \frac{棒材长度 - 夹头长度}{单位毛坯长度 + 锯口宽度}$$

锯出的毛坯数为整数,计算出来的余数即为料头长度。

如果要以一根棒材制出几种不同的零件,可以采用下料部门材料利用率来计算:

$$零件棒材消耗定额 = \frac{零件毛坯的重量}{下料部门材料利用率}$$

式中:下料部门材料利用率 $= \dfrac{零件毛坯总重量}{制造毛坯所耗用材料总重量}$

制定零件板材消耗定额时,也可以利用板材下料利用率进行计算。

② 在冶金、铸造、化工性质的加工企业中,对主要材料消耗定额的计算,通常是根据工艺流程的特点和预定的配料比用一系列的技术经济指标来计算,如用成品率、配料比等。例如铸件的材料消耗定额,是以生产一吨合格铸件所消耗的某种金属炉料重量来表示的。

$$\begin{matrix} \text{一吨铸件所需的} \\ \text{某种炉料的消耗定额} \end{matrix} = \frac{1}{\text{合格铸件的成品率}} \times \text{配料比}$$

式中:

$$\text{合格铸件成品率} = \frac{\text{合格铸件重量}}{\text{金属炉料重量}} \times 100\%$$

配料比是指投入熔炉中各种金属材料的比例,如生铁、锰铁、硅铁、废钢铁等占投入炉料总重量的比重。

③ 在纺织企业中,一般采用制成率或废料率来进行计算。如棉纺厂原棉消耗定额的制定,可以按照以下基本公式计算:

$$\text{原棉消耗定额} = \frac{\text{成品净重}}{\text{成品制成率}}$$

$$\text{成品制成率} = \frac{\text{成品净重}}{\text{成品耗用原棉总重量}}$$

(二)辅助材料消耗定额的制定

辅助材料是指直接用于生产、有助于产品形成或便于生产进行,但不构成产品主要实体的各种材料。辅助材料种类繁多,使用情况复杂,消耗定额的制定方法也不相同,主要方法有:

① 与主要材料消耗成正比例的辅助材料,应按照主要材料消耗定额的比例来确定。例如炼一吨生铁需用多少溶剂。

② 与产品产量成正比例的辅助材料,应按照单位产品的实际需要量来计算。例如包装用材料。

③ 与机器设备使用有关或与工作日有关的辅助材料,应按照机器设备的开动时间确定。例如机器设备使用的润滑油。

④ 与使用期限有关的辅助材料,其消耗定额可以按照规定的使用期限来制定。例如清扫工具、劳保用品等。

由于辅助材料品种繁多使用情况复杂,有些难以换算的辅助材料,可以根据有关的统计资料和实际耗用情况加以确定。

(三)燃料消耗定额的制定

燃料消耗定额,一般用消耗标准分别计算。对动力用燃料消耗定额,以发一度电、生产一立方米压缩空气或生产一吨蒸汽所需要的燃料为标准;工艺用燃料消耗定额,以加工一单位产品或一吨合格铸件所需要燃料为标准计算;取暖用燃料消耗定额,可以按照每一个锅炉或按照单位受热面积来计算。

(四)动力消耗定额的制定

动力消耗定额可以根据用途来确定,如用于发动机器的电力,一般先按照开动马力计算电力消耗量,再按照每种产品所消耗的机器设备小时数,分摊到单位产品,用于技术操作过程的电力,如电炉炼钢,可以直接按照单位产品来确定。

（五）工具消耗定额的制定

工具消耗定额,一般是根据工具的使用时间和耐用期限来规定的。

以上所说到的物料消耗定额的制定方法,在实际工作中不同的企业应根据不同情况加以应用。

第三节　物料储备定额

企业在确定物料供应计划时,不仅要正确地确定完成生产任务所必需的各种物料需用量,而且要确定为保证生产正常进行所必要的各种物料需用量。因为,企业的生产经营过程是连续的不间断的进行的,企业要不断地、逐渐地消耗各种物料,然而各种物料的供应却是间断地、分批地进行的。所以企业就必须要有一定的物料储备,以保证企业的生产经营活动的正常进行。

一、物料储备定额的概念及作用

（一）物料储备定额的概念

物料储备定额,是指在一定的技术组织条件下,企业为完成一定的生产任务,保证生产正常进行所必需的、经济合理的物料储备数量标准。

（二）物料储备定额的作用

物料储备定额既要满足企业生产的正常需要,又要尽可能减少储备量,所以物料储备定额是企业物料管理中一项重要的工作,它的作用主要有以下方面。

① 物料储备定额,是编制物料供应计划和组织采购订货的主要依据。物料供应计划中的储备量,是根据储备定额计算的,只有当物料需用量和物料储备量确定之后,才能确定物料供应量,从而合理地组织订货和采购。

② 物料储备定额,是掌握和监督物料库存动态,使企业库存物料经常保持在合理水平的重要手段之一,只要有了先进合理的储备定额,才利于做到既能保证生产的正常需要,又能防止物料的积压和浪费。

③ 物料储备定额,是企业核定流动资金的重要依据。因为物料储备一般在企业流动资金中占有很大的比重,因此,制定和贯彻先进合理的物料储备定额,对于节约资金,加速流动资金周转速度,具有重要的作用。

④ 物料储备定额,是确定企业物料仓库面积和仓库所需设备的数量,以及仓库定员的依据。有了先进合理的物料储备定额,才利于减少仓库的基本建设投资,提高仓库及设备利用率和合理配备人员,以节约开支。

二、物料储备定额的构成

工业企业的物料储备定额,通常包括:经常储备定额、保险储备定额和季节储备定额。

（一）经常储备定额

经常储备定额，是指企业在前后两批物料供应间隔期中，为保证正常生产需要而建立的物料储备。这个储备数量是周期变化的，当一批物料进厂时，达到最高储备，随着生产的消耗物料逐渐减少，直到下一批物料进厂前，降到最低储备，当下一批物料进厂时，又达到最高储备。如此往复循环，周而复始，使企业物料经常处于最大值与最小值之间变动，故又称为周转储备定额。

（二）保险储备定额

保险储备定额，是指为防止物料供应误期而建立的储备。它主要由保险储备天数和平均每日需要量两个因素决定。

（三）季节储备定额

季节储备定额，是指某些企业由于某种物料来源受到季节性影响而建立的储备。它是根据季节性储备天数和平均每日需用量来确定的。

三、物料储备定额的确定

各种物料储备定额的制定方法是不同的，下面分别介绍。

（一）经常储备定额的确定

1. 以期定量法

以期定量法就是利用物料供应间隔期的长短来制定经常储备定额。主要由进料间隔和平均每日需用量决定。在每日需用量既定的情况下，进料间隔期越长，物料储备定额就越大；进料间隔期越短，物料储备量就越小。其计算公式如下：

经常储备定额＝进料间隔时间×平均每日需用量

在确定经常储备定额时，如果有些物料在入库以后、投产使用之前，还需要一定的准备时间，则还需要包括这部分准备时间。则其计算公式为：

经常储备定额＝（进料间隔天数＋物料准备天数）×平均每日需用量

由上式可见，经常储备定额主要是由三个因素构成的，即平均每日需用量、进料间隔天数和物料准备天数。现将这三个量的确定方法分别介绍如下。

① 平均每日需用量的确定。平均每日需要多少材料数量，直接影响储备量的高低，计算方法如下：

某种物料平均每日需要量＝该种物料全年计划需要量÷360

② 进料间隔天数的确定。进料间隔天数是指前后两批物料进厂的间隔天数。平均每日需用量确定后，进料间隔天数是决定经常储备量大小的主要因素。进料间隔天数一般是根据供货单位距离远近，运输方式和条件，物料到厂装卸和验收等因素来确定。确定进料间隔天数比较复杂，因为它的影响因素很多。例如一种材料可能由几个供货单位提供，而每个供应单位的距离远近、供应周期、运输方式、供应批量大小等都各不相同，因此确定进料间隔天数，可以根据上期前三个季节每次供应的实际数量和间隔天数的统计资料，用加权平均的方法来确定。其计算公式如下：

$$平均进料间隔天数＝\frac{\sum（每次入库数量×每次间隔天数）}{\sum 各次入库数量}$$

③ 物料准备天数的确定。某些材料在投产前需要进行简单的加工,如碾碎、烘干、分类分级等,这就要考虑这种材料投产前所需要的准备时间。但生产性加工准备工作,例如下料工作所占用的时间则不计算在内。在确定物料准备天数时,其第二批材料到达进库的日数,应提前一定期限,这样才能保证材料按期投产满足生产需要。物料准备天数应根据材料进厂后,需要搬运、化验、加工整理等因素逐项分析加以确定,或根据几次物料进厂后检验入库天数、使用前准备天数的实际资料分析研究后予以确定。其计算公式如下:

$$物料准备天数＝检验入库天数＋使用前准备天数$$

2. 经济订购批量法

它是以某种物料的经济订购批量为依据,来确定经常储备定额的方法。经济订购批量是指订购费用和保管费用的两者之和的总费用最低的一次订购数量。在总需要量一定的条件下,订购批量大,订购次数少,订购费用就小,但保管费用会相应增加;反之,则订购费用大,保管费用少,所以只有总费用最小时的订购批量才是最经济合理的。其计算公式如下:

$$EOQ=\sqrt{\frac{2QP}{C}}$$

式中　EOQ——经济订购批量;

　　　Q——物料全年需用量;

　　　P——一次订购的费用;

　　　C——单位物料全年平均保管费用。

【例】　某种物料一年需用量为 12 000 件,每件价格为 10 元,年保管费用率为 12%,每次订购费用为 32 元。试求经济订购批量,按照公式计算如下:

解:经济订购批量$=\sqrt{\frac{2QP}{C}}=\sqrt{\frac{2\times12\ 000\times32}{10\times12\%}}=800$ 件

由于年需用量为 12 000 件,经济订购批量为 800 件,因此,一年应订购 12 000÷800＝15 次。

以期定量法主要考虑的因素是企业外部条件,而经济订购批量法则主要从企业本身的经济效益来考虑。但采用经济订购批量需要掌握详细资料和较好的供应条件,否则就没有什么现实意义了。

(二)保险储备定额的确定

保险储备定额是指为了防止物料供应中断所需要建立的物料储备。对于容易补充的、供应条件很好的物料,可以不必建立保险储备。保险储备定额是物料储备的最低点,在正常情况下不予动用,当确有需要动用时,必须尽快设法补足。保险储备定额主要是由保险储备天数和每日平均需用量决定的。其计算公式如下:

$$某种物料的保险储备定额＝保险储备天数\times平均每日需用量$$

式中:保险储备天数,一般是考虑供应条件确定的,也可以根据上年统计资料中实际到货平均误期天数来确定。

(三)季节储备定额的确定

季节储备定额是由季节中断天数决定的,季节中断天数一般根据历年统计资料,并考虑计划期的具体情况加以确定。这类物料储备在供应发生困难之前提早准备,以保证在供应中断时,仍能满足生产需要。其计算公式如下:

某种物料的季节储备定额＝季节储备天数×该种物料平均每日需用量

根据以上的分析说明,企业的经常储备量是不断变动的,当一批物料进厂时,这种物料的储备量达到最大,这个最大值也可以称为最高储备量。最高储备量是由物料的经常储备量和保险储备量之和构成的。当库存该种物料超过最高储备量时,就应该停止采购并迅速处理,以免库存物料积压造成损失。物料随着生产的每日消耗,它的储备逐渐减少,到下批物料进厂前,储备量达到最小数量称为最低经常储备量也可以称为最低储备量。一般来说保险储备量就是最低储备量。库存该种物料降到最低储备量时,应迅速进货,以防止供应中断影响生产。

由于经常储备量是不断变动的,为了合理确定计划期末物料储备和核定企业资金需要量,所以还要确定平均储备定额。因此,下面分别介绍确定某种物料的最高储备定额、最低储备定额和平均储备定额的方法,其计算公式如下:

$$最高储备定额＝（进料时间间隔＋物料准备天数＋保险储备天数）×$$
$$平均每日需要量$$
$$＝经常储备定额＋保险储备定额$$
$$最低储备定额＝保险储备定额$$
$$平均储备定额＝\frac{经常储备定额}{2}＋保险储备定额$$

一般在建立了季节储备定额的时期内,不需要再建立经常储备定额和保险储备定额。

四、物料定额的管理

物料定额的管理是全过程的管理,包括制定、执行、考核、分析以及修订等一系列工作。加强物料储备定额管理的要求有以下方面。

(一)做好定额制定,编制定额文件

各项物料定额的制定,应根据实际情况采用适用的方法进行制定;定额制定后,应整理汇总,经过审批,分类成册列表制卡,建立必要的定额文件,作为管理的依据。

(二)抓好定额的贯彻执行

制定定额的目的在于使用,只有在生产实践中贯彻执行,才能起到应有的作用,并检验其是否先进合理,使分析、考核以及修订定额具有实际内容。在执行过程中,应严格执行定额供料制度和储备制度。

(三)建立健全定额的原始记录和统计工作

从物料到货,到物料的领取、使用、保管的各个环节,都应有准确可靠的原始记录。

(四)及时修订物料定额

企业应随着技术组织条件的变化,或者产品设计和原料配方的改变,对定额作相应的修改,使之保持先进合理水平。

（五）建立健全经济责任制

为了保证定额的贯彻执行，必须建立健全严格的经济责任制，使定额管理的各个环节项项有主管、事事有专责，彻底消灭无人负责的现象。

（六）专业管理与群众管理相结合

对于定额的贯彻执行，要加强领导，充分发动群众，结合班组核算，实行物料节约奖励制度等。

第四节　物料供应计划

企业物料供应计划是确定计划期内为保证生产正常进行所需各种物料的计划。它是企业经营计划的重要组成部分，是企业采购物料的依据。正确编制物料供应计划，是加强物料管理，保证生产需要，促进物料节约，降低产品成本，加速资金周转，提高企业经济效益的重要保证。

一、物料供应计划的准备工作

编制物料供应计划，是为了充分挖掘物料潜力，做到合理地节约地利用物料的过程，因此在确定计划前必须做好一系列的准备工作。

① 从思想上认真领会国家有关物料工作的方针政策以及上级有关指示、制度和办法，树立全局观点、节约观点，为编制计划做好思想工作。

② 调查研究，掌握物料供应动态，充分了解物料供应的变化情况、新产品、新材料的发展趋势，以及收集有关各类物料的资源、产地、样品、数量、价格、运输条件等情报资料。

③ 掌握企业内部有关资料，如计划年度生产任务和分季分月产品的生产进度，新产品试制计划，技术革新、技术改造计划以及物料消耗定额和物料储备定额等有关资料。

④ 掌握上期实际完成情况的有关资料。如各项计划的完成情况的有关资料；各项计划实际完成情况；各项物料消耗定额和物料储备定额的执行情况；物料供货单位的变化情况等。

⑤ 开展清仓查库，核实库存，充分听取各方意见，对原有的物料消耗定额进行全面的审核和修订。

⑥ 分析上期物料供应的执行情况、总结经验教训。同时分析研究物料供应工作的有利因素和不利因素，以便采取有效措施，改进物料供应工作。

二、物料供应计划指标的确定

企业编制物料供应计划，主要是确定物料需用量；期初、期末的库存量；物料采购量等。

（一）物料需用量的确定

企业的物料需用量，是指计划期内保证生产正常进行所必须消耗的经济合理的物料数量,物料需用量是按照每一类物料、每一种具体品种、规格分别计算的。计算的方法一般分为直接计算法和间接计算法两种。

① 直接计算法。也称为定额计算法,它是根据计划任务和物料消耗定额,并考虑其他必要因素,直接计算确定物料需用量的方法。其计算公式为:

某种物料计划需用量=计划产量×物料消耗供应定额-计划回用的废料数量

② 间接计算法。它是按照一定的比例系数和经验来估算物料需用量的方法。一般用于某些不便制定消耗定额的物资。例如确定某种物料需用量时,可根据上期消耗量以及计划与上期任务量的比例来计算。其计算公式为:

$$\frac{某种物料}{计划需用量}=\frac{上期实际(预计)}{消耗该种物料总量}\times\frac{计划任务量}{上期实际(预计)完成任务量}\times\frac{该种物料消耗}{增减系数}$$

这种方法适用于与计划任务或指标有直接关系的辅助材料或其他材料。

(二)期末、期初库存量的确定

物料的计划期末、期初库存量往往是不相等的,这就会影响物料的申请量或采购量,因此必须加以计算。

期末库存量通常按照平均储备量计算。期初库存量,一般是按照编制计划的实际盘点数,并考虑编制计划时到计划期初的预计到货量和耗用量等多个因素确定的。其计算公式为:

期初库存量=编制计划时实际库存量+期初前到货量-期初前耗用量

(三)物料采购量的确定

物料采购量是物料供应计划的主体,其计算公式为:

某种物料的采购量=物料需用量+计划期末库存量-计划期初库存量-
企业内部可利用资源

三、物料供应计划的组织实施

物料供应计划确定后,就要组织计划的实施。企业实现物料供应计划的关键是对外争取货源,对内按照计划组织供应,其主要工作有以下几方面。

(一)订货与采购的组织

企业物料供应计划的组织实施应首先做好订货与采购工作,必须注意以下几方面。

① 市场供应情况的调查预测。企业所需的各种物料行情变化趋势,价格水平,供应渠道,生产厂家,运输条件等都需要进行市场调查与分析,这是搞好采购订货的前提。

② 供货单位的选择。主要考虑供货单位的物料质量、价格、运费、数量、交货期限、供应方式、销售服务和信誉等方面是否对本企业有利。

③ 加强合同管理。在物料采购活动中必须根据议定的条件,签订购销合同。合同内容应该齐全、详细,合同签订后还应加强管理,并定期对合同执行情况进行全面检查与分析。

(二)供料管理工作

供料管理是指企业物料部门对车间及其他用料单位供应物料的计划和组织工作。首先,供应部门要制订供料计划和用料计划。企业内部各有关单位都必须根据生产和工作任务编制用料计划，以便供应部门有计划地供应用料和控制用料。控制用料的方法可以采用按照定额供应，或按照计划限额发料，对一些特殊和临时性用料，要经过一定的审批手续，以加强物料消耗的管理。

（三）计划执行情况的检查和分析

物料供应计划制订出来后，这只是第一步工作。为了及时发现和解决计划在执行过程中出现的问题，要进行定期和不定期的检查分析工作，以便促进物料供应计划的实现。检查分析的主要内容有：物料申请计划的审批情况；下达分配指标的虚实情况；采购及订货合同的完成情况；物料供应对企业生产建设的保证程度，主要物料的库存与周转情况；主要物料消耗定额的执行情况等。根据检查的情况，对原定计划需要作进一步调整或修改，以保证物料供应工作任务的顺利完成。

第五节　物料库存控制

企业生产过程从物质形态看就是对原材料进行加工、转换的过程，因此，企业必须对生产所需各种物料有计划地进行采购、供应、存储、合理使用等一系列管理工作。在这一物料管理工作中，核心内容是库存控制。因为库存量大，占用流动资金就多，产品成本提高；若太少又会影响生产，所以有必要进行库存控制，以便既能保证生产的顺利进行，又能节省资金占用量，提高企业效益。

一、库存及其分类

库存概括地说就是企业存储的各种物品和资源的总和，具体地说，企业库存包括主要原材料、辅助材料、燃料和动力、维修用备品备件等。物料的种类很多，按照不同的标准可以把库存分为不同的种类。

1. 按照库存物料的存在状态分

① 原材料库存。这是已购入而尚未投入生产的原材料。

② 在制品库存。这是指正在各生产阶段加工的那部分制品，包括正在进行工艺加工、技术检验、运输传递中的零件、部件、毛坯等制品。

③ 零部件库存。这是已经加工完毕而尚未组装的零部件。

④ 成品库存。这是指已经出产但尚未售出的产成品。

⑤ 备件库存。这是指设备维修中常用的零部件。

2. 按照库存用途分

① 经常性库存，亦称周转库存，它是在前后两批物料进厂之间的供应间隔期内，为保证生产正常进行所必需的、经济合理的物料储备。

② 安全库存，是指用于防止物料供应因企业自身无法控制的种种外部原因而发生中断、影响生产所储备的物料，故又称保险库存。

③ 季节性库存，是指企业为避免物料供应具有季节性，影响生产而设置的储备。

④ 在途库存，是指从一个地方到另一个地方处于运输过程中的物品。

3. 按照对物料需求的重复次数分

① 单周期库存。即偶尔发生的对某种物料的需求,仅仅发生在比较短的一段时间或库存时间不可能太长的需求,以及经常发生的对某种生命周期短的物品的不定量需求。相应的,单周期库存一般只存储一次,这些库存消耗完之后不再重新补充,因而也被称为一次性订货量问题。例如:奥组委发行的奥运会纪念章,新年贺卡等。

② 多周期库存。即在足够长的时间里对某种物料的重复的、连续的需求,其库存需要不断地补充。多周期库存需要多次存储,即前一批货物用完之前,下一批货物就需要入库,在一定的时期内周而复始地存储同样的物料。

4. 按照物料需求的依存程度分

① 独立需求库存。即用户对某种物料的需求与其他种类的库存无关,表现出对这种库存需求的独立性。一般来自用户的对企业产成品和服务的需求为独立需求。从库存管理的角度来说,独立需求库存是指那些随机的、企业自身不能控制而是由市场所决定的需求对应的库存,这种需求与企业对其他库存产品所做出的生产决策没有关系,如用户对企业最终完成品、维修备件等的需求。独立需求最明显的特征是需求的对象和数量不确定,只能通过预测方法粗略地估算。如汽车的需求就是独立需求。

② 相关需求库存。即与其他需求有内在相关性的需求,根据这种相关性,企业可以精确地计算出它的需求量和需求时间,它是一种确定型需求。一般生产制造企业内部物料转化各环节之间发生的需求为相关需求。相关需求也称为非独立需求,它可以根据对最终产品的独立需求精确地计算出来。用户对企业产成品的需求一旦确定,与该产品有关的零部件、原材料的需求就随之确定,对这些零部件、原材料的需求就是相关需求,而且相关需求的数量和需要时间是可以通过计算精确地得到的。例如,对于汽车制造企业来说,一旦确定汽车的需要量,轮胎的需要量就可以随之确定。

5. 按照库存参数的确定性分

① 确定型库存。即物料的需求量是已知和确定的,补充供应的前置时间是固定的,并且与订货批量无关。

② 随机型库存。即物料的需求量和补充供应的前置时间至少有一个是随机变量。

二、库存控制的意义

随着市场需求的日益多样化,客户会不断在更广泛的选择范围内寻找更有特色的库存服务,对库存管理提出了更高的要求,也为企业通过加强库存管理来提高竞争力提供了极好的机会。因此,库存控制在企业管理中起着重要作用。

(一) 库存控制在把"合适"提供给客户的过程中起到重要作用

企业在任何的交易中,客户都要求七个"合适",即合适的产品、合适的质量、合适的地点、合适的时间、合适的形式、合适的价格、合适的信息。客户尤其要求合适的地点、合适的时间、合适的价格和合适的信息。对于现代顾客来说,这些"合适"具有非常重要的意义。例如,对于很多顾客来说,一件衬衫或一双鞋子的及时交货,与衬衫和鞋子的做工、颜色是否合适同样重要。对于企业的客户来说,原材料、外协件的及时供应更直接关系到企业产品竞争能力的强弱。

（二）库存控制对于企业以及整个供应链上的企业联盟大幅度降低成本具有极为重要的意义

在传统的企业管理中，从产品设计、采购、生产、出厂，再经过一个个配送、批发环节，到把产品交到顾客手中，整个生产周期和流通周期拉得很长。这不仅意味着无法迅速满足不断出现的新的市场需求，而且意味着在整个生产周期和流通周期资金的大量占用。有人把这种成本称为"时间成本"。这种成本在企业内部、企业与企业之间、企业与市场的沟通环节之间大量存在。实际上，在从采购原材料开始直至产品交到顾客手中的整个周期中，产品加工生产所需时间只是很少的一部分，而其余的时间都处于运输、存储、等待的状态。因此，人们已经越来越意识到，制造活动以外的非生产时间对企业利益也是至关重要的。此外，到目前为止，在生产过程内部的成本降低潜力已不是很大，而在配送、流通环节尚存在极大的潜力。可以通过加强库存控制来缩短生产周期和流通周期，不仅能大幅度降低成本，而且会带来另一种竞争优势：快速交货。这对于现代企业来说，是提高企业市场竞争力的重要手段。

（三）在经济全球化的大趋势下，越来越多的企业开始面向全球经营，进行全球生产运作

全球生产运作的最主要特点是：全球布置生产设施，全球采购物料，产品全球流动。全球生产、全球运作的好处有：物料的全球采购通过选择具有最低成本的供应商可以降低物料费用，全球范围内选择生产设施可以通过在劳动力成本最低的地区建厂降低生产成本，产品的全球流动可以开拓新的消费地区，等等。但这种全球生产运作离不开库存控制的支持，而且会使库存控制面临很多挑战，主要包括：增加了供应商选择的复杂性；扩大了运输距离；拉长了配送中心的距离；增加了信息的处理量；增加了顾客需求的多样性；等等。这些挑战不仅体现了库存控制的重要性，而且对库存控制提出了更高的要求，进一步促进了库存控制的发展。

总而言之，良好的库存控制可以为企业大幅度降低总成本，以更低的总成本为顾客提供更多的时间或服务价值，从而增强企业的竞争优势。

三、库存控制的任务

一定量的库存是企业进行生产所必需的。如果数量过少，一旦物料供应发生意外情况，企业生产就可能由于没有原材料、零部件而中断。库存也不能过多，因为这样会占用大量资金，物料在长期存放中也会发生物质的和价值的损失浪费。因此，库存控制是企业生产运作管理的一项经常性工作。进行库存控制应重点完成以下几项任务。

（一）保证满足企业生产需要

在市场经济条件下，物料供应存在许多企业自身控制不了的外部因素，如供应商交货延迟，铁路、公路等运输过程发生误期、损坏或丢失情况，电力等能源供应不足而耽误了正常生产等，因此，库存控制的基本任务就是要满足企业生产需要，确保生产正常进行。

（二）保持生产系统稳定高效运行

企业生产系统经过精心设计，如果各个环节处于正常状态。通过对库存的监控与

调节,使库存控制同生产作业控制紧密结合,这样才能实现对生产系统的整体控制。所以,库存控制的着眼点并不是库存本身,而是保持生产系统的高效运行。

（三）在保证满足生产需要的前提下,减少物料储备,加速物料周转,降低生产成本

企业的物料储备是资金占用的一种形式。由于企业所需物料的数量很大,这一资金占用自然也很多。根据有关资料介绍,工业生产中,库存一般占用企业流动资金的80%以上。因此,压缩库存、加速物料周转,对于减少资金占用,提高资金周转率,降低生产成本,有着重要的意义。

四、库存控制基本决策

在需求一定的条件下,平均库存水平是由每次的订货量决定的,如果每次订货量较大,则订货次数虽然相应减少,但平均库存水平仍比较高。图 9-1 是订货量变化对平均库存水平的影响示意图,从图中可以看出,当每次订货批量为 Q 时,平均库存水平为 $Q/2$,而当每次订货批量为 $Q/2$ 时,平均库存水平降为 $Q/4$,但其进货的次数明显增加。尽管图 9-1 是在需求均匀的假设前提下产生的,但我们仍然可以从中得出如下的推论:平均库存量与存货耗用速度和进货速度有关,当存货耗用速度一定时,库存管理者可以通过进货速度进行控制,使库存水平维持在一个预期的水准上,而进货速度是由进货的批量与频率共同决定的。

因此,总的来说,库存控制的基本决策主要包括以下内容:① 确定相邻两次订货的间隔时间,即订购周期。② 确定每次订货的订货批量,即订购批量。③ 确定每次订货的提前期,即订购提前期。④ 确定库存满足需求的服务率。

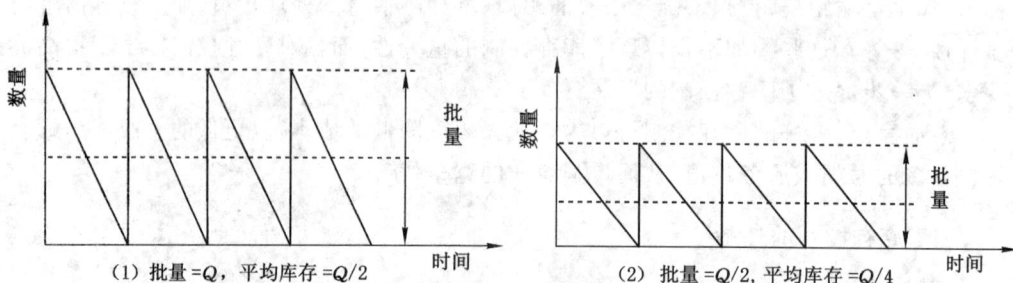

图 9-1　订货量变化对平均库存水平的影响示意图

五、影响库存控制决策的因素

影响库存控制决策的因素主要有需求特性因素、订货提前期因素、服务水平因素等,在诸多影响因素中,生产系统对物资的需求特性是需要优先考虑的因素。

（一）需求特性因素

需求分为确定需求和非确定需求两大类,相比之下,确定需求的生产系统的库存控制相对容易,管理者只要保证进货的速度与需求消耗速度保持同步,便能维持合理的库存水平;而非确定需求的生产系统的库存控制较为复杂,由于需求状况无法预先准确估

计,因此,管理者在考虑正常需求的同时,还要考虑保持一定的安全库存储备。

需求还可以分为有规律变化需求和随机变化需求两大类。如果生产系统中物料需求的变化有规律可循,管理者在进行库存控制时,可以根据需求的变化规律准备库存物料,需求旺季增大库存量,淡季则降低库存量,使得系统的整体库存处于合理水平。如果生产系统对物料的需求是随机的,根本无法较为准确地预测,则需在设定经常性库存的基础上,进一步建立额外的安全库存,以应付突然出现的需求变化。

需求也可以分为独立性需求和相关性需求两大类。事实上,生产系统耗用的各种物料间均存在着一定的关联关系,因此,在制订企业的生产计划时,通常考虑需求的关联性。

需求是否具有可替代性,也是库存控制决策必须考虑的因素之一。如果一种物料可以用多种其他物料替代,而且替代物料很容易获得,则该物料的库存量可以少些,反之,该物料的库存量应该多一些。

（二）订货提前期

订货提前期是影响库存控制决策的另一重要因素。订货提前期可以是确定的,也可以是不确定的,因此,在进行何时订货的决策时,该物料的订货提前期是一项必须考虑的重要因素。

（三）服务水平

服务水平的高低对库存控制决策将产生重要的影响。如果要想 100% 地满足客户的需求,即服务水平为 100%,则需要增加库存。库存量越多,及时满足客户需求的可能性越大,同时也意味着企业要占用更多的资金,付出更高的库存成本。因此,确定合理的服务水平是非常重要的。

六、库存控制模型

物料的库存控制,是对物料存量动态变化的掌握和调整,是实现物料计划和控制流动资金的重要环节。库存控制应从系统的观点出发,建立系统的库存控制模型,并从定性和定量两方面进行综合分析研究,以求得经济效益最佳的库存方案。库存控制模型主要有以下几种。

（一）固定订货量系统

固定订货量系统是应用较为广泛的一类库存控制系统。所谓固定订货量系统就是订货点和订货量都是固定的库存控制系统。当库存控制系统的现有库存量降到订货点时,库存控制系统就向供应商发出订货,每次订货量均为一个固定的量 Q。经过一段时间（即订货提前期）,所发出的订货到达,库存量增加 Q。订货提前期是从发出订货至到货的时间间隔,其中包括订货准备时间、发出订单、供方接受订货、供方生产、产品发运、产品到达、提货、验收、入库等所需花费的时间。

由于从订货指令发出到所购物料到货入库,通常需要一段时间,在此期间库存储备不断减少,物料不断地出库满足生产需要,直到库存储备降到最低点。当订货物料到货时,库存储备得到补充,达到最大值。因此,固定订货量系统需要随时检查库存量,并随时发出订货,故称固定订货量系统为连续检查控制系统。

固定订货量系统需要随时检查库存量,并随时发出订货,这样就增加了库存管理的工作量。为了减少固定订货量系统的管理工作量,常采用收发卡片法、双堆法、单箱库存法和三箱库存法进行库存管理。

固定订货量系统模型的应用范围为:所储存的物料具备进行连续检查的条件;价值虽低但需求数量大的物料以及价格昂贵的物料;易于采购的物料。

（二）固定间隔期系统

固定订货量系统需要随时监视库存变化,对于物料种类很多且订货费用较高的情况,是很不经济的。固定间隔期系统可以弥补固定订货量系统的不足。固定间隔期系统也称为定期库存系统,它是采用定期盘点的方法管理库存,并根据库存情况,结合下一计划期预计的需求情况确定每次的订货批量,如果目前库存储备较少,或者预计需求将增加时,可以适当地增加订货批量,反之则可以减少订货批量。

固定间隔期系统通常采用最大最小系统法进行库存管理。

固定间隔期系统的应用范围为:需要固定盘点和定期采购或生产的物料;具有相同供应来源的物料;供货渠道较少或供货来自物流企业的物料。

（三）随机型库存控制系统

当物料的需求率（即单位时间内的需求量）是已知和确定的,补充供应的前置时间（即订货提前期）是固定的,这类库存控制系统叫做确定型库存控制系统,固定订货量系统和固定间隔期系统都属于确定型库存控制系统。当需求率和订货提前期中有一个为随机变量的库存控制系统,就是随机型库存控制系统。

随机型库存控制系统由于前置时间或需求率往往是可变的,库存量曲线呈现为台阶型的折线,且各个订货周期内的曲线形状各不相同。

随机型库存控制系统,由于需求是随机可变的,因此,需要对需求函数进行描述,一般常用正态分布、泊松分布和负指数分布来描述需求函数。

（四）一次性订货量系统

一次性订货量系统是指在一个时期内仅仅采购一次或仅能安排一次批量生产的物料的库存控制系统。对于一次性订货量系统,由于只采购一次,所以通常不需考虑订货成本。同时,由于储存的时间短,通常也不考虑储存成本。在确定最优需求量时,一般只考虑超储成本和机会成本。当订货量大于需求量时,积压的存货可能降价销售,也可能报废而全部损失,这时就发生了超储成本;当订货量小于需求量时,失去了潜在的销售机会造成利润的损失,就产生了缺货的机会成本。这两种成本不会同时发生,当需求量超过一次性订货量时,只发生机会成本,而不存在超储成本;反之,当需求量小于一次性订货量时,仅发生超储成本而不存在机会成本。最理想的是需求量等于订货量,这时既无超储成本,也无机会成本。

一次性订货量系统的应用范围为:偶尔发生需求的某种物品;经常发生不定量需求的某种市场寿命周期非常短促的物品。

七、库存控制的基本方法

根据不同的库存控制模型有不同的库存控制方法,库存控制的方法主要有以下几种。

(一) 定量库存控制方法

定量库存控制方法也叫连续检查控制法、永续盘点法,它是以固定订购点和订购批量为基础的一种库存控制方法。当每次物料出库时,都要盘点剩余物料,如果库存量等于或小于事先规定的订购点,就按照规定的订购批量发出订购指令。订购点的计算公式为:

$$订购点＝平均每日需用量×备用天数＋保险储备量$$

定量库存控制法的特点是:订购点和订购批量固定,订购周期不固定。定量库存控制法的优点是:能够随时掌握库存的动态,及时提出订购,不易出现缺货;保险储备量较少;每次订购量固定,能采用经济订购批量法来确定订购批量;控制方法比较简单,便于应用计算机管理。定量库存控制法的缺点是:订购时间不确定,不易做周密的采购计划;不能及时调整订货数量,难以适应需要量的较大变化;不能突出重点物料的管理。

(二) 定期库存控制方法

定期库存控制方法也叫周期检查控制法、定期盘点法。它是以固定盘点和订购周期为基础的一种库存量控制方法,它按照规定时间检查库存量并随即提出订购,补充至库存储备定额。物料订购时间是预先固定的,每次订购批量是可变的,其订购量的计算公式为:

$$订购量＝平均每日需用量×(订购周期＋订购间隔期)＋$$
$$保险储备量－现有库存量－已订购未交量$$

式中:订购周期是指提出订购到该批物料入库为止所需的时间;订购间隔期是指相邻两次订购日之间的时间间隔;现有库存量是提出订购时盘点的库存量;已订购未交量是指已经订购,能在下次订购前到货的数量。

定期库存控制方法的特点是:订购周期固定,如果每次订购的备运时间相同,那么进货周期也固定,而订购批量是可以变动的。定期库存控制方法的优点是:订购时间固定,有利于对采购计划作较为周密的安排;订购批量依据实际库存和预计需求量而定,能够灵活调整订购数量,可以较好地适应需要量变化的情况;有利于区分重点与非重点物料,对重点物料加强控制。定期库存控制方法的缺点是:每次都要盘点库存物料,调整订购数量,相对来说比较复杂;由于定期盘点,可能对有些物料储备的变动情况掌握的不够及时,造成缺货。

(三) ABC分类控制法

企业所需物料品种多、规格杂、耗用量大,其价值大小和重要程度各不相同,因此应分别对待,突出库存控制工作的重点。ABC分类控制法,就是根据库存物料的主要经济特征,如物料的供应量、资金占用额、库存损失费用等,对库存物料进行排队,将企业物料划分为A、B、C三类,从而对不同类型的物料采取不同的库存控制方法,以提高库存控制的效率与效果。其中,A类物料品种少,一般只占企业全部物料的 10%～15% 左右,但占用资金较多,约占 75%～80%;B类物料品种约占 20%～25%,资金约占用15%～20%;C类物料品种繁多,约占 60%～65%,资金只占用 5%～10% 左右。上述三类物料在库存控制和管理中的重要程度不同,A类物料最重要,应严加控制,一般宜采用定期库存控制法,尽量缩短订货间隔期;B类物料较重要,可以适当控制,一般宜采用定量库存控制法,即当存量降到订购点时订购;C类物料是一般物料,可以放宽控制,订购间隔期可以长一些,如几个月或半年订购一次。这样可以简化物料管理工作,做到既能保证生产需要,又占用最少的费用,从而使企业获得良好的经济效益。

(四)经济订购批量控制法

经济订购批量进行库存控制,重点是从企业本身经济效益来综合分析物料订购和库存保管费用的一种科学方法。经济订购批量法已经在经常储备定额中详细介绍过。

第六节　供应链管理

面对日益激烈的全球性市场竞争环境,企业管理者已经认识到当今时代的市场竞争已经不是企业与企业之间的竞争,而是供应链与供应链之间的竞争。只有把企业的生产经营活动放到由众多的供应商、制造商、批发商、零售商、直到最终用户连成的一个整体功能网络结构模式中去研究,解决相互之间的有效衔接、资源共享和分工合作,才能克服单个企业资源和能力的局限性,快速灵活地适应市场变化,赢得竞争优势,获得共同发展。

一、供应链管理概述

在传统的企业管理中,一条"链"上各个企业互相只把对方视为"买卖关系"、"交易对手",各自只关注自己企业内部的运作和管理,而供应链管理的目的,则是要把整条"链"看做一个集成组织,通过"链"上各个企业之间的合作和分工,致力于整个"链"上资源的合理化和优化,从而提高整条"链"的竞争能力。这是一种跨企业集成管理的新型思想。

(一)供应链与供应链管理的概念

现代企业的库存控制,不是一个企业单独进行控制就可以解决的问题,而是要和企业所处供应链的其他众多企业共享资源、协同作业,这样才能实现比单个企业更佳的经济效益。

供应链是指由供应商、制造商、分销商、直到最终用户所联结起来的网络结构。这一网链结构围绕核心企业,以能力互补与资源整合为基础,把上下游企业组织起来,结成长期战略合作伙伴关系,通过对信息流、物流、资金流的全面控制,优化从原材料采购开始、到制成中间产品以及最终产品、最后由销售网络把产品送到消费者手中的整体功能和竞争优势,实现高质量、低成本、快速响应市场需求与变化,为用户提供产品与服务。供应链的运行是用户导向、需求拉动模式,即整个供应链的运行是以适应最终用户需求及其变化为出发点和落脚点,链条内的各个企业之间也是供应商与用户的关系,所以它们的生产经营活动不再是从生产出发到销售这样的推动式模式,而是由市场出发的拉动式模式。供应链系统结构如图9-2所示。

对供应链这一复杂系统从整体上实施管理,就是供应链的管理,具体地说,供应链管理就是对供应链的结构与运行进行系统设计,展开运营管理和监督控制,从而提高供

增值物流

```
┌────────┐   ┌────┐   ┌──────────────────────┐   ┌────┐   ┌────┐   ┌────┐
│ 供应商 │   │ 供 │   │       企业           │   │ 经 │   │ 零 │   │ 最 │
│  的    │──▶│ 应 │──▶│采购—生产加工—批发配送│──▶│ 销 │──▶│ 售 │──▶│ 终 │
│ 供应商 │   │ 商 │   │                      │   │ 商 │   │ 商 │   │ 客 │
│        │   │    │   │                      │   │    │   │    │   │ 户 │
└────────┘   └────┘   └──────────────────────┘   └────┘   └────┘   └────┘
```

信息流、资金流

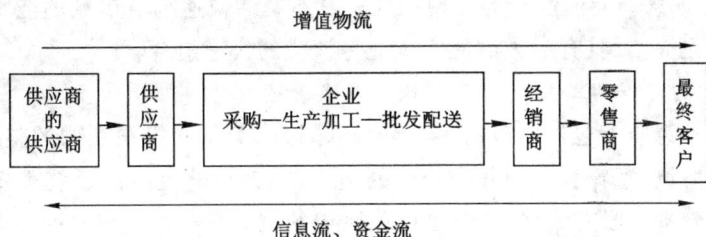

图 9-2　供应链系统结构图

应链的整体竞争力,以比单个企业更经济、更适时、更准确、更持久的模式满足用户需求,实现供应链企业与用户的利益最大化。

(二) 供应链管理的内容

供应链管理是以同步化、集成化的生产计划为"龙头",依托 Internet/Intranet 信息化平台,围绕供应、生产作业、物流和用户需求等业务活动来展开的。其主要内容有:① 供应链网络设计与调整;② 供应商和用户(供应链战略联盟伙伴)的选择与管理;③ 供应链的产品需求预测与计划;④ 依托供应链的产品设计与制造管理;⑤ 企业内部和企业之间的物流配送策略与管理;⑥ 供应链的分销策略与分销渠道管理;⑦ 供应链的用户服务和顾客价值管理;⑧ 基于 Internet/Intranet 的供应链信息管理和决策支柱。

供应链管理的上述内容也可以归纳为职能领域和辅助领域两个方面的管理。职能领域的管理有产品工程、产品技术保证、采购、生产控制、库存控制、仓库管理和分销管理。辅助领域管理主要包括客户服务、制造、设计工程、会计核算、人力资源和市场营销。

(三) 供应链管理的基本管理思想

供应链管理同传统管理相比,十分强调以下管理理念。

① 系统观念。供应链是由用户、零售商、分销商、制造商和供应商等共同参与、有机联系而形成的网络式组织,它不再是分散地由各个企业独立处理各自的业务,而是以整个供应链为对象,通过信息共享、流程重组等手段,使所有关联的参与企业的业务活动有机衔接,增强活动之间的协同性,进而提高各个企业的作业效率。

② 互补性观念。供应链的各个节点的选择应遵循强强联合的原则,达到实现资源外用的目的,每个企业只集中精力致力于各自核心的业务过程,以实现供应链业务的快速重组。

③ 战略合作。供应链管理注重参与企业之间建立长期的战略合作伙伴关系,稳定参与企业的数量和相互之间的经济、技术及作业联系,这样才有利于提高众多企业之间的合作质量,使整个供应链的协同运作更加顺畅,对市场的快速反应能力和竞争能力更强。

④ 动态性观念。不确定性在市场中随处可见,供应链运作效率也受到不确定性的影响。不确定性的存在导致需求信息的扭曲,因此,要预见各种不确定性因素对供应链运作的影响,减少信息传递过程中信息延迟和失真。

⑤ 简洁性观念。简洁性是为了使供应链具有灵活快速响应市场的能力,供应链的每个节点都应是简洁、具有活力的能实现业务流程的快速组合。

（四）供应链管理的本质——跨企业的集成管理

供应链管理意味着包括供应商、生产商和零售商等不同组织在内的整个链的计划和运行行为的协调,意味着跨越各个企业的边界,在整个链上应用系统观念,即强调供应链的集成化管理。没有集成化,链上的每个组织就会只管理它自己的库存,以这种方式来防备由于链中其他组织的独立行动而给本组织带来的不确定性。例如,一个零售商会需要安全库存来防止分销商货物脱销情况的出现,而分销商也会需要安全库存以防止生产商出现供货不足的情况。由于在一条链的各个界面中都存在不确定因素,而且没有相互间的沟通与合作,所以就需要重复的库存。而在供应链的集成化管理中,链中的全部库存管理可通过供应链所有成员之间的信息沟通、责任分配和相互合作来协调,这样就可以减少链上每个成员的不确定性,减少每个成员的安全库存量。在供应链集成管理的协调下,所有的成员可以用更少的库存来为顾客提供更好的服务。较少的库存可以减少资金占用量、削减库存管理费用,从而降低成本,提高效益。除库存的减少外,供应链集成管理还可以减少生产过剩,增加其在其他领域的协调。通过对链上每个成员信息处理行为的检查,可以鉴别出整条链上的冗余行为和非增值行为,从而提高整个供应链上每一成员的效益和竞争力。

（五）供应链管理的主要对象——三种"流"

一条供应链中存在三种"流",即物流、信息流和资金流。供应链管理的主要对象就是这三种流。

1. 物流

物料是沿着供应链的运动过程流动的最主要的流。原材料沿着供应链从供应商,到生产商,到批发商、零售商,最后到达顾客手中,最终实现其价值。供应链管理,首先关注的是这种物料流动,其在必要的时间,流动到必要的地点,送达到必要的人手中。

2. 信息流

对供应链中物流的控制必须依赖于及时、可靠的相关信息,物流与信息流是相互作用、互不可分的。供应链上的每一企业,不仅需要知道其下游各户的需要,也需要知道其上游供应商的供应能力,因此,供应链上的信息是双向流动的,供应链上的企业需要共同分享有关的信息。

3. 资金流

供应链上资金不仅是链上的各个企业之间的款项结算,还包括供应链上各个企业之间如何通过资金的相互渗透来结成更加紧密的供应链。

二、供应链管理下的物流管理

近年来,随着信息时代的到来和经济全球化的发展,物流对社会和企业发展的重要性越来越大,特别是近几年,供应链管理思想的实践对物流管理提出了更高的要求。

（一）物流与物流活动

1. 物流

物流一词是第二次世界大战期间由军事后勤学(Logistics)的含义演变来的,最早源于美国,后被日本引进。从 20 世纪 30 年代美国消费者协会最早对物流的定义开始,它作为"供"、"需"间有机衔接的桥梁,逐渐发展为一门学科,有关物流的理论在不同行业的研究、应用与发展至今已有近 80 年的历史。而对于物流的概念,目前有多种不同的表述,在此我们列出几种比较有代表性的定义。

① 物流管理协会的定义。物流是对货物(原材料、半成品、成品)、服务及相关信息从生产地到消费地有效率、有效益的流动和存储进行计划、执行和控制,以满足顾客要求的过程。这种过程的内容主要包括需求预测、情报信息网络、物料搬运、订单处理、采购、包装、流通加工、运输、装卸、废旧物资回收利用及仓库管理、用户服务等。

② 日本早稻田大学阿保荣司教授的物流定义。物流是指有关供给主体和需求主体相结合,克服时间和空间的"隔离",以及创造部分有形物质的经济活动,其中也包括一切有形和无形财物的废弃和还原。具体地说,是指运输、保管、包装、装卸、流通加工等物资流通活动以及有关物流的信息活动。

③ 我国国家标准(GB/T 18354—2001)中的物流定义。物流是指物品从供应地向接受地的实体流通过程中,根据实际需要,将运输、储存、装卸、搬运、包装、流通加工、配送、信息处理等功能有机结合。

2. 物流活动

一般而言,物流活动包括以下几个方面:① 运输;② 存储;③ 包装;④ 物料搬运;⑤ 订单处理;⑥ 预测;⑦ 生产计划;⑧ 采购;⑨ 客户服务;⑩ 选址;⑪ 其他活动。

(二)物流管理的概念

要实现物流的合理化,企业就必须加强物流管理。所谓物流管理就是根据物质资料实体运动的规律,应用管理的基本原理的科学方法对物流活动进行计划、组织、指挥、协调、控制和监督,使各项物流活动实现最佳的协调与配合,从而降低物流成本,提高物流效率和经济效益的过程。

物流管理是以追求全过程的物流费用和效益达到最优为最终目标的,所以物流管理的核心是降低成本,提高服务水平,创造顾客价值。为此,现代物流管理承担的任务是要求在适当的时间,以最低的价格从供应商处购入优质的原材料,尽快生产出符合客户需要的恰当产品,并以正确的质量水平,在正确的时间,将正确的产品交付到正确的地点。为此要求提高对于给定产品的预订服务水平,降低物流管理的成本,并使整个物流链的库存水平降到最低。

(三)供应链中的物流管理

供应链管理的实施离不开物流、信息流、资金流、工作流的集成。尤其是物流对供应链管理的运作影响最大,如果供应链各节点企业间不协调,就会影响物流的绩效,致使物流过程消耗时间过长、成本过高。物流的最终绩效又是对供应链管理的综合反映。

将物流管理置于供应链管理下,它的表现形式主要有三种,即物流的物质表现、价值表现和信息表现。物流的物质表现就是企业之间的物质资源的转移(包括时间、空间和形态的转移);物流的价值表现是指物流过程是一个价值增值过程,是一个能够创造时间价值和空间价值的过程;物流的信息表现则是物流过程的一个信息采集、传递与加工的过程,伴随物流的运动而产生信息,再将这种信息进行加工处理,为整个供应链的运行提供决策参考。因此,物流管理的一切活动都应该从供应链的总体出发,以实现供应链整体效益最大化。

三、供应链管理下的库存控制

传统的库存管理只是针对单个企业而言的,存在缺乏整体观念、库存控制策略简单化、缺乏合作与协调性、信息传递系统效率低下的缺陷。施行供应链管理模式下的库存管理可以有效地克服以上缺陷。供应链中的库存是指供应链中所有原材料、在制品和成品。供应链中的库存分布在整个供应链中,包括从供应商到制造商到分销商和零售商所存储的原材料、在制品以及成品。供应链管理环境下的库存控制方法主要有两种。

(一)供应商管理库存(VMI)

供应商管理库存,就是由供货商管理用户处的库存,或者代表用户持有库存,当用户需要货时就运送过去。

VMI作为一种目前国际上前沿的供应链库存管理模式,对整个供应链的形成和发展都产生了影响。VMI帮助供应商等上游企业通过信息手段掌握其下游客户的生产和库存信息,并对下游客户的库存调节做出快速反应,降低供需双方的库存成本。目前许多跨国巨头和国内知名制造企业都在实施VMI,它能够提高库存周转率,降低库存成本,消灭库存,实现供应链的整体优化。

目前VMI主要应用于制造商与其分销商或代理商之间。制造商为了准确地掌握实际需求信息,将分销商的库存纳入自己的管理范围,通过库存信息间接地了解需求信息。

(二)联合管理库存(JMI)

联合管理库存是一种在VMI的基础上发展起来的上游企业和下游企业权利责任平衡和风险共担的库存管理模式。联合管理库存的基本表现形式如图9-3所示。

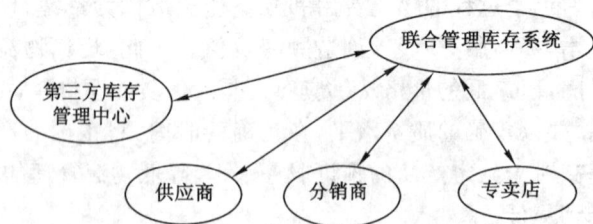

图 9-3 联合管理库存的基本表现形式

联合管理库存体现了战略供货商联盟和新型企业合作关系,强调了供应链企业之间双方的互利合作关系。联合管理库存是解决供应链系统中由于各节点企业的相互独立库存运作模式导致的需求放大现象,提高供应链的同步化程度的一种有效方法。联合管理库存强调供应链中各个节点同时参与,共同制订库存计划,使供应链过程中的每个库存管理者都从相互之间的协调性考虑,保持供应链各个节点之间的库存管理者对需求的预期一致,从而消除了需求变异放大现象。任何相邻节点需求的确定都是供需双方协调的结果,库存管理不再是各自为政的独立运作过程,而是供需连接的纽带和协调中心。

四、供应链管理下的采购管理

采购管理是物流管理的重点内容之一,它在供应链企业之间,在原材料和半成品生产合作交流方面架起一座桥梁,沟通生产需求与物资供应的联系。为使供应链系统能够实现无缝连接,并提高供应链企业的同步化运作效率,就必须加强对采购的管理。

（一）供应链管理下采购工作的要求

在供应链管理模式下,采购工作要做到五个恰当:① 恰当的数量;② 恰当的时间;③ 恰当的地点;④ 恰当的价格;⑤ 恰当的来源。

（二）供应链管理下采购的特点

在供应链管理的环境下,企业的采购方式和传统的采购方式有所不同。这些差异主要体现在如下几个方面。

① 从为库存而采购到为订单采购的转变。在传统的采购模式中,采购的目的很简单,就是为了补充库存,即为库存而采购。采购部门并不关心企业的生产过程,不了解生产的进度和产品需求的变化,因此,采购过程缺乏主动性,采购部门制订的采购计划很难适应制造需求的变化。在供应链管理模式下,采购活动是以订单驱动方式进行的,制造订单是在用户需求订单的驱动下产生的,然后,制造订单驱动采购订单,采购订单再驱动供应商,使供应链系统得以及时响应用户的需求,从而降低库存成本,提高物流的速度和库存周转率。

② 采购管理向外部资源管理转变。传统的采购管理模式下,供应商之间缺乏合作,缺乏柔性和对需求快速响应的能力。在供应链管理模式下,在生产控制中采用基于订单流的准时化生产方式,使供应链企业的业务流程朝着精细化生产努力,进行企业集成,使企业实现对外部资源的管理。

③ 从一般买卖关系向战略协作伙伴关系转变。在传统的采购模式中,供应商与需求企业之间是一种简单的买卖关系,因此,无法解决一些涉及全局性战略性的问题。而采用基于战略伙伴关系的采购方式则为解决这些问题创造了条件。

（三）供应链管理下的准时采购策略

准时采购包括供应商的支持与合作以及制造过程、货物运输系统等一系列的内容。准时化采购不但可以减少库存,还可以加快库存周转、降低提前期、提高购物的质量、获得满意的交货效果。在供应链管理下准时采购的策略主要有以下几点。

① 创建准时化采购班组。世界一流企业的专业采购人员有三个责任:寻找货源、商定价格、发展与供应商的协作关系并不断改进。因此,专业化的高素质的采购队伍对实施准时化采购至关重要。

② 制订计划,确保准时化采购策略有计划有步骤地实施。要制定采购策略以及改进当前采购方式的措施,包括如何减少供应商的数量、供应商的评价、向供应商发放签

证等内容。

③ 精选少数供应商,建立合作伙伴关系。选择供应商应从以下几个方面考虑:产品质量、供货情况、应变能力、地理位置、企业规模、财务状况、技术能力、价格、与其他供应商的可替代性等。

④ 进行试点工作。先从某种产品或某条生产线的试点开始,进行零部件或原材料的准时化供应试点。通过试点,总结经验,为正式的准时化采购实施打下基础。

⑤ 搞好供应商的培训,确定共同目标。准时化采购是供需双方共同的业务活动,单靠采购部门的努力是不够的,需要通过对供应商的培训,使供应商积极配合,大家取得一致的目标,相互之间能够很好地协调做好采购的准时化工作。

⑥ 向供应商颁发产品免检合格证书。准时化采购与传统的采购方式的不同之处在于,买方不需要对采购产品进行比较多的检验手续,这就需要供应商做到提供百分之百的合格产品。当它们达到这一要求时,即发给他们免检证书。

⑦ 实现配合准时化生产的交货方式。为了实现企业的准时化生产,要实现从预测的交货方式向准时化适时交货方式转变。

⑧ 继续改进,扩大成果。准时化采购是一个不断完善和改进的过程,需要在实施过程中不断总结经验教训,从降低运输成本、提高交货的准确性、提高产品质量、降低供应商库存等各方面进行改进,不断提高准时化采购的运作绩效。

五、供应链管理下的供应商管理

供应商管理是供应链管理中的一项重要内容,它在实现准时化采购中有很重要的作用。传统的企业与供应商之间的关系主要有三种,即竞争关系、合同性关系(法律性关系)、合作性关系,而且企业之间的竞争多于合作,是非合作性竞争。而供应链管理模式下的客户关系是一种战略性合作关系,提倡一种双赢机制。主要做到以下几方面工作:建立信息交流与共享机制;建立健全供应商的激励机制;建立合理的供应商评价方法和手段。

（一）供应商选择标准

① 质量——符合规格要求、保存期、便于使用以及其他标准的要求。

② 配送——按时按量交货,配送对生产计划的实施起到关键作用。

③ 能力——指供应商应维持和提高生产能力、技术能力和管理能力。

④ 财务的稳定——要求供应商的财务状况良好,否则可能由于资金周转不灵而严重威胁到供应的能力。

⑤ 供应地点——当需要高频率运送时,或要求对生产的变化快速反应时,供应地点越近越好。

（二）选择供应商时的评价因素

① 成长因素。它主要包括供应商所处的行业,供应商的素质,采购人员的素质,部门素质和总体经营、管理、技术素质等。供应商的成长和发展潜力,影响着采购企业的长远利益。

② 经营因素。它包括供应商的经营管理能力、生产能力、技术能力、产品专营化程

度、资源的稳定性、产品的寿命周期等。

③ 供应因素。它包括供应商的履约历史、交货能力、供应商网点、服务能力以及与采购方现有关系特征等。

④ 地理因素。它包括区域、方位、气候、交通运输条件等。

关于供应商评价方法，先按照选定的计分标准分别对供应商进行打分，再按照加权平均的方法计算出各个供应商的得分，对其进行评价选优。

六、电子商务与供应链

电子商务，是指通过 Internet(或 Intranet)进行商务交易。利用电子商务的手段，企业可以进行供应链下的部分或全部业务：跨供应链提供商务信息；与顾客和供应商谈判价格，签订合同；允许顾客在网上下订单；允许顾客在网上跟踪订单的处理情况；履行订单并向顾客交货；接受付款等。

利用电子商务，企业有可能极大地改变其供应链的结构、供应链的运行方式，以及供应链中的三种"流"的流动方式。如果运用得当，电子商务有可能给企业的供应链管理绩效带来极大的影响。这些影响可以从以下两方面——增大收入和降低成本来分析。

1. 电子商务对供应链绩效的影响——如何增大收入

运用电子商务，可以使企业及其供应链得到以下增加营业收入的机会：① 提供向顾客直销的机会；② 提供在任何时间、从任何地点利用的机会；③ 从多种源泉汇集信息；④ 提供个性化、顾客化的信息；⑤ 加速通向市场的时间；⑥ 采用灵活的定价策略。

2. 电子商务对供应链绩效的影响——如何降低成本

运用电子商务，可以使一个企业及其供应链得到以下降低成本的机会：① 简化供应链环节，减少产品的搬运；② 实施延迟制造，降低库存成本；③ 利用设施集中降低成本；④ 降低业务处理成本；⑤ 通过信息共享降低成本；

第十章 全面质量管理

　　随着社会的发展、科学技术的进步、生产力的提高,产品品种日趋繁多,用户对产品提出了越来越高的要求。许多有远见的企业家都把质量作为企业经营的主要内容和市场竞争的有力手段。企业领导清醒地认识到,高质量的产品和服务才是用户购买的真正原因。企业要生产出符合社会上有关法令、规定与用户技术要求的物美价廉的产品,才能赢得用户的信任,得到良好的经济效益,并且在激烈的市场竞争中求得生存与发展。产品质量作为企业经营中的主要因素已成为世界性的趋势。

　　随着以质取胜趋势的不断发展,企业在积极采取新技术的同时,更加注重对影响产品质量的管理、技术和人的因素进行的控制,大力推行全面质量管理。在推行全面质量管理的过程中,企业建立并完善了质量体系,并使之持续有效,这是保障供需双方以最佳的成本、最低的风险和最好的效益获利的重要手段。ISO 9000 标准系列是在总结质量管理实践经验的基础上产生的,具有很强的实践性和指导性,受到许多国家的欢迎,对我国企业提高管理水平、发展国民经济、促进对外贸易,深化全面质量管理必将产生深远的影响。

第一节　质量管理概述

　　质量是质量管理的对象,正确、全面地理解质量管理的概念,对于开展质量管理工作是十分重要的,而质量管理是企业经营管理的一项重要内容,对企业赢得客户、提高企业经济效益是十分重要的。

一、质量

（一）质量的概念

　　人们通常所说的质量,往往是指物品的好坏,即产品质量。企业管理中的质量有广义和狭义两种:狭义的质量就是指产品质量,广义的质量是指产品质量和工作质量。

（二）质量的内容

1. 产品质量

　　产品质量主要是指产品的使用价值,即主要是指产品的适用性,是产品适合一定用途、满足社会需要所具备的特性的总和。产品质量是产品所具备的特性的综合反映,我们可以根据产品所具备的特性能否满足人们的需要及其满足的程度来衡量产品质量的好坏和优劣。

　　产品质量特性是多方面的,即多种多样的。从不同的角度出发,按照不同的标准,可以对产品质量特性进行不同的分类。一般包括内在特性(如产品结构、性能、精度、纯度、可靠性、物理性能、化学成分等)、外在特性(如外观、形状、色泽、包装等)、经济特性

（如成本、价格、能源消耗、使用维修保养费用等）和其他特性（如交货期、污染、公害等）。不同产品具有不同的质量特性，以满足不同的质量需要。但是根据产品在满足用户需要时所应具备的基本要求，可以把产品质量特性概括为以下五个主要方面。

① 性能。性能是指产品为满足使用目的所具备的技术特性。例如，手表的防水、防震、防磁、走时准确程度。

② 寿命。寿命是指产品能够正常使用的期限，即指产品在规定的使用条件下完成规定功能的工作总时间。

③ 可靠性。可靠性是指产品在规定的时间内和规定的条件下，完成规定工作任务的能力。它是指产品在投入使用的过程中表现出来的满足人们需要的程度。例如，电视机平均无故障工作时间。

④ 安全性。安全性是指产品在流通、操作、使用过程中保证安全的程度。例如，对使用操作人员是否会造成伤害事故，以及产生公害、污染、噪声的程度。

⑤ 经济性。经济性是指产品从设计、制造到整个使用寿命周期的成本大小，具体表现为设计成本、制造成本、使用成本（例如使用过程中的能源消耗、维修保养费用）等。

产品质量就是对上述五个方面质量特性的综合反映，质量标准就是产品质量主要特性的定量表现。

2. 工作质量

工作质量是指为了保证和提高产品质量所做的各方面工作的水平，也就是与产品质量有关的工作对于产品质量的保证程度。工作质量涉及企业所有的部门和人员，它是企业生产技术、经营管理、组织指挥等各方面工作水平的综合反映。

工作质量不像产品质量那样直观地表现在人们面前，而是体现在一切生产、经营、管理活动之中，并且通过企业的工作效率、工作成果，最终通过产品质量及经济效益表现出来。工作质量可以用产品合格率、废品率、返修率等指标来表示。

对于现场工人来说，工作质量通常直接表现为工序质量。一般而言，工序质量是指工序的成果符合设计、工艺要求（即技术标准）的程度。换言之，工序质量是指在产品形成过程中各有关因素对产品质量的保证程度。人、设备、原材料、作业方法与环境是对工序质量有直接影响的五个因素。可见，工序质量是工作质量的重要组成部分，提高工序质量是提高工作质量的重要方面，也是提高产品质量的关键所在。

产品质量与工作质量虽然是两个定义不同的概念，但二者之间有着十分密切的关系：产品质量是工作质量的综合反映，工作质量是产品质量的基础和保证；产品质量表现工作质量，工作质量决定产品质量。可见，要想提高产品质量，绝不是单纯抓产品质量所能解决的问题，而必须提高企业各个部门和每个人的工作质量。因此，要把质量管理的重点从产品质量转移到工作质量上来。

二、质量管理

（一）质量管理的概念

1. 质量管理的一般概念

质量管理（Quality Management，QM）是指为了保证和提高产品或服务质量所进行的一系列管理活动的总称,即对确定和达到质量要求所必需的职能和活动的管理。可见,质量管理是企业全部管理职能的一个重要组成部分,应该由企业最高管理者领导,由企业所有的员工去实施。

2. 质量管理的国际概念

ISO 8402—1986 标准中的原定义为:确定和实施质量方针的全部管理职能的所有活动。在 ISO 8402—1994 标准中的新定义为:确定质量方针、目标和职责,并在质量体系中通过诸如质量策划、质量控制、质量保证和质量改进使其实施的全部管理职能的所有活动。

3. 对质量管理概念的理解

上述两个国际概念有四个共同点。

① 质量管理的主体职能是制定和实施质量方针。

② 对全部管理职能的所有活动的管理,就是要对影响产品质量产生、形成和实现的各个环节,实施有效的管理。

③ 质量管理由各级管理者各负其责,但必须由最高管理者领导,质量管理的实施涉及组织的所有成员。

④ 在质量管理中,要考虑经济性因素。

(二) 质量管理的重要性

产品质量的好坏,关系到企业的竞争能力、信誉和兴衰存亡,优质的产品和服务对企业具有重要的战略性意义,质量管理的重要性可以概括为以下四个方面。

1. 质量是提高企业和社会经济效益的关键

企业生产的产品或提供的服务因为具有使用价值,才能成为社会财富,而产品(服务)质量正是构成其使用价值的真正内容。若质量优良,它不仅能增加社会财富,还可能节约大量社会资源。企业的生产经营活动,从单纯追求产值、产量转变为提高经济效益的关键之一,就在于很好地重视和大力提高产品(服务)的质量。

2. 质量是提高市场竞争力的支柱

以质量开拓市场,以质量站稳市场,这是许多企业提高产品和服务在市场中的竞争能力的行动准则。当今的市场,特别是在竞争越来越激烈的国际市场,对产品的质量要求日益提高,产品质量是企业在竞争中取胜的重要支柱。质量是否有优势,意味着竞争地位的高低,质量已成为企业产品(服务)能否进入市场的通行证。企业在市场竞争中具有的强大生命力依赖于产品上的质量优势。

3. 质量是企业管理和技术水平的综合反映

产品(服务)质量是企业有效管理的结果,企业能否开发和生产出优质产品,首先取决于企业全体员工,特别是企业各级领导对质量管理的重视程度。企业领导只有带领全体员工勇于创新、善于经营,密切注意人们对产品需求的不断变化,不断开发、研制出质量更好的产品;采用科学方法合理组织生产,加强生产过程的质量控制;广泛采用高新技术,加强企业科技进步,才能生产出适销对路,物美价廉的产品,使企业永远立于不败之地。

4. 质量是精神文明的象征

讲究质量是现代精神文明的重要特征,质量意识已经渗透到生产、工作和生活等各个领域。追求高质量,已成为衡量人们在工作和生活中积极向上、认真负责和具有高尚精神的一种标准。企业的产品是粗制滥造,还是精益求精,反映了两种不同的精神状态。一个企业,一个民族乃至一个国家,如果它具有优秀的民族文化传统,先进的科学技术水平,精湛的操作技艺,认真负责、讲求实效的工作态度,就一定会开发和生产出高质量的产品。因此,每一个国家都把能够生产出高质量的产品,看成是本国和本民族的光荣和骄傲,并以此引以为豪。

（三）质量管理的内容

质量管理的内容是十分广泛的。从职能上看,质量管理包括质量方针和目标的制定与实施。从管理过程上看,质量管理包括产品设计试制过程的质量管理、生产制造过程的质量管理和使用过程的质量管理。从管理方式上看,质量管理包括质量控制、质量检验、质量分析、质量评定和质量保证。质量管理通常包括制定质量方针和质量目标以及质量策划、质量控制、质量保证和质量改进等一系列活动。

1. 质量方针

质量方针是由组织的最高管理者正式发布的该组织的总的质量宗旨（意图）和方向。对于企业来说,质量方针是企业质量行为的指导准则,反映企业最高管理者的质量意识,也反映企业的质量经营目的和质量文化。从一定意义上说,质量方针就是企业的质量管理理念。

2. 质量目标

质量目标是指组织在质量方面所追求的目的。对企业而言,质量目标是根据质量方针的要求,企业在一定期间内所要达到的预期效果,即能够达到的量化的可测量目标。制定质量目标的原则应是持续改进,提高质量,使顾客满意。不仅要考虑市场当前和未来的需要,还应考虑当前的产品及顾客满意的状况。

3. 质量策划

质量策划是质量管理的一部分,它致力于制定质量目标并规定必要的运行过程和相关资源以实现质量目标。质量策划与质量计划不同,质量策划强调的是一系列活动,而质量计划是质量策划的结果之一,是规定用于某一产品及其设计、采购、生产、检验、包装、运输等过程的质量管理体系要素和资源的文件。

4. 质量控制

质量控制是指为了保持某一产品或服务质量满足规定的质量要求所采取的作业技术和活动。质量控制的目标在于确保产品的质量能满足质量要求（包括明示的、习惯上隐含的或必须履行的规定）。质量控制的范围涉及产品质量形成全过程的各个环节,为了保证产品质量,各项活动必须在受控状态下进行。质量是动态的。

5. 质量保证

质量保证一般包括两个含义。一是指企业在产品质量方面对用户提供担保,保证用户购得的产品在寿命期内质量可靠,使用正常。二是指为使人们确信某一产品或服务质量能满足规定的质量要求所必需的有计划、有系统的全部活动。可见,质量保证使质量管理的范围由企业内部延伸和扩展到企业外部,使质量管理的内容更加充实和丰富,是质量管理发展的重要标志和必然的结果。

6. 质量改进

质量改进是组织为了更好地满足顾客不断变化的需要和期望,而改善产品的特性和(或)提高用于生产与交付产品的过程的有效性及效率的活动。它包括确定、测量和分析现状,建立改进目标,寻求可能的解决办法,评价这些解决办法,实施选定的解决办法,测量、验证和分析实施的结果。

企业质量管理的基础工作主要包括质量教育工作、标准化工作、计量工作、质量信息工作和质量责任制。

（四）质量管理的发展阶段

质量不仅与人们生活息息相关,而且是企业的生命和国民经济的基础。科学进步使社会生产力迅速提高,从而进一步推动经济的发展,质量管理的方法和手段也不断地改善和提高。就世界范围而言,在企业管理的历史长河中,质量管理的发展,按照所依据的手段和方式大致可以划分为以下三个阶段。

1. 质量检验阶段(1940 年以前)

在这一阶段,人们对质量的管理只限于质量检验,即通过严格检验来控制和保证转入下一道工序和出厂的产品质量。根据质量管理责任者的不同,又可以把这一阶段划分为三个更小的阶段:20 世纪以前,主要是依靠手工操作者的手艺和经验,对产品质量进行鉴别、检验、把关、故可称其为"操作者的质量管理";1900～1918,美国出现了以泰勒为代表的科学管理运动,强调工长在保证质量方面的作用,于是,执行质量管理的责任就由操作者转移到工长,故可称为"工长的质量管理";1919～1940 年,由于企业生产规模的不断扩大,质量管理职能又由工长转移到专职检验人员,故可称为"检验员的质量管理",这也标志着质量检验由兼职质量检验发展为专职质量检验。

专职质量检验的特点是"三权分立":有人专职制定标准;有人负责制造产品;有人专职检验产品的质量。专职质量检验的实质是在产品中挑废品、划等级。这种做法的优点是能够对出厂产品进行把关,保证不合格的产品不出厂。但也有其致命缺点:① 出现质量问题容易互相扯皮,推诿。② 只能事后把关,而不能在生产过程中起到事先预防、控制的作用。即只能发现不合格产品,而不能消灭不合格产品,待发现废品时已既成事实,已造成原材料、能源、人力和设备的浪费,无法补救。③ 对所有的产品进行全面检验,有时在技术上是做不到的,有时在经济上是不合算的。随着生产规模的不断扩大和生产效率的不断提高,专职检验的这些缺点也就日益凸显,越来越不能适应质量管理的需要。于是人们开始寻求和采用新的质量管理方法,使质量管理进入新的阶段。

2. 统计质量控制阶段(1940 年～1960 年)

在这一阶段,人们运用数理统计原理和方法在生产工序间进行质量管理,预防产生废品并检验产品的质量,质量管理责任者由专职的检验人员转移到专业的质量控制工程师和技术人员。这一做法的优点是使产品质量管理由单纯检验转变为预防与检验相结合,由事后检验、把关的观念转变为事先在生产过程中进行预防、控制的观念,对质量管理的发展起到了积极的推动作用。但由于过分强调质量管理的统计方法,忽视了组织管理等工作,使质量管理只能由少数统计学家去进行,这在一定程度上限制了质量管理统计方法的普及推广,也在一定程度上影响了质量管理的效果。为了既发扬统计质量控制阶段的优点,又克服统计质量阶段的缺点,人们又采用全面质量管理方法进行管理,使质量管理进入了现代阶段。

3. 全面质量管理阶段(1961 年至今)

全面质量管理是在统计质量控制的基础上进一步发展起来的。1961 年,美国通用电气公司的费根鲍姆首先提出了全面质量管理的概念,强调整个企业人人关心质量,所有部门都应围绕保证与提高产品质量而活动。由于效果显著,全面质量管理方法很快在世界各国的质量管理中推广应用,现已发展成为一门新兴的学科。

第二节　全面质量管理

质量管理最成功的体系就是全面质量管理。质量管理既是老问题,又是一个新问题,新就新在全面质量管理充实了它的内涵和体系。因此,有必要将全面质量管理的一些基本问题做一阐述。

一、全面质量管理的基本概念和特点

(一)全面质量管理的基本概念

全面质量管理(Total Quality Control,TQC)是指由企业全体人员参加的,贯穿于生产经营全过程的、具有全面性的,以保证和提高产品质量为目的的现代化质量管理方法。具体地说,全面质量管理就是企业全体职工及所有部门同心协力,综合运用现代管理技术、专业技术和科学方法,建立一整套质量保证体系,控制影响产品质量的全过程和各因素,经济地开发、研制、生产和销售用户满意的产品的系统管理活动。

(二)全面质量管理的特点

全面质量管理是从过去的事后检验,以"把关"为主,转变为以预防、改进为主。从"管结果"转变为"管因素",即找出影响质量的各种因素,抓住主要矛盾,发动各部门全员参加,运用科学管理方法和程序,使生产经营所有活动均处于受控制状态之中;做到既有分工又有协调,使企业联成一个紧密的有机整体。在推行全面质量管理时,要求做到"五全三性",即全企业的质量管理、全范围的质量管理、全员参加的质量管理、采用全面方法的质量管理、全社会推动的管理、预防性、服务性和科学性。

1. 全企业的质量管理

即全面质量管理的对象——质量的含义是全面的,既包括产品质量,又包括产品质量赖以形成的工序质量与工作质量。

2. 全范围的质量管理

全面质量管理是对产品设计、生产、销售、使用的全过程的质量管理,因此产品质量就有一个产生、形成和实现的过程。这样其范围就从生产领域扩大到流通领域,不仅要保证产品的出厂质量,而且还要保证产品的使用质量。

3. 全员参加的质量管理

全面质量管理要求企业各部门、各环节的全体人员都参加质量管理,充分调动和有效发挥全体职工进行质量管理的主动性、积极性和创造性,即全员性的质量管理。即质量管理环环相扣、人人有责。

4. 采用全面方法的质量管理

全面质量管理是有效地运用现代科学技术、管理技术和手段的综合性质量管理,随着现代化大生产和科学技术的发展,质量管理在长期的实践中形成了以统计方法为主的多样化复合型的质量管理方法体系,针对产品质量的不同影响因素,采取不同的管理方法和措施,因而能持续稳定地提高产品质量。同时,全面质量管理还形成了一套行之有效的具有特色的质量管理程序和方法——PDCA循环,使企业质量管理工作在不停地管理循环中得到持续稳定的提高。

5. 全社会推动的管理

所谓质量管理是全社会推动的管理是指要使全面质量管理深入持久地开展下去,并取得良好的效果,就不能把工作局限于企业内部,而需要全社会的重视,需要质量立法、认证和监督,进行宏观上的控制引导,即需要全社会的推动。这是因为一个完整的产品往往是由许多企业共同协作来完成的。另外,来自于全社会宏观质量活动所创造的社会环境可以激发企业提高产品质量的积极性和认识到它的必要性。

6. 预防性

预防性就是充分认识到良好的产品是设计和生产出来的,不是检验出来的。要把管理工作重点从事后把关转移到事前控制上来,实行防检结合,以防为主。把不合格的产品消灭在它的形成过程中。

7. 服务性

服务性主要表现在:① 企业对用户做好售后服务;② 企业上道工序为下道工序服务,树立"下道工序是用户"的思想;③ 辅助部门为生产车间做好服务。

8. 科学性

科学性就是不能凭直观判断,凭感觉和经验办事,要按科学程序调查研究,用科学数据、科学方法和科学理论说话。

二、全面质量管理的基本指导思想

(一)系统管理和全局出发的指导思想

全面质量管理是一种科学的管理系统。系统管理思想是指对与质量相关的一切方面和一切联系进行全面研究和分析的一种管理思想。它要求人们在研究、解决质量问题时,不仅要重视影响产品质量的各种因素和各个方面的作用,而且要把重点放在整体效应上,通过综合分析和综合治理,达到整体优化,即用最小的投入,生产出满足用户需要的产品,以取得最佳的经济效果。

(二)为用户服务的指导思想

为用户服务是指从用户的立场出发,生产出满足用户需要的产品(或服务),尊重用户权益,方便用户,提高用户的满意度。为用户服务思想包含着企业、用户和社会三方面的利益。贯彻为用户服务的思想,对繁荣社会主义经济、提高人民生活水平、促进社会主义建设的发展都将产生积极的作用。

（三）以预防为主的指导思想

这是指在分析影响产品质量的各种因素时,要找出主要因素加以重点控制,防止质量问题的发生,做到防患于未然的一种管理思想。预防为主,就必须在产品的生产形成和实现全过程都要重视质量管理,控制影响质量的各种因素,变管结果为管因素,从质量检验"把关"为主转到以预防为主,把质量问题消灭在萌芽状态之中。

（四）用事实和数据说话的指导思想

这是以客观事实为依据,来反映、分析、解决质量问题的管理思想。其实质是实事求是,科学分析。质量管理中的事实与数据是反映质量运动、揭示质量规律的基础,也是质量管理的科学性的体现。

（五）不断改进的指导思想

这是指企业职工要具有高度的质量意识,善于发现问题,并对它进行不断改善和提高。其实质是促使企业不断提高管理水平,改善产品质量,生产出满足用户要求的产品。

（六）以人为主贯穿群众路线的指导思想

在质量管理中要重视人的作用,调动人的积极性和创造性,发动全员参加质量管理作为根本的管理思想。并在推行全面质量管理过程中不断提高人的素质。企业制定的各种政策和规章制度,要有利于调动广大职工的积极性和创造性,要做到奖罚分明。并且还要采取各种形式做好职工的培训工作,强化质量意识,不断提高职工的技术和管理水平。这样才能保证人们以一种愉快舒畅的心情投入到生产和生活之中,高效率地生产出优质产品和服务。

（七）质量与经济统一的指导思想

即在不同的经营条件下,企业用尽可能小的劳动消耗和劳动占有,生产出满足用户需要的优质产品,以获得尽可能大的收益的一种管理思想。其实质是探求质量与经济最佳配合条件,以最少的投入,获得数量多、质量好的产品。贯彻质量与经济统一的思想,要克服片面追求技术上的指标更高、更精、更纯,提倡在数量上、技术上、价格和交货期一致的基础上达到最适宜的质量。

（八）突出质量经营的指导思想

这是指在企业经营活动的所有环节中,都必须重视质量,并把它放在重要地位上。企业的经验管理要以质量管理为纲。企业的产、供、销等全部工作都必须以质量为主线,以科学的质量管理思想为指导,进行有效地计划、组织、协调、控制、检查,正确处理数量与质量、质量与效益、质量与消耗等各种矛盾,生产出质优价廉、适销对路的产品。企业要树立以质量求生存、以品种求发展的经营管理思想,要制定出一套以质取胜的经营目标。

三、全面质量管理的任务、原则及内容

全面质量管理的内容是由其承担的任务决定的。

（一）全面质量管理的任务

现代企业全面质量管理的任务是：组织和协调企业各部门和全体员工，应用科学的方法和先进的技术，正确地执行产品质量标准，全面控制影响产品质量的各个因素，根据用户的要求不断地研究和提高产品质量，生产出更多的质优价廉的产品，满足国民经济及用户的要求。

（二）原则

搞好企业全面质量管理必须遵循下述原则：

① 预防原则。强调一切以预防为主，对产品质量形成的全过程进行控制。

② 经济原则。必须考虑质量的经济性，建立合理的经济界限。

③ 协作原则。强调协作是全面质量管理的一条重要原则。

④ 循环原则。按计划执行，采取措施周而复始，循环不已。

（三）全面质量管理的内容

现代企业全面质量管理的内容，概括地讲，是指从产品设计、采购、生产、运输到使用的全过程和各环节，从企业的上层到基层各级管理人员、技术人员和工人全员参与，企业内部组织各层次全面展开的质量管理活动。

企业内部各层次的各个职能和任务分别介绍如下。

1. 领导决策层

领导决策层是指以企业经理为核心的行政指挥系统。

企业领导者在质量管理中的基本任务就是确保经营方向的正确性和质量水平的不断提高。为此，企业领导班子应对企业不同时期的质量目标做出规划和决策，并组织实施。也就是说，要在准确地进行市场预测、详尽拥有全面质量信息的基础上，和全体职工上下结合共同制定企业总的质量目标，然后把企业总的质量目标进行层层分解，落到实处。

2. 组织协调层

组织协调层是指企业内部各职能部门和管理人员。

① 专业经营部门，包括采购、销售、储存、运输等部门。这些部门的各业务科室要加强市场调研，严格把好进货关、运输关、保管关。

② 职能管理部门，包括财务、计划、统计、物资供应等部门。这些部门从不同角度、不同侧面对企业规划目标质量、经济核算质量等进行单项专业管理，确保企业全面质量管理的提高。

③ 行政管理部门，是指经理办公室、人事、教育、总务、行政等部门。这些部门在质量管理中的主要职能是：为提高职工的思想素质而抓好职工的教育和培训；做好服务设施的购置、建设以及职工生活福利等方面的管理工作，从而改善企业的服务环境和服务条件，解决职工的后顾之忧，进一步提高服务质量。

3. 贯彻落实层

贯彻落实层是指从事生产经营活动和服务工作的第一线人员。

企业要采取有力措施，把领导决策层做出的关于质量管理的各项措施办法在第一线工作人员中贯彻落实到质量管理中。落实层人员要按照企业全面质量管理的各项标准、目标、条例、制度的具体要求,做好本职工作。

4. 全方位管理

全方位管理就是要求企业各部门的各个岗位,都应为保证企业生产经营过程的正常进行并为全面质量管理做好工作。具体要求是:方位虽然不同,但目标要一致;二线工作质量要成为一线工作质量的保证;要把工作职责和质量责任协调统一起来。

四、现代企业全面质量管理的工作方法

现代企业全面质量管理的基本工作方法就是 PDCA 循环管理方法,此循环是质量管理活动所遵循的科学程序,是有效推行全面质量管理的基本工作方式,它是由美国质量管理专家戴明(W. E. Deming)首先提出的,所以又称"戴明循环"或"戴明环"。

(一)PDCA 循环的含义

PDCA 循环是将质量管理分为四个阶段,计划(Plan)、实施(Do)、检查(Check)、处理(Action)。

在质量管理活动中,要求把各项工作按照做出计划、实施计划、检查实施结果,然后将成功的结果纳入标准,将不成功的留给下一个循环去解决的,在循环中不断地改进工作与质量,这就是质量管理的基本工作方法,也是企业管理各项工作的一般规律。

(二)PDCA 循环的步骤

PDCA 循环可分为四个阶段、八个步骤,如图 10-1 所示

1. 计划阶段

计划阶段的主要任务是制订计划。根据存在的问题或用户提出的质量要求,找出问题存在的原因和影响产品质量的主要原因,以此为依据制订计划、确定质量方针、质量目标、制订出具体的活动计划和措施,并明确管理事项。

计划分为以下四个步骤:

① 分析现状,找出存在的质量问题。针

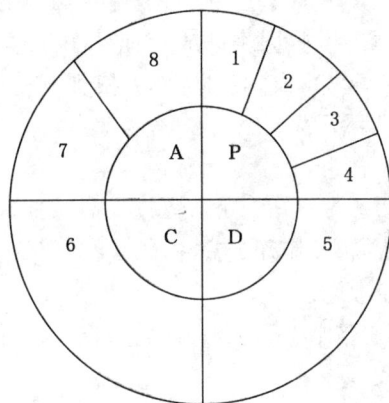

图 10-1 PDCA 循环应用步骤

对找到的问题,进一步提出以下三个问题:这个问题可不可以解决? 这个问题可不可以和其他工作结合起来解决? 这个问题能不能用最简单的方法解决而又能达到预期的效果?

② 找出产生问题的原因或影响因素。

③ 找出原因(或影响因素)中的主要原因(主要影响因素)。

④ 针对主要原因制订解决问题的措施计划。措施计划要明确采取该措施的原因,执行措施要预期达到的目的,在哪里执行措施,由谁来执行,何时开始执行和何时完成,以及如何执行。

2. 实施阶段

实施阶段的任务是执行计划,落实具体措施。

3. 检查阶段

检查阶段的任务是检查计划的执行情况,调查计划执行的效果,将工作结果和计划进行对比,得出经验,找出问题。

4. 处理阶段

处理阶段的任务是把执行的结果进行处理总结,有两个步骤。

① 把成功的经验加以肯定,纳入标准或规程,形成制度,以巩固提高。

② 把本工作循环没有解决的问题或出现的问题,转入下一个 PDCA 循环去解决。

(三) PDCA 循环的特点

1. 大环套小环,小环保大环,彼此协同,互相促进

PDCA 循环作为企业管理的一种科学方法,适用于企业各个方面的工作。可以把整个企业看做一个大的 PDCA 循环,各级管理,各部门又都有各自的 PDCA 循环,依次又有更小的 PDCA 循环,直至落实到每个人。上一级的 PDCA 循环是下一级 PDCA 循环的根据,下一级 PDCA 循环是上一级 PDCA 循环的贯彻落实与具体化。通过循环把质量改进或企业各项工作有机地联系起来,彼此协同,互相促进。如图 10-2 所示。

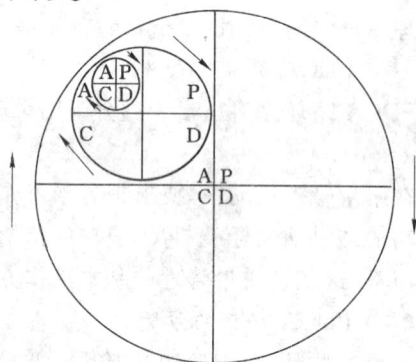

图 10-2　各级 PDCA 循环的关系

2. 循环上升

PDCA 循环四个阶段周而复始地运转,每次循环都有新的内容和更高的目标,每循环一次,都使工作提高一步。可见,PDCA 循环犹如一个转动着的车轮,每转动一圈,就会使企业管理跃上一个新台阶,提高到一个新水平。不断循环,不断提高,就像爬楼梯一样,逐步上升,直到彻底解决问题。如图 10-3 所示。

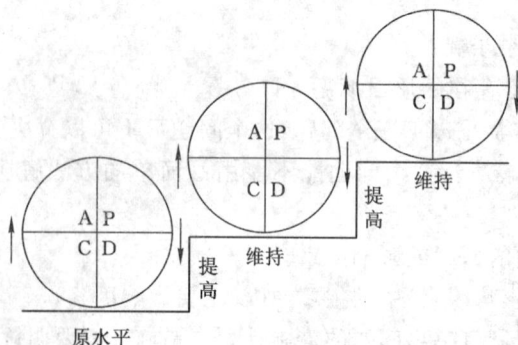

图 10-3　PDCA 循环爬楼梯式不断提高的示意图

242

五、全面质量管理常用的七种统计方法

（一）分类法

分类法，又称分层法，是整理、归类数据的一种重要方法，也是分析影响质量原因的一种基本方法。它是把收集到的质量数据按照不同的目的，标志加以分类，把性质相同、在同一生产条件下收集到的质量数据归并在一起，使数据反映的事实或原因更明显、更突出，便于找出问题，对症下药。用以分类的标志则根据所要研究的目的来确定。常用的标志有：材料、操作者、设备、操作方法、时间、测量工具等。

（二）排列图法

排列图法，又称主次因素分析图法，是找出影响产品质量主要因素的一种有效方法。它是根据意大利经济学家帕累托提出的"关键的少数和次要的多数"的原理，把影响产品质量的各因素按主次轻重排列，发现主要影响因素，突出重点，采取措施，来解决质量问题。

（三）因果分析图法

因果分析图法，是分析影响质量的具体原因的有效方法。影响产品质量的因素很多，也很复杂，因素之间一般分为平行关系和因果关系。单独的平行关系可以用排列图法进行统计分析，如果同时存在纵向的因果关系，就要用因果分析图法。找出质量问题产生的原因，要从大到小，从粗到细，寻根究底，直至能采取具体措施为止。把各种大小原因都用箭线表示出来，箭头指向的问题或原因视为一个结果，则箭尾标注的文字即表示其原因，如此形成因果关系图。针对根本原因，制定出改进的有效措施。

（四）直方图法

直方图是通过频数分布分析、研究数据的集中程度和波动范围的一种统计分析方法。频数分布直方图的优点是计算和绘图比较方便，能明确表示质量分布情况；主要的缺点是不能反映时间变化，并且要求收集的数据较多，至少要 50 个以上，一般要 100 个左右数据，否则不能反映出数据分布规律。

直方图主要用于试验和判断质量状况。当产品的生产处于正常状态时，所反映的质量特性值的数据分布服从于正态分布。

（五）控制图法

控制图是一种典型的动态分析图，在质量管理中主要发挥监测作用，用以比较和分析产品生产质量的优劣，判别质量的稳定性，发现并及时消除工艺过程中的失调现象，预防废品的发生等。

影响工序和产品质量的因素，分为异常性因素和偶然性因素。异常性因素引起数据波动叫做系统误差，是指不遵守操作规程，材料的质量发生变化，机械设备过度磨损或发生事故等，这类因素对数据波动的影响大，易于识别，也能够防止与避免。偶然性因素引起的数据波动叫做随机误差，尽管生产过程工人的操作、材料、设备均符合要求并且状态良好，但质量数据仍有一定的波动，这种波动是由于生产的某些方面有微小变化，现有技术条件不能控制，因此是正常的，不可避免的。控制图用来发现异常性因素，当发现异常性因素时应立即停机检查，找出原因，采取有效措施，使工序处于受控状态。

（六）相关图法

相关图又称散布图。这种图可以用来分析研究两种数据之间是否存在相关关系。产品的质量问题通常是由一种或几种因素造成的，这些因素与结果之间、因素与因素之间是什么样的关系，可否用一种函数关系去表达，就要借助相关分析。

质量管理相关图的原理及做法就是将两种需要确定关系的质量数据用点标注在坐标图上，从而根据点的散布情况判别两种数据之间的关系，以便进一步弄清影响质量特性的主要因素。

（七）统计分析表法

统计分析表法，即企业用以统计和分析产品质量问题的各种统计报表。通过这些统计表可以统计和整理质量数据，对影响产品质量的因素做出粗略分析。统计分析表的格式多种多样，一般按调查的目的与对象的不同有以下几种：① 产品缺陷部位调查表；② 不良项目调查表；③ 不良原因调查表；④ 工序内质量分布调查表；⑤ 质量检查评定的统计分析表等。

（八）新 QC 7 种统计方法

随着市场经济的不断发展，竞争日趋激烈，企业必须要由防守型质量管理向进攻型质量管理过渡。因此，以设计、计划为主要对象的新 QC7 工具在 1976 年被正式应用于企业质量管理中。新 QC7 工具有：关联图法、系统图法、矩阵图法、矩阵数据分析法、KJ 图法、决策过程计划图法（PDPC）和矢线图法。

新 QC7 工具侧重于采用运筹学和系统工程的原理和方法，将影响质量复杂的技术因素、工作因素以及各部门间的关系分析好，并予以系统化，以便抓住问题，制定解决问题的措施。因此，新 QC7 工具主要用于 PDCA 循环的 P 阶段。

质量管理的 7 种数理统计分析方法与新 QC7 工具相互间不矛盾，而是补充机能上的不足，是相辅相成的。

第三节　质量管理体系

质量体系对内的功能是质量管理，故称质量管理体系；而对外的功能则是质量保证，故称质量保证体系。产品质量、服务质量、环境质量、企业质量以及实施全面质量管理，都有赖于质量管理体系和质量保证体系的建立和完善。

一、质量管理体系及其目的

质量管理体系，简称质量体系，根据 ISO 9000 国际标准 2000 年版的定义，它是指"建立质量方针和质量目标并实现这些目标的体系"。其中体系是指若干有关事物互相联系、互相制约而构成的一个有机整体。质量管理体系就是指影响质量的技术、管理、人员和资源等因素综合在一起，在质量方针的指引下，为达到质量目标而相互配合的有机整体。

企业建立质量体系的目的是为了使其产品能达到：满足规定的用途和需要，满足用户的期望，符合有关的标准和技术规范，符合社会有关法令的要求；同时，要使企业获得良好的经济效益。为了实现这个目的,企业质量体系必须包括"硬件"和"软件"两大部分。"硬件"主要是指资源,包括人才、专业技术和各种设备,这是支持质量体系和实施质量管理必不可少的物质技术条件;"软件"则是借助这些"硬件"所进行的各种质量活动,以及与之相关的组织机构、职责和程序等。它们形成了相互联系、相互促进、相互制约的有机整体。

二、质量管理体系的组成

质量管理体系由过程、组织机构、工作程序、资源和人员四个部分组成。它们相互联系构成一个有机整体,确保质量管理活动的有效性。

（一）过程

质量管理体系涉及产品寿命周期的全部阶段,包括从最初识别市场需要到最终满足顾客要求的全过程。这些活动包括产品设计、采购、生产制造、检验、营销和使用等。可见,质量管理工作就是要通过质量管理体系所涉及的产品寿命周期的所有过程得以实现的。为了保证产品质量,就必须对影响产品质量的活动和过程加以控制。

（二）组织机构

企业根据产品特点、生产规模和工艺性质等,设置与企业质量体系相适应的组织机构,并明确规定各机构的隶属关系和联系方法。这些组织机构的设置,应能保证企业质量职能的落实和有效地实施。企业应建立强有力的质量管理和质量检验专职机构,负责全企业质量活动的计划、组织、协调、指导、检查和监督。这是质量体系的组织机构中重要的一个方面,企业应予以足够的重视,并保证其能够独立地、客观地行使职权。质量责任制是落实质量职能的重要手段。在落实质量责任制时,首先应确定企业与质量有关的各项活动,包括生产经营活动全过程的各项直接质量活动,如质量成本分析、质量信息反馈、人员培训、体系审核等;通过协调把各项质量活动的责任落实到各职能部门,建立责任制,明确规定企业领导和各职能部门的质量责任,而且必须使企业各职能部门和各类人员明确自己的质量责任,以更好地发挥企业中与质量有关的各类人员的积极性,共同保证产品质量。在为企业领导和各职能部门明确质量责任的同时,还必须赋予他们相应的权限,使其能在自己的职责范围内充分行使职权,有效地开展各项质量活动,并切实承担起应付的质量责任。

（三）工作程序

工作程序是指为进行某项活动所规定的途径。企业应该对各项直接或间接地质量活动制定相应的工作程序,使其能按正确的方法实施,并能对其进行适当而持续的控制和验证,确保企业质量方针和质量目标得以实现,并使这些程序对直接影响产品质量的开发设计、采购、制造和销售等活动的目标和工作质量作出规定。它既包括设计开发程序、设计评审制度等直接质量活动的程序,也包括质量成本、质量信息、人员培训、质量审核等间接质量活动的程序。工作程序是企业管理经验的科学总结,有了工作程序,即使在人员变动的情况下,也能保持工作的连续性和一致性,从而使质量管理从"人治"变为"法治"。一旦发现工作程序有不完善之处,应及时加以修改。

（四）资源和人员

这是质量体系的基本组成部分。它通常包括各类人才资源和专业技能，设计、研制、制造、检验、计量、试验等设备，仪器、仪表计算机软件等。具有能满足产品质量要求的各种设备和一支经验丰富、训练有素的技术、管理与操作人员的队伍，是企业质量保证能力的基本条件。为确保各类人员的工作能力，管理部门应对人员的资格和培训要求作出明确规定，对某些从事特殊工作的人员还要进行资格认可。

三、质量活动的内容

质量活动是质量管理体系的主要内容，这个体系中的各项质量活动，贯穿于产品质量产生、形成和实现的全过程，即存在质量螺旋形上升过程的各个环节，包括：市场调查、开发设计、工艺准备、采购、制造、检验、销售、技术服务八个主要环节。这八个环节的质量活动对产品质量有着直接的影响，构成了质量体系要素的一部分；而另一部分质量体系要素包括组织机构和职责、人员培训、设备控制、质量文件和记录、纠正措施、质量成本、质量审核七个要素，它们渗透在以上八个环节的每一个环节的质量活动之中。上述十五项质量体系要素的总和，构成了质量体系的全部质量活动。对于现代企业质量体系的全部质量活动的内容由设计过程、制造过程、销售过程、辅助过程和使用过程的质量管理五个部分组成，涉及整个企业生产经营管理的全过程。

1. 设计过程的质量管理

（1）设计过程质量管理的任务

① 企业要设计出对用户具有更高更好使用效果的产品。

② 在满足用户前提下，企业要利用现有条件和发展可能，取得较好的生产效率和良好的经济效果。

（2）设计过程质量管理的内容

为完成设计过程质量管理的任务，应着重抓好以下六个环节：① 搞好调查研究，制定产品质量目标；② 搞好设计审查和工艺性审查；③ 组织好试制鉴定工作；④ 开展产品设计的经济活动分析；⑤ 保证技术文件的质量；⑥ 加强标准化工作。

2. 制造过程的质量管理

（1）制造过程质量管理的任务

制造过程质量管理的任务概括起来就是"把关"和帮助"过关"。"把关"，就是严密组织对生产经营过程各环节的质量检验工作；帮助"过关"就是贯彻预防为主的方针，通过检验和质量分析，找出产生质量缺陷的原因，推动生产部门和操作者采取预防措施，把废次品减少到最低程度。

（2）制造过程质量管理的内容

为完成制造过程质量管理的任务，该过程的质量管理应着重抓好以下五个环节。

① 加强工艺管理，全面控制影响产品质量的因素，使生产过程处于严密的监督和控制之下。

就制造过程而言，影响产品质量的因素可以概括为五个方面，即操作者、原材料（包括外购、外厂协作的零部件）、设备（包括工具）、工艺与测量方法以及生产环境。尽管这些影响因素是错综复杂的,但是这些因素的变化与质量的波动存在着内在联系,是有一定规律的。人们就要掌握和运用这个规律,以控制影响因素的变化,使其达到最优配合,不断提高制造过程质量,从根本上减少不合格品,提高产品质量的稳定性。

② 掌握质量动态。在制造过程中,必须系统地、经常地、准确地掌握企业、车间、班组在一定时间内质量的现状和发展动态。质量状况的综合统计和分析,一般是按规定的某些质量指标进行的。这种指标有两类:一类是产品质量指标,如产品等级率、平均无故障工作时间、优质品产值率等;另一类是工作质量指标,如返修率、一次交验合格率、废品损失等。为了做好质量的综合统计和分析,要建立和健全有关质量的原始记录,如合格品转序、不合格品返修、报废等都要有记录、有凭证,并由检验人员签证。根据原始记录定期汇总统计,会同车间、工段等有关方面作出质量变动原因分析,使领导和广大职工及时掌握质量动态。

③ 搞好质量状况的统计分析,掌握质量动态和发生变化的原因。

④ 加强不合格品管理。产品质量是否合格,一般是根据技术标准判断的。不合格品可以分为两类:一类属于不可修复的,即废品;另一类是属于可以修复的,包括返修品、回用品和次品等。可修复的不合格品虽然可免于报废,但是也将造成工时、设备等浪费,而且还可能对产品的内在质量造成隐患,或产生外观上的缺陷,这类不合格品可称之为"潜在废品"。因此,制造过程的质量活动,不仅要降低废品数量,而且要降低整个不合格品的数量。企业要加强不合格品的管理,要按照不合格品的不同情况分别妥善处理;要建立和健全原始记录和技术档案,做好不合格品的统计分析工作,找出产品不合格的原因,发现和掌握废品产生和变化的规律,以此教育职工,并采取措施防止不合格品的重复产生。

⑤ 实行工序质量控制。实行工序质量控制就是要控制制造过程中的五大影响因素的变化,使制造过程处于良好状态。建立质量控制点,是实现工序质量控制的一项重要内容,就是把在一定时期内和一定条件下,需要特别加强监督和控制的重点工序、部位和质量特性项目,明确列为质量管理重点对象,并采取各种必要手段、方法和工具,对其加强管理。就一个产品来说,要设多少质量控制点,应在对它的整个工艺过程分析的基础上明确规定下来。然后对每个质量控制点制定出详细的操作规程、自检表,并根据需要采用控制图等方法对质量控制点的质量实行重点管理。一般说来,凡是制造过程中的质量关键所在或质量上的薄弱环节,均应建立质量控制点严加控制。如关系产品主要性能和使用安全的关键工序、关键部位和关键质量特性项目;工序本身有特殊要求,对下道工序生产有重大影响的加工项目;质量不稳定,出现不合格品较多的加工部件和项目;产品使用过程中反馈回来的质量不良的项目等。

3. 辅助过程的质量管理

(1)辅助过程质量管理的任务

辅助过程质量管理的任务有两项:搞好本身的质量管理;提高服务质量。

(2)辅助过程质量管理的内容

为完成辅助过程质量管理的任务,该过程的质量管理应做到:① 对进厂的物资进行严格的检查和验收;② 做好工具的验收、保养、发放、鉴定、校正和修理等工作;③ 要保证把设备维修好,使其经常保持良好的技术状态;④ 燃料及水电供应要及时、充足、优质。

4. 销售过程的质量管理

商品销售是指企业通过一定的物质技术设备,采用一定的服务方式,把商品产品出售给购买者的过程中各种经济活动的总称,是质量管理的重要环节。

(1) 销售过程质量管理的任务

销售过程质量管理的任务,概括起来就是扩大商品销售,提高服务质量,满足用户需要。具体而言就是树立以销售业务管理为中心的观念,积极研究提高服务质量的措施和途径,积极研究市场需要,掌握销售变换规律,按照用户需要确定商品种类结构,采取科学的销售方式,合理组织销售过程。

(2) 销售过程质量管理的内容

销售过程质量管理的内容关键是要搞好商品质量、服务质量、工作质量的提高。

5. 使用过程的质量管理

使用过程的质量管理既是全面质量管理工作在广度上的自然伸缩和归宿,又是全面质量管理的起点。使用过程的质量管理主要抓好以下三项工作。

(1) 积极开展对用户的技术服务工作。企业应采取多种形式搞好对用户的技术服务工作,如编制产品使用说明书;向用户传授安装、使用和维修技术,解决使用中的疑难问题;提供容易损坏的配件的制造图纸和用户所需的配件;设立维修网点,甚至上门维修;对某些复杂的产品,协助用户安装、调试或负责技术指导等。

(2) 对产品的使用效果和使用要求进行调查。为了充分了解产品质量在使用过程中的实际效果,企业必须通过各种渠道,对出厂产品使用情况进行调查,了解本企业产品存在的缺陷,及时反馈,并和国内外同类产品比较,为进一步改进产品质量提供依据。

(3) 认真处理出厂产品的质量问题。对用户反映的质量问题、意见和要求应及时处理。属于设计、制造或材料所造成的质量问题,不论外购件或自制件,统一由组装厂负责包修、包换、包退;即使由于使用不当造成的问题,也要热情帮助用户排除故障,掌握使用技术;在规定的使用期限内,由于产品质量不好造成质量事故的,企业要向用户赔偿经济损失。

四、建立质量体系应做的工作

现代企业在建立和运行质量体系时,应根据市场情况、产品类型、生产特点、用户需要等具体情况和自身特点,对这些体系要素进行适当的裁剪和增添,以建立和运行适合本企业特定条件的质量体系。一般来说,企业应能从组织上、制度上、经营服务上长期地、稳定地为用户提供满意的商品和服务。因此,在质量体系建立之时,还应做好下述工作。

(一) 开展方针目标管理

企业的质量方针目标是企业各部门和全体职工执行质量职能和从事质量活动所必须遵守的行动指南。不同的企业可以有不同的方针目标,但是不管什么企业的质量方针都应有很强的号召力,如"质量第一,用户至上","让顾客满意"等。建立质量体系就要把各部门、各环节的质量管理工作组织起来,有效地协调各方面的力量,使之有效地运转,就必须制定一个每个职工在开展全面质量管理活动中所必须遵守和依从的行动指南——质量方针。

质量方针是由企业最高管理者正式颁布的总的质量宗旨和目标,它也是组织与协调质量体系各方面活动的基本手段。

(二)建立质量管理机构,严格考核制度

建立质量管理机构,严格考核制度,是质量体系的组织保证。企业必须设定质量管理机构和专职管理人员,成为企业领导执行质量管理职能的参谋、助手和办事机构,协调整个企业的质量管理工作,并成为企业的质量信息中心。同时,要严格考核制度,鼓励先进,转变后进。

(三)开展样品性的质量管理小组活动

质量管理小组是把质量管理的基本思想、观点和方法,运用到各种业务实际工作中去的一种群众性组织,是全面质量管理的群众基础。质量管理小组是以保证和提高质量为目的,围绕现场存在的问题,由班组工人或科室人员在自愿的基础上所组成的开展质量活动的小组,形式可以多种多样。

第四节 ISO 9000 系列标准

ISO 9000 标准系列是在总结质量管理实践经验的基础上产生的,具有很强的实践性和指导性,受到许多国家的欢迎,对我国企业提高管理水平、发展国民经济、促进对外贸易、深化全面质量管理必将产生深远的影响。

一、ISO 9000 系列标准的产生背景

质量对世界性经济活动的影响越来越显著;人们已逐渐认识到,质量开始成为各国企业关心的新的重点。随着我国社会主义市场经济体制的建立和完善,企业有了平等竞争的机会,同时,改革开放使我国与其他国家之间的贸易得到了迅猛发展。良好的国内和国际环境为我们的企业提供了发展的机会,也带来了威胁。开放加剧了企业间的竞争,竞争的结果使顾客对质量的要求越来越高,企业间的竞争由价格竞争逐渐转化为质量竞争。因此,提高质量已成为我国战略性任务。企业要使自己的产品和服务赢得客户的信任,除了自身加强全面质量管理之外,还必须使客户相信自己的质量保证能力。同时,客户为保护自身的利益不受损失,也要对企业提出质量保证要求。在这种情况下,第三方对企业的质量体系进行客观的认证就成为一种需求,ISO 9000 系列标准应运而生。

1979 年,国际标准化组织(ISO)成立了"质量管理和质量保证技术委员会",开始着手制定质量管理和质量保证方面的国际标准。经过多年的研究和酝酿,在总结了世界各国实行全面质量管理和质量保证经验的基础上,于 1986 年 6 月 15 日正式颁布了 ISO 8402《质量——术语》标准,并于 1987 年 3 月正式颁布了 ISO 9000 系列标准。

二、ISO 9000 系列标准

ISO 9000 系列标准,是第一套管理性质的国际标准。它是各国质量管理与标准化专家在先进的国际标准的基础上,对科学管理实践的总结和提高。它既系统、全面、完善,又简洁、扼要,为开展质量保证和企业建立健全的质量体系提供了有力的指导。ISO 9000 系列标准是企业进行质量管理的宝贵财富。

按照 1994 年 7 月 1 日正式公布的 1994 年版的新标准,在 ISO 9000 系列标准的构成中,ISO 9000 系列标准的核心标准包括以下方面。

ISO 9000——1《质量管理和质量保证体系——选择和使用指南》,它是 ISO 9000 系列中的总体标准,适用于质量管理和质量保证两个方面,它阐述了与质量管理有关的基本概念,并提供了 ISO 9000 系列的选择和使用指南。

ISO 9001——《质量体系——设计(开发)、生产、安装和服务的质量保证模式》

ISO 9002——《质量体系——设计、安装和服务的质量保证模式》

ISO 9003——《质量体系——最终检验和试验的质量保证模式》

ISO 9001——ISO 9003 是外部质量保证所使用的有关质量体系的要求标准,它分别代表了三种不同的质量保证模式。由于供方证明其能力以及外部对其能力的评定,企业可以根据其生产经营的范围不同来选择应用。

ISO 9004——1《质量管理和质量体系要素——指南》,是组织内部使用的标准,为组织建设一个完善的质量体系,从识别需要到最后满足顾客要求的所有阶段,对影响质量的管理、技术和人的因素都提供了控制要求。

为了进一步改善 ISO 9000 系列标准的市场满意程度,ISO/TC 176 决定对 1994 年版 ISO 9000 系列标准进行"彻底修改",即 2000 年的大改版。

为了使用者的利益,在制定 2000 年版 ISO 9000 系列标准时,ISO/TC 176 与 ISO/TC 207 的工作进行了协调,从而使 ISO 9000 与 ISO 14000 两个国际标准有了更大的兼容性。2000 年版的 ISO 9000 系列标准较 1994 年版的 ISO 9000 系列标准更简洁、更强化、更完善,整体结构的改变及全新质量管理概念的引入,使 ISO 9000 系列标准从产品质量的时代跨入了过程质量的时代。

三、全面质量管理与 ISO 9000 系列标准的关系

全面质量管理作为以质量为中心的现代管理方式,是指企业为了保证和提高产品质量综合运用的一整套质量管理思想、体系、手段和方法。它已发展成为指导企业质量管理的学科。而 ISO 9000 系列标准则是在总结各国质量管理经验的基础上,经过广泛研究协商,由国际标准化组织所制定的一系列质量管理和质量保证标准,它在技术合作、贸易往来上作为国际认可的标准规范。两者的形式和作用虽然不同,但 ISO 9000 系列标准实质上是全面质量管理思想的延续,两者存在的一致性有以下几方面。

(一)遵循的原理是相同的

在全面质量管理的理论中,描述产品质量的产生、形成和实现运动的规律是朱兰博士提出的"质量进展螺旋"曲线,这是开展全面质量管理的基本原理。而 ISO 9000 系列

标准中明确提出"质量体系建立所依据的原理是质量环",这实际上就是以质量螺旋曲线为依据,两者原理是相同的。

（二）基本要求是一致的

全面质量管理的基本特征包括全面质量、全过程管理、全面参与、全面地综合利用各种科学方法,而系列标准中也同样贯彻了这些要求。

（三）指导思想与管理原则相同

全面质量管理与 ISO 9000 系列标准都同样贯彻以下思想:系统管理、为用户服务、预防为主、过程控制、质量与经济相统一等。

（四）强调领导作用

全面质量管理强调必须从领导开始,系列标准首先规定了企业领导的职责,都要求企业领导必须亲自组织实施。

（五）重视评审

全面质量管理重视考核与评价,系列标准重视质量体系的审核、评审和评价。

（六）不断改进质量

两者都强调任何一个过程都可以不断改进,并不断完善。因此可以不断改进产品的服务质量。

通过比较可以看出,全面质量管理与 ISO 9000 系列标准是可以互相结合、互相促进的。全面质量管理把建立质量体系作为自己的基本要求,而系列标准则把建立质量体系作为达到全面质量管理的必经之路。推行系列标准可以促进全面质量管理的发展,并使之规范化,还可以实现与国际合作伙伴间的双边或多边认可。系列标准也可以从全面质量管理中吸取先进的管理思想和技术,不断得到完善。

四、质量管理体系认证的程序

质量管理体系认证的程序通常分为以下 12 个步骤。

① 供方向认证机构提出质量管理体系认证的申请。

② 认证机构对企业做非正式的访问。

③ 认证机构和供方一起根据需要,确定质量管理体系标准。

④ 认证检查机构提出关于评定费用的估价。

⑤ 供方准备质量手册和质量管理体系评定附件。

⑥ 认证检查机构评定质量管理体系文件,并通知供方对不符合要求的地方或重大遗漏之处进行修正和补充。

⑦ 供方做好准备工作。在进行现场评审前,供方向认证机构提供与申请认证有关的全部文件及相应的执行记录。

⑧ 认证机构进行现场评审。初评结束评定组将调查结果书面报告,通知供方领导,并对不符合要求的限时进行改正。

⑨ 供方修改体系。在规定期限里供方完成了体系修改,评定机构再对修改过的体系做部分或全部评价。

⑩ 批准注册,经评定小组推荐,由认证管理机构确认,即可批准注册,颁发注册证

书,批准供方使用认证管理机构规定的标志。

⑪ 监督。对质量管理体系评定和注册的有效期一般为 3 年。期间,认证机构根据评定规则监督供方的质量管理体系,以证实是否继续符合有关要求。

⑫ 重新评定。每隔三年需要对供方质量管理体系重新评定。

五、实行质量管理体系认证的意义

质量管理体系认证制度因得到世界各国(地区)普遍重视而迅速的发展起来,关键在于它使一个公证机构对产品质量或质量管理体系做出了正确的、公正的、可靠的评价,为人们提供了可以完全信赖的质量信息,这对供方、需方及社会等方面都有着重要的意义,综合起来主要有以下几个方面。

① 提高供方的质量信誉。实行质量管理体系认证后市场上便会出现认证产品与非认证产品,认证注册企业与非注册企业的界限,凡属认证产品或注册企业都会在质量信誉上取得优势。

② 指导需方选择在复杂的市场中从获准注册企业中寻找供应单位和从认证产品中选购产品。

③ 促进企业健全质量管理体系,提高企业的管理水平和提高企业素质。

④ 增强企业在国际市场上的竞争能力。如果获得国际上有权威的认证机构的认证注册,便会得到世界各国的认可,并按协定享受一定的优惠政策待遇,如免检、减免税等,对增强企业在国际上竞争能力起重要作用。

⑤ 可减少社会上重复检查的费用。根据国外有关资料报道,可减少80%左右的重复检查工作量,而且可以大大提高采购供应工作的效率。

⑥ 有利于保护消费者的利益。有利于保护消费者的利益,特别是关系到人们安全健康的产品,实行强制制度后,从法律上保证了未经认证的安全性产品一律不得销售或进口,这就杜绝了不安全产品的生产和流通,极大地保护了消费者的利益。

纵观质量管理的发展历史,后一阶段从来都是在前一阶段的基础上继承和发展的,而不是对前一阶段的取代和否定。就像全面质量管理不能取代检验和统计质量管理一样,系列标准也不可能取代全面质量管理。因此,要正确处理两者关系,既要防止以实施系列标准来否定全面质量管理,也不能借口推行全面质量管理而不贯彻系列标准,而是以贯彻系列标准来促进全面质量管理的规范化,以全面质量管理的思想作指导来学习、贯彻系列标准,并结合实际充实和完善企业质量体系,这样才能取得更好的效果。

第十一章　市场营销

市场营销是专门研究企业市场经营的经济应用学科,是企业经营管理的重要组成部分。社会主义市场经济体制目标的确立,为我国企业从事商品经济和市场交换活动,应用市场营销学提高企业经济效果,推动市场经济的发展,奠定了理论基础。本章主要阐述市场营销学的相关核心概念、目标市场策略、市场营销组合策略以及市场营销学理论的新发展等内容。目的是使读者通过学习,能够用营销学的观点和理论分析和解决现实中企业存在的问题。

第一节　概　述

本节主要论述市场、市场营销、市场营销组合、市场营销观念以及市场营销学的由来与发展,阐述市场营销学的核心概念,以便学习时系统掌握市场营销学的基本概念、基本理论和基本方法,在实践中灵活运用,为以后每一节内容的学习做好铺垫。

一、市场

市场是商品经济运行的载体或现实表现,包括四层含义:一是商品交换的场所和领域;二是商品生产者和商品消费者之间各种经济关系的总和;三是有购买力的需求;四是现实顾客和潜在顾客的总和。

而市场营销中的市场则是消费者(顾客)＋购买力＋购买欲望(需要),市场是由消费者组成的,而有消费欲望和消费能力的需求才是有效的需求,我们把有消费欲望和消费能力的所有现实和潜在顾客,称之为市场。综上所述可以对市场笼统的定义为:为了满足某种特定的需求和欲望而购买或准备购买某种特定商品的消费者群体。市场营销学就是研究满足消费者需要的科学。

二、市场营销

市场营销一词译自英文 Marketing。Marketing 有多种译法,把它作为一种经济活动时,译为市场营销;把它作为一个学科名称时,可以译为市场营销学。它是指个人或集体通过交易其创造的产品或价值,以获得所需之物,实现双赢或多赢的过程。

市场营销的权威菲利普·科特勒(Philip Kotler)下的定义强调了营销的价值导向:市场营销是个人和集体通过创造并同他人交换产品和价值以满足需求和欲望的一种社会管理过程。

三、市场营销组合

市场营销组合就是营销企业为实现所预定的市场营销目标,而对可由企业控制的营销变量的组合。通过这些营销变量的组合,形成在特定的市场上特定的营销方式。市场营销组合是市场营销策略的重要组成部分,是市场营销学中的一个核心概念。

市场营销组合中所指的营销变量,营销学通常将其概括为4Ps,即产品(Product)、价格(Price)、促销(Promotion)、渠道或地点(Place)。四个主要的营销组合变量的决策问题,将在以后各节进行具体论述。

四、市场营销观念

市场营销观念的演变与发展,可归纳为五种,即生产观念、产品观念、推销观念、市场营销观念和社会市场营销观念。

（一）生产观念

生产观念是指导销售者行为的最古老的观念之一。生产观念是在卖方市场条件下产生的,那时由于物资短缺,市场产品供不应求,所以生产观念在企业经营管理中颇为流行。企业经营哲学不是从消费者需求出发,而是从企业生产出发,其主要表现是"我生产什么,就卖什么,消费者就得买什么"。例如,美国汽车大王亨利·福特曾傲慢地宣称:"不管顾客需要什么颜色的汽车,我只有一种黑色的。"显然,生产观念是一种重生产、轻市场营销的商业哲学。

（二）产品观念

产品观念认为,消费者最喜欢高质量、多功能和具有某种特色的产品,企业应致力于生产高价值产品,并不断加以改进。它产生于市场产品供不应求的"卖方市场"形势下。最容易滋生产品观念的时刻就是当企业发明一项新产品的时刻,企业容易导致"市场营销近视症",即不适当地把注意力只放在产品上,而不是放在市场需要上,只看到自己的产品质量好,而看不到市场需求的变化,致使企业经营陷入困境。

（三）推销观念

推销观念产生于20世纪20年代末至50年代初,是为许多企业所采用的一种观念,表现为"我卖什么,顾客就买什么"。它认为,消费者通常表现出一种购买惰性,如果任其发展,消费者一般不会足量购买某一产品,因此,企业必须积极推销和大力促销,以刺激消费者大量购买本企业的产品。推销观念产生于资本主义国家由"卖方市场"向"买方市场"过渡的阶段。那时由于科学技术的进步,科学管理和大规模生产的推广,产品产量迅速增加,逐渐出现了市场产品供过于求的新形势。面对激烈的竞争,企业不得不重视采用广告与推销法去推销产品。企业要在日益激烈的市场竞争中求得生存和发展,就必须重视推销。

（四）市场营销观念

市场营销观念是作为对上述各种观念的挑战而出现的一种新型的企业经营哲学。这种观念是以满足顾客需求为出发点的,即"顾客需要什么,我就生产什么"。尽管这种思想由来已久,但其核心原则直到20世纪50年代中期才基本定型,当时市场趋势表现为供过于求的买方市场,同时广大居民个人收入迅速提高,有可能对产品进行选择,许多企业开始认识到,必须转变经营观念,才能求得生存和发展。市场营销观念认为,实现企业各项目标的关键,在于正确确定目标市场的需要和欲望,并且比竞争者更有效地传送给目标市场所期望的物品或服务,进而比竞争者更有效地满足目标市场的需要和欲望。从本质上说,市场营销观念是一种以顾客需要和欲望为导向的哲学,是消费者主权论在企业市场营销管理中的体现。

（五）社会市场营销观念

社会市场营销观念是对市场营销观念的修改和补充。它产生于 20 世纪 70 年代西方资本主义出现能源短缺、通货膨胀、失业增加、环境污染严重、消费者保护运动盛行的新形势下。社会市场营销观念要求市场营销者在制定市场营销政策时,要统筹兼顾三方面的利益,即企业利润、消费者需要的满足和社会利益。

五、市场营销理论发展

（一）初创阶段

市场营销于 19 世纪末到 20 世纪 20 年代在美国创立,源于工业的发展,这时的市场营销所研究的范围很窄,只是研究广告和商业网点的设置。

（二）应用阶段

20 世纪 20 年代至二战结束为应用阶段,此时美国国内企业开始大规模运用市场营销学来运营企业,打开海外市场,欧洲国家也纷纷效仿。1931 年"美国市场营销协会"成立,宣讲市场营销学,广泛吸收学术界与企业界人士参加,市场营销学开始从大学讲台走向社会。

（三）形成发展时期

20 世纪 50 年代至 80 年代为市场营销学的发展阶段,美国军工经济开始转向民用经济,社会商品急剧增加,社会生产力大幅度提升,而与此相对应的居民消费水平却没有得到多大的提升,市场开始出现供过于求的状态。此时美国市场营销学专家 W. Ad-erson 与 R. Cox 提出"广义的市场营销学,是促进生产者与消费者进行潜在商品或劳务交易的任何活动",此观点使营销开始步入全新的阶段。原来认为市场是生产过程的终点,现在认为市场是生产过程的起点;原来认为市场营销就是推销产品,现在认为市场营销是通过调查了解消费者的需求和欲望,而生产符合消费者的需求和欲望的商品或服务,进而满足消费者的需求和欲望。

（四）成熟阶段

20 世纪 80 年代至今,为市场营销学的成熟阶段,表现在市场营销与其他学科相关联,如经济学、数学、统计学、心理学等,开始形成自身的理论体系。20 世纪 80 年代是市场营销学的革命时期,开始进入现代营销领域,市场营销学的面貌焕然一新。

第二节　市场细分与目标市场选择策略

在现代市场营销活动中,企业一般采用的是"目标市场营销"的模式。目标市场营销包括的步骤是:先进行市场细分,然后再选择细分后的某一个或几个市场作为目标市场,最后组织产品生产满足目标市场的需求。

一、市场细分的概念与作用

(一)市场细分的概念

市场细分的概念是美国市场学家温德尔·史密斯于 20 世纪 50 年代中期提出来的。市场细分是指营销者通过市场调研,依据消费者的需要和欲望、购买行为和购买习惯等方面的差异,把某一产品的市场整体划分为若干消费者组群的市场分类过程,使被划分后的市场上所形成的不同的消费者组群的需要在一个或几个方面具有相同的特点,以便营销者能对具有不同类型需要的消费者组群提供相应的产品或服务。每一个消费者组群就是一个细分市场,每一个细分市场都是具有类似需求倾向的消费者构成的群体。

(二)市场细分的作用

细分市场不是根据产品品种、产品系列来进行的,而是从消费者的角度进行划分的,是根据消费者的需求、动机、购买行为的差异性来划分的。市场细分对企业的生产、营销起着极其重要的作用。

1. 有利于选择目标市场和制定市场营销策略

市场细分后的子市场比较具体,比较容易了解消费者的需求,企业可以根据自身的生产技术和资源,确定自己的服务对象,即目标市场。针对较小的目标市场,便于制定合适的营销策略。

2. 有利于发掘市场机会,开拓新市场

通过市场细分,企业可以对每一个细分市场的购买潜力、满足程度、竞争情况等进行分析对比,探索出有利于本企业的市场机会,使企业及时做出投产决策或根据本企业的生产技术条件编制新产品开拓计划,进行必要的产品技术储备,掌握产品更新换代的主动权,开拓新市场,以更好适应市场的需要。

3. 有利于集中人力、物力和财力投入目标市场

任何一个企业的资源如人力、物力、财力都是有限的。通过细分市场,选择了适合自己的目标市场,企业可以集中人、财、物等所有资源,去争取局部市场上的优势,然后再占领自己的目标市场。

4. 有利于企业提高经济效益

企业通过市场细分后,可以面对自己的目标市场,生产出适销对路的产品,既能满足市场需要,又可增加企业的收入。产品适销对路可以加速商品流转,加大生产批量,降低企业的生产销售成本,提高生产工人的劳动熟练程度,全面提高企业的经济效益。

二、市场细分的步骤

(一)选定产品市场范围

企业应明确自己在某行业中的产品市场范围,并以此作为制定市场开拓战略的依据。

（二）列举潜在顾客的需求

可从地理、人口、心理等方面列出影响产品市场需求和顾客购买行为的各项变数。

（三）分析潜在顾客的不同需求

企业应对不同的潜在顾客进行抽样调查，并对所列出的需求变数进行评价，了解顾客的共同需求。

（四）测量各细分市场的潜力

企业在调查的基础上，需要确定每个细分市场的购买量和在一定时期可能形成的需求量的大小。这样才能最终根据企业的资源、实力、市场的竞争情况，选择目标市场。

（五）制定相应的营销策略

调查、分析、评估各细分市场，最终确定可进入的细分市场，并制定相应的营销策略。

三、有效细分市场的要求

（一）可测量性

即细分后的市场应能够测定出对相应产品的需求量的大小。比如年轻人市场就难以界定，不如具体的给出"20～25 岁"这样的特征值。

（二）可赢利性

即企业新选定的细分市场容量足以使企业获得足够的利润。

（三）可进入性

即所选定的细分市场必须与企业自身状况相匹配，企业有优势进入和占领这一市场。市场的可进入性，实际上是指其营销活动的可行性。

（四）实效性

即细分市场应大小适中。过大的市场，就可能没有较好地区分消费者有差别的需要，据之设计出的产品，满足需要的程度就低；过小的市场，则会使细分市场没有足够的购买力或潜在需求量，达不到企业营销战略目标的要求。

（五）稳定性

即细分后的市场所具有的需要和欲望的差别，应在一个足够长的时间内能够得以保持。

四、市场细分的因素

（一）消费者市场的细分因素

1. 地理因素

由于消费者所处的地理位置不同，其需要会受到诸如地形、气候、交通、生活设施、风土民俗等的影响而形成差别。国界、地区、地形、气候、城市规模都是可考虑的因素。例如城市规模，人口在 1 000 万以上属于特大城市；人口在 500 万～1 000 万和100 万～500 万以上属于大城市；人口在 30 万～100 万和 5 万～30 万以上属于中等城市；人口在 5 万以下属于小城市。不同的城市规模直接决定了消费总量的多少，企业选择细分市场必须考虑这一因素。

2. 人口统计因素

市场是由人构成的,市场需要也是人的需要。年龄、性别、职业、收入、教育水平、家庭人口、家庭类型、家庭生命周期、国籍、民族、宗教、社会阶层等都属于人口统计因素。

3. 行为心理因素

这一因素包括社会阶层、生活方式、性格、购买动机、使用者地位、产品使用率、忠诚程度、购买准备阶段、态度等。如购买动机,人们的行为总是在一定的动机的支配下产生的,购买行为也是如此。河南一家酒厂生产了一种叫"状元红"的白酒,在上海试销时,无人问津。该厂通过调查发现,上海市场按购买白酒的目的分类,自用的占37%,送礼的占52%,外流的占11%。由于送礼所占比重最大,而"状元红"酒的包装不入时,满足不了送礼的要求,进入不了这一细分市场。为此,该厂针对"送礼的购买目的",在"礼品酒"细分市场上下工夫,重新设计了包装和促销宣传,结果在当年春节就夺得了上海白酒市场总销量的70%左右。

(二) 产业市场的细分因素

1. 组织特征

按组织特征细分产业市场,有以下一些因素。

(1) 经营方式

经营方式涉及购买者购买产品的最终用途。例如同样是钢材,用于标准件生产和用于建筑业使用,对材质、材型、交货方式的要求就不同。卖者往往需要根据买者的要求,组织生产和安排储运事务。

(2) 经营规模

购买者的生产或销售规模,决定了其购买量和一年中的购买次数。依此细分市场,对大用户和中小用户,需采取不同的营销方法。

(3) 购买者的地理集中程度

由于受国家的产业政策(经济区域分工、工业布局政策等)、自然资源分布、社会历史发展等因素的影响,同一产品的购买者有时相当集中,有时又很分散。营销者往往在用户集中地区力争得到较大的市场份额,但往往会遇到激烈的竞争;而在用户分散的地区,容易找到营销机会,但需要做出更多的营销努力。这样细分市场,企业可以根据自己的实力,选择目标市场。

2. 购买行为

用组织的购买行为细分市场,常用的因素有以下一些。

(1) "购买中心"的特点

一个组织中提出购买建议、做出购买决定和执行购买的系统是该组织的"购买中心"。购买中心如果很保守,往往就意味着比较严谨,对产品的质量和交货的准确度要求高;如果购买中心很有创新性,就意味着它会提出一些新的独特要求。掌握一个组织的购买中心的特点,就可以制定有效的营销组合,满足顾客的购买要求。

(2) 购买的介入程度

组织购买者对购买的介入,可分为高度介入、中度介入和低度介入。一般说来,由高层管理者做出的购买决策,要比中层和基层做出的购买决策的介入程度高。在高度介入的情况下,组织购买者要收集许多的购买信息;而对于例行购买,往往是凭对营销者的信任、产品质量等做出购买决策。因此,对于高度介入的购买,应通过较多的广告宣传、展销会等形式,满足购买者收集信息的要求;对于低度介入的购买,应多设网点和提供更多的销售服务方式,方便顾客购买。

（3）对产品特点的要求

产业用品市场的购买者对于产品的特点,往往表现出特殊的要求,营销者可以通过相应的细分因素的采用,来划分出有意义的细分市场。例如,美国的克罗伊斯公司曾生产过一种金笔,想法是来源于美国有许多的公司需要用有象征意义的用品作为礼品对职工进行奖励,于是克罗伊斯公司生产了一种高档的金笔,并进行了成功的形象塑造,使之成为荣誉的象征。据说,不少职工希望得到一只克罗伊斯金笔的愿望超过了得到传统的重奖礼品,如红木家具。购买这种金笔的公司也得到了降低奖励费用的好处。

五、目标市场选择策略

企业在所确定的目标市场的范围内,需要决定相应的营销组合,这就是确定目标市场营销战略。根据各个细分市场的独特性和企业自身的目标,共有三种目标市场策略可供选择。

（一）无差异市场营销

企业只生产和推出一种产品或服务,采用一种营销组合,对全部市场进行营销,或企图覆盖全部市场。这时,企业不考虑细分市场的差别,它着眼的是顾客需要的相同之处,而不是不同之处。

无差异市场营销策略的好处显而易见,可以使成本最小化,因为企业可以实行大批量的生产和推销单一的一种产品。细分市场之间的需要和欲望的差别被忽视了,营销方法相对简单,营销管理难度也较低。在竞争者较少的市场上,这种策略是有效的。然而缺点也很多,因为企业只生产一种产品,所以顾客的不同需要不能得到满足。如果市场上竞争对手较多,必然会出现激烈竞争的情况,然而在较小的细分市场上,消费者的需要和欲望却得不到满足。

（二）差异性市场营销

企业根据各个细分市场的特点,准备在几个细分市场上进行营销活动,并按每个细分市场需要的特点和差别推出不同的产品,采用不同的营销组合,以充分适应不同消费者的不同需求,从而扩大各种产品的销售量。

差异性市场营销的优点是:在产品设计或宣传推销上能有的放矢,分别满足不同地区消费者的需求,可增加产品的总销售量;同时可使公司在较小细分市场上占有优势,在消费者心目中树立良好的公司形象;由于企业在多个细分市场经营,可以有效地分散经营风险,不会因为一个或几个细分市场的购买量的变化而发生经营危机。其缺点是:企业的营销成本显著提高,会增加各种费用,如增加产品改良成本,制造成本,管理费用,储存费用等;营销管理的难度增加。

（三）密集性市场营销（集中市场营销）

企业只选择一个或几个细分市场,使用特定的营销组合,推销专一的产品,为细分市场服务。密集性市场营销的产品是专一化的,营销组合也是特定的,能使目标市场的顾客的需要得到最好的满足,企业的营销成本和营销管理难度都低,所以,适宜较小的企业或是资源有限的企业采用。但是,密集性市场营销具有极大的经营风险,在所经营的细分市场的购买量发生突然地变化时,企业将面临经营危机。

六、产品定位

（一）产品定位的概念

对产品所实施的定位行为就是产品定位。也就是说,营销企业对自己欲向目标市场所提供的产品,确定其与竞争对手的产品各相关因素的区别,并在消费者心目中形成特定的看法和形象,就是产品定位的概念。比如,美国的"七喜"公司针对"可口可乐"公司和"百事可乐"公司产品的特点,将自己的饮料产品定位于"非可乐饮料",大肆宣传其是不含"咖啡因"的有益健康的饮料,在定位策略实施的当年,就夺得了饮料市场10%的销售量。

由此可以看出,产品定位,实际是营销企业为自己准备营销或改进营销的产品设定相应的"个性",并使消费者喜欢或者是迎合消费者对产品的特定要求,在一定的细分市场中占据有利的地位。

（二）产品定位的意义

① 赋予产品特定的个性,从而有利于企业为产品树立特有的形象。

② 适应细分市场消费者或顾客的特定要求,以更好地满足消费者的需要。

③ 增强产品的竞争力。

（三）产品定位的策略

① 在具体产品特色上的定位。也就是给予产品某些独特的东西,如特有的功能、质量、造型、包装等。

② 在消费者利益上或解决消费者问题上的定位。即企业将产品赋予专一的用途,或者向消费者表明是专门为消费者最需要解决的某类问题而制造的。

③ 在使用场合的定位。即企业将产品规定在特定的使用场合使用,并在特定的销售渠道或商店销售。

④ 使用者类型定位。为产品塑造适合某类消费者或社会阶层人士使用的形式。

⑤ 竞争定位。即企业强调自己的产品是为了克服竞争者产品的某种不足或缺点而设计生产的,意在争夺竞争对手的顾客。

第三节　产品策略

营销企业是通过提供产品给市场,来换取其所需的物品和利益的。所以,在营销组合的四个因素中,产品是最基础的一个因素。本节就产品的有关营销策略问题进行分析论述。

一、产品的概念和分类

(一) 概念

产品的概念分为广义和狭义。广义的产品是指凡是能够满足人们的某种需要和欲望的东西,就是产品。狭义的产品是指由营销者提供给市场的,为人们所注意、追求、使用或消费的东西,以满足人们的某种需要和欲望。

(二) 产品的分类

1. 消费品

凡是为家庭和个人的消费需要而进行购买和使用的产品或服务,都是消费品。消费品是最终产品,它是社会生产的目的所在。按照不同的标准,消费品又有不同的分类。

① 按耐用程度,分为非耐用品和耐用品。如日常生活用品就属于非耐用品,而汽车、房屋等就属于耐用品。

② 按是否有形,分为有形产品和无形产品。如服务就属于无形产品。

③ 按购买习惯,分为方便品、选购品、特殊品、非寻求产品。

2. 产业用品

凡是为了生产和销售其他的产品或服务而购买的产品和服务,都是产业用品。产业用品是为了得到最终产品而购买和消费的,所以产业用品是中间产品。

产业用品的分类主要是根据这些产品是否进入和以什么方式进入最终产品来进行的,因此,可分为以下几类:

① 完全进入最终产品的产业用品。在生产中,这类产品的物质实体和价值是一次就转移到生产的最终产品或其他的中间产品中去的,如原材料和零部件。

② 部分进入最终产品的产业用品。这类产品在生产时,其物质实体和价值不是一次,而是多次转移到最终产品或被加工生产的其他中间产品中去的。如主要设备、附属设备等。

③ 完全不进入最终产品的产业用品。与产品的生产过程无直接联系,其物质实体根本就不会进入最终产品,其价值是通过管理费用综合分摊进最终产品的。如供应品、产业服务等。

二、整体产品观

只有对产品的概念有了整体的了解和掌握,企业才能够更好地为市场供给产品,满足消费者的需求。整体产品观念认为,产品应分为五个层次,并相应的进行有关的产品决策。

① 核心产品,它最直接反映该产品的用途和功效,反映客户的核心需求。核心产品回答的是"顾客真正要购买的是什么?"这一问题。比如顾客购买一台电视机,不是因为电视机外形好看,而是购买电视的信息接收功能。核心产品是无形的,只有在使用或消费一件产品的时候才表现出来。

② 有形产品,是指核心产品借以实现的形式,由品质、式样、特征、商标、品牌、包装

这几个特征构成。消费者购买了有形产品,但是消费者追求的并不是有形产品,而是通过有形产品这个载体,来得到核心产品。

③ 期望产品,是指购买者购买该产品时期望得到的与产品密切相关的一整套属性和条件。

④ 延伸产品,是指顾客购买形式产品和期望产品时,附带获得的各种利益的总和,主要指售后服务和保障。

⑤ 潜在产品,是指现有产品具有某种潜在产品状态或其他用途,以后可以发展成为最终产品。例如海尔洗衣机演变成洗地瓜机。

三、产品策略

产品策略是指企业制定经营战略时,首先要明确企业能提供什么样的产品和服务去满足消费者的要求,也就是要解决产品策略问题。它是市场营销组合策略的基础,从一定意义上讲,企业成功与发展的关键在于产品满足消费者需求的程度以及产品策略正确与否。产品策略包括产品组合策略、品牌策略、产品生命周期策略、新产品开发策略以及包装策略。

(一)产品组合策略

1. 产品组合的概念

产品组合是指一个企业生产或经营的全部产品的总称,也是一个企业所经营的一组产品,包括所有的产品线和产品项目。如图 11-1 所示,产品组合包括以下四个要素。

① 宽度——指企业的产品线总数。产品线也称产品大类、产品系列,是指一组密切相关的产品项目。这里的密切相关可以是使用相同的生产技术,产品有类似的功能,同类的顾客群,或同属于一个价格幅度。产品组合的宽度说明了企业的经营范围大小、跨行业经营,甚至实行多角化经营的程度。

② 长度——指一个企业的产品项目总数。产品项目指列入企业产品线中具有不同规格、型号、式样或价格的最基本产品单位。通常,每一产品线中包括多个产品项目,企业各产品线的产品项目总数就是企业产品组合长度。

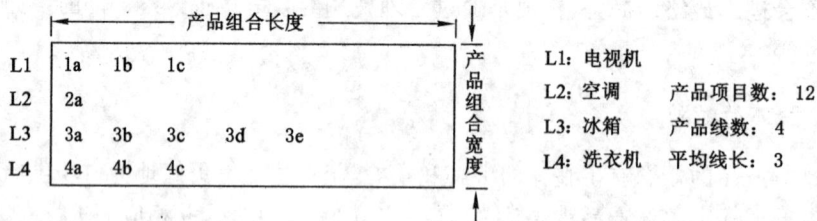

图 11-1　产品组合图

③ 深度——指企业各产品线平均包含的产品项目数,它等于产品组合的长度除以宽度。例如某企业有四条产品线,它们的产品项目数分别是 6、8、5、3,则该企业的产品组合的宽度为 4,长度为 22,深度为 5.5,产品组合的长度和深度反应了企业满足各个不同细分子市场的程度。

④ 关联性——指一个企业的各产品线在最终用途、生产条件、分销渠道等方面的相关联程度。较高的产品关联性能带来企业的规模效益,提高企业在某一地区和行业的声誉。

2. 产品组合策略

(1) 增加产品组合的深度

① 向下延伸,即企业将原来定位于高档市场的产品大类向下延伸,增加低档的产品项目。

② 向上延伸,即企业将原来定位于低档市场的产品大类向上延伸,增加高档的产品项目。

③ 双向延伸,即将原来定位于中档市场的产品大类同时向上、向下延伸,即同时增加高档与低档的产品项目。

(2) 降低产品组合的深度

降低产品组合的深度,也就是根据情况减少现有产品大类中的产品项目。当某些产品项目的市场前景暗淡,或是经营效果不好而且难于改变,就只能将其淘汰。

(3) 调整产品组合宽度

① 企业扩展产品组合的宽度,开发和经营市场潜力大的新的产品大类,扩大生产经营范围以至实行跨行业的多样化经营,有利于发挥企业的资源潜力,开拓新的市场,减少经营的风险性,增强竞争能力。

② 企业缩小产品组合的宽度,剔除那些获利小、发展前景暗淡的产品大类,缩小生产经营范围,可以集中资源经营那些收益高、发展前景好的产品大类,促进生产经营的专业化程度的提高,向市场的纵深发展,提高市场竞争能力。

(二) 品牌策略

1. 品牌的概念

品牌是一个名称、符号或设计,或者是它们的组合,其目的是识别某个销售者的产品或劳务,并使之同竞争对手的产品和劳务区别开来。品牌是给拥有者带来溢价、产生增值的一种无形资产,增值的源泉来源于消费者心目中形成的关于其品牌的印象。

2. 品牌的构成要素

① 品牌名称(Brand Name),指品牌中能够被发音,被语言读出来的部分。如"海尔"、"海信"等。

② 品牌标志(Brand Mark),指品牌中仅能够辨别,而不能发音或由语言读出的部分。如"海尔"的标志是海尔兄弟的图案。

③ 商标(Trade Mark),是个法律术语,表明的是品牌的专用权。

④ 版权(Copy Right),如果企业对整个品牌设计申请了版权,则企业就可以取得品牌所有组成部分的全部专用权。

3. 各种品牌策略

(1) 个别品牌策略

企业决定其各种不同的产品分别使用不同的品牌名称。企业采取个别品牌策略的主要好处是企业的整个声誉不至于受其中某个产品的声誉的影响,例如,如果某企业的某种产品失败了,不致给这家企业的脸上抹黑。

(2)统一品牌策略

企业决定其所有的产品统一使用一个品牌名称,如美国通用电气公司的所有产品都统一使用"GE"这个品牌名称。企业采用统一品牌策略的主要好处是企业宣传介绍新产品的费用开支较低,如果企业的名声好,其产品必然畅销。

(3)企业名称与个别品牌名称并用

企业决定其各种不同产品分别使用不同的品牌名称,而且,各种产品的品牌名称前面还冠以企业名称。很多汽车生产商都采用这种品牌策略,例如:丰田—皇冠、丰田—凯美瑞、本田—雅阁,等等。企业采用这种策略的主要好处是在各种不同新产品的品牌名称前冠以企业名称,可以使新产品合法化,能够享受企业已经拥有的良好声誉,而各种不同的新产品分别使用不同的品牌名称,又可以使不同的新产品有不同的特色。

(4)品牌扩展策略

企业利用其成功品牌名称的声誉来推出改良产品或新产品,包括推出新的包装规格、香味和式样等。例如,美国桂格麦片公司成功推出桂格超脆麦片之后,又利用这个品牌及其图样特征,推出雪糕、运动装等新产品。显然,如果不利用桂格超脆麦片这个成功的品牌名称,这些新产品就不能很快地打入市场。企业采用这种策略,可以节省宣传介绍新产品的费用,使新产品能迅速、顺利地打入市场。

(5)多品牌策略

多品牌决策,是指企业决定同时经营两种或两种以上相互竞争的品牌。这种策略是宝洁公司首创的。在二战以前,该公司的潮水牌洗涤剂畅销,1950年该公司又推出快乐牌洗涤剂。快乐牌虽然抢了潮水牌的一些生意,但是两种品牌的销售总额却大于只经营潮水一个品牌的销售额。现在宝洁公司不仅生产洗涤剂,还生产着很多品牌的洗发水。

(三)产品生命周期策略

1. 产品生命周期概述

产品生命周期理论是美国哈佛大学教授雷蒙德·弗农1966年在其《产品周期中的国际投资与国际贸易》一文中首次提出的。产品生命周期(Product Life Cycle,简称PLC),是产品的市场寿命,即一种新产品从开始进入市场到退出市场所经历的整个时间过程。典型的产品生命周期一般可以分成四个阶段,即介绍(引入)期、成长期、成熟期和衰退期。如图11-2所示。

(1)介绍(引入)期

产品从设计投产到投入市场,便进入了介绍期。此时产品品种少,顾客对产品还不了解,除少数追求新奇的顾客外,几乎无人购买该产品。生产者为了扩大销路,不得不投入大量的促销费用,对产品进行宣传推广。该阶段由于生产技术方面的限制,产品生产批量小,制造成本高,广告费用大,产品销售价格偏高,销售量极为有限,企业通常不能获利,反而可能亏损。

(2)成长期

当产品进入引入期,销售取得成功之后,便进入了成长期。成长期是指产品通过试

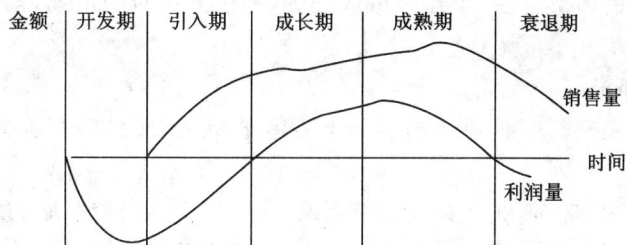

图 11-2 产品生命周期图

销效果良好,购买者逐渐接受该产品,产品在市场上站住脚并且打开了销路。这是需求增长阶段,需求量和销售额迅速上升。生产成本大幅度下降,利润迅速增长。与此同时,竞争者看到有利可图,将纷纷进入市场参与竞争,使同类产品供给量增加,价格随之下降,企业利润增长速度逐步减慢,最后达到生命周期利润的最高点。

（3）成熟期

产品大批量生产并有了稳定的市场销售额,经过成长期之后,随着购买产品的人数增多,市场需求趋于饱和。此时,产品普及并日趋标准化,成本低而产量大,销售增长速度缓慢直至转而下降,由于竞争的加剧,导致同类产品生产企业之间不得不加大在产品质量、花色、规格、包装服务等方面的投入,在一定程度上增加了成本。

（4）衰退期

产品进入了淘汰阶段。随着科技的发展以及消费习惯的改变等原因,产品的销售量和利润持续下降,产品在市场上已经老化,不能适应市场需求,市场上已经有其他性能更好、价格更低的新产品,足以满足消费者的需求。此时成本较高的企业就会由于无利可图而陆续停止生产,该类产品的生命周期也就陆续结束,以至最后完全撤出市场。

2. 产品生命周期各阶段策略

（1）介绍（引入）期策略

① 高价快速策略。在采取高价格的同时,配合大量的宣传推销活动,把新产品推入市场。其目的在于先声夺人,抢先占领市场,并希望在竞争还没有大量出现之前就能收回成本,获得利润。

② 选择渗透战略。在采用高价格的同时,只用很少的促销努力。高价格的目的在于能够及时收回投资,获取利润;低促销的方法可以减少销售成本。

③ 低价快速策略。在采用低价格的同时做出巨大的促销努力。其特点是可以使产品迅速进入市场,有效的限制竞争对手的出现,为企业带来巨大的市场占有率。

④ 缓慢渗透策略。在新产品进入市场时采取低价格,同时不做大的促销努力。低价格有助于市场快速的接受商品;低促销又能使企业减少费用开支,降低成本,以弥补因低价格造成的低利润或者亏损。

（2）成长期策略

① 积极筹措和集中企业资源,进行基本建设或者技术改造,以利于迅速增加或者扩大生产批量。

② 改进产品的质量,进一步开展市场细分,积极开拓新的市场,创造新的用户,以利于扩大销售。

（3）成熟期策略

① 市场修正策略。即企业通过努力开发新的市场,来保持和扩大其产品的市场份额。

② 产品改良策略。企业可以通过产品特征的改良,来提高销售量。例如品质改良,即增加产品的功能性效果,如耐用性、可靠性、速度及口味等。

③ 营销组合调整策略。即企业通过调整营销组合中的某一因素或者多个因素,以刺激销售。

（4）衰退期策略

① 维持策略。即企业在目标市场、价格、销售渠道、促销等方面维持现状。由于这一阶段很多企业会退出市场,因此,继续维持的企业并不一定会减少销售量和利润。维持策略可以有效地延长产品的生命周期。

② 缩减策略。即企业仍然留在原来的目标市场上继续经营,但是根据市场变动的情况,在规模上做出适当的收缩。把所有的营销力量集中到一个或者少数几个细分市场上,以加强这几个细分市场的营销力量,也可以大幅度的降低市场营销的费用,以增加当前的利润。

③ 撤退策略。即企业决定放弃经营某种产品以撤出该目标市场。

（四）新产品开发策略

1. 新产品的概念

凡是企业向市场首次推出的、过去没有生产过的、能以全新的技术和方式满足人们的需要和欲望的产品都叫新产品。具体地说,只要是产品整体概念中的任何一部分的变革或创新,并且给消费者带来新的利益、新的满足的产品,都可以认为是一种新产品。

2. 新产品的分类

由于新产品的定义存在差异,市场营销学又主要是研究企业的营销活动的,从营销学的特定研究角度出发,一般将新产品规定为以下几种。

（1）全新产品

全新产品是指应用新原理、新技术、新材料制造的,具有新结构、新功能的产品。该新产品在全世界首先开发,能开创全新的市场。

（2）改进型新产品

在原有老产品的基础上进行改进,使产品在结构、功能、品质、花色、款式及包装上具有新的特点和新的突破,改进后的新产品,其结构更加合理,功能更加齐全,品质更加优质,能更多地满足消费者不断变化的需要。

（3）模仿型新产品

企业对国内外市场上已有的产品进行模仿生产,称为模仿型新产品。

（4）重新定位型新产品

指企业的老产品进入新的市场而被称为该市场的新产品。

3. 新产品开发策略

（1）冒险战略

冒险战略是具有高风险性的新产品战略，通常是在企业面临巨大的市场压力时为之，企业常常会孤注一掷地调动其所有资源投入新产品开发，期望风险越大，回报越大，企业希望在技术上有较大的发展甚至是一种技术突破；新产品开发的目标是迅速提高市场占有率，成为该新产品市场的领先者；创新的技术来源采用自主开发、联合开发或技术引进的方式。实施该新产品战略的企业须具备领先的技术、巨大的资金实力、强有力的营销运作能力。中小企业显然不适合运用此新产品开发战略。

（2）进取战略

进取战略由以下要素组合而成：新产品开发的目标是通过新产品市场占有率的提高使企业获得较快的发展；创新程度较高，频率较快；开发方式通常是自主开发；以一定的企业资源进行新产品开发，不会因此而影响企业现有的生产状况。新产品创意可来源于对现有产品用途、功能、工艺、营销策略等的改进。也不排除具有较大技术创新的新产品开发，该新产品战略的风险相对较小。

（3）紧跟战略

紧跟战略是指企业紧跟本行业实力强大的竞争者，迅速仿制竞争者已成功上市的新产品，来维持企业的生存和发展。许多中小企业在发展之初常采用该新产品开发战略。该战略的特点是：企业新产品开发的目标是维持或提高市场占有率；仿制新产品的创新程度不高；开发方式多为自主开发或委托开发；实施该新产品战略的关键是要及时、准确地获得竞争者有关新产品开发的信息，同时对竞争者的新产品进行模仿式改进会使其新产品更具竞争力。

（五）包装策略

1. 包装的概念

所谓包装（Packaging）是指为产品设计和生产的某种容器或覆盖物，这种容器或覆盖物就是包装。

2. 产品包装的层次

① 初始包装。它是指紧贴于产品的那层包装。它的特点是比较简单，往往是产品使用价值的组成部分，在产品的整个消费过程中，都需要使用。比如化妆品所使用的小瓶或盒子、各种酒类的酒瓶等。没有这类包装，产品就无法使用或消费。

② 次包装。它的作用是保护初始包装，使之在产品被消费前不会损坏，同时此包装还起到美化产品外观、便于品牌化的作用。因为许多产品的标志物不能直接安放在产品的实体上，只能印刷或粘贴在包装物上，如化妆品的小瓶放在印刷精美的纸盒内。

③ 运输包装。是指产品在运输、储存、交易中所需要的包装。其特点是包装单位较大，包装物材质结实，具有耐碰撞、防潮、便于搬运作业等特点。

3. 产品包装策略

（1）类似包装策略

企业对其生产的产品采用相同的图案、近似的色彩、相同的包装材料和相同的造型进行包装，便于顾客识别出本企业的产品。但类似包装策略只能适宜于质量相同的产品,对于品种差异大、质量水平悬殊的产品则不宜采用。

（2）配套包装策略

按照消费者的消费习惯,将数种有关联的产品配套包装在一起成套供应,便于消费者购买、使用和携带,同时还可扩大产品的销售。在配套产品中如果加入某种新产品,可使消费者不知不觉地习惯使用新产品,有利于新产品上市和普及。

（3）附赠包装策略

商品包装物附赠奖券或实物,或包装本身可以换取礼品,吸引顾客的惠顾效应,导致重复购买。我国曾出口的"芭蕾珍珠膏",每个包装盒附赠珍珠一枚,当凑足50个珍珠的时候就可以串成一条美丽的珍珠项链,这使珍珠膏在国际市场十分畅销。

（4）复用包装策略

复用是指包装的再利用。它根据目的和用途基本上可以分为两大类:一类是从回收再利用的角度来讲,如产品运储周转箱、啤酒瓶、饮料瓶等,复用可以大幅降低包装成本,有利于减少环境污染。另一类是从消费者角度来讲,商品使用后,其包装还可以作为其他用途,以达到变废为宝的目的。如瓷制的花瓶作为酒瓶来用,酒饮完后还可以做花瓶。再如用手枪、熊猫、小猴等造型的塑料容器来包装糖果,糖果吃完后,其包装还可以做玩具。

（5）绿色包装策略

随着消费者环保意识的增强,绿色环保成为社会发展的主题,伴随着绿色产业、绿色消费而出现的绿色概念营销方式成为企业经营的主流。因此在包装设计时,选择可重复利用或可再生、易回收处理、对环境无污染的包装材料,容易赢得消费者的好感与认同,也有利于环境保护,从而为企业的发展带来良好的前景。

第四节　定价策略

价格是市场营销组合的重要因素,价格在很大程度上决定着产品能否畅销,以及产品销售的数量和利润。对于买方来说,价格是决定一种产品是否具有吸引力和影响力的因素之一;对于卖方来说,价格是市场竞争的重要手段之一。因此,价格与每一个人息息相关。市场营销学研究的价格,更加重视企业的定价策略。企业应时常关注价格问题,因为在价格上的决策失误,往往会断送一个企业的生命。本节将着重阐述定价的相关内容,通过学习,我们一定会对企业定价的方法和策略有一个全面而深刻地认识。

一、定价的目标及程序

（一）定价目标

定价目标是指企业要达到的定价目的,是企业制定价格策略的依据和出发点,不同的企业有着不同的定价目标,就是同一企业在不同时期也有不同的定价目标。

1. 利润目标

企业是自主经营和自负盈亏的商品生产和经营单位,理所当然的在为社会提供消费者需要的商品的同时,获得适当的利润,促进企业扩大再生产。因此,获得合适的利润,必然成为企业追求的重要目标之一,企业定价必须符合利润目标的要求。

2. 市场目标

企业商品价格高低、定价策略是否恰当,归根到底是以消费者能否接受,商品交换能否实现来衡量。企业定价的市场目标有不同的侧重点。

① 增加销售量目标。销售量大小对企业的生产规模、成本水平和利润多少有重要影响,追求销量的市场目标,重视以量取胜,尽可能增加适销对路的产品满足社会需要,而在产品价格上给消费者实惠,薄利多销。

② 市场占有率目标。市场占有率大小,是企业实力的重要标志。企业为了保持和扩大市场占有率,有必要制定有竞争性的定价策略,主动参与市场竞争,使企业的产品在市场上具有吸引力和竞争力。

③ 市场渗透目标。市场渗透着眼于渐进性的市场目标,希望自己企业的产品稳步地占领市场。为此,企业定价服务于全面促销,延长产品生命周期,保证长期交易的目的。

（二）定价的程序

① 选择定价目标。任何决策都是为了达到一定的预期目标,无目标则无从决策。定价目标越清晰,定价方向就越容易确定。

② 测定需要。不同价格水平对需求量大小有着不同的影响。

③ 预测成本。成本是确定价格水平的下线指标,企业都希望在成本之上确定价格,以保证实现企业利润目标。

④ 分析竞争者的反应。竞争者价格是同类产品企业定价的重要参考。企业应尽可能了解竞争者的产品和价格情况,以便采取对策。

⑤ 选择定价方法。企业根据定价目标,在全面分析需求、成本和竞争态势后,就可以选择不同的定价方法测算价格了。

⑥ 确定最佳价格。企业初步确定价格方案后,还要参考市场营销组合的其他因素进行修正,同时检查价格水平是否符合国家有关的政策法规,才能最终确定最佳价格。

二、定价的基本方法

（一）成本导向定价法

1. 成本加成定价法

这是一种最简单的定价方法,即在产品单位成本的基础上,加上预期利润作为产品的销售价格。售价与成本之间的差额就是利润。由于利润的多少是有一定比例的,这种比例就是人们俗称的"几成",因此这种方法就称为成本加成定价法。

2. 盈亏平衡定价法

根据盈亏平衡点原理进行定价。盈亏平衡点又称保本点,是指一定价格水平下,企业的销售收入刚好与同期发生的费用额相等,收支相抵、不盈不亏时的销售量,或在一定销售量前提下,使收支相抵的价格。

3. 投资回收定价法

企业开发产品和增加服务项目要投入一笔数目较大的资金,且在投资决策时总有一个预期的投资回收期,为确保投资按期收回并赚取利润,企业要根据产品成本和预期的产品数量,确定一个能实现市场营销目标的价格,这个价格不仅包括在投资回收期内单位产品应摊销的投资额,也包括单位产品的成本费用。

(二)需求导向定价法

需求导向定价法是指企业在定价时不再以成本为基础,而是以消费者对产品价值的理解和需求强度为依据。

1. 理解价值定价法

理解价值定价法是以消费者对商品价值的感受及理解程度作为定价的基本依据。把买方的价值判断与卖方的成本费用相比较,定价时更应侧重考虑前者。因为消费者购买商品时总会在同类商品之间进行比较,选购那些既能满足其消费需要,又符合其支付标准的商品。消费者对商品价值的理解不同,就会形成不同的价格限度。这个限度就是消费者宁愿付钱而不愿失去这次购买机会的价格。如果价格刚好定在这一限度内,消费者就会顺利购买。

为了加深消费者对商品价值的理解程度,从而提高其愿意支付的价格限度,企业定价时首先要搞好商品的市场定位,拉开本企业商品与市场上同类商品的差异,突出商品的特征,加深消费者对商品的印象。使消费者感到购买这些商品能获得更多的相对利益,从而提高他们接受价格的限度,企业则据此提出一个可销价格,进而估算在此价格水平下商品的销量、成本及赢利状况,最后确定实际价格。

2. 需求差异定价法

需求差异定价法以不同时间、地点、商品及不同消费者的消费需求强度差异为定价的基本依据,针对每种差异决定其在基础价格上是提价还是降价。

① 因地点而异。如国内机场的商店、餐厅向乘客提供的商品价格普遍要远高于市内的商店和餐厅。

② 因时间而异。五一、十一、春节三个假期是三个购物黄金假期,商品价格较平时而言有明显增长。

③ 因商品而异。在每一届奥运会举行期间,标有奥运会会徽或吉祥物的商品的价格,比其他同类商品的价格要高。

④ 因顾客而异。职业、阶层、年龄等原因,都会影响顾客的需求,定价时要给予充分的关注。

(三)竞争导向定价法

竞争导向定价法以市场上相互竞争的同类商品价格为定价的基本依据,随竞争状况的变化确定和调整价格水平,主要有通行价格定价、密封投标定价等方法。

1. 通行价格定价法

通行价格定价法是竞争导向定价方法中广为流行的一种。定价是使零售店商品的价格与竞争者商品的平均价格保持一致。这种定价适用于竞争激烈的均质商品,如大米、面粉、食用油以及某些日常用品的价格确定。

2. 密封投标定价法

密封投标定价法主要用于投标交易方式。投标价格是企业根据对竞争者的报价估计确定的,而不是按企业自己的成本费用或市场需求来制定的。企业参加投标的目的是希望中标,所以它的报价应低于竞争对手的报价。一般说,报价高,利润大,但中标机会小,如果因价高而招致败标,则利润为零;反之,报价低,虽中标机会大,但利润低,其机会成本可能大于其他投资方向。因此,报价时,既要考虑实现企业目标利润,也要结合竞争状况考虑中标概率。

三、定价的策略

(一) 心理定价策略

每一件产品都能满足消费者某一方面的需求,其价值与消费者的心理感受有着很大的关系。这就为心理定价策略的运用提供了基础,使得企业在定价时可以利用消费者心理因素,有意识地将产品价格定得高些或低些,以满足消费者生理的和心理的多方面需求,通过消费者对企业产品的偏爱或忠诚,扩大市场销售,获得最大效益。心理定价策略主要有以下两种形式.

1. 尾数定价策略

尾数定价,也称零头定价,即给产品定一个零头数结尾的非整数价格。大多数消费者在购买产品时,尤其是购买一般的日用消费品时,乐于接受尾数价格。如 0.99 元、9.98 元等。消费者会认为这种价格经过精确计算,购买不会吃亏,从而产生信任感。同时,价格虽离整数仅相差几分或几角钱,但给人一种"低一位数"的感觉,符合消费者求廉的心理愿望。这种策略通常适用于基本生活用品。

2. 声望定价策略

声望定价即针对消费者"便宜没好货、好货不便宜"的心理,对在消费者心目中享有一定声望,具有较高声誉的产品制定高价。不少高级名牌产品和稀缺产品,如豪华轿车、高档手表、名牌时装等,在消费者心目中享有极高的声望价值。购买这些产品的人最关心的往往不是产品的价格,而是产品能否显示其身份和地位,价格越高,心理满足的程度也就越大。

(二) 地理定价策略

这是一种根据商品销售地理位置不同而规定差别价格的策略。地理定价策略有以下几种形式。

1. 产地交货定价

产地交货价格是卖方按出厂价格交货或将货物送到买方指定的某种运输工具上交货的价格。在国际贸易术语中,这种价格称为离岸价格或船上交货价格。交货后的产品所有权归买方所有,运输过程中的一切费用和保险费均由买方承担。产地交货价格对卖方来说较为便利,费用最省,风险最小,但对扩大销售有一定影响。

2. 统一交货定价

统一交货价格,也称送货制价格,即卖方将产品送到买方所在地,不分路途远近,统一制定相同的价格。这种价格类似于到岸价格,其运费按平均运输成本核算,这样,可减轻较远地区顾客的价格负担,使买方认为运送产品是一项免费的附加服务,从而乐意购买,有利于扩大市场占有率。同时,能使企业维持一个全国性的广告价格,易于管理。

该策略适用于体积小、重量轻、运费低或运费占成本比例较小的产品。

3. 分区定价

分区运送价格,也称区域价格,指卖方根据顾客所在地区距离的远近,将产品覆盖的整个市场分成若干个区域,在每个区域内实行统一价格。这种价格介于产地交货价格和统一交货价格之间。实行这种办法,处于同一价格区域内的顾客,就得不到来自卖方的价格优惠;而处于两个价格区域交界地的顾客之间就得承受不同的价格负担。

(三)价格折扣与折让

价格折扣与折让是指通常在基本定价之外,公司会给予买者一些特别价格,以鼓励顾客提早付款、大量采购或在淡季购买等对公司有利的行为。

① 现金折扣是指买方在一定的时间期限内付清购货款项所给予的价格折扣。典型的折扣条件是"2/10,30 天",表示付款期限 30 天,若客户能在 10 天内付清,则给予 2%折扣。现金折扣的目的在于鼓励顾客提早付款,以降低公司收账成本。

② 数量折扣是为鼓励顾客大量购买产品所给予的折扣。当顾客大量购买时,可以降低价格,使顾客从中享受优惠。

③ 季节性折扣通常是指在业务淡季下所提供的特别折扣。提供季节性折扣的目的在于使公司产品的生产量维持在一个较稳定的水平上。

④ 功能性折扣是营销渠道中的成员因其所扮演的特殊功能与角色所给予的折扣,这些功能包括销售、储存和作进出货记录。

⑤ 折让是一种变相的减价形式,包括抵换折让和促销折让两种。抵换折让是指顾客在购买新产品时,将自己用旧的产品卖给厂商作为新产品的减价。促销折让则是针对愿意配合公司作产品促销活动的经销商所给予的一种价格折扣或酬劳。

(四)促销定价策略

企业临时把产品的价格调整到低于价目表的价格,有时甚至低于成本费用,以促进销售。常见的形式有以下几种:

① 百货店和超市大大降低个别商品的价格,以此作为"价格领袖",吸引顾客来商店购买其他正常价格的商品。

② 企业在某些季节采取特殊事件定价,降低某些产品价格,以吸引更多顾客。

③ 制造商在销售困难时期给那些在特定时间购买产品的顾客以现金折扣,以清理库存,减少积压。

(五)新产品定价策略

1. 撇脂定价策略

撇脂定价是指在产品生命周期的最初阶段,把产品的价格定得很高,以攫取最大利润。撇脂定价的条件:市场有足够的购买者,他们的需求缺乏弹性,即使把价格定得很高,市场需求也不会大量减少;高价使需求减少,但不致抵消高价所带来的利益;在高价情况下,仍然独家经营,别无竞争者。高价使人们产生这种产品是高档产品的印象。

2. 渗透定价策略

渗透定价是指企业把其创新产品的价格定得相对较低,以吸引大量顾客,提高市场占有率。渗透定价的条件:市场需求对价格极为敏感,低价会刺激市场需求迅速增长;

企业的生产成本和经营费用会随着生产经营经验的增加而下降；低价不会引起实际和潜在的竞争。

3．满意定价策略

满意定价策略是一种介于撇脂定价策略和渗透定价策略之间的价格策略。其所定的价格比撇脂价格低，而比渗透价格要高，是一种中间价格。这种定价策略由于能使生产者和顾客都比较满意而得名。

第五节　销售渠道策略

企业生产的产品，只有通过一定的销售渠道，才能出售给消费者，满足他们的需要，实现企业的营销目标。合理地制定销售渠道策略，对销售渠道实施有效的管理，是市场营销的一项重要任务，对提高企业经济效益有重要影响。

一、销售渠道的概念

销售渠道，又称分销渠道，也是我们通常所说的流通渠道，是指产品从生产者向消费者转移所经过的通道或途径。它是由一系列相互依赖的组织机构组成的商业机构，即产品由生产者到用户的流通过程中所经历的各个环节连接起来形成的通道。销售渠道的起点是生产者，终点是用户，中间环节包括各种批发商、零售商、商业服务机构等。销售渠道是连接生产者和消费者必不可少的纽带。

二、销售渠道的构成

销售渠道最基本的构成形式有两种：直接销售和间接销售。

（一）直接销售

直接销售是指生产企业不经过流通领域的中间环节，直接向用户供货。工业用品一般多采用这种方式销售产品。主要形式有以下几种：

① 接收用户订货。工业用品，诸如化工原料、钢材、建筑材料、电子设备、专用机械的买卖通常采用这种方式。供需双方按合同或协议书执行。

② 企业自设分销机构。有的企业在一些用户集中的城市设立办事处，作为取得订单和观察市场动态的窗口。

③ 登门推销。利用企业的推销员，通过访问、电话、信函联系，推销企业产品。

④ 邮售。有的企业通过广告，宣传产品，然后通过邮寄的方式将产品销售给用户。

（二）间接销售

间接销售是指企业通过流通领域的中间环节，把产品销售给用户。间接销售的运用比直接销售普遍，尤其是消费品的销售。其主要形式有：① 生产者—零售商—用户；② 生产者—批发商—零售商—用户；③ 生产者—代理商—批发商—零售商—用户。

三、中间商的作用

中间商是指在产品从生产者转移到消费者的过程中，专门从事对这些产品的购买

273

和销售的企业。中间商通过购买和销售产品,转移产品的所有权,以及将实物运送给买方。中间商的产生与发展,是社会化大生产和社会分工的必然结果,也是经济合理地组织商品流通的必要条件。

① 有中间商介入的商品交换,可以大大简化流通过程,降低流通费用,提高流通效率。

② 从生产者的角度看,生产企业的专长是从事生产,而不是销售,市场知识往往不如中间商丰富。中间商作为推销产品的专业机构,它承担了生产企业许多的销售职能,如运输、库存费用、承担经营风险等。这就使生产企业有条件专心搞好生产,通过专业化带来成本节约,并提高销售效率。

③ 从消费者的角度看,中间商使消费者的购买变得十分方便。人们可以随心所欲地在各地商店买到不同产地、不同生产者制造的产品。如果没有中间商,消费者购买产品就会变得十分困难。

四、中间商的类型

(一)批发商

批发商是指向生产企业购进产品,然后转售给零售商、产业用户或各种非营利组织,不直接服务于个人消费者的商业机构,位于商品流通的中间环节。批发商区别于零售商的最主要标志是一端联结生产商,另一端联结零售商。

1. 批发商的特点

批发商的特点:① 拥有大量的货物;② 只大量的出售,不提供零售业务;③ 出售的物品的价格比市面上的低。

2. 批发商的主要类型

① 普通商品批发商。经营的商品范围较广、种类繁多,批发对象主要是中小零售商店。在产业用户市场上,直接面对产品用户。

② 大类商品批发商。专营某大类商品,经营的这类商品花色、品种、品牌、规格齐全。通常是以行业划分商品品类,如服装批发商、酒类批发公司、专营汽车零配件的公司、仪器批发公司等。

③ 专业批发商。专业化程度高,专营某类商品中的某个品牌。经营商品范围虽然窄而单一,但业务活动范围和市场覆盖面却十分大,一般是全国性的。如服装批发商、木材批发商、纸张批发商、金属材料批发商、化工原料批发商、矿产品批发商等。

④ 批发交易市场。批发交易市场是介于零售业和批发业之间的一种经营业态,交易行为也不十分规范,是以批发价格对商品进行批量交易。其类型有产地批发市场、销地批发市场、集散地批发市场。

3. 批发商的作用

① 销售更具效果。借助批发商的销售力量使得生产商能够以较小的成本接触更多的中小客户。由于批发商接触面比较广,常常比生产商更多得到买方的信任。

② 有效集散产品。批发商通过广泛地接触不同的生产商,可以高效率地采购、配置多种产品,迅速把产品供应给零售商,最终提高顾客的采购效率。

③ 产品储存保证。批发商备有相当数量的库存,减少了生产商和零售商的仓储成本与风险。

④ 提供运输保证。由于批发商备有充足的库存,可以迅速发货,并提供相关的运输服务保证。

⑤ 承担市场风险。批发商购进产品后,承担了经济风险。如生产供求和价格变动带来的风险,产品运输和保管中的风险,预购和赊账中的呆账风险。

（二）零售商

零售商是指将商品直接销售给最终消费者的中间商,是相对于生产者和批发商而言的,处于商品流通的最终阶段。零售商的基本任务是直接为最终消费者服务,在地点、时间与服务方面,方便消费者购买,它又是联系生产企业、批发商与消费者的桥梁,在分销渠道中具有重要作用。零售商主要有以下几种类型。

① 百货商店。即综合销售各类商品品种的零售商店,其特点是商品种类齐全、客流量大、资金雄厚、重视商誉、注重购物环境和商品陈列。

② 专业商店。即专门经营某一类商品或某一类商品中的某一品牌的商店。其特点是品种齐全、经营富有特色和个性、专业性强。

③ 超级市场。即是以主、副食及家庭日用商品为主要经营范围,实行敞开式售货,顾客自我服务的零售商店。其特点是实行自我服务和一次性集中结算的售货方式、薄利多销、商品包装规格化、明码标价。

④ 便利商店。即接近居民生活区的小型商店。营业时间长,以经营方便品、应急品等周转速度快的商品为主,并提供优质服务。如饮料、食品、日杂用品、报纸杂志、快递服务等。商品品种有限,价格较高,但因方便,仍受消费者欢迎。

⑤ 折扣商店。即以低价、薄利多销的方式销售商品的商店。其特点是经营商品品种齐全、多为知名度高的品牌、设施投入少以尽量降低费用、实行自助式售货,提供服务很少。

⑥ 仓储商店。它是 20 世纪 90 年代后期才在我国出现的一种折扣商店,特点是位于郊区低租金地区、建筑物装修简单、货仓面积很大（一般不低于 1 万平方米）、以零售的方式运作批发,又称量贩商店。

五、销售渠道决策

（一）影响销售渠道决策的因素

① 产品因素,包括单位产品的价格,产品重量和体积的大小,产品的式样和时尚,产品的腐败性和易腐性,产品的技术服务程度等因素都会影响销售渠道的决策。

② 市场因素,包括市场面积的大小,用户的购买习惯,市场销售的季节性和时间性,竞争者的销售渠道等。

③ 企业本身的因素,包括公司的规模和声誉,管理的能力和经验,销售渠道的控制程度等。

（二）销售渠道的决策

1. 直接销售策略和间接销售策略

按照商品在交易过程中是否经过中间环节来分类,可以分为直接和间接销售渠道两种类型。直接销售及时,中间费用少,便于控制价格、及时了解市场,有利于提供服务等优点;但是此方法使生产者花费较多的投资、场地和人力,所以消费广、市场规模大的商品,不宜采用这种方法。间接销售由于有中间商加入,企业可以利用中间商的知识、经验和关系,从而起到简化交易,缩短买卖时间,集中人力、财力和物力用于发展生产,以增强商品的销售能力等作用。

2. 长渠道和短渠道策略

销售渠道按其长度来分类,可以分为若干长度不同的形式,商品从生产领域转移到用户的过程中,经过的环节越多,销售渠道就越长,反之就越短。

企业决定采用间接销售策略后,就要对适用渠道的长短做出选择。从节省商品流通费用,加速社会再生产过程的要求出发,应当尽量减少中间环节,选择短渠道。但是也不要认为中间环节越少越好,在多数情况下,批发商的作用是生产者和零售商无法替代的。因此,采用长渠道策略还是短渠道策略,必须综合考虑商品的特点、市场的特点、企业本身的条件以及策略实施的效果等。

3. 宽渠道和窄渠道策略

销售渠道的宽窄,就是企业确定由多少中间商来经营某种商品,即决定销售渠道的每个层次适用同种类型的中间商数目的多少。一般情况下,有以下三种具体策略可供选择。

① 广泛销售策略。这是由于企业的商品数量很大而市场面又广,为了能够使商品得到广泛的推销,使用户随时都可以买到这种商品,才需要采用这种策略。例如一般日用品和广泛通用的工业原材料可以采取这种策略。

② 有选择的销售策略。这是生产企业有选择的精心挑选一部分批发商和零售商来经营自己的产品。采用这种策略,由于中间商数目较少,有利于厂商之间相互紧密协作,同时,也能够使生产企业降低销售费用和提高控制能力。这种策略适用面较广,例如选购消费品、耐用消费品,新产品试销以及大部分生产资料商品,都应该根据产品和市场的特点,选择较为合适的批发商和零售商。

③ 独家经营销售策略。这是生产企业只选择一家中间商,赋予它经销自己商品的权利。在一般情况下,生产企业在特定的市场范围内,不能再通过其他中间商来推销这种商品,而选定的经销商也不能再经营其他同类的产品。这种策略主要适合于某些特殊的消费品和工业品、某些高档高价的消费品以及具有独特风格的某些商品,例如需要进行售后服务的电器商品。采用这种策略,有利于调动中间商更积极地去推销商品,同时,生产企业对中间商的售价,宣传推广、信贷和服务等工作可以加强控制,更好的配合协作,从而有助于提高厂商的声誉和商品的形象,提高经济效益。

第六节　促销策略

促销策略是营销组合的一个重要组成部分。现代社会,生产者与消费者之间的地理距离拉长,销售环节增多,难免出现信息流通和销售上的障碍。依靠促销活动,有利于克服销售的阻滞现象,争取产品优势,使顾客更加喜爱企业及其提供的产品。

一、促销概述

(一)概念

促销是指企业利用各种有效的方法和手段,使消费者了解和注意企业的产品、激发消费者的购买欲望,并促使其实现最终的购买行为。促销的实质是信息沟通。企业为了促进销售,把信息传递的一般原理运用于企业的促销活动中,在企业与中间商和消费者之间建立起稳定有效的信息联系,实现有效的信息沟通。

(二)促销的作用

① 提供商业信息。通过促销宣传,可以使顾客了解企业生产经营什么产品,产品有哪些特点,价位有多高,从而引起顾客注意,激发其购买欲望,为实现和扩大销售作好舆论准备。

② 突出产品特点,提高竞争能力。在激烈的市场竞争中,企业通过促销活动,宣传本企业产品的特点,努力提高产品和企业的知名度,促使顾客加深对本企业产品的了解和喜爱,增强信任感,从而也就提高了企业和产品的竞争力。

③ 强化企业形象,巩固市场地位。通过促销活动,可以树立良好的企业形象和商品形象,更能促使顾客对企业产品及企业本身产生好感,从而培养和提高"品牌忠诚度",巩固和扩大市场占有率。

④ 影响消费,刺激需求,开拓市场。新产品上市之初,顾客对它的性能、用途、作用、特点并不了解,通过促销,引起顾客兴趣,诱导需求,并创造新的需求,从而为新产品打开市场,建立声誉。

(三)促销的方法

促销的基本方法有四种:人员推销,广告,营业推广和公共关系。

① 人员推销又称为人员促销,是通过企业销售人员对顾客作口头上的介绍,以促进产品销售的方法。它可以是面对面地交谈,也可通过电话、信函交谈。

② 广告是指企业通过一定的媒介,向广大顾客传递信息的有效方法。广告可以同时将信息传递给成千上万的消费者,节约人力,但是广告的费用很高、反馈很慢而且困难。

③ 营业推广一般只是作为人员销售和广告的补充措施。它刺激性强,吸引力大,诸如样品、奖券、赠券、展览、陈列等,都属于营业推广的范围。与以上两种方法相比,营业推广活动不是连续进行的,只是一些临时性的措施。

④ 公共关系是指对企业有关的个人或组织之间关系的培植。良好的公共关系可以达到维护和提高企业的声誉、获得社会信任的目的,从而间接促进产品的销售。

(四)制定促销策略的程序

促销是一项费用很高的活动,为使促销取得满意的效果,避免失误,企业必须按照科学的程序制定促销策略。其主要程序如下。

① 决定促销在营销中的强度。要根据企业制订的打入市场的战略计划的总目标,

决定实现企业目标需要什么水平的促销活动。一般来讲,消费品比工业品需要更多的促销工作,因为消费品的用户地理分布异常广阔,只有通过较强的促销水平和较多的促销工作,才能从心理上争取广大顾客。

② 识别估计目标受众。这是要解决对谁说以及为何说的问题。对目标受众做到心中有数是成功的促销必不可少的条件。企业总是希望渠道成员销售出更多的产品,希望最终消费者购买更多的产品,这就要求企业对目标受众的购买动机、购买力、人口统计特征等有一定的了解,这样才能制定切实有效的促销策略。

③ 提出购买建议。即企业要传递给目标受众的主要话题。它是促销信息的核心内容,是企业或产品有说服力的销售要点。也就是说,必须决定什么样的信息才能引起人们的购买。

④ 决定最优促销组合。前文提到,促销方式有四种,企业在面临促销问题时,往往综合运用各种促销工具,这就产生了组合问题。由于在促销组合中,人员推销与广告是两种最主要的促销方式,因此在决定最优促销组合时,通常需要考虑的是以人员推销为主还是以广告为主的问题。

⑤ 促销信息有效表达。这是在决定了最优促销组合问题的基础上,进一步要解决如何说的问题,促销信息的表达必须要适应目标受众的需要与动机才可能有效。

二、人员推销

(一)概念
人员推销是指企业派出推销人员直接与顾客接触、洽谈、宣传商品,以达到促进销售目的的活动过程。它既是一种渠道方式,也是一种促销方式。

(二)人员推销的特点
1. 人员推销具有很大的灵活性

在推销过程中,买卖双方当面洽谈,易于形成一种直接而友好的相互关系。通过交谈和观察,推销员可以掌握顾客的购买动机,有针对性地从某个侧面介绍商品特点和功能,抓住有利时机促成交易;可以根据顾客的态度和特点,有针对性地采取必要的协调行动,满足顾客需要;还可以及时发现问题,进行解释,解除顾客疑虑,使之产生信任感。

2. 人员推销具有选择性和针对性

在每次推销之前,可以选好具有较大购买可能的顾客进行推销,并有针对性地对未来顾客作一番研究,拟定具体的推销方案、策略、技巧等,以提高推销成功率。

3. 人员推销具有完整性

推销人员的工作从寻找顾客开始,到接触、洽谈、最后达成交易,除此以外,推销员还可以担负其他营销任务,如安装、维修、了解顾客使用后的反应等,而广告则不具有这种完整性。

(三)人员推销的过程
① 寻找顾客。这一步是要找出潜在顾客,他们是可能需要该产品和有购买能力的人。潜在顾客的寻找途径很多,诸如现有用户介绍,其他销售人员介绍,朋友介绍,

等等。

② 事前准备。这样做的目的是要做到知己知彼。销售员要尽可能多地收集备访用户的情况,包括生产状况、资金状况、企业的需要及问题等。

③ 登门访问。这是销售员与潜在客户的正式接触。销售员给客户的第一印象很重要,故而整洁的穿着、大方的举止、得体的语言、自信而友好的态度都是必不可少的。短暂的客套之后,就应逐渐涉及主题,开始介绍产品,同时要特别注意倾听对方的发言,以判断对方的真实意图。

④ 克服障碍。顾客在听取介绍的过程中,总会提出一些异议,如怀疑产品的价值、对交易条件不满意、对生产企业或产品缺乏信心等。这就需要销售员有巧妙的语言能力和信心,给顾客进行解释、协商,力求克服障碍。

⑤ 完成交易。这是前一阶段工作的最终目的,然而完成这一阶段的任务并不容易。销售员要善于察言观色,认真辨别对方的言辞举止,要采用一定的方法打动对方尽快采取行动。

⑥ 售后检查。交易手续完成后,销售员还需继续了解交易条款的履行情况,了解顾客对自己的购买是否满意,帮助顾客解决使用中的问题等。这些工作,有利于树立企业的信誉,密切双方的关系,促成重复购买。

三、广告

(一)概念

广告是指企业通过一定的媒介,向广大顾客传递信息的有效方法,是为了某种特定的需要,通过一定形式的媒体,公开而广泛地向公众传递信息的宣传手段。

(二)广告的作用

① 介绍产品。广告能使顾客了解有关产品的优点、用途及使用方法等,有助于顾客根据广告信息选择适合自己需要的产品。

② 促进试验性购买。广告具有刺激、鼓励人们作第一次购买的作用。顾客通过实验性购买和使用产品,才有可能成为企业的忠实顾客。

③ 开拓市场、发展新顾客。对于全新的市场和顾客,由于广告能够广泛、经常地接近它们,因而能起到开路先锋的作用,广告是进行市场渗透的最有力的武器之一。

④ 扩大和保持市场占有率。通过广告使消费者经常感觉和意识到该产品的存在。

⑤ 支持中间商,为中间商承担了广告费用,由于广告使产品有了知名度,使中间商分销商品更加容易。

(三)广告的分类

① 以传播媒介为标准,广告可以分为报纸广告、杂志广告、电视广告、电影广告、网络广告、包装广告、广播广告等。

② 以广告目的为标准,广告可分为产品广告、企业广告、品牌广告、观念广告、公益广告等。

③ 以广告传播范围为标准,广告可分为国际性广告、全国性广告、地方性广告 、区域性广告等。

④ 以广告传播对象为标准,广告可分为消费者广告和企业广告。

(四)广告策略

(1) USP 策略

USP 是"Unique Selling Proposition Strategy"的缩写,这种策略强调以"独特"来推销产品最为有效。所谓独特是指商品具有的特点或利益,是竞争对手的产品所不具备的,产品特点或利益在竞争对手的广告中未曾表现过。使用这种策略,就是力图寻找独特,强调产品、广告与竞争对手的差异,表现"人无我有"的唯一性。

(2) 品牌形象策略

对于相互之间差异很小的产品而言,难以在广告策略上运用上述"USP"策略,这就存在一个广告表现策略上的转化问题,通过对产品差异的表现,转化为对品牌形象的表现,就能很好的解决这一问题。这便产生了品牌形象策略。采用这一策略,是要通过树立品牌形象,培植产品威望,使消费者保持对品牌长期的认同和好感,从而使广告品牌得以在众多竞争品牌中确立优势地位。

(3) 系列化策略

即在一定的时期内,广告者连续不断地推出一系列内容相关联、风格统一的广告,以保证广告的清晰度,增强人们对广告的识别和记忆,提高产品和企业的形象。这种策略是现代广告设计中很流行的策略。系列化策略有以下四种形式。

① 功能系列化。即在基本主题一致的条件下,将产品的若干个突出的功能展开成独立的广告,然后重复播出。既保证风格的统一性,又使每则广告内容集中,以增加选择性吸引。

② 表现形式系列化。即主题不变,而采用多种方式对主题进行表达,形成多个广告。广告需要重复,才能在顾客心目中形成一个固定的概念,但是同一广告的过多重复,又会使人们的注意力减弱,甚至产生反感情绪。因此,不同表现形式的广告,可增加人们的新鲜感,吸引力强。

③ 主题系列化。当企业的产品适用于不同类型的顾客使用或用途广泛时,可针对不同情况确定几个有差异的主题,围绕这些主题设计若干个广告,连续或交替播出,以保证每则广告对顾客的选择性吸引。

④ 家庭系列化。生产多种产品的企业,可以在风格一致,甚至主题一致的前提下,在每则广告中只介绍一至两种产品,逐步深入,最后一则广告则以总结的形式展现所有产品与企业实力,并可循环播出。

四、营业推广

(一)概念

营业推广也称为销售促进,英文名称是"Sales Promotion",一般简称 SP,是由一系列短期诱导性、强刺激的战术促销方式,来刺激顾客对产品或劳务的需求。它一般只作为人员推销和广告的补充方式,其刺激性很强,吸引力大。与人员推销和广告相比,营业推广不是连续进行的,只是一些短期性、临时性的能够使顾客迅速产生购买行为的措施。

（二）营业推广的类型

① 对消费者的 SP。对消费者的 SP 是由生产企业或中间商进行的。在新产品进入市场和促使老产品恢复生机时经常采用。这种 SP 的关键在于如何唤起消费者需求的欲望，促使其自动购买。对消费者 SP 的主要工具是：样品赠送、优惠券、特价包装、赠送礼品、竞赛活动等。

② 对中间商的 SP。对中间商的 SP 是由生产企业进行的，旨在促使中间商更加努力地推销自己企业的产品。主要采用以下工具：销售店竞赛、销售店赠品、销售店援助、进货优待、代培销售人员。

（三）营业推广的特点

① 营业推广是广告和人员销售的补充措施，只是一种辅助性的促销工具。

② 营业推广是一种非正规、非经常性的促销活动，而广告和人员销售则是连续的、常规的促销活动。

③ 营业推广具有强烈的刺激性，可获得顾客的快速反应，但促进作用短暂。

适当运用营业推广，特别是与广告或人员销售配合使用，是非常有效的。但是，几乎每一种营业推广方法，都要在提供商品的同时，附加上一些有实际价值的东西，以诱发顾客的购买行动。所以，营业推广费用较高，不能经常采用。

五、公共关系

（一）概念

公共关系也叫公众关系，是指企业或组织为了适应环境，争取社会公众的了解、信任、支持与合作，以树立企业良好的形象和信誉而采取地有计划的行动。公共关系可以达到维护和提高企业的声望，获得社会信任的目的，从而间接促进产品的销售。

（二）公共关系的内容

公共关系的基本方法是双向沟通，既要使企业了解社会公众，也要使社会公众了解企业，以便获得相互理解。公共关系的准则是服从社会的公共利益，这是创立企业良好社会形象的前提。公共关系活动的内容十分广泛，常见的有以下几种。

1. 编写新闻

这是公关活动的一个重要环节，是由公司的公关人员对企业具有新闻价值的活动和事件撰写新闻稿件，散发给有关的新闻传播媒介，争取发表。这种由第三方发布的文章和报道，可信度高，有利于提高公司的形象，而且一般费用很低。比如 IBM 的管理制度和可口可乐的营销策略，常常是管理类杂志和报纸的重点话题。

2. 举办记者招待会

记者招待会也叫新闻发布会，这是搞好与新闻媒体关系的重要手段，也是传播各类信息、争取新闻界客观报道的重要途径。

3. 散发宣传资料

宣传资料包括与公司有关的所有刊物、宣传册、传单等。这些宣传资料印刷精美，图文并茂，在适当的时机向公众团体、政府机构和市民散发，可以吸引他们了解和认识公司，以扩大公司的影响力。

4. 策划企业领导人的演讲或报告

演讲或报告可以把信息传播给较多的公众,听众常常为精彩而充满感情色情的演讲所鼓动。

5. 社会捐助活动

这是日益流行的公关活动,是赢得良好社会关系,树立良好社会形象的重要途径。给慈善事业捐款、给大型体育赛事赞助,这些活动影响较大,常常受到公众的关注,参与这种活动无形中就是给企业做了一次影响巨大的广告。

（三）公共关系的职能

搜索信息、传播沟通、协调关系、处理纠纷、参与决策、改善环境、增进社会效益、树立企业形象等都属于公共关系的职能,这里就不再赘述了。

第七节　市场营销新观念

科学技术的发展和新经济的兴起,正改变着市场营销环境,影响着市场营销理论与实践的发展。近些年来,国内外营销学界出现了大量新的观念和新的理论,它们都是在新的历史背景下产生的,有着重大的现实意义。因此,我们有必要了解一下这些新理论和新观念,这对于我们深入系统学习市场营销学将会有很大的帮助。

一、绿色营销

（一）概念

所谓绿色营销是指企业在生产经营过程中,将企业自身利益、消费者利益和环境保护利益三者统一起来,以促进可持续发展为目标,对产品和服务进行构思、设计、销售和制造。绿色营销是以绿色文化为价值观念,以消费者的绿色消费为中心和出发点的营销观念、营销方式和营销策略。

（二）绿色营销的特征

1. 综合性

绿色营销综合了市场营销、生态营销、社会营销和大市场营销观念的内容。市场营销观念的重点是满足消费的需求,"一切为了顾客的需求"是企业制定一切工作的最高准则;生态营销观念要求企业把市场要求和自身资源条件有机结合,发展也要与周围自然的、社会的、经济的环境相协调;社会营销要求企业不仅要根据自身的资源条件满足消费者需求,还要符合消费者及整个社会目前的需要及长远需要,倡导符合社会长远利益,促进人类社会自身发展;大市场营销,是在传统的市场营销四要素(即产品、价格、渠道、促销)基础上加上权力与公共关系,使企业能成功地进入特定市场,在策略上必须协调地施用经济、心理、政治和公共关系等手段,以取得外国或地方有关方面的合作和支持。绿色营销观念是多种营销观念的综合,它要求企业在满足顾客需要和保护生态环境的前提下取得利润,把三方利益协调起来,实现可持续发展。

2. 统一性

绿色营销强调社会效益与企业经济效益的统一性。企业在制定产品策略时,既要考虑到产品的经济效益,同时又必须考虑社会公众的长远利益与身心健康,这样,产品才能在大市场中站住脚。

3. 无差别性

绿色标准呈现出世界的无差别性。绿色产品的标准尽管世界各国不尽相同,但都是要求产品质量、产品生产及使用消费及处置等方面符合环境保护要求、对生态环境和人体健康无损害。

4. 双向性

绿色营销不仅要求企业树立绿色观念、生产绿色产品、开发绿色产业,同时也要求广大消费者购买绿色产品,对有害产品进行自觉抵制。

二、整合营销

(一)概念

整合营销是一种对各种营销工具和手段的系统化结合,根据环境进行即时性的动态修正,以使交换双方在交互中实现价值增值的营销理念与方法。

整合营销就是为了建立、维护和传播品牌,以及加强客户关系,而对品牌进行计划、实施和监督的一系列营销工作。整合就是把各个独立地营销综合成一个整体,以产生协同效应。这些独立的营销工作包括广告、直接营销、销售促进、人员推销、包装、赞助和客户服务等。

(二)整合营销的特征

① 在整合营销传播中,消费者处于核心地位。

② 对消费者深刻全面地了解,是以建立资料库为基础的。

③ 整合营销传播的核心工作是培养真正的消费者价值观,与那些最有价值的消费者保持长期的紧密联系。

④ 以各种传播媒介的整合运用作手段进行传播。凡是能够将品牌、产品类别和任何与市场相关的信息传递给消费者或潜在消费者的过程与经验,均被视为可以利用的传播媒介。

三、关系营销

(一)概念

关系营销,是把营销活动看成是一个企业与消费者、供应商、分销商、竞争者、政府机构及其他公众发生互动作用的过程,其核心是建立和发展与这些公众的良好关系。

(二)关系营销的特征

1. 信息沟通的双向性

在关系营销中,沟通应该是双向而非单向的。交流既可以由企业开始,也可以由营销对象开始。只有广泛的信息交流和信息共享,才可能使企业赢得各个利益相关者的支持与合作。

2. 过程的协同性

在竞争性的市场上,明智的管理者应强调与利益相关者建立长期的、互信互利的关系。各具优势的关系双方,互相取长补短,联合行动,协调一致去实现对各方都有益的共同目标。

3. 结果的双赢性

关系营销旨在通过合作增加关系各方的利益,而不是通过损害其中一方或多方的利益来增加其他各方的利益。

四、网络营销

(一)概念

网络营销就是以国际互联网络为基础,利用数字化的信息和网络媒体的交互性来辅助营销目标实现的一种新型的市场营销方式。网络营销不是网上销售,网络营销不仅限于网上,一个完整的网络营销方案,除了在网上做推广外,还有必要利用传统方法进行网下推广。

(二)网络营销的特征

① 跨时空。营销的最终目的是占有市场份额,由于互联网能够超越时空的限制进行信息交换,因此企业可以有更多时间和更大的空间进行营销,可全天候、随时随地提供全球性营销服务。

② 交互式。互联网通过展示商品图像和信息资料,提供有关的查询,来实现供需互动与双向沟通,还可以进行消费者满意度调查等活动。互联网为产品联合设计、商品信息发布以及各项技术服务提供了最佳工具。

③ 个性化。网络营销是一对一的、消费者主导的、非强迫性的营销,是一种低成本与人性化的促销,通过信息提供与交互式交谈,与消费者建立长期良好的关系。

④ 高效性。计算机可以储存大量信息,可传送的信息数量与精确度远超过其他媒体;计算机能适应市场需求,及时更新产品或调整价格,因此能及时有效了解并满足顾客的需求。

⑤ 经济性。通过互联网进行信息交换,代替以前的实物交换,可以减少印刷与邮递成本,可以无店面销售,免交租金,节约水电与人工成本。

第十二章 财务管理

企业财务就是企业再生产过程中的资金运动,它体现企业同各方面的经济关系。企业财务管理是按照企业资金运动规律的要求,合理安排财务活动,正确处理财务关系的一项经济管理工作,是企业管理工作十分重要的一个方面。财务管理工作水平,特别是财务决策正确与否,关系着企业经济效益,直接影响着企业的生存和发展。本章着重就企业财务管理中的筹资和投资管理、资产管理、成本与费用管理、利润管理、财务分析等内容进行论述。

第一节 财务管理的任务与原则

企业财务就是企业再生产过程中的资金运动,它体现企业同各方面的经济关系。企业财务管理则是对企业财务的管理。财务管理是企业管理的重要组成部分,财务部门应以尽可能有利的条件筹集到生产经营活动所需的资金,同时在企业内部合理地分配资金,以提高资金的利用效率。

一、财务管理的概念

在商品生产和商品交换的条件下,企业的生产经营过程与财务活动有密切的联系,财务活动就是企业在生产经营过程中与资金筹集、使用和分配等方面有关的经济业务活动。它是企业生产经营活动的重要组成部分。

资金,从整个社会来说,是指整个社会再生产过程中,生产、交换、分配、消费等环节各项资产的货币表现(包括货币本身);就一个企业来说,资金是指用于从事生产经营活动和其他投资活动的资产的货币表现。一定数额的资金表现着一定数量资产的价值。由于存在商品生产与商品流通,社会产品不仅以实物形态表现,而且还以价值形态表现。所以,企业资产一方面表现为实物资产和没有实物形态的无形资产以及递延资产和其他资产;另一方面又需要用货币形态来表现它们的价值,由此形成资金概念。

企业的生产经营活动在工业企业主要表现为供应、生产和销售活动;在商业流通企业主要表现为购销和储运活动。企业作为一个商品生产者和经营者,其生产过程就是令使用价值与价值相统一的过程。在这个过程中,劳动者不但生产出新的商品,而且将生产中消耗掉的生产资料的价值转移到产品中去实现。所以,企业的生产过程,一方面表现为实物形态的物资运动,另一方面表现为价值形态的资金运动。企业资金运动构成了企业经济活动的一个独立方面,与其他各方面发生一定的经济联系。企业财务的实质就是企业在生产经营过程中的资金运动及其所体现的经济关系。

企业财务管理就是利用价值形式组织财务活动,处理企业与各个方面的财务关系的经济管理工作。它是企业管理的一个重要组成部分。

二、企业资金运动的过程

随着企业再生产过程的不断进行,企业资金总是处于不断的运动之中。在企业再生产过程中,企业资金从货币资金形态开始,依次通过购买、生产、销售三个阶段,分别表现为固定资金、生产储备资金、未完工产品资金、成品资金等各种不同形态,然后又回到货币资金形态。从货币资金开始,经过若干阶段,又回到货币资金形态的运动过程,叫做货币资金的循环。企业资金周而复始不断重复的循环,叫做资金的周转。资金的循环、周转体现着资金运动的形态变化。

从生产企业来看,资金运动包括资金的筹集、投放、耗费、收入和分配五个方面的经济内容。

(一)资金筹集

企业从各种渠道筹集资金,是资金运动的起点。企业的自有资金,是通过吸收拨款、发行股票等方式从投资者那里取得的,投资者包括国家、其他企业单位、个人、外商等。此外,企业还可通过向银行借款、发行债券、应付款项等方式来吸收借入资金,构成企业的负债。企业从投资者、债权人那里筹集来的资金,一般是货币资金形态,也可以是实物、无形资产形态。

(二)资金投放

企业筹集来的资金,要投放于经营资产上,主要是通过购买、建造等过程,形成各种生产资料。一方面进行固定资产投资,兴建房屋和建筑物,购置机器设备等,另一方面使用货币资金购进原材料、燃料等,通常货币就转化为固定资产和流动资产。此外,企业还可以现金、实物或无形资产等形式采取一定的方式向其他单位投资,形成短期投资和长期投资。企业资金的投放包括在经营资产上的投资和向其他单位的投资,其目的都是为了取得一定的收益。

(三)资金耗费

在生产过程中,生产者使用劳动手段对劳动对象进行加工,生产出新产品,与此同时耗费各种材料,损耗固定资产,支付职工工资和其他费用,在购销过程中也要发生一定的耗费。各种生产耗费的货币表现就是产品等有关对象的成本,成本是生产经营过程中的资金耗费。这样,企业所耗费的固定资金、生产储备资金、用于支付工资的资金,先转化为未完工产品,随着产品制造完成,再转化为成品的资金。

在发生资金耗费的过程中,生产者创造出新的价值,包括为自己劳动创造的价值和为社会劳动创造的价值。所以,资金的耗费过程又是资金的积累过程。

(四)资金收入

在销售过程中,企业将生产出来的产品发送给有关单位,并且按照产品的价格取得销售收入。在这一过程中,企业资金从成品资金形态转化为货币资金形态。企业取得销售收入,实现产品的价值,不仅可以补偿产品成本,而且可以实现企业的利润,企业自有资金的数额随之增大。此外,企业还可以取得投资收益和其他收入。

（五）资金分配

企业取得的产品销售收入,要用以补偿生产耗费,按规定缴纳流转税,其余部分为企业的营业利润。营业利润和投资收益、其他净收入构成企业的利润总额。利润总额首先要按国家规定缴纳所得税,税后利润要提取公积金和公益金,分别用于扩大积累、弥补亏损和职工集体福利设施,其余利润作为投资收益分配给投资者。企业从经营中收回的货币资金,还要按计划向债权人还本付息。用以分配投资收益和还本付息的资金,就从企业资金运动过程中退出。

资金的筹集和使用,以价值形式反映企业对生产资料的取得和使用;资金的耗费,以价值形式反映企业物化劳动和活化劳动的消耗;资金的收入和分配,则以价值形式反映企业生产成果的实现和分配。所以,企业资金运动是企业再生产过程的价值形式的表现。

三、企业资金运动形成的财务关系

企业的生产经营活动是整个社会再生产活动的重要组成部分。企业与投资者之间、企业内部各职能部门和生产单位之间、企业和职工之间都会发生各种经济联系。这些关系通过企业资金运动反映出来,称为财务关系。企业的财务关系主要表现在以下几个方面。

（一）企业与国家之间的财务关系

二者之间主要是上缴各种税款的经济关系。企业应按照国家税法的规定,缴纳各种税款,包括所得税、流转税和记入成本的税金。这些税金是国家财政收入的主要来源。企业及时足额缴纳各种税款,是生产经营者应尽的义务。

（二）企业与投资者和受资者之间的财务关系

企业从各种投资者手中筹集到资金投入到生产经营活动中,并将所实现的税后利润按规定的程序向投资者进行分配。企业还可将自己的法人财产向其他单位投资,受资者应当向企业分配投资收益。企业与投资者、受资者的关系,即投资同分享投资收益的关系,在性质上属于所有权关系。

（三）企业与债权人、债务人、往来客户之间的财务关系

企业与其他企业单位之间由于互相提供商品或劳务而发生的收支结算关系;在购销活动中由于延期收付款项,而与有关单位发生的商业信用关系——应收账款和应付账款;企业与银行和非银行金融机构的借款、还款的信贷关系;企业因发行债券筹集资金而形成的与其他企业单位、个人之间的借款和还款的债权和债务关系。

（四）企业内部各单位之间的财务关系

在企业内部实行经济核算制条件下,企业内部各部门、各级单位之间与企业财务部门发生的领款、报销、代收、代付的收支结算关系,以及各部门、各单位之间互相提供产品或劳务所发生的资金结算关系。

（五）企业与职工之间的财务关系

企业与职工之间的财务关系主要是贯彻按劳分配的原则,对职工支付工资、奖金、津贴等劳动报酬的结算关系,以及为职工垫付的各种款项,举办各种福利事业的结算

关系。

上述企业与各方面的财务关系,反映了国家、企业、投资者、职工个人之间的经济利益,企业应当正确处理好这些关系。

四、财务管理的任务

企业财务管理是为实现企业目标服务的,并受财务管理内容的制约。企业财务管理的基本任务是依法合理筹集资金,有效地利用企业各项资产,努力提高经济效益,实现企业利润最大化。企业财务管理的具体任务主要有以下方面。

（一）依法合理筹集资金,满足企业资金需要量

企业进行生产经营活动需要一定数额的资金。企业财务管理工作的首要任务是依法从各种渠道,采用各种方式合理地筹集到生产经营活动所需的资金。一方面要正确确定企业资金需要量;另一方面要选择好获得资金的渠道和方式。企业在选择筹集资金渠道的方式时,应考虑资金成本、偿还期限、担保条件、可能性和资金供应者的其他具体要求,并考虑其对企业投资收益和风险的影响,据此选择确定企业筹资的最佳组合方式,使企业能够以尽可能低的资金成本及时取得需要的资金。

（二）有效地分配和使用企业资金,提高资金利用效率

企业筹集的资金应合理地投资,企业投资所形成的资产一般分为流动资产、长期投资、固定资产、无形资产和其他资产等。财务管理部门应有计划地、合理地进行投资,使其形成合理的资产结构(指各类资产在全部资产总额中所占的比重)。同时还要考虑安排一定比例的流动资金,使货币资产保持在最佳的水平上,并且要及时解决资金使用过程中出现的问题,加速资金周转,提高资金的利用效率。

（三）分配企业收益,协调各方面的经济关系

企业的经营收入,首先要用来补偿生产经营活动中耗费的成本和费用,并依法缴纳税金。税后利润按照规定的顺序进行分配。在分配中要正确处理好各方面的经济关系,以调动企业、职工、投资者等各方的积极性。

（四）实行财务监督,维护财经纪律

财务监督是利用货币形式对企业的经济活动进行监督。主要是通过对财务收支的审核控制和对财务指标的检查分析,及时发现生产经营活动中存在的问题,及时进行处理。实行财务监督,能够促使企业严格贯彻执行国家的有关法律、法规、财经制度,维护财经纪律,保护企业财产的安全完整。

五、财务管理的原则

财务管理的原则是企业组织财务活动和处理财务关系的准则,它反映我国适应市场经济体制的需要和财务管理工作的特点。企业财务管理应遵循以下原则。

（一）资金合理配置原则

企业财务管理是对企业全部资金的管理,而资金运用的结果则形成企业各种各样的物质资源。各种物质资源总是要有一定的比例关系,所谓资金合理配置,就是通过资金活动的组织和调节来保证各项物质资源具有最优化的结构比例关系。

企业物质资源的配置情况是资金运用的结果，同时它又通过资金结构表现出来。在资金占用方面，有对外投资和对内投资的构成比例；有固定资产和流动资产的构成比例；有货币性资金和非货币性资金的构成比例；等等。在资金来源方面，有负债资金和主权资金的构成比例，有长期负债和短期负债的构成比例。只有把企业的资金按照合理的比例配制在生产经营的各个阶段上，才能保证资金活动的连续和各种形态资金占用的适度，才能保证生产经营活动的顺畅运行。

（二）收支积极平衡原则

资金的收支是资金周转的纽带，要保证资金周转顺利进行，就要求资金收支不仅在一定期间总量上求得平衡，而且在每一个时点上协调平衡，这是资金循环过程得以周而复始进行的条件。

资金收支平衡，归根到底取决于购产销活动的平衡。企业既要搞好生产过程的组织管理工作，又要抓好生产资料的采购和产品的销售。使企业的购产销三个环节相互衔接，保持平衡，企业资金的周转才能正常进行，并取得应有的经济效益。

（三）成本效益原则

在企业财务管理中，要关心资金的存量和流量，更要关心资金的增量。企业资金的增量即资金的增值额，是由营业利润或投资收益形成的。因此，对于形成资金增量的成本与收益这两方面的因素必须认真进行分析和权衡。成本效益原则，就是要对经济活动中的所费与所得进行分析比较，对经济行为的得失进行衡量，使成本与收益得到最优的结合，以求获得最多的赢利。

（四）收益风险均衡原则

在市场经济的激烈竞争中，进行财务活动不可避免地要遇到风险。财务活动中的风险是指获得预期财务成果的不确定性，企业要想获得收益，就不能回避风险，可以说风险中包含收益，挑战中存在机遇。风险收益均衡原则，要求企业不能只顾追求收益，不考虑发生损失的可能，要求企业进行财务管理必须对每一项具体的财务活动，全面分析其收益性和安全性，按照风险和收益适当均衡的要求来决定采取何种行动方案，同时在实践中趋利避害，争取获得较多的收益。

（五）分级分权管理原则

企业财务实行统一领导和归口分级管理，是正确处理企业内部上下左右责、权、利关系的准则。财务管理工作实行集中统一领导，由厂长（经理）负责组织指挥财务工作。在大中型企业，设立总会计师协助厂长（经理）建立健全经济核算责任制，负责监督、检查生产经营的各个环节实行全面经济核算的情况，并对企业财务状况全面负责。

财务管理工作的归口分级管理，是在厂部集中统一领导下，按照管理资金同管理物资相结合、使用资金同管理资金相结合的要求，合理安排企业内部各单位在资金、成本和费用、收入等管理上的权责关系。企业财务管理的主要权利集中在厂级，厂级财务部门对各项财务计划指标进行分解，分别落实到供、产、销等各有关车间、班组等单位，实行分级管理。为保证各项财务计划指标的全面完成，各归口管理部门和分级管理单位要明确有关职工在归口分级管理中的责任和权限，认真执行财务计划，对比分析财务计划完成情况，定期进行考核。

（六）利益关系协调原则

企业财务管理要组织资金的活动，因而同各方面的经济利益有非常密切的联系。在财务管理中，应当协调国家、投资者、债权人、经营者、劳动者之间的经济利益，维护有关各方面的合法权益，还要处理好企业内部各部门、各单位之间的经济利益关系，以调动他们的积极性，使他们步调一致地为实现企业财务目标而努力。

第二节 筹资与投资

资金是企业生产经营活动不可缺少的条件，如何获得经营活动所需资金（即筹资），如何合理的分配这些资金（即投资），以使企业实现利润最大化，是企业财务管理活动的两项重要的内容。

一、筹资管理

企业筹集资金简称筹资。筹资是指企业向外部有关单位或个人以及从企业内部筹措和集中生产经营所需资金的财务活动。资金是企业进行生产经营活动的必要条件。企业创建、开展日常生产经营业务、扩大生产经营规模、开发新产品、进行技术改造，都必须具备一定数量的资金。筹集资金是企业资金运动的起点，是决定企业规模和生产经营状况的重要环节。筹资是企业财务管理的一项重要内容。

（一）筹资的要求

企业筹集资金的基本要求，是要研究筹集资金的多种因素之间的相互影响，讲求资金筹集的综合经济效益。筹资的具体要求如下。

1. 正确把握筹资的数量和时间

企业筹集资金，首先应确定筹资的数量，这要根据企业资金需要量和筹资的可能性来合理确定。一般以满足企业生产经营等方面的最低需要量为限。资金不足，会影响生产经营发展；资金过剩，也会影响资金使用效果。其次，企业对资金的需要是有一定时间性的，资金过早进入企业会造成资金闲置浪费，过迟进入又不能及时满足需要，因此要注意把资金的需要时间和数量与筹资时间衔接起来，做到适时适量，以便减少资金占用。

2. 降低筹资代价，提高筹资效益

企业为了取得某种资金的使用权必须付出一定的代价，例如银行借款利息、债券利息、股票股利以及进行筹资活动支付给有关机构的印刷费、发行费、注册费、代理销售费等。这些费用的高低直接影响筹资的效益。因此，要综合考虑各种因素，选择最经济方便的资金来源，以最小的筹资代价获得所需要的资金，并保证将获得的资金投入生产经营过程后，能给企业带来较好的经济效益。

3. 合理确定资金来源结构

资金来源结构是指资金来源项目的构成和各个项目资金占全部资金的比重。确定资金来源结构主要是合理安排负债与资本金的比例。资本金是企业的注册资本，表明企业资金实力的强弱；负债是企业的借入资金，必须按期还本付息。因此，企业在筹资时，必须确定借入资金的数额，并使其同资本金保持一个合理的比例。如果负债过多，则会发生较大的财务风险，甚至可能由于丧失偿债能力而面临破产。

4. 依法筹资，维护投资者权益

企业在筹集资金的过程中，应遵守国家制定的法规和制度，认真执行各项筹资、使用、归还资金的工作程序，严格履行各类合同条款，维护投资者的各项权益。

（二）筹资渠道

筹资渠道是指企业取得资金的来源。我国企业资金来源渠道现在已经呈现出多样化的格局。具体来说有以下几种来源渠道。

① 国家财政资金。国家财政资金以前是国有企业主要的资金来源，现在国家对国有企业的投资形式有了重大的变化，主要是对一些新建大型、重点、骨干企业提供资金。因此，国家财政资金是这类企业的重要筹资渠道。此外，按照国家现行规定，国家财政资金用于国有企业的还包括财政贴息、周转金以及以认购股票方式对股份制企业进行的投资。

② 银行信贷资金。银行贷款是企业重要的资金来源。我国现在的中国工商银行、中国农业银行、中国建设银行、中国银行都已经改组为商业银行，并有国家开发银行、中国农业发展银行、进出口信贷银行等政策性银行，可分别向企业提供各种短期贷款和中长期贷款。银行贷款方式能灵活适应企业的各种需要，并且有利于加强宏观控制，它是企业资金的主要供应渠道。

③ 非银行金融机构资金。非银行金融机构主要是指银行以外的、由各级政府主办、以融通资金为主要目的的金融机构。主要包括：信托投资公司、经济发展投资公司、租赁公司、保险公司、信用社等。非银行金融机构除了专门经营存贷款业务、承担证券的推销或包销工作以外，有一些机构是为了一定目的而聚集资金的，但可以将一部分不立即使用的资金以各种方式提供给企业。非银行金融机构的资金供应比较灵活。

④ 其他企业资金。企业在生产经营活动过程中，往往有一部分暂时闲置的资金，甚至有些可以较长时间闲置不用，这就为企业之间互相调剂资金余缺提供了可能。企业可以通过与其他企业联营或以让其他企业入股、认购债券等方式取得资金。企业之间的资金联合和资金融通也是筹资的重要渠道。

⑤ 民间资金。民间资金是指城乡居民（包括职工和其他城乡居民）手中持有的货币资金，企业可以通过发行股票和债券等形式广泛地向社会筹集资金。

⑥ 企业留存收益。企业留存收益是指企业从税后利润中提取形成的盈余公积金和未分配利润等，这些经营积累是企业内部的筹资渠道。

⑦ 境外资金。境外资金主要是指国外和我国港澳台地区的银行、公司、其他经济组织、个人手中的资金。利用外资是企业筹资的又一重要渠道，企业利用外资的形式很多，主要有举办中外合资、合作企业；在境外发行股票、债券；向银行、金融机构贷款；通过补偿贸易、国际租赁等形式筹集境外资金。

（三）筹资方式

对于上述各种渠道来源的资金，企业可以采用不同的方式进行筹集。所谓筹集方式是指企业取得资金的具体形式，或者说用什么方式取得资金。企业的筹资方式除了国内过去传统采用的国家拨款、银行借款、企业内部积累等方式以外,还可以采用发行股票、债券,进行租赁、联营、合资合作经营、补偿贸易、商业信用等方式筹集资金。

三、企业投资管理

企业投资就是企业运用资金的一种经济活动,即根据市场需求和国家产业政策,用新投入的资本建立各种生产经营条件和开展某种生产经营的活动。正确的投资对企业的生存和发展起着重要的保证作用。

(一)投资的分类

企业投资按照不同的标志分为不同的类别。

① 按投资发生作用的地点来分:企业内投资和企业外投资。

② 按投资所构成的企业资产性质来分:固定资产投资、流动资产投资、无形资产投资。

③ 按投资的范围来分:项目投资和金融投资。

④ 按投资回收期来分:长期投资(5 年以上)、中期投资(3~5 年)、短期投资(1~2 年)。

(二)投资的目的

企业投资的目的一般有以下几种:

① 维持企业简单再生产和保证扩大再生产。通过投资对机器设备进行维护、修理更新,对产品和工艺进行改进,对职工进行培训,以提高企业设备生产能力和职工队伍的科学文化水平,满足市场日益增长的需要。

② 调整和优化企业生产能力结构。通过投资进行技术革新,提高生产效率,增加生产能力,调整和优化生产能力结构,提高企业的市场竞争能力。

③ 实现企业扩张。企业通过对外投资控制其他企业的经营业务,以实现企业生产规模的扩张。

④ 灵活调度资金。企业将暂时闲置的资金用于对外投资,以获取高于银行存款利息的收益。

(三)投资方案的选择

1. 企业对内投资的方案选择

企业对内投资是指企业将资金投入到企业内部,以满足企业自身生产经营发展需要,以期获得经营收益的经济行为。企业对内投资的方案主要有以下几种。

① 产品投资方案。即把投资的重点放在产品发展上,主要用于改造老产品、开发新产品、提高产品质量,使之升级换代。企业要在激烈的市场竞争中获胜,就必须生产出适销对路的产品,满足消费者的需求。因此,企业的关键是产品的改革、创新和质量的提高,通过重点投资来解决产品问题。

② 工艺投资方案。即将投资的重点放在制造工艺的开发上,主要用于对落后制造工艺进行改革和进行新工艺的开发。当企业对产品进行改革和创新后,生产先进的产品与落后的制造工艺之间就形成突出的矛盾了,这时落后的制造工艺就成为影响产品质量、生产效率和物资消耗的关键因素。因此,企业需要通过重点投资来对落后的制造

工艺进行改造,以提高产品质量和生产效率,节约物资消耗和降低产品成本,使企业实现效益最大化。

③ 设备投资方案。即将投资重点放在生产设备的改造和技术更新上,主要用于对落后设备进行改造和进行新设备的开发。当企业对产品和工艺开发完成后,如果设备落后,那么设备的生产能力不足、结构不合理就会成为制约企业发展的主要因素。这时企业必须通过对设备进行重点投资加以解决:一方面,如果企业实施外延扩大再生产,设备能力不足或结构不合理,可以通过投资,增加设备来解决;另一方面,如果企业实施内涵扩大再生产,设备技术落后,可以通过投资,进行设备改造、技术更新或更换性能更好、水平更高的新设备来解决。这样才能满足生产先进产品、提高产品质量、节能降耗的要求。

④ 节能降耗投资方案。即将投资重点放在能源和原材料开发上,解决企业耗能高、原材料供应紧张的问题。

⑤ 生产环境改造投资方案。即将投资重点放在生产环境改造、治理"三废"、保护生态平衡等方面,以提高企业的社会效益。

2. 企业对外投资的方案选择

企业对外投资就是企业在本身经营的主要业务以外,以现金、实物、无形资产方式或者以购买股票、债券等有价证券方式向境内外的其他单位进行投资,以期在未来获得投资收益的经济行为。企业对外投资的方案主要有以下几种。

① 联营投资。联营投资是指与有关企业和单位共同出资,组成联合经营企业的对外投资形式。联合经营各方共同协商签订章程或契约合同,履行相应的手续、程序,承担相应的经济、社会责任。

② 兼并投资。企业兼并是以某个企业为主体通过有偿方式进行的吸收式合并,即一个企业购买其他企业的产权,使其他企业失去法人资格或改变法人实体的一种投资行为。

③ 境外投资。境外投资是指企业将资金投放到其他国家或地区,以便在国际市场上提高自己生产、销售方面的竞争能力。

④ 债券投资。债券投资是企业通过购入债券成为债券发行单位的债权人,并获取债券利息的投资行为。

⑤ 股票投资。股票投资是企业通过认购股票成为股份有限公司股东并获取股利收益的投资行为。

(四) 投资方案的可行性研究和经济评价

企业在进行投资时,通常会拟定若干个可供选择的方案,企业在投资前必须对这些可供选择的方案进行分析和研究,不仅要考虑投资的需要,还要考虑这个投资方案实施的可能性,只有那些不仅具有实施的必要性,能达到经营的目标,又具备实施条件的投资方案,才是可行方案,再对这些可行方案进行经济评价,以便从中选择出最满意的方案,实现投资效益最大化。

1. 投资方案的可行性研究

方案的可行性研究是指对拟建项目在技术上是否适用、经济上是否有利、建设上是否可行所进行的综合分析和全面科学论证的工程经济研究活动。其目的是为了避免或减少建设项目决策的失误,提高投资的综合效果。

(1) 可行性研究的作用

① 作为确定投资项目建设的依据。主管部门是否兴办该项目,主要是根据可行性研究报告来决定的。

② 作为资金筹措和向银行申请贷款的依据。银行审查可行性报告,来判断筹资方是否有偿还能力。

③ 作为向当地政府和环境保护部门申请建设执照的依据。

④ 作为建设项目与有关部门、单位签订合同、协议的依据。

⑤ 作为科研试验和设备制造的依据。

⑥ 作为从国外引进技术、装备及与外商正式谈判和签订合同的依据。

⑦ 作为企业组织管理、机构设置、职工培训等工作安排的依据。

(2) 可行性研究的程序

可行性研究主要在投资前期进行。可行性研究的程序包括:机会研究、初步可行性研究、详细可行性研究及评价报告和决策。

① 机会研究。机会研究又称为投资机会论证。这一阶段的主要任务是提出项目投资方向的建议。根据项目的要求,输入各种信息,包括市场需求及销售可能性的预测,项目实现的技术可能性预测,以及社会、环境、投资来源及通货膨胀等预测,还要调查和确定一些必要的约束条件,如最低的利润率、合理投资年限、国家税率、运输、水、电等条件,寻找有利的投资机会。

② 初步可行性研究。初步可行性研究又称预可行性研究。经过机会研究初步认为工程项目可行,值得继续研究,但又不能决定是否值得进行详细可行性研究时,就要作初步可行性研究,进一步判断这个项目是否有生命力,是否有较高的经济效益。这一阶段要解决的问题是:投资机会是否有希望;是否需要作详细可行性研究;有哪些关键性的问题需要做出辅助研究;初步筛选方案。由此可见,初步可行性研究是在对机会研究的结论仍有怀疑时才进行,一般可以越过初步可行性研究直接进行详细可行性研究。

③ 详细可行性研究。详细可行性研究又称技术可行性研究,是可行性研究的主要阶段。它为投资开发项目的决策提供技术、经济、生产等各个方面的依据,做出详细的技术经济评价,提出最后的结论。这一阶段所选取的资料要尽可能的详细、准确。通过详细可行性研究要对投资项目的各个方面情况提出详细报告,包括:投资项目的简要情况;市场需求的建厂规模、市场需求预测;资源、原材料、燃料及公共设施的情况;建厂条件和厂址;技术与设备,技术选择、技术来源、技术转让费的估计、设备的选定、设备来源、设备费用估计等;主体工程和配套工程;实施进度安排;投资估算和资金筹措;经济评价;结论和建议等。

④ 评价报告和决策。评价报告是可行性研究的最后结论。这个结论可以是推荐的最佳方案;也可以是提出几个可行方案,分别列出它们各自的优缺点供决策者选择;也可以是"不可行"的结论。

2. 投资方案的经济评价

在详细可行性研究中,财务部门要着重对所提供的若干个可行方案的经济效益进行分析,做出评价。投资项目的经济评价主要是预测投资项目各年的现金流量,分析投资项目可能遇到的风险以及投资效益,从经济上来论证投资项目的可行性。投资项目的经济评价方法很多,一般可以分为两大类:一类是非贴现分析法,另一类是贴现分析法。

(1)非贴现分析法

非贴现分析法又称为静态分析法,它不考虑资金的时间价值,直接根据不同时期的现金流量分析项目的经济效益。非贴现分析法计算简单,易于理解和掌握,但由于其未能考虑资金的时间价值,往往不能正确地反映投资项目的经济效益。一般只适用于对项目的初选评估。非贴现分析法主要包括投资回收期法和投资收益率法。

① 投资回收期法。投资回收期,是指用投资项目的预期各年净现金流量来回收该项目的原始投资额所需要的时间。投资回收期的计算方法,因各年净现金流量是否相等而有所不同。

一方面,当各年的净现金流量相等时,投资回收期为:

$$P = \frac{I}{C}$$

式中　P——投资回收期;

　　　I——投资总额;

　　　C——每年的净现金流量。

$$C = 每年的现金流入量 - 每年的现金流出量$$

另一方面,当各年的净现金流量不等时,投资回收期为:

$$P = 累计净现金流量开始出现正值的年份 - 1 + \frac{上年累计净现金流量的绝对值}{当年净现金流量}$$

采用投资回收期指标评价投资项目时,应先确定一个预期投资回收期,它一般是投资项目经济寿命的一半。若预期投资回收期比要求的投资回收期短,则负担的风险比较小,项目可行;若预计的投资回收期比要求的投资回收期长,则负担的风险比较大,项目不可行。

② 投资收益率法。投资收益率又称投资效果系数,是投资项目投产后每年取得的净收益与投资总额之比。即:

$$投资收益率 = \frac{年净收益}{总投资额} \times 100\%$$

投资收益率越大,说明投资效益越好,投资收益率表示每单位投资所能获得的年净收益。用投资收益率来评价方案,将实际的方案投资收益率与基准投资收益率进行比较,若投资项目的投资收益率比基准投资收益率大,则方案在经济上是可取的;否则,是不可行的。

(2)贴现分析法

贴现分析法又称动态分析法,其特点是考虑了资金时间价值,并将未来各年的现金流量统一折算为现值价值,再进行分析评价。动态分析法精确、全面考虑了投资项目整个寿命周期内的报酬情况,但计算方法比较复杂。贴现分析法一般适用于对投资项目的详细可行性研究。贴现分析法主要包括净现值法和内部报酬率法。

① 净现值法。净现值是指技术方案在整个分析期内,不同时点上的净现金流量按基准收益率折算到基准年的现值之和。净现值是反映技术方案在整个分析期内获利能力的动态评价指标。净现值的计算方法根据具体情况有两种:

A. 当项目在分析期内每年净现金流量均等时,投资项目的净现值为:

$$NPV = -K_p + (B_t - C_t)\frac{(1+i_n)^n - 1}{i_n(1+i_n)^n} + L(1+i_n)^{-n}$$

式中　NPV——基准收益率为 i_n 时的项目净现值;

　　　K_p——投资的现值;

　　　B_t——项目分析期内年等额收益;

　　　C_t——项目分析期内年等额支出;

　　　L——项目残值;

　　　i_n——基准收益率;

　　　n——项目使用寿命。

【例】 某工程项目预计投资 10 000 元,预测在试用期 5 年内,每年平均收入 5 000 元,每年平均支出 2 200 元,残值为 2 000 元,基准收益率为 10%,请用净现值法判断该方案是否可行?

解:根据公式得:

$$NPV = -10\ 000 + (5\ 000 - 2\ 200) \times \frac{1 + 0.5)^5 - 1}{0.1(1+0.1)^5} + 2\ 000 \times (1+0.1)^{-5}$$

$$= 1856.04\ 元$$

不难看出,由于 $NPV > 0$,所以此方案可取。

B. 当项目在分析期内每年净现金流量不等时,投资项目的净现值为:

$$NPV = \sum_{t=0}^{n} F_t(1+i_n)^{-t}$$

式中　F_t——项目第 t 年的净现金流量;

　　　t——现金流量发生的年份序号;

　　　i_n——基准收益率;

　　　n——项目使用寿命。

如果计算出的净现值大于零,说明方案的投资能获得大于基准收益率的经济效果,则方案可取;如果计算出的净现值等于零,说明方案的投资刚好达到要求的基准收益率水平,则方案在经济上也是合理的,一般可取;如果计算出的净现值小于零,说明方案没有达到基准收益水平,则方案在经济上是不合理的,一般不可取。在多个方案进行比较时,以净现值最大的方案为优。

② 内部报酬率法。内部报酬率又称为内部收益率,是指方案的净现值等于零时的收益率,即:

$$NPV = \sum_{t=0}^{n} F_t(1+i_n)^{-t} = 0$$

式中　i_0——方案的内部收益率；

　　　F_t——项目第 t 年的净现金流量；

　　　t——现金流量发生的年份序号；

　　　n——项目使用寿命。

在计算中通常采用直线插入法来求得方案的内部收益率 i_0。

运用内部报酬率对投资项目做出评价选择,将内部报酬率与期望的投资报酬率进行比较时,若内部报酬率大于期望的投资报酬率,说明该投资方案是可行的、有吸引力的;若内部报酬率小于期望的投资报酬率,说明该投资方案是不理想的、缺乏吸引力的。内部报酬率是一个保本报酬率,期望投资报酬率是一个基准报酬率,它的最低限量是资本成本。若投资来源于向银行借贷,其资本成本就是贷款利息,高于贷款利率的期望投资报酬率,说明该投资方案是可取的,是可供考虑的方案。在高于贷款利率的期望投资报酬率的各个投资方案中,高得最多同时又具备实施条件的方案为优。

第三节　企业资产管理

企业筹集到的资金投入到企业内部就形成了企业资产,具体包括流动资产、固定资产、无形资产、递延资产和其他资产。企业财务管理的一个重要内容就是对这些资产进行管理。

一、流动资产管理

流动资产是指可以在一年或超过一年的一个营业周期内变现或耗用的资产。它主要包括货币资金、应收款项、预付款项、存货和短期投资等五项内容。

（一）流动资产的特点

流动资产具有以下特点:① 流动性大,不断改变形态;② 价值一次消耗、转移或实现;③ 所占用的资金数量具有波动性。

（二）流动资产管理的要求

为了管好、用好流动资产,对流动资产的管理必须符合以下四个要求:

① 建立健全各项流动资产的内部管理制度。必须根据我国的财务制度规定,结合企业的具体情况,建立健全对现金、银行存款、存货、应收账款的内部管理制度,使流动资产达到最佳的利用效果。

② 既要保证企业的生产经营的需要,又要节约使用资金,尽量控制流动资产的占用量。凡是企业供、产、销各部门的合理需要,都应尽量保证满足,同时又要厉行节约,控制不合理的资金占用,减少资金成本,提高企业经济效益。

③ 加速资金周转。周转快,意味着减少资金占用量,以提高企业经济效益。

④ 保持企业有足够的偿债能力。企业如果对到期的债务无力支付,将影响企业信誉,甚至会威胁到企业的生存。因此,企业必须合理地配置各项资产,提高资产的利用

效率,保证企业有足够的偿还能力。

（三）流动资产管理的主要内容

1. 货币资金的管理

货币资金是指企业在生产经营活动中停留在货币形态的那部分资金,包括现金和各种存款。做好这一管理,具体要求有:① 做好现金管理,遵守国家规定的现金管理条例,钱账分管,建立现金交接手续,遵守规定的现金使用范围,遵守库存现金限额,严格现金存取手续,不得坐支现金;② 搞好转账结算,按照规定,各单位之间的一切经济往来,除结算金额起点以下的零星支付以外,都必须进行转账结算;③ 编制好货币资金计划,应做好货币资金收支预测,准确确定货币资金最佳持有量,使货币资金收入和支出保持平衡。

2. 应收款项管理

应收款项是企业应该收取而尚未收到的各种款项,包括应收账款、应收票据、其他应收款等。做好这一管理,具体要求有:① 要做好应收款计划,主要包括两方面内容,一是核定应收账款的成本,即机会成本、管理成本和坏账成本;二是借助账龄分析表掌握有关应收账款的有关的信息。② 信用政策,它是企业根据自身营运情况制定的有关应收账款的政策,主要包括信用期限、信用标准、现金折扣和收账政策等。③ 做好应收账款的日常管理,主要包括调查客户信用状况、评估客户信用状况、催收应收账款、预计坏账损失、计提坏账准备金。

3. 存货管理

存货是指企业在生产经营过程中为销售或耗用而储备的物资,包括原材料、燃料、包装物、低值易耗品、修理用备件、在产品、自制半成品、产成品和外购商品等。存货是企业生产和营销的必要储备,做好存货管理,具体要求有:① 做好存货的归口分级管理,改善企业生产经营活动,提高流动资金利用效果。② 做好生产储备资金的日常管理,主要包括确定和控制采购资金计划、确定最佳采购批量、正确编制用料计划、控制材料耗用、加强库存材料管理。③ 加强未完工产品资金的日常管理,主要包括合理安排生产作业计划、加强半成品的管理、控制生产周期保持生产的均衡性、控制生产耗费节约生产费用。④ 做好成品资金的日常管理,主要包括正确制定产品销售计划、加强成品库的管理、搞好销售结算工作。

二、固定资产管理

固定资产是指使用期限超过一年,单位价值在规定标准以上,并且在使用过程中保持原有物质形态的资产,包括房屋及建筑物、机器设备、运输设备、工具等。

（一）固定资产的特点

① 使用中固定资产价值的双重存在。在企业生产经营过程中,随着固定资产价值的转移,其价值一部分就脱离其实物形态,转化为进入营运资金的货币准备金,其余部分则继续存在于其实物形态之中,直到固定资产丧失其全部功能。

② 固定资产投资的集中性和回收的分散性。企业购建固定资产,需要一次性垫支全部资金,由于其价值是逐步转移的,所以固定资产也是分次逐步回收的。因此,在对

固定资产进行投资时既要注意投资项目的必要性,又要注意投资项目的经济性,必须把一次性投资和投资回收期结合起来研究,进行投资决策,选择满意方案。

③ 固定资产价值补偿和实物更新是分别进行的。固定资产的价值补偿是随着固定资产的折旧逐步完成的,而其实物更新是在固定资产不能或不宜使用时才进行的。这种价值补偿和实物更新不一致,要求在加强对固定资产实物管理的同时,正确地计提固定资产的折旧。

（二）固定资产管理的要求

① 保证固定资产的完整无缺是管好、用好固定资产的基础,是企业生产经营正常进行的客观要求。

② 提高固定资产的完好程度和利用效率,减少固定资产资金占用,节省固定资产寿命周期内的费用支出。

③ 正确核定固定资产需用量,合理配置固定资产,形成配套的生产能力,提高固定资产的利用效果。

④ 正确计算固定资产折旧额,有计划地计提固定资产折旧,保证固定资产更新的资金供应。

⑤ 做好固定资产投资的预测,为固定资产投资决策提供依据。

（三）固定资产管理的主要内容

① 正确计提折旧,合理使用补偿基金。企业提取折旧实际上是对固定资产投资的回收。为了保证企业生产的顺利进行,企业要不断更新各种固定资产。由于固定资产折旧计入成本费用以后通过销售收入进入企业的银行存款。因此,企业应合理确定固定资产的折旧期,采用合理的折旧方法,正确计算固定资产折旧额;正确编制固定资产折旧计划,保证企业收回更新固定资产的货币准备金;加强对折旧费的提取和管理,确保固定资产更新资金的来源;合理地调度和使用货币资金,及时更新固定资产。

② 做好固定资产投资决策工作。正确核定固定资产需用量,以保证企业生产经营所需;做好固定资产投资可行性预测,保证投资项目技术上的可行性和经济上的效益性,运用科学的方法,比较各种不同方案的优劣,选择综合效益较优的方案,以提高固定资产利用效果。

③ 做好固定资产的维护和修理工作。保证企业生产能力,对所发生的维护和修理支出,计入有关费用。

④ 做好固定资产的日常管理工作。实行固定资产分口分级管理,就是按照各类固定资产的类别,由公司各职能部门负责归口管理;按照各类固定资产的使用地点,由各级使用单位具体负责管理,并且进一步落实到班组或个人,实行谁用谁管理,把固定资产纳入岗位责任制。财务部门负责固定资产的总体管理,对固定资产的安全保管和有效利用进行全面监督。

三、无形资产管理

无形资产是指不具有实物形态但却能为企业带来长期收益的资产,包括专利权、商标权、著作权、土地使用权、非专利技术、品牌、商誉等。

（一）无形资产的特征

① 不存在物质实体。无形资产不像固定资产那样具有物质实体。它是企业所拥有的一些法定权利，企业依靠知识产权、商誉等无形资产，能给企业带来更大的经济利益。尽管它无物质实体，但它是企业的一项资产。由于它不具有流动性，又与流动资产有区别。

② 高效性。无形资产在使用过程中能为企业带来较高的收益，无形资产投入使用以后给企业带来的收益大大超过该项资产开发的耗费。它是现代企业竞争致胜的关键。

③ 不确定性。这是指无形资产所能提供的未来经济收益具有高度的不确定性。这是因为：一是科学技术的发展、技术知识成果更新换代加快，使一些无形资产除法律规定的某些权利的有效期有确定时间外，其余都难以准确预测，使用时间的不确定性影响到未来收益的不确定；二是影响未来收益的因素很多，都有可能影响该项资产给企业带来的收益。

（二）无形资产管理的要求

① 合理确定无形资产的入账价值。企业无形资产的计价一般按照取得时的实际成本计量。由于取得的途径不同，实际成本的确定方法也不一样。一是购入的无形资产，按照实际支付的价款作为实际成本；二是投资者投入的无形资产，按照投资各方确认的价值作为实际成本；三是接受捐赠的无形资产，按照所附单据或参照同类无形资产的市场价格作为实际成本；四是除企业合并外，商誉不得作价入账，非专利技术和商誉的计价应经注册会计师确认。

② 合理摊销无形资产。由于无形资产是一项特殊资产，使用年限较长，价值较高。因此，应在取得当月起，在预计使用年限内分期平均摊销，计入损益。若合同中没有规定收益年限，法律也没有规定有效年限的，摊销年限不应超过 10 年。

四、递延资产管理

递延资产是指不能全部计入当年损益，应当在以后年度内分期摊销的各项费用。它包括开办费、固定资产改良支出、租入固定资产的改良支出以及摊销期限在一年以上的其他待摊费用。

递延资产管理的要求一是合理确定开办费的构成。开办费是指企业在筹建期间发生的费用，包括筹建期间人员工资、办公费、培训费、差旅费、印刷费、注册登记费以及不计入固定资产和无形资产的购建成本的汇兑损益、利息等支出。凡以下情况不包括在开办费内，即为取得各项固定资产、无形资产所发生的支出；企业筹建期间应当计入资产价值的汇兑损益、利息支出等。二是合理确定分摊期限。开办费从企业开始生产经营月份的次月按照不短于 2 年的期限分期摊销，计入制造费用或管理费用。租入固定资产的改良支出，在租赁有效期内分期摊销，计入制造费用或管理费用。

五、其他资产管理

其他资产主要包括特准储备物资、银行冻结存款、查封物资及诉讼中的财产等。企业对这一部分资产应严格根据有关规定和程序处理,不得随便挪用、转移、毁损和变卖等。

第四节 企业成本与费用管理

企业产品的生产过程,同时也是生产的耗费过程。企业为了生产产品,既要耗费劳动手段和劳动对象,又要耗费生产者的劳动,这些物化劳动和活化劳动的耗费直接影响着企业经济效益,关系到企业市场竞争力的强弱,决定着企业的生存和发展。因此,企业的高层管理者和全体员工必须高度重视加强成本和费用管理,降低成本和各种费用的支出,努力提高企业经济效益,增强企业竞争力。

一、成本与费用的概念及构成

企业总成本费用是指企业在一定时期内(一般为一年),开展生产经营活动所发生的全部物化劳动和活化劳动的货币表现。它由生产成本、管理费用、财务费用和销售费用组成。

生产成本是指企业在一定时期内,为生产一定产品(或劳务)所付出的物化劳动和活化劳动的货币表现。它由各项直接支出(即:直接材料、直接工资和其他直接支出)和制造费用组成。

直接材料是指企业在生产过程中直接消耗于产品生产的各种物资。它主要包括生产经营过程中实际消耗的原材料、辅助材料、备品配件、外购半成品、燃料、动力、包装物以及其他直接材料。

直接工资是指企业在生产过程中直接从事产品生产人员的工资性消耗。它包括直接从事产品生产人员的工资、奖金、津贴和各类补贴。

其他直接支出主要包括直接从事产品生产人员的职工福利费等。

制造费用是指企业各个生产单位(如分厂、车间)为组织和管理生产而发生的各项间接费用。它包括生产单位管理人员工资、福利费,生产单位房屋建筑物、机器设备等的折旧费,原油储量有偿使用费,油田维护费,矿山维护费,租赁费(不包括融资租赁费),维修费,低值易耗品,取暖费,水电费,办公费,差旅费,运输费,保险费,设计费,设计制图费,试验检验费,劳动保护费,季节性、修理期间的停工损失以及其他制造费用。

费用是指期间费用,即企业在生产经营过程中发生的,与产品生产活动没有直接联系的不能直接归属于某个特定产品成本的费用。它由管理费用、财务费用和销售费用组成。

管理费用是指企业行政管理部门为组织和管理企业生产经营活动所发生的各项费用。它包括公司经费(总部管理人员工资、职工福利费、差旅费、办公费、折旧费、修理费、物料消耗、低值易耗品摊销以及其他公司经费)、工会经费、待业保险费、职工教育经费、职工培训费、劳动保险费、董事会会费(董事会成员津贴、会议经费和差旅费)、咨询费、诉讼费、业务招待费、财产税、车船使用税、土地使用税、印花税、技术转让费、无形资产摊销、开办费、摊销技术开发费、排污费、计提的坏账准备金和存货跌价准备等。

财务费用是指企业为筹集生产经营资金而发生的各项费用。它包括企业生产经营期间发生的利息净支出、外币汇兑损益以及相关手续费。

销售费用是指企业在销售产品、半成品或提供劳务的过程中所发生的各项费用。它包括运输费、装卸费、包装费、保险费、委托代销费、手续费、广告费、展览费、销售服务费、销售部门人员工资、福利费、差旅费、办公费、折旧费、修理费、物料消耗、低值易耗品摊销以及其他经费。

二、成本与费用管理要求

成本与费用管理是指企业为实现企业经营目标,对企业各种劳动耗费即费用的预测、计划、使用、核算以及监督和控制等一系列工作的总称。

为了充分发挥成本费用管理的积极作用,其在成本费用管理的过程中必须遵循以下基本要求。

(一)加强对费用的审核与控制

成本费用管理不仅是事后的成本计算,而且要对开支的费用进行事前、事中的审核和控制。对费用的审核依据主要是国家有关的方针、政策、法令和制度。对于合法、合理、有利于发展生产、提高经济效益的费用开支,应积极支持;对于违反规定的超支或浪费,应严格控制和制止。

对费用的控制主要在费用发生过程中,对各项耗费进行指导、限制和监督,使支出费用控制在原定计划范围内,控制的依据是定额或计划。

(二)正确划分和分摊费用

为了正确核算产品成本,还需要在不同时期、不同产品以及在产品和产成品之间分摊生产费用。因此,必须正确划分和分摊费用。要做到:

① 正确区分各种费用的性质,严格遵守成本与费用开支范围。企业从事生产经营活动会发生多种不同的费用支出,既有生产经营费用,也有非生产经营费用。生产经营费用中又有生产性耗费和非生产性耗费。这些费用的性质和用途不同,其资金来源也不同。用于产品生产的费用,需计入产品成本,由生产流动资金开支;用于固定资产的投资,计入工程成本,由长期投资基金开支。总之,要正确区别所发生的各项费用的性质和用途,确定是否列入产品成本与费用,不应少计漏计;一切不属于成本费用开支范围的费用,均不应计入产品成本,不应多计重计。

② 正确划分本月和非本月成本费用的界限。必须按照权责发生制原则准确划分成本费用的时间界限,本月发生的成本费用必须计入本月,不应多计或少计。

③ 正确划分各种产品成本的界限。必须按照配比原则准确划分各种产品的成本。

(三)做好成本费用管理的基础工作

成本费用是以货币额表现的生产过程的耗费。要搞好成本费用管理,首先要算好、管好各项实物耗费和工时耗费,做好管理基础工作。这包括:① 建立健全各种原始记录;② 建立健全定额管理制度;③ 建立健全材料物料的计量、收发、领退及盘点保管制度;④ 建立健全厂内价格制度;⑤ 选择适当的成本计算方法。

三、成本与费用预测

成本与费用预测是指根据成本费用的特性及有关数据和情况,结合发展的前景和趋势,采用科学的方法,对一定时期、一定产品或某个项目或方案的成本费用水平、成本费用目标进行预计和测算。搞好成本预测,对加强成本费用管理,挖掘降低成本潜力,提高经济效益,以及正确进行生产经营决策,都具有十分重要的意义。

(一) 成本费用预测的内容

产品成本是企业的一项综合性指标,它与企业其他各项技术经济指标几乎都有密切的关系。这就决定了成本预测范围相当广泛,可以说涉及生产技术、生产组织以及经营管理各个方面。成本费用预测的内容主要有:

① 新建和扩建企业的成本费用预测,即预测该项目工程完工投产后的产品成本费用水平。

② 确定技术措施方案的成本费用预测,即企业在组织生产经营活动中采取设备更新、技术改造等措施,为选择最佳方案而进行的成本费用预测。

③ 新产品的成本费用预测,即预测企业从未生产过的新产品经过试制投产后必须达到和可能达到的成本费用水平

④ 在新的条件下对原有产品的成本费用预测,即根据计划年度的产销情况和计划采取的增产节约措施,预测原有产品成本费用比上年可能降低的程度和应当达到的水平。

(二) 成本费用预测的程序

成本费用预测的过程实际就是挖潜力、定措施、算效果的过程。企业各部门、各单位必须密切合作、综合平衡,才能取得比较准确的预测结果。在预测的过程中应遵循一定的工作程序。

① 明确预测对象和目的。要根据不同的预测对象和目的,决定需要的资料、采取的方法和对预测工作的要求。

② 收集和整理资料。一般包括财务会计资料、计划统计资料、业务技术资料、有关政策文件和调查研究资料等。

③ 分析资料,选择方法,进行预测。根据企业内外部情况对资料进行分析,选择合适的预测方法进行预测。

④ 确定预测值,提出最优方案。在初步预测的基础上,参照可能发生的各种情况,作进一步的分析研究,最后确定预测值。

(三) 目标成本预测

目标成本是指事先确定的在一定时期内要努力实现的成本值。在正常情况下,产品的目标成本应不高于同类产品已经达到的实际成本水平,但它又是经过努力可以实现的。要确定一个理想的、先进合理的目标成本值,需要做好大量的准备工作。这些工作主要有:一是市场调查,着重了解用户多产品的需要和发展变化趋势;二是资料分析,研究企业内部影响成本变化的各项因素,以及这些因素可能发生的变化。确定目标成本一般采用以下方法。

① 根据产品价格、成本和利润三者之间相互联系、相互制约的关系,来确定产品的目标成本。价格、成本和利润是相互联系的,价格高,成本低,利润就多;反之价格低,成本高,利润就少。为保证企业利润,就要求提高价格,降低成本。但在完全竞争市场中,价格不是由企业来决定的,企业只能是既定价格的接受者。所以,企业的目标成本实际上就是在价格和利润既定的情况下倒算出来的。其计算公式为:

预测目标成本＝预测单位产品售价－单位产品应纳税金－预测单位产品目标利润

这种方法的特点是"保证利润,挤出成本",它与根据成本高低来决定利润多少的"保证成本,挤出利润"的方法相比,具有积极的作用。

② 选择某一先进成本作为目标成本。可以按照平均先进定额制定的定额成本或标准成本为目标成本;也可以从国内外同类型产品中选出先进成本水平作为目标成本。这种方法简便易行,但要注意可行性。如果条件不可比或情况有变化,就应作必要的调整或修改。

③ 根据本企业上年实际平均单位成本和实现企业经营目标要求的成本降低任务测算目标成本。这种方法适用于可比产品。其计算公式为:

单位产品目标成本＝上年实际平均单位成本×(1－计划预测成本降低率)

四、成本费用计划

成本费用计划是企业生产经营计划的一个重要组成部分,它以货币形式预先规定企业计划期内产品的生产耗费水平和成本费用降低幅度。它是促进企业在计划期内挖掘潜力的有效手段,是建立企业内部成本费用管理责任制的基础,是企业编制其他财务计划的重要依据。

(一)成本费用计划的内容

企业成本费用计划,包括主要产品单位成本计划、全部产品成本计划和期间费用预算。

① 主要产品单位成本计划。这是按照企业主要产品目录,根据目标成本和生产经营计划的有关指标编制的,一个品种编制一张计划表。它规定计划期内每种产品的成本构成及其应该达到的成本水平。该计划是编制全部产品成本计划的基础,并为制定新产品价格和调整老产品价格提供资料。

② 全部产品成本计划。这是企业成本计划中一张综合的计划表,它把企业全部产品成本分为可比产品成本和不可比产品成本两部分,主要反映全部可比产品的总成本及其降低率和降低额;各主要可比产品的单位成本和总成本,以及总成本的降低率和降低额;全部不可比产品的总成本;各主要不可比产品的单位成本和总成本;全部产品生产总成本。通过这张计划表,可以看出整个企业的成本水平。

③ 制造费用计划。这是按照制造费用构成的项目分别计算编制的。编制此计划时,计算各项目的费用一定要有正确的依据。制造费用计划确定后,还要按照一定的标准和方法,分摊到各种产品上去,以计算产品成本计划。

④ 期间费用预算。这是指计划期企业发生的管理费用、财务费用和销售费用的计划,分别按照各项费用的明细项目,根据各项费用的预测数等有关资料进行编制的。

（二）成本费用计划编制的要求

① 要以先进合理的技术经济定额为依据来编制成本费用计划。这些定额包括物资消耗定额、劳动定额、费用开支定额等。

② 要以其他生产经营计划为依据编制成本费用计划，就是要根据生产计划、物资供应计划、劳动工资计划等为依据来编制成本费用计划。

③ 要按照分级归口管理的原则来组织成本费用计划的编制。由财务部门负责组织有关部门参与成本费用计划的编制，保证成本费用计划符合实际。

五、成本费用控制

企业成本费用控制，是指在生产经营过程的各个环节（包括产品设计、工艺制定、产品制造、物资采购和储备以及产品售后服务等），对成本费用的发生进行引导和限制，对每项成本费用形成的具体活动（即每项费用开支和每项人力、物力资源的消耗）进行严格的监督，及时发现差异，并采取措施纠正，使产品实际成本被限制在预定的计划范围内。科学地组织成本费用控制，可以用较少的物质消耗和劳动消耗，取得较大的经济效益；不断降低成本费用，提高企业管理水平。

（一）成本费用控制的程序

成本费用控制是现代成本费用管理工作的重要环节，是落实成本费用目标，实现成本费用计划的有力保证。成本控制一般包括以下程序：

① 制定成本费用控制标准，并据以制定各项节约措施。成本费用控制标准是对各项费用开支和资源消耗规定的数量界限，是成本费用控制和考核的依据。

② 执行标准，即对成本费用的形成过程进行具体的监督。根据成本费用标准，审核各项费用开支和资源消耗，实施增产节约措施，保证成本费用计划的实现。

③ 确定差异、分析原因、清除差异。核算实际消耗脱离成本费用标准的差异，分析成本费用脱离差异的程度和性质，通过科学的分析，确定造成差异的原因和责任归属，并及时采取有效措施加以纠正。同时还要预测未来可能发生的偏差，及早预防，并根据实际情况修改和完善标准。

④ 考核奖惩。考核成本费用标准的执行结果，把成本费用指标考核纳入经济责任制，实行奖惩，以便提高积极性。

（二）成本费用控制的标准和手段

成本费用控制的标准有许多种，可以根据成本费用形成的不同阶段和成本费用控制的不同对象确定。

① 目标成本。在产品设计阶段，以产品目标成本或分解为每个零部件的目标成本为控制标准。一般情况，新产品投产后成本的高低，在很大程度上取决于产品设计。把产品设计成本控制在目标成本范围内，是保证新产品投产以后能取得预期经济效益的关键。

② 计划指标。在编制成本计划后，就可以形成计划指标。为了便于掌握，还应根据需要将计划指标进行必要的分解。以分解后的更加具体的小指标进行控制，并将成本控制工作落实到每个责任单位和有关具体人员，把成本控制与成本计划、成本核算紧

密结合起来。

③ 消耗定额。消耗定额是在一定的生产技术条件下,为生产某种产品或零部件而需要耗费人力、财力、物力的数量标准,它包括材料物资消耗定额、工时定额和费用定额等。凡是能制定定额的,都应制定出消耗定额或支出标准。用这些定额或标准控制生产过程中的物资消耗和人力消耗,是保证降低产品成本的必要手段。

④ 费用预算。对企业的经营管理费用的开支,一般采用经费预算作为控制标准。通过预算控制费用支出,是促使各部门精打细算、节省开支的有效办法。

应当指出,企业在一定时期制定的成本费用控制标准,不是一成不变的。在执行的过程中,要经常注意各种标准的先进性和适用性,以便积累资料,及时加以修正。

进行成本控制,除了要明确成本控制标准外,还要有一定的控制手段,成本控制的手段有很多种,不同的成本项目可以采用不同的控制手段,常用的控制手段有:凭证控制、厂币控制和制度控制等。

（三）成本费用控制的内容和方法

按照全面成本费用管理的要求,成本控制贯穿于企业生产经营全过程,要把事前控制、事中控制和事后分析考核结合起来。主要有产品生产成本的控制和期间费用的控制。

1. 产品生产成本的控制

产品生产成本的控制可以采用标准成本控制法。标准成本是在一定条件下制定的直接材料、直接工资和制造费用的控制标准。

（1）标准成本的制定

① 直接材料标准成本的制定,公式为:

$$材料标准成本＝用量标准×价格标准$$

用量标准即材料消耗定额,价格标准由财务部门和采购部门共同制定,包括发票价格、运费、检验费、正常损耗费等组成的材料完全成本,同时考虑市场物价趋势等情况而定。

② 直接工资标准成本的制定,公式为:

$$直接工资标准成本＝工时标准×工资率标准$$

工时标准即工时定额,工资率标准是指每小时支付的工资额。

③ 制造费用标准成本的制定,公式为:

$$制造费用标准成本＝工时标准×制造费用分摊率标准$$

$$制造费用分摊率标准＝\frac{制造费用预算}{生产量标准}$$

制造费用预算是指在节约和合理开支情况下的最低支付金额。制定时应参照以往经验和物价趋势,由有关部门共同研究确定。

（2）标准成本的执行

① 直接材料成本标准的执行。在工业产品成本构成中,直接材料一般占的比重较大,因而也是成本控制的重点。对直接材料成本标准的执行主要有两项内容:一是控制材料的消耗量,即严格按照已定的材料消耗定额发料,及时收回残料和废料;严格按照

已定的设计图纸、工艺方法进行加工生产;合理控制期量标准,合理调度、组织均衡生产,提高材料利用率。二是控制材料价格,即在保证质量的情况下,尽可能采用廉价材料,并且在材料采购环节控制采购成本、采购价格、采购费用、检验费用和途中损耗费用,在材料保管环节控制保管费用和保管损耗等。

② 直接工资成本标准的执行。对直接工资成本标准的执行主要有三项内容:一是控制人员数量,严格执行定员标准;二是控制工时消耗,严格执行劳动定额,着重抓好车间生产现场的劳动力的有效利用,控制工时消耗定额;三是控制工资水平,严格执行企业工资、福利费用等方面的规定。

③ 制造费用标准的执行。制造费用包括许多明细项目,各个项目的内容和性质不同,对它们的控制方法也不完全相同。一般是实行费用预算控制,并将制造费用预算指标分解落实到各部门、车间、班组。按照预算对费用支出进行控制。

(3) 成本差异分析和考核

首先通过核算发现直接材料、直接工资和制造费用的实际与成本标准的差异状况,然后分析原因,消除差异,考核各部门成本费用指标的执行情况。

2. 期间费用控制

期间费用不能直接归属于某个特定产品成本,但是这些费用冲减当期损益,减少当期利润。为了提高企业的经济效益,必须对期间费用进行严格的控制。期间费用的控制主要是搞好预算管理,建立各项费用的管理制度,企业可根据有关法规、制度,结合企业的具体情况,制定开支范围、支出标准和开支审批制度。

管理费用的控制,主要是事先做出预算,然后按照预算控制支出,根据项目分部门确定费用限额,然后由各个部门负责审批和控制支出;财务费用的控制应结合资金成本的控制来研究;销售费用的控制,应事先编制销售费用预算,然后由销售部门负责人按照销售费用限额审批控制支出。

第五节 企业销售收入和利润管理

销售是企业经营活动的一项重要环节,企业只有把生产出来的产品及时销售出去,才能保证再生产过程的继续进行。企业也才能够获得利润,才能使企业持续发展。做好企业销售收入管理和利润管理是企业财务管理的重要工作。

一、销售收入管理

产品销售过程是产品价值的实现过程。销售收入是企业垫支资金的回收或资金增值的实现,它是企业生产成果的货币表现。

(一)销售收入的概念及构成

企业销售收入是指企业销售产品或提供劳务等取得的收入,包括产品销售收入和其他销售收入。产品销售收入是指企业销售产成品、自制半成品、代制代修品以及提供工业性劳务等取得的收入。其他销售收入是指企业销售外购商品、多余材料和提供运输等非工业性劳务以及固定资产出租、包装物出租、无形资产转让等取得的收入。销售收入的计算公式为：

$$销售收入＝商品销售量×单价$$

企业销售收入的实现,表明企业生产的产品得到了社会的承认。企业销售收入是补偿企业生产耗费的资金来源,是保证企业再生产连续进行的前提条件,是企业取得赢利的前提,也关系到企业在激烈的市场竞争中的生存与发展。

企业发生的销售退回、销售折让、销售折扣,应当冲减当期的销售收入。

（二）销售收入的预测和计划

① 销售收入预测,主要是对产品销售收入和其他业务收入的预测。它是通过市场调查和对目前销售情况的分析、判断,对未来销售趋势及产品的市场潜力做出的预测。其目的是为确定企业营业方向、制订生产经营计划和营业收入计划提供依据。

预测的方法很多,主要有时间序列法、因果分析法、量本利分析法等。

② 销售收入计划,主要是确定企业计划期产品销售和其他销售的数量和金额的计划。销售收入计划是企业编制利润计划的基础,是确定企业计划期流动资金周转指标的依据,是企业财务计划的重要组成部分。在编制计划时,应根据预测数据,考虑计划期内各因素变化的影响。销售收入计划主要是确定销售数量和销售收入两个指标。一般可以采用直接计算法,即根据产品的计划销售数量和计划销售价格,计算各种产品的销售收入,然后加以汇总编制。

（三）销售收入管理

为了实现销售收入计划,保证企业生产经营资金的需要和及时缴纳国家税收,必须加强销售收入的管理。由企业销售部门和财务部门共同负责,主要工作有:

① 认真执行销售合同,监督发出产品计划的编制和执行。实行经济合同制,是实行计划管理,加强经济核算的有效形式,企业应认真签订和执行销售合同。企业销售部门应当根据销售合同的要求,编制季度和月份发出产品计划。切实执行发出产品计划。

② 及时办理结算,尽快取得销售货款。

③ 做好售后服务,掌握市场反馈的信息。这有助于提高企业的信誉,增强竞争能力,扩大产品销售,提高市场占有率,增加企业利润。

二、利润管理

利润是企业在一定时期内全部生产经营活动的最终成果,是评价企业生产经营状况的一个重要指标。利润的实现表明企业生产耗费得到了补偿,并取得了赢利。企业利润既是国家财政收入的基本来源,又是企业扩大再生产的重要资金来源。利润指标能够综合反映出企业的经营水平和管理水平。

（一）利润的构成

企业的利润总额包括三部分,即销售利润、投资净收益和营业外收支净额。企业利润总额的计算公式:

$$利润总额＝销售利润＋投资净收益＋营业外收支净额$$

① 销售利润,是企业从事经营业务活动所取得的净收益,包括产品销售利润和其他销售利润两部分。

$$销售利润＝产品销售利润＋其他销售利润－管理费用－财务费用$$
$$产品销售利润＝产品销售净收入－产品销售成本－$$
$$产品销售费用－产品销售税金及附加$$

其中,产品销售净收入,是指产品销售收入扣除销售退回、销售折让和销售折扣以后的余额。产品销售收入是指企业销售主要产品、自制半成品、提供工业性劳务等取得的收入。产品销售成本是指企业已销售的产成品、自制半成品和工业性劳务等的制造成本。产品销售税金及附加主要包括产品税、增值税、营业税、城市维护建设税、资源税和教育费附加。

$$其他销售利润＝其他销售收入－其他销售成本－其他销售税金及附加$$

其中,其他销售税金及附加是指应由销售材料、转让无形资产、各项租金收入及提供非工业性劳务收入等负担的营业税、城市维护建设税及教育费附加。

② 投资净收益,是指企业对外投资所取得的收益扣除投资损失以后的数额。

投资收益包括:对外投资分得的利润、股利和债券利息等。投资损失包括:投资作价损失、投资到期收回或中途转让取得的款项低于账面净值的差额等。

③ 营业外收支净额,是指与企业生产经营无直接关系的收入与支出的差额。营业外收入包括:固定资产盘盈和出售净收益,罚款收入,因债权人原因确实无法支付的应付账款,教育费附加返还款等。营业外支出包括:固定资产盘亏、报废、毁损和出售的净损失,非季节性和非大修理期间的停工损失,职工子弟学校经费和技术学校经费,非常损失,公益救济性捐赠,赔偿金,违约金等。

企业净利润又叫税后利润,是指企业缴纳所得税后形成的利润,是企业进行利润分配的依据。计算公式为:

$$净利润＝利润总额－应交所得税$$

(二) 利润预测与计划

1. 利润预测

利润预测是从实际出发,在认真分析研究未来时期企业内外主客观情况变化的基础上,运用一定的科学方法,预计企业计划年度可能达到的利润数额。通过利润预测,进而编制利润计划,分解落实利润指标,以保证目标利润的实现。利润预测通常主要对产品销售利润进行预测,预测的方法常用量本利分析法。

企业传统的观点是先算产量和成本,后定利润,利润处于被动地位。与传统的做法相反,先制订一个利润计划,然后按利润要求,制订相应的产量计划和成本计划,即按照目标利润——目标成本——相适应的产量与品种这样的顺序组织生产经营活动,它可以变被动经营为主动经营。量本利分析又称盈亏分析,就是找出成本、产量、利润三者之间的最佳结合点,它是预测利润、控制成本的一种有效手段。量本利分析的计算公式为:

$$利润＝销售收入－变动成本总额－固定成本总额$$

变公式为
$$利润＝(销售单价×产量)－(单位变动成本×产量)－固定成本总额$$

变公式为
$$销售量＝\frac{固定成本总额＋利润}{销售单价－单位变动成本}$$

当利润等于零时的产量,即为盈亏平衡点产量,也就是说企业不盈不亏时的产量。其计算公式为:

$$盈亏平衡点产量=\frac{固定成本总额}{销售单价-单位变动成本}$$

例如,某企业生产 A 产品,单位变动成本为 10 元,固定成本总额为 20 000 元,销售单价为 15 元,求盈亏平衡点产量和销售额。

① 盈亏平衡点产量＝20 000÷(15－10)＝4 000 件

盈亏平衡点销售额＝盈亏平衡点产量×销售单价＝4 000×15＝60 000 元

② 如果目标利润为 10 000 元,

$$销售量=\frac{固定成本总额}{销售单价-单位变动成本}=(20\ 000+10\ 000)÷(15-10)=6\ 000\ 件$$

③ 如果目标产量为 8 000 件,

利润＝(销售单价×产量)－(单位变动成本×产量)－固定成本总额

＝(15×8 000)－(10×8 000)－20 000

＝20 000 元

此外,利润的预测方法还有相关比率法、因素测算法等多种方法。

2. 利润计划

利润计划是在利润预测的基础上编制的,具体反映企业的经营目标。

利润是由产品销售利润、其他销售利润、投资净收入、营业外净收益组成的。因此,在编制利润计划时,应先分别编制出产品销售利润计划、其他销售利润计划、投资净收入计划、营业外净收益计划,然后汇总编制出企业利润计划。企业利润计划表如表12-1 所示。

表 12-1   **企业利润计划表**

利润计划

(1998 年第一季度)   单位:元

顺序号	项　　目	本年计划
1	产品销售净收入	100 000
2	减:产品销售成本	70 000
3	产品销售费用	5 000
4	产品税金及附加	7 000
5	产品销售利润(5＝1－2－3－4)	18 000
6	其他销售收入	20 000
7	减:其他销售成本	12 000
8	其他销售税金及附加	1 000
9	其他销售利润(9＝6－7－8)	7 000
10	减:管理费用	2 000

顺序号	项　　目	本年计划
11	财务费用	1 000
12	营业利润(12＝5＋9－10－11)	22 000
13	投资收益	30 000
14	减:投资损失	6 000
15	投资净收益(15＝13－14)	24 000
16	营业外收入	6 000
17	减:营业外支出	7 000
18	利润总额(18＝12＋15＋16－17)	45 000

（三）利润控制

利润是一项综合性指标,要实现利润计划必须实行利润分配控制,主要包括的工作有:

① 企业必须加强各方面的管理,建立责任制度,将责权利结合起来,充分调动全体职工的积极性,保证各项生产经营计划的实现。

② 企业要及时根据市场的需求变动,调整生产经营计划,开发新产品,提高产品质量,增加产量,扩大产品销售,增加销售收入。

③ 企业要挖掘潜力,节约消耗,压缩各项费用开支,降低产品成本,提高利润水平。

④ 企业根据自身财务状况,选择最佳投资组合,增加投资收益,减少投资损失。

⑤ 企业要加强经营管理,充分利用各类资产,严格控制营业外支出,尽量减少各类损失。

（四）利润分配

利润分配体现国家与企业,所有者与经营者之间的经济关系。正确处理国家与企业的利润分配关系,是十分重要的问题。它直接关系到国家宏观调控的财力和企业的活力乃至整个经济体制和运行机制的效率。利润分配必须处理好这些关系。因此,要遵守统筹兼顾的原则,就是说要兼顾国家与企业,所有者与经营者之间的利益。协调各方面之间的利益关系,调动各个方面的积极性,促进企业的发展。

按照《企业财务通则》规定,企业利润一般按照下列顺序进行分配:

① 企业的利润按照国家规定做相应调整后,必须依法缴纳所得税。

② 缴纳所得税后的利润,除国家另有规定外,应按照下列顺序进行分配。

A. 被没收财务损失,违反税法规定支付的滞纳金和罚款。

B. 弥补企业以前年度亏损。《企业财务通则》规定,企业发生的年度亏损,可以用下一年度的税前利润等弥补。下一年度利润不足弥补的,可以在 5 年内延续弥补。5年内不足弥补的,可以用企业的税后利润等弥补。

C. 提取法定盈余公积金。可以按企业税后利润扣除前两项后的金额的 10% 提取,盈余公积金已达注册资金的 50% 时可以不再提取。法定公积金可以用于弥补亏损,也可以用于转增资本金等,但转增资本金后,企业法定盈余公积金一般不得低于注册资本金的 25％。

    D. 提取公益金。主要用于企业职工的集体福利设施支出。

    E. 支付优先股股利。按照企业发行的优先股股数、面值和规定的股利率计算支付。

    F. 计提任意盈余公积金。按照公司章程或股东大会决议提取。

    G. 支付普通股股利。按照普通股股东投入企业的股份进行支付。

    企业当年无利润时，一般不能分配利润，但在盈余公积金弥补亏损后，经股东会决定，可以按照不超过股票面值 6％的比率用盈余公积金分配股利，在分配股利后，企业法定盈余公积金不得低于注册资金的 25％。

    在企业计划年度利润总额确定以后，还应编制利润分配计划，规定企业计划年度应上交的税金、利润以及其他分配额，作为企业计划年度对利润分配进行控制的依据。

第六节　企业财务分析

    财务报表分析是财务管理的一项重要工作，企业经营者及利益相关者根据各自不同的目的和需要，对企业的财务报表所提供的数据进行分析，以判断企业财务状况及其经营成果是否令人满意。

一、财务分析的概念、作用及要求

(一) 财务分析的概念

    财务分析是指企业经营者或利益相关者对企业会计报表、统计资料等提供的会计信息，利用专门的方法来了解和分析企业经营活动过程及其规律，掌握影响企业经营活动的积极因素和消极因素，客观评价企业的财务状况和经营结果，揭示企业未来发展趋势，为进行有关决策提供依据所开展的一项工作。

(二) 财务分析的作用

    财务分析的作用主要有以下几方面：

    ① 通过财务分析，帮助企业经营者掌握企业财务状况和经营结果，及时发现有关问题，为企业进行正确的经营决策提供依据。

    ② 通过财务分析，可以使政府部门了解企业会计信息，为政府进行宏观决策提供客观依据。

    ③ 通过财务分析，帮助企业的投资者和债权人了解和掌握企业的经营活动过程和经营结果，为他们正确制定投资决策和信贷决策，提供科学依据。

(三) 财务分析的要求

    为了充分发挥财务分析的重要作用，企业在进行财务分析工作时，应遵循以下要求：

    ① 明确报表使用者的要求。会计报表有不同的使用者，他们有不同的目的和要求。企业投资者关心企业的经营成果；企业债权人关心企业的偿债能力；企业经营者关心经营过程中所反映出的重大问题。报表分析人员应当深入了解报表使用者的具体要

求,尽可能有重点、有针对性地进行分析。

② 收集必要的分析资料。为了确保报表使用者正确地评价企业的财务状况和经营成果,满足报表使用者决策的需要,报表分析人员应尽可能收集有关企业内、外各方面的资料。

③ 选择正确的分析方法。在明确报表使用者使用报表目的的前提下,应根据需要和可能,选择合适的分析方法,可供选择的方法有:金额变动与变动百分比法,趋势比例法,结构比例法,比率分析法等。

④ 确定适当的评价标准。报表分析者为分析企业经营绩效,必须寻找某种比较基数,以判断报表分析所揭示的关系是否对报表使用者有利。通常选用的比较基准有两种:一是企业过去的绩效;二是同行业先进或平均水平。

二、财务分析的基础

企业财务分析是以所依据的会计报表为基础的,我国企业一般以资产负债表、损益表和现金流量表为基础进行分析。

（一）资产负债表

资产负债表是从总体上概括反映企业在一定期间内全部资产、负债和所有者权益的会计报表。它反映企业在特定日期的财务状况。

资产负债表上的项目包括三部分,即资产、负债和所有者权益。资产和负债类项目按照流动性程度由高到低进行排列,所有者权益类项目按照永久性递减的顺序进行排列。资产负债表是根据"资产＝负债＋所有者权益"这一会计基础等式编制的。

（二）损益表

损益表也叫利润表,是用来反映企业在一定会计期间内的经营成果及其分配情况的会计报表。

损益表主要包括三部分,即收益、费用和报告期利润总额及净利润额。损益表是根据"利润＝收入－费用"这一会计基础等式编制的。

（三）现金流量表

现金流量表是反映企业在一定会计期间内从事经营活动、投资活动和筹资活动等对现金等价物产生影响的会计报表。编制这一会计报表的目的是提供企业在一定的会计期间内现金流入与现金流出的有关信息。

现金流量表主要包括三部分,即经营活动的现金流量、投资活动的现金流量和筹资活动的现金流量。通过现金流量表可以了解企业在未来会计期间产生净现金流量的能力。

三、财务报表分析

为了更深入地了解企业的财务与经营状况,不同使用者根据不同的目的对企业编制的资产负债表、损益表和现金流量表等财务报表所提供的数据进行分析,以便进行科学决策。主要对企业财务安全状况、偿债能力、营运能力、获利能力等进行分析。

（一）企业财务安全状况分析

判断企业财务安全状况主要是通过对企业资本结构的分析来做出评价的。资本结构是指企业各种资本的构成及其比例关系。通过资产负债表提供的有关数据进行评价。主要有三个指标：

① 资产负债率。资产负债率是企业总负债与资产总额的比率。计算公式为：

$$资产负债率 = \frac{负债总额}{资产总额} \times 100\%$$

公式中负债总额由流动负债和长期负债构成，资产总额包括企业的流动资产、长期投资、固定资产、无形资产、递延资产和其他资产。

资产负债率表明其企业全部资产中负债所占的比重，它不仅是评价企业全部资产偿还全部负债的能力的指标，而且还是衡量企业负债经营的能力和安全程度的指标，可以反映债权人发放贷款的安全程度。由于企业的资产是由所有者权益和负债构成的，因此，企业的资产负债率小于1。如果企业的资产负债率低于50%，则说明企业举债适度，负债处于比较合理的水平，财务风险较小，企业有较好的偿债能力。如果企业举债比重比较大，达到70%以上，则财务风险较大。如果企业的资产负债率大于1，说明企业资不抵债，债权人为维护自己的利益可以向人民法院申请企业破产。

② 资本负债率。资本负债率是企业负债总额与资本金的比率。计算公式为：

$$资本负债率 = \frac{负债总额}{资本金} \times 100\%$$

公式中的负债总额是指流动负债和长期负债之和，资本金是指企业的实收资本。

资本负债率反映企业生产经营活动所投入的资本的主要来源及其安全程度，是评价企业用资本金偿还全部债务能力的指标。如果资本负债率等于或小于100%，说明企业主要依靠自有资本从事生产经营活动，具有较好的偿债能力和抗财务风险能力；反之，负债比率大于100%，说明该企业将面临较大的债务压力和财务风险。

③ 固定比率。固定比率是指企业固定资产所占用的资本被长期固定化的程度。计算公式为：

$$固定比率 = \frac{固定资产}{自有资产} \times 100\%$$

固定比率如果小于100%，说明企业投入的资本被长期固定化的程度较低，处于比较理想的状态，偿债的压力较小，企业财务处于安全状态；反之，固定比率大于100%，说明固定资产所占用的资金超过了企业自有资本，企业的财务风险较大，企业财务处于不安全状况。

（二）企业偿债能力分析

企业偿债能力是指企业偿还全部到期债务的现金保证程度。它是反映企业财务状况和经营能力的重要标志。企业偿债能力低，不仅说明企业的资金紧张，难以支付日常经营支出，而且说明企业资金周转不灵，难以偿还到期应偿付的债务，甚至面临破产危险。反映企业偿债能力的指标主要有：

① 流动比率。流动比率是指企业流动资产与流动负债的比率。计算公式为：

$$流动比率 = \frac{流动资产}{流动负债} \times 100\%$$

流动比率是评价企业流动资产偿还流动负债能力的指标,说明企业每一元流动负债有多少流动资产可以作为支付的保证。一般来说,2:1的流动比率是比较合适的,表明企业具备到期偿还短期债务的能力。流动比率过低,企业可能面临清偿到期债务的困难;流动比率过高,表明企业持有不能盈利的闲置的流动资产。

② 速动比率。速动比率是企业速动资产与流动负债的比率。计算公式为:

$$速动比率 = \frac{速动资产}{流动负债} \times 100\%$$

公式中的速动资产是指那些不需要变现或变现过程较短、可以很快用来偿还流动负债的流动资产,包括现金、短期有价证券和应收款净额。为计算方便通常把流动资产扣除存货以后的剩余部分视为速动资产。一般来说,1:1的速动比率是比较合理的,它说明企业每1元流动负债有1元的速动资产作保证。如果速动比率大于1,说明企业有足够的能力偿还短期债务,同时也说明企业拥有较长的不能赢利的现款和应收账款;如果小于1,则企业将依赖出售存货或举借新债来偿还到期债务,这就可能造成急需出售存货带来的削价损失或举借新债形成的利息负担。

③ 即付比率。即付比率也叫现金比率,是企业立即可动用的资金与流动负债的比率。计算公式为:

$$即付比率 = \frac{立即可动用的资产}{流动负债} \times 100\%$$

公式中的立即可动用资金包括现金、银行存款和企业持有的短期有价证券。即付比率是评价企业流动资产中的现款和短期有价证券用于偿付流动负债能力的指标,是流动比率的辅助指标。一般来说,即付比率在20%以上为好。但这个指标不是越高越好,这一指标过高可能是由于企业拥有大量不能赢利的现款的银行存款所致,这可能给企业造成巨大的机会损失。因此,采用即付比率评价企业的偿债能力时,应与流动比率和速动比率的分析评价结果结合起来。

(三)企业营运能力分析

企业营运能力即企业资金的利用效率,是衡量企业在资金管理方面效率的指标。反映企业营运能力的指标主要有以下方面。

① 应收账款周转率。应收账款周转率是反映企业应收账款的流动程度,它是赊销收入净额与平均应收账款余额的比率。计算公式为:

$$应收账款周转率 = \frac{赊销收入净额}{平均应收账款余额} \times 100\%$$

$$赊销收入净额 = 销售收入 - 现销收入 - 销售退回、折让、折扣$$

$$平均应收账款余额 = \frac{期初应收账款 + 期末应收账款}{2}$$

应收账款周转率高,说明企业应收账款回收速度快,坏账损失少,收账成本小。还可以计算应收账款的账龄：

$$应收账款的账龄 = \frac{360\ 天}{应收账款周转率}$$

应收账款的账龄短，说明应收账款的流动性强，发生坏账损失的可能性小。

② 存货周转率。存货周转率是指销货成本与平均存货的比率，计算公式为：

$$存货周转率 = \frac{销货成本}{平均存货}$$

$$平均存货 = \frac{期初存货 + 期末存货}{2}$$

存货周转率主要衡量企业销货能力，说明企业的销售效率。存货周转越快，利润就越大，营运能力就越强，营运资金用于存货的金额就越小，企业的经营状况就越好。

③ 流动资产周转率。流动资产周转率是流动资产平均占用额与流动资金在一定时期完成的周转额之间的比率。计算公式为：

$$流动资产周转次数 = \frac{销售收入净额}{流动资产平均余额}$$

流动资产周转率可以反映流动资产的流动速度和利用效果。流动资产周转次数越多，其周转速度越快，利用效果也就越好。

④ 固定资产周转率。固定资产周转率是企业的销售额与固定资产净值的比率，计算公式为：

$$固定资产周转次数 = \frac{销售收入净额}{固定资产平均净值}$$

固定资产周转率主要是衡量企业对厂房、设备等固定资产管理水平的指标。固定资产周转次数高，说明固定资产利用效率高，固定资产管理水平高；反之，固定资产利用效率低，影响企业的获利能力。

⑤ 总资产周转率。总资产周转率是销售额与资产总额的比率。计算公式为：

$$总资产周转率 = \frac{销售收入净额}{资产平均总额}$$

总资产周转率主要是衡量企业全部资产的使用效率的指标。总资产周转率低说明企业利用其资产进行经营的效率差，会影响企业的获利能力。企业应采取措施提高销售额或处理闲置资产，以提高总资产利用率。

（四）企业获利能力分析

企业获利能力是衡量企业运营效率方面的指标。反映企业获利能力的指标主要有以下方面。

① 销售净利润率。销售净利润率是企业的净利润与销售收入的比率。计算公式为：

$$销售净利润率 = \frac{净利润}{销售收入净额}$$

销售净利润率反映的每一元的销售收入的获利能力。销售净利润率高,说明企业通过销售赚取利润的能力强。

② 总资产收益率。总资产收益率是企业的净利润与总资产的比率。计算公式为:

$$总资产收益率 = \frac{净利润}{资产平均额}$$

总资产收益率反映的是每一元资产的获利能力。总资产收益率高,说明企业资产的运营效率高,企业的经营效果好。

③ 所有者权益报酬率。所有者权益报酬率主要是用来评价企业所有者权益的获利水平及其变动趋势。计算公式为:

$$所有者权益报酬率 = \frac{净利润}{所有者权益平均额}$$

所有者权益报酬率反映的是每一元的所有者权益的获利能力。

以上采用的任何比率或其他衡量方法所计算的指标,要真正发挥作用,都必须注意:① 明确指标变动趋势,是向好的方向发展还是向不利的方向发展;② 明确指标数值与既定的标准或同行业平均水平的关系,是否达到了既定的标准,是高于或是低于同行业平均水平。以此对企业的财务安全状况、获利能力、偿债能力、营运能力做出正确的评价。

参 考 文 献

[1]　陈青莲,祈汉堂,郭毅.工业企业生产管理[M].武汉:武汉大学出版社,1991.

[2]　陈荣秋,马士华.生产与运作管理[M].北京:高等教育出版社,2005.

[3]　陈锡璞.工程经济[M].北京:机械工业出版社,1999.

[4]　高红岩.战略管理学[M].北京:清华大学出版社、北京交通大学出版社,2007.

[5]　郭国庆.市场营销学[M].武汉:武汉大学出版社,2004.

[6]　教育部高等教育司.现代企业管理[M].北京:高等教育出版社,1998.

[7]　金玉阶.现代企业管理原理[M].广州:中山大学出版社,1995.

[8]　李晓光.管理学原理[M].北京:中国财政经济出版社,2004.

[9]　李燕萍,余泽忠,李锡元.人力资源管理[M].武昌:武汉大学出版社,2002.

[10]　刘丽文.生产与运作管理[M].北京:清华大学出版社,2002.

[11]　刘兴倍.企业管理基础[M].北京:清华大学出版社,2006.

[12]　刘仲康,郑明身.企业管理概论[M].武汉:武汉大学出版社,2005.

[13]　卢海涛,陈宝财.企业管理学[M].北京:清华大学出版社,2008.

[14]　陆云鹤,张克俭,等.工商企业管理[M].重庆:重庆大学出版社,1997.

[15]　秦志华.人力资源管理[M].北京:中国人民大学出版社,2000.

[16]　宋云,陈超.企业战略管理[M].北京:首都经济贸易大学出版社,2003.

[17]　谭道明.企业管理概论[M].武汉:武汉大学出版社,1996.

[18]　汪洋.中国广告学[M].北京:中国财政经济出版社,1996.

[19]　王庆成.财务管理[M].北京:中国财政经济出版社,1999.

[20]　吴世经,曾国安,陈乙.市场营销学[M].成都:西南财经大学出版社,1995.

[21]　伍爱,黄瑞荣.现代企业管理学[M].福州:暨南大学出版社,2001.

[22]　武育秦,赵彬.建筑工程经济与管理[M].武汉:武汉理工大学出版社,2002.

[23]　尤建新.企业管理概论[M].北京:高等教育出版社,2006.

[24]　余凯成.人力资源管理与开发[M].北京:企业管理出版社,1997.

[25]　张德,陈国权.组织行为学[M].北京:清华大学出版社,2000.

[26]　赵丽芬.管理理论与实务[M].北京:清华大学出版社,2004.

[27]　赵启兰,刘宏志.库存管理[M].北京:高等教育出版社,2005.

[28]　周润仙,余平,李绍和.工业企业生产经营管理[M].武汉测绘科技大学出版社,1998.

[29]　周三多,陈传明.管理学[M].北京:高等教育出版社,2005.